21世纪国际法学系列教材
司法部法治建设与法学理论研究部级项目

国际刑法

（第二版）

International Criminal Law

朱文奇　著

中国人民大学出版社
·北京·

图书在版编目（CIP）数据

国际刑法/朱文奇著．2版．—北京：中国人民大学出版社，2014.8
21世纪国际法学系列教材
ISBN 978-7-300-19573-5

Ⅰ.①国…　Ⅱ.①朱…　Ⅲ.①国际刑法-高等学校-教材　Ⅳ.①D997.9

中国版本图书馆CIP数据核字（2014）第139367号

21世纪国际法学系列教材
司法部法治建设与法学理论研究部级项目
国际刑法（第二版）
朱文奇　著
Guoji Xingfa

出版发行	中国人民大学出版社		
社　　址	北京中关村大街31号	**邮政编码**	100080
电　　话	010－62511242（总编室）		010－62511770（质管部）
	010－82501766（邮购部）		010－62514148（门市部）
	010－62515195（发行公司）		010－62515275（盗版举报）
网　　址	http://www.crup.com.cn		
	http://www.ttrnet.com(人大教研网)		
经　　销	新华书店		
印　　刷	北京宏伟双华印刷有限公司	**版　　次**	2007年2月第1版
规　　格	185 mm×260 mm　16开本		2014年8月第2版
印　　张	21.5	**印　　次**	2014年8月第1次印刷
字　　数	535 000	**定　　价**	39.00元

作者简介

朱文奇教授1981年通过教育部研究生全国统一考试，以优异成绩被选拔为我国“文化大革命”后第一批国家公费留美、留欧研究生。在法国与美国留学期间主攻“国际公法”与“国际关系”两个博士学位。1987年5月，获法国巴黎第二大学“国际法专业”博士学位；1988年10月，在美国与欧洲完成“博士后”研究课题后，回国在中华人民共和国外交部工作。

国外学习期间，曾两次获得“法国优秀科研奖”。其关于“中国与联合国”的博士论文被巴黎第二大学评为该学校1986—1987年度最佳论文，获“最佳论文奖”。

1988年—1994年在外交部工作期间，代表中国参加了大量双边与多边外交活动，如联合国大会第六委员会（法律委员会）会议、联合国外空委员会会议、战争法激光致盲武器会议，维也纳原子能机构《核安全条约》的起草谈判、与原苏联边境裁军谈判、日本遗弃在华化学武器问题的谈判、红十字国际委员会参观我国监狱可能性的谈判，等等。

1993年，联合国成立了第一个由自己组建的司法机构，即前南斯拉夫问题国际刑事法庭。联合国秘书长发出呼吁请各国政府推荐专家人才。经外交部批准后应聘、通过考试被前南斯拉夫问题国际刑事法庭录用。在长达七年多的时间里先后任法官特别法律助理、检察长法律顾问及上诉检察官，负责前南斯拉夫与卢旺达两个国际刑事法庭的上诉案件，是迄今为止在联合国两个特设国际刑事法庭中唯一中国籍检察官，也是新中国成立后第一个在联合国司法机构出庭并进行法庭辩论的法律专家。

朱文奇教授英语、法语流利，使用无障碍，曾获联合国“语言流畅证书”。2002年初从联合国国际刑事法庭和中国外交部辞职后从事教学工作，现为中国人民大学法学院教授、博士生导师。

About the Author

Being selected through the national examination in 1981, Prof. Zhu was sent by Chinese Education Ministry to study abroad with special Government scholarship. His studies in France and in the United States were mainly conducted in the area of International Public Law and International Relations. In May 1987, he obtained the Diploma of Doctor of International Public Law in University of Paris II. After having finished his research project as post-doctor in the United States and Europe in October 1988, Prof. Zhu returned back to his home country and began to work in the Chinese Foreign Ministry in Beijing.

During his studies in France, Prof. Zhu was awarded for his excellent work in the research the "Prix Nogaro" and the "Prix Dupin Ainé" . His doctor dissertation "China and the United Nations" was considered as the best one in the whole campus of University of Paris in the school-year 1986—1987 (La Meilleure Thèse de l'Année universitaire 1986—1987) .

While working in the Chinese Foreign Ministry as a diplomat, Prof. Zhu was active in bilateral and multilateral negociation, such as in the Sixth Commission of the General Assembly of the United Nations, the Out-Space Commission of the United Nations, Diplomatic Conference on Anti-Personal LASER Weapons, drafting of "Nuclear Safety Convention", negociation with the Soviet Union (Russia and the other countries) over border disagreement, negociation with Japan on the abandoned chemical weapons and discussion with the International Committee of the Red Cross on the possibility of visit to prisons in China, etc..

In May 1993, the UN Security Council adopted resolution to establish the International Criminal Tribunal for the Former Yugoslavia (the ICTY). The UN Secretary-General invited all governments to recommend their excellent lawyers and experts for working in the the Tribunal. After being approved by the Chinese Foreign Ministry, Prof. Zhu applied to work in the International Criminal Tribunal and succeeded after being interviewed by that organ. During more than seven years in the Hague, the Netherlands, Prof. Zhu worked successively as the Special Legal Assistant to the Judge in the Chambers, the Legal Advisor in the Office of the Prosecutor and the Appeals Counsel in the Office of the Prosecutor in charge of appeals cases in both the ICTY and the International Criminal Tribunal for Rwanda (the ICTR). As a matter of fact, Prof. Zhu is the only prosecutor from China in the Office of the Prosecutor of both the ICTY and the ICTR and the only Chinese legal expert who appeared and has presented arguments before an international judicial institute of the United Nations.

Prof. Zhu speaks well in both English and French. Actually, he has passed the official examination and obtained "Language Proficiency Certificate" of the United Nations. After resigning successively from the United Nations and the Chinese Foreign Ministry at the beginning of 2002, Prof. Zhu becomes a Professor of International Law in Renmin University of China.

第二版前言

国际刑法是一门新兴但同时发展很快的法学专业。本书出版于2007年。在出版后的这几年中，国际刑法实践又有了不少新的发展。这些会在这次再版时得到反映。例如，国际刑事法院成立于2002年7月1日，就在它成立快十周年时，即2012年3月14日，国际刑事法院作出了该法院成立后的第一份判决，裁定被告人卢班加（Lubanga）因在刚果发生的武装冲突中招募、使用15岁以下的儿童而犯有战争罪。在国际刑事审判实践的历史上，这还是第一次裁定被告人犯有如此的战争罪行。在作出有罪判决6个月后，国际刑事法院依据《罗马规约》又作出了关于给予被害人赔偿的决定。在国际刑事案件中赔偿被害人，这是一个具有开创性的重要决定。惩治国际犯罪，本来就是为了维护社会的安定和广大人民的基本人权，国际刑事法院在卢班加一案中确立的赔偿原则，开启了国际刑事法律在保护和赔偿国际罪行受害者方面的新的制度。

国际刑事法院取得了一定的进展，但也面临新的挑战。2009年3月，由于苏丹达尔富尔地区发生的国际罪行，国际刑事法院向涉嫌其中有些罪行的苏丹总统巴希尔发出逮捕令，这是该法院成立以来首次对一国在任元首发布逮捕令。但就在2010年3月31日，国际刑事法院作出又一项决定，决定对2007年12月肯尼亚的总统选举结果公布后爆发的种族暴力事件进行调查，并宣布起诉肯尼亚的现任总统肯雅塔（Kenyatta）和副总统卢多（Rudo）……逮捕或起诉，本来就是一个刑事司法机构的职责所在，是分内事，然而被国际刑事法院起诉的所有人全部来自非洲，就使得涉及这些总统、副总统的逮捕令和起诉书在引起国际社会广泛关注的同时，也让人们开始思索“公平、正义”的真正含义和国际刑事法律的真正目的。

确实，国际刑法上的问题非常微妙、敏感和复杂。就起诉与国家元首或外交豁免之间的关系来说，国际刑法意义上的惩治犯罪，本是通过追究个人刑事责任来完成，所以追究个人在国际法上的刑事责任问题，是国际刑法区别于国际法其他领域的一个重要特征。然而追究个人刑事责任必然会涉及国际法上的一些其他问题，如外交特权及豁免问题。传统国际法上从来都有豁免原则，根据这个原则，国家是拥有独立主权的，其行为不受另一国的司法管辖，内容当然包括对他国国家元首及外交人员的刑事管辖豁免。那么，在个人刑事责任与豁免之间又该如何平衡呢？

2002年，国际法院宣布了刚果诉比利时关于“国际逮捕令”案的判决。在该案中，刚果反对比利时国内法院对被指控严重违反国际人道法的时任刚果外交部长阿普杜拉耶·耶罗迪亚·努道姆巴西（Abdulaye Yerodia Ndombasi）发放国际逮捕令，认为外交部长在国际外交法上享有不受起诉的豁免权。国际法院在判决中坚持了传统国际法上国家政府官员享有外交特权的原则。但该案判决10年后，即2012年7月20日，国际法院在比利时诉塞内加尔（Belgium v. Senegal）一案中作出了另一重要判决。

比利时诉塞内加尔案主要涉及乍得前总统赫塞那·哈伯利（Hissene Habre）。由于怀疑他在1982年～1990年任总统期间对成千上万人施行酷刑，所以在其下台后不少人要求对他追究刑事责任。为躲避审判，赫塞那·哈伯利来到了塞内加尔并得到了塞内加尔的庇护。但比利时认为哈伯利的行为应受到法律的追究。由于比利时和塞内加尔都是联合国《反对酷刑公约》的缔约国，比利时于2005年向塞内加尔提出引渡要求，要求后者将乍得前总统哈伯利引渡至比利时进行审判，其法律根据就是《反对酷刑公约》中规定的“或起诉或引渡”的义务。塞内加尔拒绝了这一请求，所以比利时就于2009年向联合国国际法院提起诉讼，称塞内加尔违反了依《反对酷刑公约》所承担的国际义务。经过审理，国际法院15名法官于2012年一致裁定塞内加尔败诉，并要求它履行国际法义务，立即开始对乍得前总统哈伯利进行审判。这个判决对国际刑法的发展也会产生相当的影响。

上述案例清楚地表明，国际刑法的实践发展很快。它起步于第二次世界大战后的纽伦堡和东京国际法庭的审判。虽然“冷战”期间没什么发展，但“冷战”刚一结束就成立了多个国际刑事司法机构，如前南斯拉夫国际刑事法庭、卢旺达国际刑事法庭以及国际刑事法院等。国际刑法已经成为国际法所有领域内最具有强制力的一个学科，国际刑事法院对苏丹前总统巴希尔、肯尼亚前总统和副总统以及对利比亚前领导人卡扎菲签发逮捕令等，清楚地表明，国际刑法将对国际秩序及国际政治产生不可忽视的影响。

中国是一个人口众多、幅员辽阔的国家，是联合国安理会常任理事国，是一个对世界和平与安全负有“首要责任”（“primary responsibility”，《联合国宪章》第25条用语）的大国之一，所以对于发挥重大作用的国际刑法一定要做深入研究，必须要有自己的国际刑法专家。

我曾有幸在联合国国际刑事法庭工作，七年多时间里先后担任法官特别法律助理、检察长法律顾问及上诉检察官，主办或经办了不少案件。毋庸置疑，这是一段极其难得和宝贵的经历。我愿意将这些经历与大家分享。

本书的特点，是它的内容新、实践性强。在写作方法上，本书采用案例形式来解析国际刑法的原理和规则，并紧密结合国际刑法的基本原则与理论，全面、系统地阐述了国际刑法实践中遇到的问题。本书的内容涉及面比较广，反映了国际刑法的动态。此外，本书在编写体例上采用中、英文相结合的方式。对于国际刑法中的基本原则、国际刑事司法机构中的规定和规则以及一些国际刑事法庭（法院）的判决和决定，均用英文来表达。在每一章节中，还根据内容选择一些典型案例，通过对案情的介绍和解析来引发该章节中需要思考的国际刑法发展问题。

本书有理论、有实践，希望你通过它能了解一下何谓“国际刑法”。

朱文奇

2014年5月，北京人大明德法学楼

前　言

本书是一本关于国际刑法的教材，其使用对象是对国际刑法感兴趣、立志从事国际刑事法律理论和实践研究的在校硕士生、博士生以及其他相关专业人士。

本书作者曾在联合国前南斯拉夫问题国际刑事法庭工作。在1994年至2002年年初长达七年多的时间里，先后任法官特别法律助理、检察长法律顾问及上诉检察官，主办或经办了不少前南斯拉夫与卢旺达国际刑事法庭比较重要的国际罪行的上诉案件。能够在联合国自己成立的第一个司法机构工作，是一段非常难得和宝贵的经历。作者撰写这本国际刑法教材，本意就是把属于国际刑法最核心部分的理论和实践介绍给大家，把自己在国际刑事法庭的经验和体验与大家分享。

本书既是作者在联合国国际刑事法庭多年的工作实践及对国际刑法的理论研究成果，也是作者所主持的司法部法治建设与法学理论研究部级科研项目“人权法理论与实践问题研究”（国际刑法与人权保障研究，项目编号02SFB2034）的组成部分。

国内已经有一些关于国际刑法的教科书，与它们相比，本书有以下几个特点：

第一，理论与实践相结合是它最大的特点。本书内容新、实践性很强，它紧密结合国际刑法的基本原则与理论，全面、系统地阐述了国际刑法实践中遇到的问题，充分反映了现代国际刑法规则的内容及其特点。国际刑法的法律问题纷繁复杂，要对它们作全面介绍和解析不太容易。本书采取重点介绍的方法，通过作者在国际刑法中的实践和体会，将国际刑法的要点以及在实践中必须了解和掌握的法律问题尽可能地予以介绍、解析。

第二，本书内容完整，涉及面比较广。国际刑法在近十多年以来有了很大发展，它从初步的原则及规范的无序状态发展成一个相对较完整和科学的学科体系。但与国际法其他学科相比，国际刑法仍然是一个新的学科。说国际刑法仍处于初级发展阶段，是因为刑法实体部分的完善本身就是一个循序渐进的过程。当国际法上一种新的犯罪种类出现时，其构成要件（犯罪的主观和客观构成要件）要有一段时间或一个过程才会明朗起来。在刑罚标准方面，国际刑法至今还未有任何具体的规定。所有这些国际刑法的动态在本书中得到充分的介绍。

第三，本书在编写体例上采用中、英文相结合的方式。对于国际刑法中的基本原则、国际刑事法律机构中的规定和规则以及一些国际刑事法庭（法院）的判决和决定，均用英文来表达。对于国际上著名的案例，也尽量用英文原文。这样，不仅有助于读者熟悉国际刑法上的常用语和关键术语，而且能更准确地了解和理解国际刑法的真谛。

第四，在写作方法上，本书采用案例方式解析国际刑法的原理和规则。本书共分 15 章，着重论述国际刑法的基本理论和法律制度，力求准确地阐明国际刑法中的基本原理和基本知识。在每一章中，都根据其内容选择一些国际刑法的典型案例，通过对案情的介绍和解析来引发该章节中需要思考的国际刑法发展问题。

下面将本书围绕这些特点撰写的内容简单介绍如下：

本书开篇是国际刑法导论，主要介绍和解析与国际刑法有关的基本理论问题。

国际刑法兼容了国际法（如国际人权法、国际人道法、国际罪行等）和刑法（如刑法基本原则、刑事诉讼程序等）的内容和规则，是具有边缘、交叉性质的学科。这与其他学科有很大的不同。世界上所有国家的刑法制度，虽然其表现形式不同，任务或目的却都一样，即对犯有法律规定罪行的人进行刑罚惩处，对无辜者宣判无罪并予以释放。刑事法律制度的这一任务揭示了刑法处理犯罪问题、维护社会整体利益与正确对待被起诉人之间的关系。国内刑法是这样，国际刑法也是这样。

惩治国际犯罪、保障国际社会绝大多数人的基本权利，是国际刑法的根本目的。为了惩治国际犯罪，国际社会迄今为止设立了不少国际刑事司法机构，国家之间也在不断加强相互间的司法合作。

国际刑法涉及范围广，其规则主要来源于国际法中的人权法以及各国国内刑法中的一些规则。国际条约中关于人权保障的规定、国际人权机构的司法实践，对国际刑法的发展起了很大的促进作用。惩治国际犯罪，保障绝大多数人的基本人权是国际刑法的根本目的，国家有义务为其境内或管辖下的受害人提供救济，在国际法上有义务调查、起诉和审判大规模侵犯人权的行为，这其中包括健全司法制度，对犯有严重国际罪行的人进行起诉和审判。

国际刑法是国际法的一部分，要研究国际刑法，就必须首先了解与国际法有关的一些基本问题，如国际法主体、国际法渊源以及国际法与国内法之间的关系等。所以，在本书“导论”中，首先对国际刑法的基本概念以及其特征从理论和实践的角度作了介绍和解析。

本书的第二章和第三章，论述了国际罪行的发展以及国际社会对于严重违反国际人道法的行为进行惩治所作出的努力。

国际刑法与所有其他法律一样，都有一个发展过程。国际刑法的发展也是国际法发展的必然。拿战争罪来说，自有人类社会以来，相互之间时不时会有利害冲突，这种冲突上升到一定阶段就是战争，战争中又必然会有犯罪行为，如战争罪、反人道罪或种族灭绝罪。由于这些罪行的严重性，国际社会又必然地要预防并惩治这一罪行。

国际刑法与其他不少学科相比，属于相对年轻的学科，但它要予以惩罚的国际罪行，却经历了一个相当长的发展过程。从国际法的发展来看，真正开始追究个人刑事责任的实践始于第二次世界大战后的纽伦堡和远东国际军事法庭对德国、日本法西斯战犯的审判。

纽伦堡和远东国际军事法庭的审判，在人类历史上是第一次，它标志着传统国际法上“国家责任”、“特权豁免”、“国际罪行”等理论和原则都发生了重大的变化。由于政治及其他原因，战胜国主持了审判，控制着审判的整个过程。国际上有人因为里面没有中立国参加而感到遗憾。但尽管如此，纽伦堡和远东国际军事法庭的伟大意义依然存在，国际法的原则第一次被赋予实际的意义。正如纽伦堡国际军事法庭判决书中所指出的："成立纽伦堡国际军事法庭的《宪章》的根本性要点（the very essence）在于，个人具有比其国家所赋予他的国家义务更高的国际义务"。

纽伦堡和远东国际军事法庭的审判表明，国际法罪行是由具体的人而非抽象实体来实施的，只有通过惩治实施罪行的个人，国际法规则才能得到实施。被告人的官职不能作为免除国际法责任的理由，被告人遵照上级命令的行为不能使其免除责任，最多只能作为减刑的理由。这样就确立了对于所有实施国际罪行的人追究个人刑事责任的原则，这些原则得到了国际社会的确认，并成为国际刑法的基石之一。

第四章主要介绍已经设立的国际刑事司法机构。

国际刑法虽然是一门新学科，但它发展很快。自 1993 年 5 月联合国安理会设立前南斯拉夫问题国际刑事法庭以后，又出现了其他国际刑事司法机构，如卢旺达国际刑事法庭、东帝汶特别法庭、塞拉利昂特别法庭、柬埔寨特别法庭以及国际刑事法院等。国际刑法与国际法其他分支不同，它没有世界上统一的"国际刑法典"，国际刑法的原则和规则主要是由国际刑事司法机构制定的规约来体现。而所有这些国际刑事司法机构在其成立的方式、组成和管辖权方面，都有异同之处。学习或研究国际刑法，就必须要对这些国际刑事司法机构有一般的了解。

概括来说，国际刑事司法机构可以根据其性质分为：特设国际刑事法庭、混合型国际化刑事法庭以及常设性质的国际刑事法院。所有这些机构对国际刑法的发展都发挥了很大的作用，如关于前南斯拉夫国际刑事法庭的理论和实践就为国际刑法的发展作出了巨大贡献。

前南斯拉夫国际刑事法庭是 1993 年成立的，在此后二十多年的实践中，已审理了几十起案件，其中有几起被告人为共同被告的案件。由于前南斯拉夫国际刑事法庭是联合国成立的第一个司法机构，它的司法意见和判决将为国际法罪行的构成要件作出榜样性的解释，同时也澄清许多国际法或国际刑法模糊不清的概念和原则。前南斯拉夫国际刑事法庭的《程序与证据规则》，不仅为卢旺达国际刑事法庭和以后的塞拉利昂特别法庭提供了借鉴，也为后来成立的国际刑事法院提供了蓝本。

已经成立的国际刑事法院必将对国家与国家之间的关系产生深远的影响。《罗马规约》中关于国际罪行的许多规定，在国际法上都是属于创造性的。例如，在《罗马规约》所有的规定中，其中两项与惩治严重罪行有关的规定属于国际罪行的新发展：其一，国际刑事法院对于在国内武装冲突中的战争罪和反人道罪具有属事管辖权；其二，它关于战争罪的定义，扩展到包括发生在非国际性武装冲突中所犯的罪行。

国际刑事法院《罗马规约》是第一个明确承认"严重"违反日内瓦公约共同第 3 条的罪行和另外 12 种"严重违反法律和习惯的罪行"，其中包括国内武装冲突中的行为的国际法律文件。这些行为包括对平民的故意攻击、种族和性别方面的犯罪以及强迫流放等。在《罗马规约》缔结之前，国家在国际法上一致认为，即使 1949 年日内瓦公约的共同第三条以及 1977 年的第二附加议定书都规定禁止在国内武装冲突中的某些行为，但并没有明确这些行为一定会导致行为人个人承担刑事责任。《罗马规约》则非常明确地作了规定。

国际社会为了惩治严重的国际犯罪行为成立了不少国际刑事法庭。前南斯拉夫国际刑事法庭和卢旺达国际刑事法庭是联合国安理会通过决议成立的；塞拉利昂特别法庭是塞拉利昂政府与联合国通过签订协议而成立的。尽管成立方式各异，但它们都得符合一些基本原则，如刑法上的“合法性”原则，该原则要求一个法庭必须“依法成立”，法庭只有“依法成立”，才有资格进行案件审理，才有权力在确定被告人有罪时对其进行定罪和惩治。

国际刑法关于追究个人刑事责任以及在惩治国际罪行方面的发展，对传统国际法相当多的原则和规则形成了冲击和影响，如对国家元首及政府首脑予以豁免的原则、对国际罪行能否予以赦免的问题、普遍管辖权原则、服从上级命令是否可以免责、指挥官责任，等等。以上这些与国际刑法实践紧密相连的问题，都在本书第五章至第十章中予以介绍和解析。

本书第十一章和第十二章是关于司法公正以及司法独立性问题。

为了实现公正，一个国际刑事司法机构必须具备司法公正性和独立性。司法公正性是任何刑事司法机构必不可少的因素，它关系到诉讼当事者的合法权益，也关系着整个司法体系的权威性与信誉；独立性是指法庭或法官独立办案，不接受来自任何组织、政府与个人的指示。

司法公正可以说是刑法中最重要的原则之一。法官的公正性对于一个司法机构真正地实现正义及保障人权的目的，无疑是至关重要的。然而，法官是否能做到公正，除了法官的个人品质与自身的素质以外，还必须有必要的选举和监督制度来保证它的实现。检察官也是如此。

第十三章是关于国际刑法中的人权保障问题。

国际刑法所有规则的最终目的，是保护国际社会免受那些违反法律准则的犯罪行为所带来的伤害，无论这些行为是以个人还是以国家名义实施。追究犯罪、惩罚罪犯是国家的一项重要功能，只有有效地追究犯罪、惩罚罪犯，才能维护国际社会的和平与安全。但如果只注重追究国际犯罪、忽视保障人权，又必然会从根本上动摇国际社会正常的理念和价值，使国际社会的和平与安全受到危害。

以前，国际刑法比较重视通过惩治犯罪来保护国际社会，比较强调司法的实体公正；但发展到今天，国际刑法不仅重视法律的实体公正，而且重视程序公正问题。即便是要惩罚罪犯，在刑事审判过程中，也要通过程序来保护个人免受司法或行政机关权力的滥用。在这点上，国际社会已达成共识，并制定了相应的规则和原则，如控辩双方平等的权利、反对强迫自证其罪的权利（沉默权）、迅速审理和辩护权等，以上这些都已构成国际人权法的基本原则和内容，也是现代国际刑法中不可贬损的原则。

第十四章的内容是国际刑事诉讼程序方面的规则。

从国际刑法实践来看，毫无疑问，国际刑法就是国际公约中那些旨在维护各国共同利益而对国际犯罪进行惩治的刑事法规范的总称。它赋予国家起诉并审判国际罪行的权力，而且规定了如何起诉并进行审判的国际司法程序。国际刑法由两方面规则组成：一方面是实体法规范，主要是关于国际犯罪的定义、构成要件以及在何种情况下国家有对这些罪行进行起诉和惩罚的义务；另一方面是程序和证据规则，它规定了对犯有国际罪行的被告提起公诉或审判所必须遵守的程序规则。这两方面缺一不可。

国际刑事程序法方面的规则，在第二次世界大战后的《纽伦堡国际军事法庭规约》和《远东国际军事法庭规约》里面有，但很少，如果用现在的国际法标准来衡量，显然不够充分。在联合国于1993年和1994年分别成立前南斯拉夫国际刑事法庭和卢旺达国际刑事法庭后，根据联合国安理会的授权，这两个法庭的法官制定了其各自的“程序与证据规则”，使国际刑事诉讼法得到了很大的发展。在这两个特设国际刑事法庭的实践基础上，国际社会于1998年在国际刑事法院《罗马规约》和“程序与证据规则”基础上达成了协议。

第十五章是本书的最后一章，介绍的是国家与国际刑事司法机构的合作问题。这也是一个重要、敏感，实践中又很不容易处理好的问题。从表面上看，国际刑事法庭（法院）可以下达起诉书，可以追究国际犯罪嫌疑人的刑事责任，似乎非常有害，但这只是问题的一面；另一面是，国际刑事法庭（法院）与国家法院不同，它们没有警察、没有军队，所以对于起诉书中被指控的被告没有任何实施逮捕或扣押等司法行为的实际能力。所以，在与法庭（法院）活动有关的所有环节上，如取证、逮捕、移送被告以及执行判决等方面，都离不开国家的合作。

国际刑法的发展对国际法和国际关系都会产生深远的影响。实践表明，国际刑法已经成为国际法所有领域内最具有强制力的一个学科，也成了我国有关法律工作者刻不容缓、急需努力研究的一门学科。中国出于对某些具体问题的考虑，还没有批准加入国际刑事法院《罗马规约》。但我们对于国际刑法的原则和规则、国际法上关于追究个人刑事责任的发展、国际法上最严重罪行的构成要件、国际刑法对国际法主权及其他重要原则的影响，以及国际刑事诉讼程序在实践中的操作，一定要有所了解，以便在需要的时候能为维护国家利益、为国际刑法的发展作出我们应有的贡献。这就是撰写本书的目的。

目 录

CONTENTS

第一章 国际刑法导论

引言

国际刑法兼容国际法以及刑事法的实体法和程序法的内容与体系，是具有边缘、交叉性质的学科。国际刑法是关于对国际罪行进行起诉、审理和惩治的国际法律规范，具有明显的强制性，因此与国家主权紧密相连，值得了解和研究。

要研究国际刑法，就必须首先了解与之有关的一些基本问题，如国际刑法的基本概念和特征、国际法主体、国际法渊源，以及国际刑法与国内法之间的关系等。对这些问题的了解，反过来一定会加深对国际刑法的理解和运用。

重点问题

- ❑ 国际刑法的基本概念和特征
- ❑ 国际法主体
- ❑ 国际法渊源
- ❑ 国际刑法与国内法之间的关系

第一节

国际刑法的基本概念

国际刑法（international criminal law）是国际法领域中一门新兴同时又发展很快的学科。国际形势在不断发展、变化，国际环境和国际关系的变化，必然会带动国际法的变化。在过去的二十多年中，国际经济法、国际环境法、国际组织法、国际人道法以及国际人权法等，都有了很大的发展，制定了不少新的规章制度。相比较而言，国际刑法是国际法所有领域在这段时期发展最快的一门学科。国际刑法的一些基本概念，其实就是国际法基本概念的问题。

一、国际刑法的定义

国际刑法是国际法的一个分支，还是属于刑法的一部分？关于对国际刑法的分类，国内学术界时有争论。有的学者认为国际刑法属于国际法的一部分，有的则认为是国内刑法的域外延伸，属于刑法。其实，国际刑法兼有这两方面的内容。

简单地讲，国际刑法是国际法里的刑法部分与刑法里的国际法部分相结合的学科。关于这两个部分的范畴，国际刑法学者 Cherif Bassiouni 教授认为：

The penal aspects of international law include international crimes, elements of international criminal responsibility, the procedural aspects of the direct enforcement system of international criminal law, and certain aspects of the enforcement modalities of the indirect enforcement system of international criminal law. The scope of these penal aspects of international law has expanded, leading to overlaps with the international law aspects of national criminal...

The international aspects of national criminal law consist of extraterritorial jurisdictional norms, conflicts of criminal jurisdiction between states and between a state and an international legal organ, and the international sources of law applicable to modalities of international cooperation in penal matters, or the indirect enforcement system. The latter are embodied in multilateral and bilateral treaties, customary international law, and are also contained in national norms which apply to national legal proceedings. ①

国际刑法主要兼容了刑事法与国际法的内容与体系，具有边缘、交叉学科的性质。国际刑法在国际法方面，含有国际人道法、国际人权法的基本原则，以及国际法下的国际罪行部分［如反和平罪（侵略罪）、反人道罪（危害人类罪）、战争罪和种族灭绝罪，等等］。而在刑法方

① Cherif Bassiouni, *Introduction to International Criminal Law*, Transnational Publishers, Inc., Ardsley, New York, 2003, pp. 4 - 5.

面，除了刑法上的实体法和诉讼法以外，还有比较法（如普通法系和大陆法系的比较，以及各国司法制度的比较，等等）。因此，国际刑法是关于对国际罪行进行界定并要求主权国家对一些严重国际罪行进行起诉和惩罚的国际法律规范，这些法律规范同时包括对犯有国际罪行的人如何提起公诉及如何进行审判的程序规则。国际刑法既是国际法的一个分支，同时也属于刑法的一个部分。

有的国际刑法学者认为：International criminal law is the law that governs international crimes. It may be said that this discipline of law is where the penal aspects of international law, including that body of law protecting victims of armed conflict known as international humanitarian law, and the international aspects of national criminal law, converge. ①

根据上述定义，国际刑法是国际法，尤其是国际人道法为保护战争受害者而制定的惩罚方面的规则与国内刑法的国际方面的结合。如果从国际刑法的实践来看，毫无疑问，国际刑法就是国际公约中那些为了维护各国共同利益而对国际罪行进行惩治的刑事法规范的总称，它赋予国家起诉并审判国际罪行的权力，而且规定了起诉和审判的国际司法程序。

二、国际刑法的基本特征

与国际法其他分支相比，国际刑法具有以下比较明显的特征：

1. 维护国际社会的共同利益

国际刑法的目的是维护整个国际社会的共同利益（common interests of the international community as a whole）。随着科学技术的不断发展，国家间的关系越来越紧密。在全球一体化（globalization）的趋势下，整个国际社会逐渐形成了共同的利害关系及利益追求，产生了共同的道德判断标准和价值取向。一些国际犯罪震撼了整个国际社会的“公众良知”（conscience of mankind），侵害了国际社会的共同利益。各国均认为这是一种对全人类的罪行，如侵略罪、种族灭绝罪、反人道罪、战争罪以及其他侵害人类尊严与权利的严重罪行。由于这些罪行的性质，致使犯罪行为的受害者不仅仅是犯罪的直接受害者，而是整个人类。正因为如此，《罗马规约》在一开头就宣布，国际刑事法院的缔约国：

Conscious that all peoples are united by common bonds, their cultures pieced together in a shared heritage, and concerned that this delicate mosaic may be shattered at any time.

Mindful that during this century millions of children, women and men have been victims of unimaginable atrocities that deeply shock the conscience of humanity.

Recognizing that such grave crimes threaten the peace, security and well-being of the world.

为了维护整个国际社会的共同利益，要起诉和追究严重的国际犯罪行为。刑法已经成为法典化的法律，世界上几乎所有国家都有一部刑法典。刑法典一般分为“总则”和“分则”，“总则”部分规定了刑事责任的一般原则，“分则”部分规定了各种具体犯罪的定义。国际刑法如同一国国内刑法典，其中既有刑事责任的一般原则，也有各种具体犯罪的定义和罪行的构成要件。另外，国际刑法中的国际罪行不仅用来确定和惩罚已对他人造成伤害的犯罪行为，如谋杀、强奸、刑讯、摧毁医院或无辜平民避难所等，而且包括有可能对他人造成严重伤害但实际还未发生的行为，如预谋犯罪、准备或煽动种族灭绝罪等。

---

① Kriangsak Kittichaisaree, *International Criminal Law*, Oxford University Press, 2001, p. 3.

如此规定，是因为国际刑法所禁止的犯罪行为通常对国际社会具有很大的危害性。国际刑法为了保护整个国际社会的利益，不仅将犯罪行为本身确定为国际罪行，同时将可能犯下这些罪行或为犯这些罪行做准备的行为也确定为犯罪。因此，国际刑法上的这些规则对于维护整个国际社会的共同利益来讲，具有防范的作用。

国际法的执行机制虽然在《联合国宪章》第七章关于和平与安全维护的框架下具有一定的强制性，但就整个国际法的体制来讲，它具有依赖国家利益的相互独立性的特点，也具有需要国家来遵守国际强制措施的重要性。国际刑法的发展进程，反映了国家主权原则和规范多方面关系与国家间利益之间的协调，被称为国家共同利益的需要。

2. 具有强烈的制裁力

国际公法时常被认为是"软法"（soft law)，原因是在主权国家之上没有超国家的世界立法机构。这与国内法有强大国家机器作后盾有很大不同。在履行国际条约规定方面，国际法特别强调"善意"（good faith）原则，就是因为它缺少一个强制执行的机构。

然而，国际刑法与其他国际法分支不一样，它的目的是维护国际社会的共同利益、对国际罪行予以惩治，所以具有很强的制裁力。比如，联合国安理会在 1993 年 5 月通过第 827 号决议、成立前南斯拉夫问题国际刑事法庭（以下简称前南国际刑事法庭）时，就在该决议第 2 段明确声明：... to establish an international tribunal for the sole purpose of prosecuting persons responsible for serious violations of international humanitarian law committed in the territory of the former Yugoslavia between 1 January 1991 and a date to be determined by the Security Council upon the restoration of peace and to this end to adopt the Statute of the International Tribunal annexed to the abovementioned [UN Secretary-General's] report。

这里，联合国安理会把惩治犯罪作为成立前南国际刑事法庭的"唯一目的"（sole purpose)。另外，联合国安理会在 1994 年 11 月成立卢旺达国际刑事法庭时，在其通过的第 955 号决议中明确表明：The Security Council established the International Criminal Tribunal for Rwanda, after having commissioned a number of reports on the situation in Rwanda which indicated that "genocide and other systematic, widespread and flagrant violations of international humanitarian law have been committed in Rwanda", and having determined that "this situation continues to constitute a threat to international peace and security"。

联合国安理会成立卢旺达国际刑事法庭，就是因为在卢旺达发生了大规模的、有系统的和严重的国际罪行，成立该国际刑事法庭就是为了惩治犯罪及维护世界和平。

为了维护正常的社会秩序，也是为了保障社会所有成员的基本人权，在世界上任何国家的刑法典里，都制定目的在于惩治犯罪行为的条文。我国在新中国成立后的一段时间里，曾以政策来调整社会关系中涉及刑事法律方面的问题。但在"文化大革命"以后，我国在法制建设方面首先作努力的，就是制定刑法和刑事诉讼法，目的就是维护社会安定、惩治犯罪行为，以保护全体社会公民的基本权益。国际刑法的目的同样是维护世界和平与安全。国际法学界常说的"There is no peace without justice"就反映了法律与秩序之间的关系。

3. 惩治特别严重的国际罪行

国际刑法并不是对所有国际罪行进行惩治，它起诉和追究的只是严重性质的国际犯罪行为。如 1948 年《防止及惩治种族灭绝罪行公约》（以下简称《种族灭绝罪公约》）中的"种族灭绝罪"（crime of genocide）以及 1949 年日内瓦四公约中所规定的"严重违反"（grave breaches）的行为等。因为是国际罪行，这些罪行的构成要件和适用标准都力求一致。

《罗马规约》在其序言中明确规定：

国际刑事法院的缔约国：

Recognizing that such grave crimes threaten the peace，security and well-being of the world.

Affirming that the most serious crimes of concern to the international community as a whole must not go unpunished and that their effective prosecution must be ensured by taking measures at the national level and by enhancing international cooperation.

Determined to put an end to impunity for the perpetrators of these crimes and thus to contribute to the prevention of such crimes.

国际刑事法院要起诉和追究的，就是那些国际法上属于“国际社会关心的最严重的罪行”（the most serious crimes of concern to the international community as a whole），不是所有的国际罪行。

从现有的国际刑事审判机构，如前南国际刑事法庭、卢旺达国际刑事法庭、塞拉利昂特别法庭等机构的实体管辖权方面（subject-matter jurisdiction）来看，相互之间也都有共同之处，即它们都将种族灭绝罪、反人道罪（crime against humanity）和战争罪（war crime）作为法庭管辖的罪行。而这些罪行都是国际法中的严重罪行，有时被称为国际法中的“核心罪行”（the core crimes）。当然，这些罪行由于属于严重的国际罪行，所以不管发生在世界上什么国家和地区，它们的构成要件和适用标准都应该是相同的。

4. 国际刑法内容多样性

国际刑法涉及很多其他的学科，正如国际刑法著名学者 Cherif Bassiouni 所指出的：International criminal law is a blend of several legal disciplines，which differ as to their nature，values，goals，contents，methods，subjects，and techniques. Consequently，international criminal law is a complex discipline that requires a reconciliation of its sources of law within a doctrinal framework。[①]

但尽管国际刑法涉及范围广，其规则主要来源于国际法中的人权法以及各国国内刑法中的一些规则。国际条约中关于人权保障的规定、国际人权机构的司法实践，对国际刑法的发展起了很大的促进作用。惩治国际犯罪，保障绝大多数人的基本人权是国际刑法的根本目的，国家有义务为其境内或管辖下的受害人提供救济，在国际法上有义务调查、起诉和审判大规模侵犯人权的行为，这其中包括健全司法制度，对犯有严重国际法罪行的人进行起诉和审判。与此同时，在国际刑法的实践过程中，被大多数国家国内刑法接受的一些基本原则和规则也被引入国际刑事审判实践，诸如罪刑法定原则、无罪推定原则以及保障被告人诉讼权利的一些基本制度，等等。

5. 含有实体法和程序法两个部分

国际刑法是关于对国际罪行进行界定，并要求主权国家对一些严重国际罪行进行起诉和惩罚的国际法律规范。它由两方面的规则组成：一方面是实体法规范，即与国际罪行有关的国际法规则，包括国际犯罪的定义、构成要件以及在何种情况下国家有对这些罪行进行起诉和惩罚的义务；另一方面是程序与证据规则，它规定了对于犯有国际罪行的被告提起公诉或审判所必

---

① Cherif Bassiouni，*Introduction to International Criminal Law*，Transnational Publishers，Inc.，Ardsley，New York，2003，p. 11.

须遵守的程序规则。

由于国际刑法里还包含证据和程序规则，所以，与国际法其他分支相比，国际刑法规则制定得较为详细、清晰和明确。一般国际法规则主要是为了协调主权国家的利益而订立，目的是保证所有国家在国际社会都能够和平相处。因此，国际法其他分支比较强调“共存”（co-existence）和“合作”（co-operation），而不是为了追究某一国家的国际不法行为。为达到这样的目的，很多用语都比较“模糊”，以便能调和国家之间的矛盾。而国际刑法的根本目的就是通过惩罚犯有严重国际罪行的人来维护国际法，罪刑法定原则（nullum crimen sine lege）要求国际刑法规则必须明确而具体，这是至关重要的，因为它关系到被告人的基本权利能否得到完全和公正地实现。

需要强调的是，国际刑法在其实践的过程中，时时刻刻都涉及国际法中最重要，也是最为敏感的国家主权问题，比如，国际刑事司法机构为了索取证据和查清案件而向有关国家或政府官员送达传票或命令；国际刑事司法机构要求有关国家提供线索并提供合作，以锁定和抓获被法庭起诉的嫌疑犯，并在将其抓获了以后押送到法庭；为了审理案件的需要，国际刑事司法机构必然要求拟出庭证人所在地的国家当局同意他（她）出境，又要求法庭所在地国家同意他（她）入境；以及当被告被定有罪后，国际刑事司法机构又需要有国家自愿同意将其关押在该国的监狱里服刑，等等。所以，国际刑法与如何维护国家主权两者之间有着紧密的联系。

CASE STUDY

纽伦堡与远东国际军事法庭审判

第二次世界大战期间，纳粹德国在欧洲战场犯下累累罪行，其中尤其是以屠杀600万名无辜的欧洲犹太人而臭名昭著。为了惩治战争罪犯，1943年10月30日，苏、美、英三国签订《莫斯科宣言》，决定战后把战犯押往犯罪地点，由受害国根据国内法审判。德国投降后，苏、美、英、法四国签署《伦敦协定》和《欧洲国际军事法庭宪章》（又称《纽伦堡国际军事法庭宪章》），由四国各指派一名法官和一名预备法官组成国际军事法庭，对纳粹德国首要战犯进行统一审判。由于审判地点设在德国纽伦堡，故又称为“纽伦堡审判”。法庭于1945年10月18日开庭（第一次开庭在柏林，后转移到纽伦堡），历时10个多月，共审判战犯24人，其中戈林等12人被判处绞刑；党卫军、盖世太保等被宣布为犯罪团体组织（criminal organizations）。

另外，在日本无条件投降后，盟军统帅部就日本在第二次世界大战期间所犯下的滔天罪行，决定设立远东国际军事法庭来审判并惩治日本甲级战犯。由于审判地点设在东京，故也称为“东京审判”。中国政府派遣的法官和检察官分别为梅汝璈和向哲浚。法庭于1946年5月3日正式开庭，到1948年12月结束，历时两年半，共审判甲级战犯28人，其中，东条英机、土肥原贤二、松井石根等7名首恶被处以绞刑。

纽伦堡与远东国际军事法庭审判的意义在于，其在宪章和审判中阐明的原则被联合国大会确认，为国际社会普遍接受，成为指导国际刑法实践的基本原则。

思考题

1. 为什么说国际刑法是一门边缘、交叉学科？

2. 国际刑法的特征有哪些？

3. 国际刑法要惩治的主要是哪些国际罪行？

4. 了解与研究国际刑法在实践中有什么重要意义？

第二节 国际刑法主体

国际刑法是国际法的一部分。国际刑法主体就是国际法主体。在国际法上，国家是基本主体，国际组织是重要的主体。国际刑法的基本目的是通过惩治犯罪来保障社会安定与人的基本权利。作为个人，在国际刑法里既是作为法律保护的对象，也是承担不能违反国际法规定义务的主体。这就涉及个人是否也是国际法主体的问题。

一、国际法关于主体的基本概念

在理论上，国际法主体被称为“国际法律人格者”（international legal personality），是指在国际事务中能直接享有权利并承担义务的参加者。联合国国际法院（International Court of Justice）对主体曾有一个定义，它认为：A subject of the law is an entity capable of possessing international rights and duties and having the capacity to maintain its rights by bring international claims.①

所以，作为一个国际法主体，就得具备两个条件：

第一，有独立并直接参加国际法律关系的能力。

国际法是调整国际关系的法律，如果在国际关系中不能独立，就不具有参加的资格，也就不可能成为国际法主体。例如，一国的地方政府，它只有经过其中央政府授权才能参加国际关系，因此不能成为国际法主体；

第二，有直接承受国际法上权利和义务的能力，在国际上具有提起诉讼的能力。国际法律关系实质上是国际法主体之间的权利和义务关系，因此，作为国际法的主体，必须能够按照国际法与其他主体缔结条约、互派外交代表或发生其他法律关系，并在其法律关系中享受权利和承担义务。如果没有承受国际法上权利和义务的能力，就不可能成为国际法的主体。例如，一国地方政府如果没有中央政府的授权，就不能在国际场合提起诉讼，因此不能算是国际法主体。

1. 国家是国际法的基本主体

传统国际法认为，国家毫无争议地是国际法的基本主体。正如 Wolfgang Friedmann 教授所指出的：The basic reason for this position is, of course, that “the world is today organized on the

---

① Reparation for Injuries Case, ICJ Reports (1949), 179.

basis of the co-existence of States, and that fundamental changes will take place only through State action, whether affirmative or negative". The States are the repositories of legitimated authority over peoples and territories. It is only in terms of State powers, prerogatives, jurisdictional limits and law-making capabilities that territorial limits and jurisdiction, responsibility for official actions, and a host of other questions of co-existence between nations can be determined... This basic primacy of the State as a subject of international relations and law would be substantially affected, and eventually superseded, only if national entities, as political and legal systems, were absorbed in a world State。①

国家是国际法的基本主体，这个论点为全世界所普遍接受。因为国际法的基本主体，就是指在国际法律关系中处于支配地位和起着主要作用的主体。而国家，就是在国际法律关系中占支配地位和起主要作用的基本主体。事实上，如果从国际社会、国际法和国家这三方面的特点来分析，就会看到：只有国家在国际法律关系中占支配地位和起主要作用。这是因为以下三个理由：

（1）国家之间关系是最基本的国际关系。在近代国际法尚未形成之前，国际关系就一直是国家与国家之间的关系。在近代国际法产生以后，这种情况在很长一段时期内没有变化。国际社会实际上是“国家之国际社会”。从19世纪下半叶开始，国际社会开始出现国际组织，它们之间的交往及其与国家间的关系，才成为国际关系的一部分，但并未动摇国家在国际关系领域的中心地位。这是因为它们或者是由国家建立的，或者是由国家认可的，其所参与的国际关系本身就包含有一部分国家之间的关系。自从国际法体系形成以来，国际关系也一直在发生着变化。但不管国际关系如何演变和发展，都离不开国家的参与及实践。所以，这就决定了国际法的调整对象主要是国家相互之间的关系。

（2）国际法主要是国家之间的法律。国家间关系是国际法调整的主要对象，国际法也主要是国家之间的法律。如果从国际法的渊源来看，国际条约和国际习惯都属于国家之间的协议，体现了国家意志；从领土、外交关系、条约、战争、人权、环境等各个国际法领域来看，国际法基本上是由拘束国家的规则所构成；从国际实践来看，最优先考虑的总是国家的权利和义务，只在少数情况下才对其他国际法主体予以考虑。

（3）国家具有完全的权利能力和行为能力。在国际法上，拥有主权才可以独立自主地进行对外交往，行使国际法上的权利和履行国际法上的义务。国家一般都拥有主权。这种由主权所决定的完全权利能力和行为能力是其他主体所没有的。有些正在争取独立的民族虽然具有国家的某些特征，但毕竟还未最后形成国家，不可能拥有像国家那样的完全能力。

2. 国际组织是国际法的重要主体

国际法是国家之间的法律，因而国家是国际法的最主要的主体。但在第一次世界大战之后，尤其是第二次世界大战以后，随着联合国和其他国际组织的成立，国际关系发生了深刻的变化。国家之间建立了大量的国际组织，它们在国际生活中起着日益重要的作用；许多非国家政治实体活跃在国际舞台上，如交战团体或叛乱团体、争取独立的民族、国际托管领土等。还有，也是更重要的，就是在国际关系的某些领域里，个人越来越成为国际社会关注的焦点。

---

① Ian Brownlie, *Principles of Public International Law*, fourth edition, Clarendon Press, Oxford, 1990, pp. 59-60.

传统意义上的国际组织，是指若干国家或其政府通过缔结国际条约而建立的常设机构，即政府间国际组织，以区别于非政府国际组织。政府间国际组织种类繁多，其活动深入人类生活的诸多方面，对当代国际关系及国际法产生了深刻的影响，并已成为今日国际生活不可或缺的一个部分，其国际人格也得到国际社会的公认。

国际刑法的发展，使得国际上迄今为止设立了不少国际刑事司法机构，如纽伦堡国际军事法庭、远东国际军事法庭、联合国前南国际刑事法庭、卢旺达国际刑事法庭，以及国际刑事法院等，这些都是属于国际法意义上的国际组织机构。

国际组织已成为国际法重要的主体，这主要体现在：

(1) 国际组织作为一个独立于国家之外的集体第三方，独立参与国家间各种关系并产生了一类新的国际关系，即：国际组织与国家以及国际组织相互之间的关系。例如，联合国前南斯拉夫国际刑事法庭的成立和运作，既涉及该法庭与前南斯拉夫和其他国家之间的关系，也涉及该法庭与联合国安理会和其他国际组织之间的关系。

(2) 国际组织已具备作为国际法主体的各方面的权利能力和行为能力。首先，它拥有广泛的外交能力，它参与和主持各种外交谈判，向一国派出代表或代表机构，甚至同国家建立外交关系、互换使节，如欧盟组织在北京就有它的代表机构。另外，国际组织本身及其财产和工作人员还享有类似于国家主权豁免、外交特权与豁免的特权与豁免。例如，联合国前南国际刑事法庭、卢旺达国际刑事法庭以及国际刑事法院和塞拉利昂特别法庭等，和东道国就外交特权与豁免等问题，都签有东道国协议（Host State Agreement)，前南国际刑事法庭和卢旺达国际刑事法庭还就被法庭定罪的执行问题，也与一些国家签署了协议。

比如，联合国《前南国际刑事法庭规约》第 27 条 Enforcement of sentences 规定：Imprisonment shall be served in a State designated by the International Tribunal from a list of States which have indicated to the Security Council their willingness to accept convicted persons. Such imprisonment shall be in accordance with the applicable law of the State concerned, subject to the supervision of the International Tribunal。

为了贯彻和落实这条规定，in the course of 1996，the Registry (of the International Criminal Tribunal for the Former Yugoslavia)，in coordination with the United Nations Office of Legal Affairs，prepared a "Model Agreement for the Enforcement of Sentences" . The agreement sets for the the terms and conditions which are to govern the enforcement of sentences and is designed to be negotiated between a State interested in carrying out the execution of sentences and the Tribunal. Thus，the agreement does not apply automatically to all States which have given notice of their intention to enforce sentences，but operates instead on a case by case basis. Although the agreement allows States a certain degree of flexibility when enforcing sentences imposed by the Tribunal，it upholds the primacy of the Tribunal in particular with respect to the supervision of the imprisonment。①

尽管国际组织具有与国家在特定问题上签署协议的能力，国家仍然是国际法的主要主体。国际组织，尤其是国际刑事司法性质的国际组织，与国家相比，还是有相当的局限性：首先，国际组织，尤其是国际刑事司法机构，是否具有国际人格，要看其组织章程是否赋予它这种地位。其次，国际组织的权利能力和行为能力更受其组织章程以及该组织的宗旨和职能的限制。

---

① International Criminal Tribunal for the Former Yugoslavia，Yearbook of 1996，p. 227.

国际组织的章程及其宗旨和职能均取决于设立它的国家的意志，从这一意义上说，其主体资格具有国家创设的性质。因此，尽管国际组织作为国际法主体在国际生活中已不可或缺，但也并不等于说它是一个国家，或者说它的法律权利和义务与国家相同，更不等于说，它是一个超国家的法人。

归根到底，国际组织作为国际法主体与国家不可相提并论。国家在国际法上拥有完全的权利能力和行为能力，几乎每一项活动都处在国家权限范围之内，相反，刑事司法性质或其他类型的国际组织只具有其章程及其宗旨和职能所赋予的有限的权利能力和行为能力，凡其章程没有明文规定的任何职责，几乎都处在其权限之外。就国际组织而言，它们永远也不会有诸如国家主权、国家管辖权、领土的取得或对他国宣战的权利等，相反，它们还要尊重这些权利，受这些权利的制约。

3. 个人与国际法主体问题

把国际法的主体限制在国家、国际组织以及其他如武装团体和为争取民族解放组织等，而不包括个人，是有道理的。长期以来，我国一般国际法学者也都认为国际法上的主体主要是国家，国际组织、武装冲突团体和民族解放运动组织也是国际法主体，但个人不是国际法主体。然而，随着国际刑法的发展，个人在某种情况下也直接承受国际法上的权利和义务。于是，个人是否也是国际法主体的问题又被提了出来。

从传统国际法的理论来讲，个人（包括自然人和法人）只是国内法的主体。他们总是处在其所属国家的主权管辖之下，不能独立参与国际法律关系。作为通例，个人出现在国际法上，有两种途径：一是通过国家，国家承担有关国际义务，如关于武装冲突法律文件的国际保护，或者国家对个人实行外交保护；二是作为国家的代表，如国家元首、外交人员等。在这两种情况下，个人都不直接承受国际法上的权利和义务。所以，个人不具有独立的国际法律人格。

国际法的主要的主体是国家。国际法是调整国家之间关系的规则的总称。国家稳定并持续地控制着一部分领土，并且行使立法权和行政权，具有全部的法律能力。然而，20世纪，特别是第二次世界大战结束以来，随着国际实践的发展，国际法的主体范围有了扩大，政府间国际组织、民族解放运动组织都逐渐被承认为国际法的主体。个人在国际法上有着比较特殊的地位。

二、国际法上主体理论与实践的发展

在第二次世界大战以后，个人直接享有国际法权利的实践越来越多，最典型的就是涉及人权保护的国际公约。

1. 国际人权法与个人在国际法上的权利

早在1950年签订、1953年生效的《欧洲人权公约》里面，就有设置人权委员会和人权法院以确保各缔约国履行其条约义务并对侵犯人权的缔约国进行制裁的规定。根据该公约，个人依照该公约所享有的人权是国际法上的权利，并且当个人权利受到侵害时，个人无须通过本国为中介就可以直接向作为准司法机关的人权委员会提出申请，以保障其依照该公约所享有的人权。该公约虽然规定人权委员会接受个人的这种申请必须以缔约国事先作出声明同意接受委员会管辖为前提，但所有的缔约国都在缔结该公约时声明接受人权委员会的管辖。

1978年生效的《美洲人权公约》直接赋予了个人向美洲人权委员会的申请权。1981年6

月 28 日，非洲统一组织在肯尼亚首府内罗毕通过了《非洲人权和民族权宪章》。该宪章经非洲统一组织成员国以简单多数批准后，于 1986 年 10 月 21 日生效。这是发展中国家通过的第一个具有法律约束力的区域性国际人权文书。该宪章特别规定了非洲人权和民族权委员会为其执行机构。委员会可以采用任何适当的方法来行使职能，并有权处理各缔约国的来文。对其他来文，包括个人来文，如果经委员会过半数委员同意，也可以审议。这其实就赋予个人在一定条件下的申诉权。

2. 国际刑法与个人在国际法上的义务

国际刑法对个人的国际罪行进行追究，也使得个人是否属于国际法主体的争论发生了很大变化。这一变化尤其是发生在第二次世界大战以后。

1945 年 5 月 8 日，纳粹德国宣布投降。当战争还未结束时，同盟国对于战后惩处战犯问题便已经有过几次讨论和协议，如 1943 年 10 月在伦敦成立的联合国家“战争调查委员会”等。1945 年 7 月 17 日起，美、英、苏三国举行了柏林会议，签订了著名的《波茨坦议定书》，重申了对纳粹德国主要战犯必须严予法律制裁的决心。1945 年 8 月 8 日，苏、美、英、法四国代表签订了设立国际军事法庭的“四国协定”和作为协定附件的《纽伦堡国际军事法庭宪章》。该宪章第 6 条规定：

The following acts，or any of them，are crimes coming within the jurisdiction of the Tribunal for which there shall be individual responsibility：

(a) Crimes against peace. Namely，planning，preparation，initiation or waging of a war of aggression or a war in violation of international treaties，agreements，or assurances，or participation in a common plan or conspiracy for any of the foregoing.

(b) War crimes. Namely，violations of the laws or customs of war...

(c) Crimes against humanity. Namely，murder，extermination，enslavement，deportation，and other inhumane acts committed against any civilian population before or during the war or persecutions on political，racial，or religious grounds in execution of or in connection with any crime within the jurisdiction of the Tribunal，whether or not in violation of the domestic law of the country where perpetrated.

1945 年 10 月，战胜的同盟国在德国纽伦堡设立了“国际军事法庭”，世人称之为“纽伦堡国际法庭”，以惩处德国的主要或首要战争罪犯，这些人对于国家侵略战争政策的制定和侵略战争的进行是起过重大作用的。① 经过长时间的审判，德国 36 个主要战犯被判处死刑，23 个被判处无期徒刑，38 个被宣告无罪，还有一些主要战犯被处以 1 年半到 25 年的有期徒刑。这次审判在理论上和实践中都有重大意义。其判决否定了只有国家是国际法主体、个人不可能因为违反国际法而承担刑事责任的主张：It was submitted that international law is concerned with the actions of sovereign States，and provides no punishment for individuals；and further，that where the act in question is an act of State，those who carry it out are not personally responsible but are protected by the doctrine of the sovereignty of the State. In the opinion of the Tribunal，both these submissions must be rejected. That international law imposes duties and liabilities upon individuals as upon States has long been recognized...the very essence of the Charter is that individuals have inter-

① 参见梅汝璈：《远东国际军事法庭》，4～9 页，北京，法律出版社、人民法院出版社，2005。

national duties which transcend the national obligations of obedience imposed by the individual State. He who violates the laws of war cannot obtain immunity while acting in pursuance of the authority of the State, if the State in authorizing action moves outside its competence under international law. ①

纽伦堡国际军事法庭的判决书明确认为，国际法中关于在某种情形下保护国家代表的原则，不能适用于国际法中已经被斥为犯罪的行为；作出这种行为的人不能以官员的身份作为掩护，而应受到惩治。所以，该法庭的判决经常被用来证明个人在某种程度上已成为国际法的主体。之后，联合国大会于 1946 年 12 月 11 日通过第 95（1）号决议，肯定了《纽伦堡国际军事法庭宪章》及其判决体现的原则。

即使在纽伦堡审判之前，国际上也有许多实践根据国际法来处罚个人。例如，海盗和贩卖人口一直被认为是国际法上的犯罪，任何国家都可以对犯有上述两项罪行的人加以逮捕和审判。另外，联合国安理会成立的前南国际刑事法庭和卢旺达国际刑事法庭、国际刑事法院、塞拉利昂特别法庭以及东帝汶严重犯罪特别法庭（以下简称东帝汶特别法庭）等，都证明了个人如果违反了国际法上的义务，就要承担个人责任。

在 1991 年海湾战争以后，联合国成立的“赔偿委员会”（The UN Compensation Committee），对于在战争以前或战争中受到损害的国家、公司和个人予以赔偿。也就是说，个人可以直接向该委员会提出赔偿的请求。由此，个人似乎也被认为具有承担国际法上权利与义务的能力和资格。如果说国际法的主体主要是国家和国际组织，那么，在国际刑法里除了这两者以外，个人从某种意义上讲，也似乎是享有权利和承担义务的主体。

然而，要下结论说个人已经成为国际法的主体，可能绝对了些。在某些特定的场合，尤其是在国际刑法领域，个人在国际上以法律人格者出现。但还要看到，关于个人是国际法主体的问题迄今为止还不存在一般的规则。如果将个人与国家或其他国际法主体相比，显然，个人在国际关系上还不具有能力，还不能与其他国际法主体相提并论。比如，国家在国际法上拥有完全的权利能力和行为能力，所有这些活动都处在国家权限范围之内；刑事司法性质或其他类型的国际组织在其章程及其宗旨和职能所赋予的有限的范围内，也具有权利能力和行为能力。个人永远也不会具有这些能力，更不会有诸如主权、管辖权等这样的权利；相反，个人还要尊重这些权利，受这些权利的制约。正如国际法学者 Ian Brownlie 所说：The individual does not bear normal responsibility for breaches of obligations imposed by the customary law of nations because most of these obligations can only rest on States and governments, and, further, he can not bring international claims. Yet there is no rule that the individual can not have some degree of legal personality, and he has such personality for certain purposes. Thus the individual as such is responsible for crimes against peace and humanity and for war crimes. Treaties may confer procedural capacity on individuals before international tribunals. It is not helpful therefore to pose the question as one of legal personality in all respects or not at all. ②

所以，个人只是国际法的部分主体。由于国际刑法的发展，个人在某些方面已直接承担国际法上的义务，如不能犯有国际法上禁止性的行为；在某些方面也直接享有权利，如在人权或

① Incited from Ian Brownlie, *Principles of Public International Law*, fourth edition, Clarendon Press, Oxford, 1990, pp. 59-60.

② Ian Brownlie, *Principles of Public International Law*, fourth edition, Clarendon Press, Oxford, 1990, p. 581.

武装冲突法领域可以向国际司法机构直接求偿。然而，个人还不具有国际关系中的权利能力和行为能力，还没有达到国际法律人格的一般要求。但关于个人是否是国际法主体，只是理论上存有争议的问题，它对实践没多大影响。一个人如果犯有国际罪行并被追究个人刑事责任，这在今天的国际法实践中是不存在任何疑义的问题。

CASE STUDY

关于但泽法院的管辖权问题
（咨询意见，常设国际法院）①

第一次世界大战结束之后，根据《凡尔赛和约》的规定，但泽（现称格但斯克）脱离德国而成为由国际联盟管理的自由市。为使波兰将但泽用作进出波罗的海的港口，波兰有权控制但泽走廊，并在自由市享有一些特殊权利。

《凡尔赛和约》第 104 条规定，波兰政府与但泽自由市当局应通过谈判签订一项专约，由波兰管理和控制自由市的全部铁路运输系统。1920 年 11 月 9 日，双方又签订了《巴黎专约》。1921 年 10 月 22 日，双方签订了一项关于但泽市铁路员工转为波兰铁路局服务的协定。波兰铁路局接管但泽的铁路系统之后，部分但泽铁路员工根据 1921 年 10 月 22 日的协定在但泽市法院提起诉讼，要求波兰铁路局为他们遭受的损失提供金钱补偿。虽然但泽法院认为它有权审理此案，但是波兰方面却否认但泽法院的管辖权。1926 年 1 月 11 日，波兰通知国际联盟驻但泽高级专员，波兰不参加此次诉讼，也不接受但泽法院对此作出的任何判决。应但泽方面的要求，高级专员于 1927 年 4 月 8 日作出决定，认为：转为波兰铁路局工作的但泽市铁路员工的金钱赔偿要求，可以构成向但泽法院起诉的理由。但是，1921 年 10 月 22 日的那个协定不能被认为是有关人员提起民事诉讼的根据，因为该协定是国家之间的条约，并不构成铁路局与其员工之间服务契约的一部分；根据公认的国际法规则，国际条约只是将权利赋予有关的政府，并不直接给予个人以权利。但泽自由市当局对高级专员的决定不服，将问题提交国际联盟行政院。行政院因此提请常设国际法院对高级专员的决定是否有充分的法律依据发表咨询意见。

常设国际法院认为，高级专员恰当地确定了但泽法院的管辖权，但是专员在 1927 年 4 月 8 日的决定中认为 1921 年但泽与波兰签订的协定不能成为但泽铁路员工提起民事诉讼的依据，却缺乏完善的法律依据。法院同意，按照一项已经确立的国际法原则，国际协定不能直接对个人产生权利和义务。但是，缔约国也可以依照自己的意图采取一些特殊规则，从而对个人创设权利和义务，并由国内法院强制履行，这也是不容置疑的。在本案中，缔约国对有关人员创设权利、义务的意图可以从但泽与波兰的协定的措辞以及有关当局后来的行为中推断出来。因此，1921 年 10 月 22 日签订的协定构成了但泽铁路员工服务契约的一部分，他们有权根据该协定提出赔偿要求。所以从法院的判决中可以看出来，只要缔约国有意图，国际法就不阻止个人直接取得条约上的权利或直接承担义务。

---

① 转引自中国政法大学国际法教研室编：《国际公法案例评析》，59～60 页，北京，中国政法大学出版社，1995。

思考题

1. 国际法关于“国际法主体”的基本概念是什么？
2. 国家为什么是国际法最主要的主体？
3. 个人是否在国际法上直接承担义务？
4. 常设国际法院在“关于但泽法院的管辖权问题”一案上的要点是什么？

第三节 国际刑法的渊源

所谓“渊源”（sources），原意为“河水的源头”。用作法律术语时，指法律的来源。国际法渊源，主要是指国际法作为有效法律规范所形成的方式，或是指国际法规范第一次出现的地方。

一、国际法渊源的基本概念

国际刑事司法机构在其审判过程中适用的是什么样的法律呢？这就是国际刑法的渊源问题。国际刑法是国际法的一部分，所以它的法律渊源与国际法的渊源一样，主要是国际条约和习惯法。

一个国家的法律制度与该国的哲学、历史和文化等有紧密的联系。由于国家与国家之间在哲学、历史、文化等方面不尽相同，所以国家相互之间的法律制度也有很大的不同。于是，在如何起诉和追究国际罪行方面，国家相互之间就有不同的途径和方法。世界上很多国家为了使本国的法庭对国际罪行具有管辖权，就通过立法将一些国际犯罪行为予以定罪，并规定本国法庭对这些罪行具有审判的权力。因此，是否要对国际罪行进行惩治，通过什么样的程序以及如何对国际罪行进行惩治，在很大程度上取决于各国的法律理念和法律制度。然而，国际刑法要追究和惩治的是国际罪行。这些罪行被规定在国际条约或国际惯例里，国家因此负有国际责任和义务，这就为国际社会起诉并惩治国际罪行提供了一个合法的前提条件。

国际刑事法院《罗马规约》第 38 条第 1 款本来是为了确定该法院审理案件的法律依据，但它在国际法上已被认为是对国际法渊源的最具权威的声明。该条款规定如下：

The Court, whose function is to decide in accordance with international law such disputes as are submitted to it, shall apply:

a. International conventions, whether general or particular, establishing rules expressly recognized by the contesting states;

b. International custom, as evidence of a general practice accepted as law;

c. The general principles of law recognized by civilized nations;

d. Judicial decisions and the teachings of the most highly qualified publicists of the various nations, as subsidiary means for the determination of rules of law.

根据国际刑事法院《罗马规约》的这条规定，国际法渊源可分为主要渊源和辅助渊源。国际法规范的普遍形式是国际条约、国际习惯和国际法一般性原则，还有与国际法规范有联系的其他形式，如国际性司法判例、著名国际法学家的学说等。

国际法的渊源是公约、习惯、一般原则和最权威的公法学家的学说。然而，由于渊源有好多个，其中就必然还有一个先后顺序问题。对此，国际刑事法院《罗马规约》第 21 条规定如下：

1. The Court shall apply:

(a) In the first place, this Statute, Elements of Crimes and its Rules of Procedure and Evidence;

(b) In the second place, where appropriate, applicable treaties and the principles and rules of international law, including the established principles of the international law of armed conflict;

(c) Failing that, general principles of law derived by the Court from national laws of legal systems of the world including, as appropriate, the national laws of States that would normally exercise jurisdiction over the crime, provided that those principles are not inconsistent with this Statute and with international law and internationally recognized norms and standards.

2. The Court may apply principles and rules of law as interpreted in its previous decisions.

国际刑事法院《罗马规约》的这条规定明确了国际刑事法院在适用法律上的先后次序：国际刑事法院在其司法实践中，将首先适用《罗马规约》、“罪行构成要件”和“程序与证据规则”；其次是国际法上有关的条约及国际法原则和规则，其中包括在武装冲突中适用的国际法规则；然后，在无法适用上述规则时，就适用世界各法系的国内法，包括国内法中通常对该罪行行使管辖权时的一般法律原则，但这些原则不得违反《罗马规约》、国际法和国际承认的法律原则和规则。除此以外，国际刑事法院《罗马规约》规定还可适用其以前判决中所阐释的法律原则和规则。

二、国际条约

国际条约（international treaties）是国际法主体间就权利义务关系所缔结的一种书面协议。“条约必须遵守”是一项重要的国际法习惯规则。《联合国宪章》序言申明，各国应“尊重由条约与国际法其他渊源而起之义务”。1969 年《维也纳条约法公约》（Vienna Convention on the Law of Treaties）明确规定，“凡有效之条约对其各当事国有拘束力”。除许多重要的国际法文件外，一些国际判例也确认了这一习惯规则。例如，1910 年常设仲裁法庭在“北大西洋渔业仲裁案”中指出，每个国家均应该诚实履行其所负条约之义务。因此，条约构成现代国际法首要的渊源之一。

国际刑法中的不少规则都来自国际条约。国际刑法学者 Cherif Bassiouni 教授指出：International law provides international criminal law's sources of law with the ratione materiae, ratione personae, and international enforcement obligations, which apply to the direct enforcement system, and to the indirect enforcement system。[①]

---

① Cherif Bassiouni, *Introduction to International Criminal Law*, Transnational Publishers, Inc., Ardsley, New York, 2003, p. 8.

国际刑法中的规则源自国际条约，这点可以说是随处可见。

《前南国际刑事法庭规约》第 2 条是关于“严重违反 1949 年日内瓦四公约行为”的罪行，根据该条规定，The International Tribunal shall have the power to prosecute persons committing or ordering to be committed grave breaches of the Geneva Conventions of 12 August 1949, namely the following acts against persons or property protected under the provisions of the relevant Geneva Convention，所以，其中具体犯罪行为，如“willful killing”，“torture or inhuman treatment, including biological experiments”，“willfully causing great suffering or serious injury to body or health”，以及“taking civilians as hostages”等，都是从 1949 年制定的日内瓦四公约中来的。

《卢旺达国际刑事法庭规约》第 4 条是关于“违反 1949 年日内瓦四公约共同第 3 条及其第二附加议定书行为”的罪行。根据这条规定，The International Tribunal for Rwanda shall have the power to prosecute persons committing or ordering to be committed serious violations of Article 3 common to the Geneva Conventions of 12 August 1949 for the Protection of War Victims, and of Additional Protocol II thereto of 8 June 1977。该条所规定的“违反行为”(violations)，如“Violence to life, health and physical or mental well-being of persons, in particular murder as well as cruel treatment such as torture, mutilation or any form of corporal punishment”，“collective punishments”，“taking of hostages”，“acts of terrorism”，以及“pillage”等，也都是 1949 年日内瓦四公约共同第 3 条及其第二附加议定书里所规定的、属于严重违反国际人道法的行为。

不管是前南国际刑事法庭还是卢旺达国际刑事法庭或国际刑事法院等，其所管辖的国际罪行里都有“种族灭绝罪”。《前南国际刑事法庭规约》第 4 条是关于该罪行的规定，该条第 1 款规定：The International Tribunal shall have the power to prosecute persons committing genocide as defined in paragraph 2 of this article or of committing any of the other acts enumerated in paragraph 3 of this article。然后，第 2 款规定，Genocide means any of the following acts committed with intent to destroy, in whole or in part, a national, ethnical, racial or religious group, as such: (a) killing members of the group; (b) causing serious bodily or mental harm to members of the group... 第 3 款规定，不仅要惩治“genocide”本身，还要惩治“conspiracy to commit genocide”，“direct and public incitement to commit genocide”，“attempt to commit genocide”以及“complicity in genocide”等行为。

所有国际刑事司法机构关于“种族灭绝罪”的定义和规定，又都是从 1948 年《种族灭绝罪公约》来的，正如时任联合国秘书长在设立前南国际刑事法庭时所解释的：

The 1948 Convention on the Prevention and Punishment of the Crime of Genocide confirms that genocide, whether committed in time of peace or in time of war, is a crime under international law for which individuals shall be tried and punished. The Convention is today considered apart of international customary law as evidenced by the International Court of Justice in its Advisory Opinion on Reservations to the Convention on the Prevention and Punishment of the Crimes of Genocide, 1951.

The relevant provisions of the Genocide Convention are reproduced in the corresponding article of the statute, which should read as follows (as it is in Article 4)。①

国际条约不但提供关于国际刑法实体法的国际罪行等方面的规定，而且提供程序方面的

---

① Report of the Secretary-General, UN Doc. S/25704, paras. 45-46.

规定。

自第二次世界大战结束以来，国际法在保障人权方面有了很大的发展。制定于第二次世界大战刚结束后不久的《世界人权宣言》第8条规定："任何人都有在有管辖权的国家的法院，根据由宪法和法律授予其针对侵犯基本人权的行为寻求救济的权利。"

在1966年联合国《公民权利和政治权利国际公约》（International Covenant on Civil and Political Rights）中，这一原则得到了进一步的肯定。《公民权利和政治权利国际公约》第2条规定："每一个公约的缔约国应采取措施，尊重并且保证在其领土和管辖范围内的所有个人由本公约确认的权利，不得因其种族、肤色、性别、语言、宗教、政治观点和其他观念、民族和社会来源、财产、出身以及其他状况的差别而有所不同。"还有，"每一个缔约国应采取措施：(a) 保证任何人在本公约确认的权利和自由受到侵犯的时候，应有权寻求有效的救济，即使侵犯其权利的人是以官方身份行事；(b) 保证任何寻求这一救济的人由有权的司法行政和立法机关以及根据其国内法规定有权的机关向其提供救济，并且发展司法救济的可能性；(c) 保证有权机关应强制执行授予其的救济措施"。根据上述规定，国家提供救济的对象为在其境内或管辖下的任何个人。

由于国际人权法的发展，在所有国际刑事司法机构的法律文件中都有关于被告权利的规定。《前南国际刑事法庭规约》第21条规定，"All persons shall be equal before the International Tribunal"，"In the determination of charges against him, the accused shall be entitled to a fair and public hearing"，以及"The accused shall be presumed innocent until proved guilty according to the provisions of the present Statute"，等等。

《前南国际刑事法庭规约》第21条里面所规定的被告的基本权利，如"to be informed promptly and in detail in a language which he understands of the nature and cause of the charge against him"，"to have adequate time and facilities for the preparation of his defence and to communicate with counsel of his own choosing"，以及"to be tried without undue delay"等，其实都是从1966年联合国《公民权利和政治权利国际公约》中来的，正如联合国秘书长在他向联合国安理会提交的报告中所声明的：It is axiomatic that the International Tribunal must fully respect internationally recognized standards regarding the rights of the accused at all stages of its proceedings. In the view of the Secretary-General, such internationally recognized standards are, in particular, contained in article 14 of the International Covenant on Civil and Political Rights。①

从所有这些规定可以看到，国家应为在其境内或管辖下的受害者提供救济，在国际法上有义务调查、起诉、审判大规模侵犯人权的行为，其中当然也包括健全司法制度以便对犯有严重国际罪行的人进行起诉和审理。国际人权法的发展加强了国际社会关于人权价值的观念。

另外要注意的是，国际刑事法院的宪法性质的规约，其本身也是国家通过谈判产生的国际条约，它对法院的活动具有指导性的意义。例如，2005年3月31日，联合国安理会依据《罗马规约》第13条(b)款的规定通过了1593号决议，将苏丹达尔富尔情势提交给国际刑事法院。达尔富尔情势是国际刑事法院自2002年成立以来收到的第一个由联合国安理会提交的情势。

---

① Report of the Secretary-General, UN Doc. S/25704, para. 106.

三、国际习惯

国际刑法是国际法的一个分支，它在很大程度上依赖于习惯法。这是国际刑法的基本特点之一。

国际习惯是国际法古老的渊源。它是各国重复类似的行为而产生的具有法律拘束力的行为规则，是国家间默示的协议。从法律上讲，国际习惯就是指“各国重复类似的行为而具有法律拘束力的结果”①，一旦在法律上被认可是习惯法，就对世界上所有国家产生拘束力。

从法律角度看，国际习惯的形成必须具备以下两个要件：第一，物质要件，即必须有通例的存在，有各国重复的类似的行为。一般地，它要求时间上连续适用、空间上的普遍适用、数量上的多次不断重复和方式上的对同类问题采取一致的做法。第二，心理要件，即法律确信(opinio juris)。惯例被各国视为法律规则而具有拘束力。

国际法院曾在北海大陆架案中认为：“不仅行为必须表示为一致的通例；更须证明此种通例是一种法律规则，而必须遵守之的信念：当事国必须有履行一种法律义务的感觉，而非仅单纯出于礼让或传统的考虑。”②

国际法院在庇护案判决中还认为：“依赖习惯的一方必须证明这个习惯已经具有习惯法上的拘束力。哥伦比亚政府必须证明其所援引的规则始终为有关国家实行的经常与一致的惯例，且此项惯例表现在属于给予庇护国的权利与当地国负有的义务上……当一个常被国家实行的国际行为被认为是法律上有拘束力或具有法律上的权利时，自这个行为中可以抽出的规则就可被认为是习惯国际法的规则。”③

所以，国际习惯与条约不同，是一种“不成文”法。为了证明某项规则已经确立为国际习惯，必须从国际关系中查找证据，按上述两项要件加以证明。通常这种证据存在于各国外交文件和国家、国际组织及国际会议的有关文献资料之中，这对国家多有不便，加之国际习惯的形成多有一个漫长的过程，因此，在现代国际法上，条约已取代习惯成为首要的国际法渊源。但是，由于条约只对当事国有效且其内容不可能包罗万象，没有条约调整的领域就有赖于习惯来调整，而且，在现代国际法上，许多条约本身就是在习惯规则的基础上编纂而成的；同时，有些双边或少数国家参加的条约中的规则还有经各国不断接受而成为习惯规则的。某些国际实践在短期内即被各国接受为习惯规则，所以，国际习惯作为国际法的渊源，仍不失其重要性。

习惯法的确定对国际刑事法庭（法院）很重要。关于国际刑事法庭（法院）所管辖的实体罪行，可以由国际条约规定，也可以由联合国安理会通过决议来规定。由于这方面的明文规定在国际法律文件中并不多，国际刑事法庭（法院）在确定国际罪行时，就需要经常地借助于国际习惯法和国际法的一般规则，以便对国际条约法中的规定进行澄清，或对国际条约法中的空白来进行填补。事实上，为了能证明有的规则已成为刑法上的一般性原则，也需要对国际习惯法的引用进行解释。

国际刑事法庭（法院）的案子是由来自不同国家的法官进行审理的。法官各自的教育和背景不尽相同、思路不同，故法官在适用法律时的倾向性不尽相同，就可能得出不同的结论。法官们在这之前的文化和教育背景对法官的判案起着“潜移默化”的作用。比方说，来自普通法

---

① Ian Brownlie, *Principles of Public International Law*, fourth edition, Clarendon Press, Oxford, 1989, p. 4.

② I. C. J. Reports, 1969, p. 44.

③ I. C. J. Reports, 1959, p. 276.

系国家的法官适用“判例法”的意识就比较强，只要以前的法官就类似的案子有过裁决，他（她）就会跟着走，很少去追究，至于以前该法官的裁决是否符合国际习惯法，或者该裁决是否有不对或不合理的地方等问题，一般都不过问。同样的案子如果由来自大陆法系国家的法官来处理，由于“判例法”在大陆法系制度中不被看重，他（她）一般就会主要去审查有关法律文件中的规定，或审议这些规定与本案的联系。

在国际法领域，有些法律发展速度很快，如国际人权法、国际环境法和国际贸易法等。但与这些国际法学科相比，国际刑法发展得更快。在最近的二十多年里，国际社会先后成立了前南国际刑事法庭、卢旺达国际刑事法庭、塞拉利昂特别法庭、东帝汶特别法庭等。究其原因，是由于国际犯罪呈上升趋势，严重违反国际法的行为越来越多，这也是国际社会不幸的方面。但在另一方面，正是由于国际犯罪的增多，国际社会自然也采取建立国际刑事法庭（法院）这样相应的措施，来惩治和预防国际犯罪。

国际刑法有了很大发展，新增加了不少成文法规则，但这还不足以证明它已经是一个前后一致的法律体系。即便是新建立不久的国际刑事法院，在其实践中也不得不依赖习惯法和不成文的一般性法律原则。前南国际刑事法庭是联合国安理会设立的，联合国秘书长在该法庭成立时认为：

33. According to paragraph 1 of resolution 808（1993），the International Tribunal shall prosecute persons responsible for serious violations of international humanitarian law committed in the territory of the former Yugoslavia since 1991. This body of law exists in the form of both conventional law and customary law. While there is international customary law which is not laid down in conventions，some of the major conventional humanitarian law has become part of customary international law.

34. In the view of the Secretary-General，the application of the principle nullum crimen sine lege requires that the International Tribunal should apply rules of international humanitarian law which are beyond any doubt part of customary law so that the problem of adherence of some but not all States to specific conventions does not arise. This would appear to be particularly important in the context of an international tribunal prosecuting persons responsible for serious violations of international humanitarian law. ①

联合国秘书长之所以这么声明，是因为联合国安理会即便根据《联合国宪章》成立了前南国际刑事法庭，但联合国安理会并没有“立法”权，而且并不是所有国家对国际刑事法庭要适用的国际条约都已批准加入，成为缔约国了。秘书长建议法庭所适用的法律，只能是已经属于国际习惯法的法律，而他的建议又为安理会所接受，就是为了使前南国际刑事法庭的司法对世界上所有国家都具有合法性。

国际刑法在某种程度上依赖于习惯法，这与普通法系国家的司法制度有相似之处。在普通法系的国家，如在英国和美国，除了在法律文本中所作的规定外，还有好几个世纪积累下来的经过长期发展的司法判例。这些司法判例对下级法庭具有束缚力。此外，这些判例在很大程度上还满足了刑法对法律具有确定性和预见性的要求。

---

① Report of the UN Secretary-General，UN Doc. S/25704，pp. 33-34.

四、国际法一般性原则

国际刑事法律的一般性原则包括了刑事法律上的一些特别原则，如合法性原则、无罪推定原则、平等诉讼原则等。所有这些国际刑法原则的形成，都是从国内法制度向国际法逐渐转化的结果。通过实践，这些原则现又被融进国际法律体系之中。国际刑法学者 Cherif Bassiouni 教授认为：The general part of international criminal law applies essentially to proceedings before international judicial bodies，namely，in the context of the direct enforcement system. However，some of these norms have become part of customary international law and also apply to national proceedings involving certain international crimes. These norms derive from general principles of law and include：elements of criminal responsibility，factors which exonerate from criminal responsibility，the elements of crimes，principles of legality and ne bis in idem. ①

在 1998 年 Celebici 一案中，前南国际刑事法庭提到了“法无明文不为罪”（nullum crimen sine lege）原则和“罪刑法定”（nulla poena sine lege）原则。法庭认为，在世界主要刑事审判制度中，这些原则都被公认为刑事犯罪的根本性原则。② 法庭还认为，“禁止事后追溯”的刑事法律原则，是从刑事法律和刑事制裁中的无溯及力使用规则派生来的，它尤其提到了刑事立法中的明确性要求和禁止含糊不清的特点，并认为：所有这些“法律原则存在于世界上所有主要刑事审判制度中，并得到承认”。与此同时法庭还认为，“这些从国内法律系统中分离出来的原则已经在多大范围内被承认为国际法实践中的一部分还不确定。这在本质上归因于国内与国际刑事审判系统对犯罪行为的判定方式有所不同”③。

国际法上的一般性原则，从道理上讲是由那些国际法律制度中固有的（inherent）原则组成。所以对这些原则进行确定，不一定非要通过对世界上所有主要法系的深入而全面的比较研究。相反，它只要通过对国际法系的主要特征进行概括和归纳就能确认。

就以 Furundzija 案为例。在这个案件中，前南国际刑事法庭对国际条约和判例法进行了充分的研究，以确定在国际习惯法中是否已存在对强奸定义的规定。所以它对不少国家的国内法进行了解和研究，以便尽可能找到一个关于“强奸”问题上各国普遍接受的定义。

法庭在进行了充分研究后认为：不同的国家对性侵犯具体犯罪行为的构成要件存有很大分歧，但一个关于“强奸”罪行的普遍性定义是存在的。在方法上，前南国际刑事法庭主要是运用寻找一个国际刑事或国际法上的一般性原则的方法。④ 对法庭而言，“对一个人尊严和人格的尊重”的原则，既可以认为是国际人道法和国际人权法的一般性原则，同时也是贯穿整个现代国际法体系的一般性原则。⑤ 当然在下此结论时，前南国际刑事法庭还提到了“法无明文不为罪”（nullum crimen sine lege）刑法上这一极其重要的原则。

在 Kupreskic 一案中，前南国际刑事法庭在如何确定针对同一刑事行为的双重指控在判决中该如何反映时，也采取了同样的逻辑和方法。前南国际刑事法庭认为：

---

① Cherif Bassiouni，Introduction to International Criminal Law，Transnational Publishers，Inc.，Ardsley，New York，2003，p. 7.

②③ The Prosecutor v. Delalic and others，ICTY Trial Chamber II，Judgment of 16 November 1998（Case No. IT-96-21-T），para. 402.

④ The Prosecutor v. Furundzijia，ICTY，Trial Chamber II，Judgment of 10 December 1998（Case No. IT-95-17/1-T），para. 182.

⑤ Ibid.，para. 183.

“前南国际刑事法庭规约在任何时候都不能对（国际法）问题进行规范。为成立前南国际刑事法庭而提交给联合国安理会并被联合国安理会作为决议附件而通过的联合国秘书长的报告，也不能对规约条文的解释起任何帮助作用。前南国际刑事法庭应利用下述的法律渊源：

——国际法习惯法规则；

——国际刑法一般性原则；如果不存在国际刑法一般性原则，就运用

——世界主要法律体系制度中的刑法一般性原则；如果不存在这些原则，就运用

——与国际司法正义的基本要求相一致的法律一般性原则。”①

前南国际刑事法庭还认为：“由于各国法律制度之间存在不同的规定，审判庭认为一个公平的解决方法既可以来源于对法律条文对象和目的的解释及隐含于法律之中的根本性概念，也可以来源于曾被纽伦堡国际军事法庭所提及的‘军事法庭法学家所主张的实现正义的一般性原则’。”②

理论上讲，国际刑事法庭和国际刑事法院的司法判决本身，并不构成国际刑法的渊源。根据国际刑事法院《罗马规约》中已成为国际习惯法的第38条第1款（d）项，国际刑事法庭或国际刑事法院的司法判决只能是“确定国际法原则之辅助手段（subsidiary means）”。

但不管是国际习惯法还是国际法的一般性原则，都可以通过案例来证明，其中也包括国内法院的司法实践和案例。当然，每一个国内法院即便是对一个关于国际罪行的案子进行审理和判决，引用的只是本国刑法中关于该罪行的条款和概念。因此，要通过不同的国家的国内法院的审理找到共同点来证明国际习惯法，并不是轻而易举的。

五、国际法规则在法庭刑事案件中的适用

国际刑事司法机构在案件的审理过程中，得经常引用判例法、国际条约和其他国际法律文件，以证明在某个具体问题上是否应适用国际习惯法。例如，前南国际刑事法庭在夫隆季亚一案中，就对“强奸”的罪行是否已成为国际习惯法，发表了比较清楚和具体的意见。

在夫隆季亚案中，前南国际刑事法庭认为，国际条约已明确禁止“强奸”行为的罪行。该法庭同时还认为：“禁止在武装冲突中实施强奸和性攻击行为已经发展成为国际法习惯法。‘禁止强奸’首先被明确地规定在订立于1863年《利伯法典》的第四十四条、《海牙陆战条例》第四附加公约的第46条以及《海牙公约》序言中的‘马尔顿条款’里。尽管纽伦堡国际军事法庭没有把‘强奸罪’和‘性攻击’作为单独的国际罪行来起诉，但军管会第十号命令第2条第1款（C）项却明确将‘强奸’作为反人道罪的一种。东京国际军事法庭在‘军事指挥官’理论基础上，裁定松井石根将军由于其部下在南京实施的包括强奸和性攻击在内的行为而犯有违反战争法和惯例罪。日本前外交部长东乡茂德也因强奸和性攻击暴行被判有罪。这个判决和（1949年日内瓦四公约）共同第三条中关于‘禁止损害个人尊严’这一习惯法规定，为‘强奸罪’和‘性攻击罪’发展成为普遍被接受的国际习惯法作出了贡献。这些规定适用于所有类型的武装冲突。毫无疑问，发生在武装冲突中的‘强奸’和其他性攻击行为都将使该行为的实施

---

① The Prosecutor v. Kupreskic and others，ICTY，Trial Chamber，Judgment of 14 January 2000（case No. IT-95-16-T），para. 591.

② Ibid.，para. 717.

者承担个人刑事责任。”[1]

在所有国际刑事法庭（法院）基本法律文件中最有权威和影响的，当属1945年《纽伦堡国际军事法庭宪章》和订立于1998年的国际刑事法院《罗马规约》。《纽伦堡国际军事法庭宪章》规定了纽伦堡国际军事法庭要遵循的实体法和程序规则，是国际刑法上的重要法律文件；而国际刑事法院《罗马规约》则详细、具体规定了国际刑事法院管辖下的国际罪行以及国际刑法的一般原则和规则。此外，它还规定了在国际刑事法院案件审理中的一些重要的程序性规定。

其他对国际刑事司法机构赋予法律拘束力的文件，主要是联合国安理会在1993年和1994年为成立前南国际刑事法庭和卢旺达国际刑事法庭而通过的决议。这些决议因为是在《联合国宪章》第七章下通过的，所以根据《联合国宪章》第25条的规定，对联合国所有会员国都具有拘束力。

国际刑事法庭（法院）在案件审理中为解释以上这些法律文件，就得借助《维也纳条约法公约》中的规定。迄今为止，国际刑事法庭（法院）的上诉庭已经就这些法律文件的性质发表了不少意见。[2]

刑法为了惩罚犯罪行为订立了比较具体和详细的规则，国际公法的规则是为了调和主权国家相互之间的利益冲突而订立的，尽管它同时并不忽视个人和非国家主体的利益。在国际法中有一部分是关于主权国家由于犯有国际不法行为而须承担的国家责任问题。然而，国际法中“国家责任”部分远不如国际刑法中关于要追究个人刑事责任的问题更能引起国际社会的注意。从根本上讲，国际法主要是为了调整和促进主权国家相互之间友好交往，而不是为了追究某一国家在国际法上的不法行为。也就是说，国际法更强调关于国家相互之间关系的“调整”规范作用，而不是相互间进行“惩罚”的作用。

为了能够顾全主权国家在维护其利益和国际社会所关注要点两者之间的平衡，国家在法律制定过程中往往会在比较关键和重要的问题上使用较为模糊的词语或订立“软性”（soft）的规定，以避免法律文本通过其本该有的强制力的显明标准束缚国家。这样，当国家需要调和它们之利益关系时，就更容易就“模糊性”条款达成协议。

国际公法中对于详细、清晰和明确的法律条款的要求，远没有国际刑法中那么重要。在国际刑法中，所有规则都应制定得详细、清晰和明确。这点至关重要，因为它关系到犯罪嫌疑人的基本权利能否得到完全实现。

国际刑事法庭在审理案件时，将不得不对其他有关国际条约作出解释。例如，《前南国际刑事法庭规约》第2条是关于“严重违反1949年日内瓦四公约行为”的罪行（grave breaches of the Geneva Conventions of 1949）。前南国际刑事法庭在被告被起诉犯有该罪行并需要确定被告是否犯有该公约所规定的罪行时，就必须首先决定1949年日内瓦四公约对“战争受害者”或“被保护财产”等作出的关于适用范围或适用条件的定义。再例如，《卢旺达国际刑事法庭规约》第4条规定，该国际刑事法庭要追究“违反1949年日内瓦四公约共同第三条及1977年第二附加议定书行为”的罪行，那么，卢旺达国际刑事法庭在适用该条款时，就必须首先了解和解释日内瓦公约中关于共同第3条及其第二附加议定书的订立背景和规定。

---

① The Prosecutor v. Furundzija, Judgment, Trial Chamber II, 10 December 1998, Case No. IT-95-17/1-T.

② See Tadic Case (Interlocutory Appeal), October 2, 1995, Case No. IT-94-1-AR 72, pp. 71-93; also Tadic (Appeal), Appeals Chamber, Judgment of 15 July 1999, Case No. IT-94-1-A, pp. 282-6 and 287-305. An ICTY Trial Chamber held in Slobodan Milosevic (Decision on Preliminary Motions) that “the Statute of the International Tribunal is interpreted as a treaty” [Prosecutor v. Milosevic Slobodan (Decision on Preliminary Motions), ICTY Trial Chamber III, Decision of 8 November 2001 (case No. IT-99-37-PT)].

在适用国际条约时还必须考虑到与适用条约相关的一些问题。例如，国际法上条约法的一个基本原则是：条约只对批准加入的国家发生权利和义务，对第三者没有效力（pacta non obligant nisi gentes inter quas initia）。但是，如果能证明条约中的某些规定已经通过国家的实践，从而被国际社会接受为国际习惯法，这些规定就应适用于世界上所有的国家。

国际刑事法庭现在适用的国际条约，主要是与武装冲突法或国际人道法有关的国际条约，比如在“战争罪行”方面，国际社会制定有1899年《陆战法规和惯例公约》（海牙第二公约），1907年《陆战法规和惯例公约》（海牙第四公约），1925年《禁止在战争中使用窒息性、毒性或其他气体和细菌作战方法的议定书》，1949年日内瓦四公约及其1977年两个附加议定书等。如果违反这些法律文件的规定，就可能被认为犯有战争罪。

不管是联合国前南国际刑事法庭、卢旺达国际刑事法庭还是国际刑事法院，其根本大法就是关于该机构的规约。以后，这些机构订立的规则都不能与规约的规定相违背，也不能与国际习惯法的规则和原则相违背。当其他规则（包括法庭“程序与证据规则”）与规约不相符合时，法庭或法院不能适用这些规定或程序规则。在这种情况下，它必须进行解释分析，只有在证明这些规则符合国际法一般原则后才能被适用。

到目前为止，国际法上已确立了不少国际罪行。由于刑法上类似“法无明文不为罪”基本原则的规定，国际刑事法庭不可能对超出自己管辖权的国际罪行进行审理。例如，国际刑事法院《罗马规约》中关于该法庭的“实体管辖权”（subject-matter jurisdiction）仅涉及种族灭绝罪和反人道罪而没有恐怖主义罪，那么，国际刑事法院在适用法律时，就只能参照关于这两种罪行的国际条约。由于“恐怖主义罪”不属于国际刑事法院的管辖权范围，国际刑事法院就没有可能引用关于惩治恐怖主义罪方面的国际条约。

国际刑法由于其规则中不少都来源于习惯法所产生的不确定性，以及与此同时关于其规则必须具有规范清晰、具体的特点的要求，使得一国国内和国际刑事法庭的司法作用变得特别的重要。一国国内法院或国际刑事法庭在其司法实践的过程中，不可避免地在针对被指控的罪状适用法律时，要对基于习惯法的规范作出解释。比如说，国际刑事法庭必须明确指出：

——在某一方面是否存在习惯法，以及（在如果有的情况下）它的内容；

——对条约所订立条款的解释或澄清；

——基于一般性原则，对国际刑法的规则和适用问题作出说明。

所以，国内法院和国际刑事法庭的司法实践作用非常重要。国际刑事法律得到了很大的发展，主要应归功于各国国内刑事司法实践。

国际法不少分支都有基本的国际法律文件，例如，国际人道法方面的基本法律文件有1949年四个日内瓦公约和1977年的两个附加议定书，国际海洋法方面有1982年《联合国海洋法公约》，国际人权法有1966年联合国通过的《经济、社会、文化权利国际公约》、《公民权利和政治权利国际公约》，外空法有1967年《外空条约》等。国际刑法不同，因为国际上还没有一部各国可以通用的类似“世界刑法典”这样的法律文件。

国际刑法与国际法其他分支相比较有很大不同。它没有统一法律文件，其规则基本上都是来源于国际法中的人权法以及各国国内刑法中的一些规则。国际刑法的这个特点很明显，所以对国际刑法实践稍有了解的人都能看到，国际条约中有关保障人权的规定，以及国际人权机构组织如“联合国人权委员会”或“欧洲人权法院”在司法实践中的案例法（case law）等，对国际刑法的发展起了很大的促进作用。

CASE STUDY

尼加拉瓜军事行动及准军事行动案件
(国际法院)①

国际条约和国际习惯法之间往往存在着一种相互作用的联系。缔结国际条约是为了创设国家的权利和义务；但同时，条约中的某些条款也已通过国家的实践被认为已成为国际习惯法。例如，国际法院在尼加拉瓜军事行动及准军事行动案中对1949年日内瓦四公约共同第3条的效力进行的分析，就较为清楚地解释了国际条约与国际习惯法之间的这一联系。

"尼加拉瓜军事行动及准军事行动案"涉及美国在该案中的主张。美国认为在考虑适用日内瓦公约共同第3条的问题上应该考虑关于多边条约的保留问题，所以，国际法院裁决这个问题，就应该从条约保留的角度来考虑共同第3条的效力问题。然而，国际法院把它与国际习惯法联系起来，并认为："1949年日内瓦四公约的共同第3条，定义了对非国际性武装冲突应该适用的确定规则。毫无疑问，在国际性武装冲突中，这些规则同样也构成了最低限度的准绳，除此之外，更为精细的规则将适用于国际性武装冲突；在本法院看来，共同第3条的规则反映了本法院在1949年科孚海峡案中所指出的'对人道的最基本的考虑'。因此本法院发现，共同第3条的规则适用于本案的争议，从而无须就美国提出的关于多边条约保留可能对相关条约产生的影响作出决定。"

正是因为从国际习惯法的角度来考虑日内瓦公约共同第3条的效力问题，国际法院认为美国对尼加拉瓜的干涉违反了国际法规则，构成了国际不法行为。

思考题

1. 国际习惯的形成应具备的要件是什么？
2. 简述国际习惯法在国际刑法中的作用。
3. 简述国际习惯法在国际刑法实践中的运用。
4. 国际条约与国际习惯法之间的关系是什么？

第四节 国际刑法与国内法的关系

国际刑法是国际法的一部分。国际法包括国家及国家所组成的国际组织的适用准则和实

① Judgment of Case Concerning Military and Paramilitary Activities In and Against Nicaragua (Nicaragua v. US), para. 218.

践，它在某些方面渗透到国家的法律制度之中并超越国家的法律制度，所以，国际刑法与国内法的关系是研究或了解国际刑法的一个重要问题。

一、关于国际法与国内法关系的基本概念

国际法与国内法的关系问题既是一个理论问题，又是一个实践问题。国际法与国内法之间发生冲突时，如何协调？应当适用何种国际法规则来解决这一冲突？

国际法与国内法之间的冲突，其实是国家主权与国际法律秩序这两种不同价值取向的冲突：国家主权保护一国的国内法律体系免受国际法的干预，国际法律秩序则寻求以国际社会的共同利益为基础对整个国际社会进行整合与组织。但需要强调的是，国际法的发展，尤其是国际刑法和国际人权法的发展，使得本来不少属于国内法的问题需要用国际法规则来进行调整。

国际法与国内法的关系问题涉及一些基本问题。例如，国际法与国内法是属于一个法律体系还是两个法律体系？对这个问题，有的认为是属于同一法律体系，这些人被称为一元论者，其代表为 H. Kelsen 先生。有的则认为国际法与国内法分属于两个独立的法律体系，认为国际法本身不会成为国内法的一部分，但在特殊情况下，国际法规则可以在国内适用。这些人被称为二元论者，其代表为奥本海（L. Oppenheim）。另外，如果国际法与国内法同属于一个法律体系，那么在这一法律体系中，是国际法的效力优于国内法，还是国内法的效力优于国际法呢？国际法学者在这些问题上的观点不尽相同。

一元论的论点首先是由德国学者 W. Kaufmann 先生于 1899 年提出。H. Kelsen 先生与 A. Verdross 先生等都持这种观点。根据他们的观点，国际法与国内法属于一个法律体系，国内法的效力来源于国际法，而国际法的效力则来源于一个最高规范，即“约定必须遵守”或者“国际社会的意志必须遵守”①。H. kelsen 是这一观点的代表人物，他认为，国际法和国内法作为强迫性秩序并没有什么本质的不同。② 但国际法规则要高于国内法的规则，如果国内法与国际法发生了冲突，国内法就将自动无效，并且国际法的规则可以直接适用于国内。③

二元论最早由德国学者 H. Triepel 先生提出，他认为：国际法和国内法属于两个不同的概念，构成不同的法律体系。国际法规范国家之间的关系，它们只能约束国家，不能直接约束个人。国际法与国内法的主体不同，国内法主体主要是个人，而国际法主体主要是国家。另外，国际法与国内法的法律渊源不同：国内法是一个国家意志的体现，国际法虽然也是国家的意志，但与国内法不同，它是众多国家的共同意志。因此，国际法和国内法虽然有密切联系，但绝不是互相隶属的关系。④ 奥本海也持有同样的观点。⑤

从传统的国际关系实践来看，二元论有一定的道理。国际社会由主权国家组成，它们之间的关系由一个完全不同于国内法律体系的法律制度来调整。然而，随着国际关系和国际法的发展，一些规则直接赋予国家追究个人刑事犯罪行为的责任和义务，如打击海盗行为和惩治战争犯罪行为等。在国际刑法和人权保护领域，国际法越来越多地介入原来由各国国内法调整的领域，所以很难再坚持说国际法和国内法是两个完全不同并且互相独立的法律体系。

---

① 王铁崖：《国际法》，28 页，北京，法律出版社，1995。

② 参见［美］汉斯·凯尔森著，王铁崖译：《国际法原理》，333～334 页，北京，华夏出版社，1989。

③ See Peter Malanczuk, *Akehurst's Modern Introduction to International Law*, seventh edition, London & New York: Routledge, 1997, p. 63.

④ 转引自王铁崖：《国际法引论》，181～182 页，北京，北京大学出版社，1997。

⑤ See H. Lauterpacht, *Oppenheim's International Law*, eighth edition, vol. I, 1955, pp. 37-39.

国际法是国家间的法律，国际条约的当事者一般也是国家，它只拘束国家而不直接拘束个人（自然人或法人）。国际条约的规定要成为个人的权利和义务必须通过适当的国内法律程序，同时国家也有义务采取各种法律程序保证条约在其国内的履行，例如，联合国1984年12月通过的《禁止酷刑和其他残忍、不人道或有辱人格的待遇或处罚公约》（Convention against Torture and Other Cruel，Inhuman or Degrading Treatment or Punishment，简称《反对酷刑公约》）第2条第1款规定：Each State Party shall take effective legislative，administrative，judicial or other measures to prevent acts of torture in any territory under its jurisdiction。

在国际实践中，普遍的做法是在宪法中规定国际法是其国内法的一部分，或保证其国内法符合国际法，或保证真诚履行国际法或国际条约的义务。例如，1949年《德意志联邦共和国基本法》第25条规定："国际公法的一般规定乃是联邦法律的组成部分。"1949年《意大利宪法》第10条规定："意大利的法权制度与公认的国际法规范相一致。"1947年《日本国宪法》第98条规定，"日本国缔结的条约及已确定的国际法规，必须诚实遵守之"。此外，一些国家还在宪法或其他法律中规定了国际条约的地位，如1958年法国宪法第55条规定："依法批准或通过的条约或协定一经公布，具有高于法律的效力。"按照该法第54条的规定，当宪法与条约发生抵触时，修改宪法。也有的国家规定国际条约与国内法处于同等地位。如美国宪法第6条规定，"本宪法与依照本宪法制定的合众国法律，及以合众国的权力所缔结或将缔结的条约，均为全国的最高法律"。在其实践中，当国内法与条约相冲突时，采用"后法优于先法"原则来处理。

各国情况虽各有不同，但国家应履行其所承担的条约义务是没有分别的。1969年《维也纳条约法公约》第27条明确规定，A party may not invoke the provisions of its internal law as justification for its failure to perform a treaty。条约法之所以明确规定当事国不得援引其国内法作为不履行国际条约的理由，就是因为以前在国际实践中有国家经常援引这一理由。

中国一贯遵守公认的国际法原则和规则，并真诚地履行自己所缔结或参加条约的义务。对于如何在中国境内执行国际条约的问题，《民法通则》第142条第2款规定："中华人民共和国缔结或者参加的国际条约同中华人民共和国的民事法律有不同规定的，适用国际条约的规定，但中华人民共和国声明保留的条款除外。"可以看出，国际条约不仅可以直接适用于我国，而且有相对于国内法律的优先权。同样，我国1991年《民事诉讼法》第238条规定："中华人民共和国缔结或者参加的国际条约同本法有不同规定的，适用该国际条约的规定，但中华人民共和国声明保留的条款除外。"1989年《行政诉讼法》第72条也有类似规定。

此外，为保证国际条约在我国的实施，我国也进行了一些具体的国内立法，例如，根据《维也纳外交关系公约》和《维也纳领事关系公约》及其他有关国际公约，我国分别制定了《中华人民共和国外交特权与豁免条例》、《中华人民共和国领事特权与豁免条例》。我国还在有关部门法中以专条规定了国际条约与中国国内法的关系。

二、国际刑事司法机构与国内法之间的关系

关于国际刑事司法机构如何处理国际法与国内法之间的关系，没有一个固定的模式。简单地说，它是由国际刑事法庭/院根据其规约的规定来决定，而规约中如何规定又与该国际刑事司法机构成立的途径相关。

1. 优先权（primacy）

前南国际刑事法庭与卢旺达国际刑事法庭都是联合国安理会通过决议成立的。因为联合国安理会基于《联合国宪章》规定方面的权威，所以，这两个法庭在其与国家管辖方面，具有绝对的优势。《前南国际刑事法庭规约》第 9 条是关于“并行管辖权”（concurrent jurisdiction）的规定：

1. The International Tribunal and national courts shall have concurrent jurisdiction to prosecute persons for serious violations of international humanitarian law committed in the territory of the former Yugoslavia since 1 January 1991.

2. The International Tribunal shall have primacy over national courts. At any stage of the procedure, the International Tribunal may formally request national courts to defer to the competence of the International Tribunal in accordance with the present Statute and the Rules of Procedure and Evidence of the International Tribunal.

《卢旺达国际刑事法庭规约》里也有同样的规定。

根据这一规定，联合国的这两个特设法庭与国内法院对种族灭绝罪、反人道罪和战争罪都有管辖权。然而，当国际刑事法庭与国内法院的管辖权发生冲突时，国际刑事法庭的管辖权就具有“优先性”，也就是说，特设国际刑事法庭可以要求国内法院把案件移送过来，由它们审理。所以，在联合国这两个特设法庭在它们与国家管辖权的关系方面，具有优先的地位。

前南国际刑事法庭与卢旺达国际刑事法庭的规约里还规定了国家与法庭合作的义务问题。《前南国际刑事法庭规约》第 29 条规定：

1. States shall co-operate with the International Tribunal in the investigation and prosecution of persons accused of committing serious violations of international humanitarian law.

2. States shall comply without undue delay with any request for assistance or an order issued by a Trial Chamber, including, but not limited to:

(a) the identification and location of persons;

(b) the taking of testimony and the production of evidence;

(c) the service of documents;

(d) the arrest or detention of persons;

(e) the surrender or the transfer of the accused to the International Tribunal.

2. 补充性原则（complementarity principle）

前南国际刑事法庭与卢旺达国际刑事法庭之所以能显得凌驾于国家之上，是因为联合国安理会设立了它们。与此相反，国际刑事法院是由国家通过谈判成立的，所以，它不但没有类似特设法庭的优先权，而且特地规定了“补充管辖权原则”。

《罗马规约》在其序言中，认为“it is the duty of every State to exercise its criminal jurisdiction over those responsible for international crimes”，从而鼓励国家对国际刑事法院管辖权内的犯罪行使管辖权。但它同时强调，“nothing in this Statute shall be taken as authorizing any State Party to intervene in an armed conflict or in the internal affairs of any State”，并明确在国家和国际刑事法院对《罗马规约》里的罪行具有并行管辖权（concurrent jurisdiction）的情况下，“emphasizing that the International Criminal Court established under this Statute shall be complementary to national criminal jurisdictions”①，从而确立了国际刑事法院管辖权的补充性原则。

国际刑事法院《罗马规约》第 1 条规定：An International Criminal Court（‘the Court’）is hereby established. It shall be a permanent institution and shall have the power to exercise its jurisdiction over persons for the most serious crimes of international concern，as referred to in this Statute，and shall be complementary to national criminal jurisdictions。

所以，国际刑事法院管辖权的补充性的规定是《罗马规约》的一项基本原则，它在整个《罗马规约》不同的条文里都反复得到强调。《罗马规约》第 17 条在肯定该规约第 1 条和序言里“补充原则”的基础上，更是明确、清楚地规定：

Having regard to paragraph 10 of the Preamble and article 1，the Court shall determine that a case is inadmissible where：

(a) The case is being investigated or prosecuted by a State which has jurisdiction over it，unless the State is unwilling or unable genuinely to carry out the investigation or prosecution；

(b) The case has been investigated by a State which has jurisdiction over it and the State has decided not to prosecute the person concerned，unless the decision resulted from the unwillingness or inability of the State genuinely to prosecute.

根据这一规定，如果具有管辖权的国家正在对案件进行调查或起诉，或者如果具有管辖权的国家已经对案件进行了调查并决定对该嫌疑人进行起诉，或者如果该嫌疑人已经因为其行为受到了审判，那么，在出现任何上述情况的条件下，国际刑事法院都不能对该罪行或该嫌疑人行使管辖权，除非有关国家对罪行“不愿意或不能够”(unable or unwilling) 切实地进行调查或起诉。

因此，国际刑事法院对国际罪行的管辖，是有特定条件的，即：只有当一国的国内法院不愿意或不能够时，国际刑事法院才可以行使管辖权。因此，国际刑事法院成立的目的，不是包揽对所有国际法下“种族灭绝罪”、“反人道罪”和“战争罪”的起诉和审判，它仅仅是对国家管辖起一种“补充”的作用。因此可以说：成立国际刑事法院的目的，是通过该法院的“补充”性的司法机制，来防止犯有《罗马规约》中规定的严重罪行的人逃脱法网。

3. 国内立法

国际刑法与国内法的关系问题，也涉及国际刑事法庭/院如何适用当事国国内法的问题。从国际刑事法庭/院的实践来看，是否适用一国国内法或国内法院的判决，取决于国际刑事法庭/院的自由裁量，国际刑事法庭/院的判决也不受国内法院的判决的约束。《前南国际刑事法庭规约》第 24 条是关于惩罚 (penalties) 的规定，其中就规定，当法庭对确定有罪的被告定罪量刑时要考虑到前南斯拉夫国家的相关法律规定：The penalty imposed by the Trial Chamber shall be limited to imprisonment. In determining the terms of imprisonment，the Trial Chambers shall have recourse to the general practice regarding prison sentences in the courts of the former Yugoslavia。

前南国际刑事法庭在对被告定罪后量刑时要参考前南斯拉夫国家的法律，非常合理。因为被告在犯有被指控行为时，对他（她）起制约作用即他（她）应该知晓并遵守的是自己国家的法律，如果违反这些法律，其受到惩罚的方式或程度当然也应依其本国的法律确定。

但需要注意的是：在国际刑事法庭/院适用一国之国内法时，该国的法律规定只是有重要

① 《罗马规约》，序言，第 10 段。

的参考价值（shall have recourse），有助于帮助国际法庭（院）正确地理解适用该国内法的具体规则。若国内法院的判决不一致或对法律的解释不确定，国际刑事法庭（院）可以从中选择适用它认为最符合该国内法的判决。

国际刑法中不少规则均都来自国内法。国际刑法在其实践过程中，经常要借鉴国际习惯法和国内法，这是国际刑法比较明显的特点。因此，国内或国际刑事法律中司法裁决对国际刑法有至关重要的作用。它们不仅可用来确定某种规则是否已成为国际习惯法，而且能被用来对条约的规定作出最恰当解释。

三、国内法院对国际刑法的适用

从实践的角度看，国际法与国内法的关系问题主要是适用的问题。上面提到了国内法在国际法中的适用问题，而国际法在国内法中的适用则是另一重要问题。在世界上有些国家，国际法优先于国内法；而在另外一些国家，国内法优先于国际法。从国际法的理论上讲，一国国内法院所适用的国内法与它加入的国际条约的规定有冲突，在这种情况下仍适用本国国内法时，该国就要承担违反国际条约所产生的义务的责任。

作为一项基本原则，国际法认为一个国家不能以其国内法的规定为由来对抗以国际法为基础的请求。也就是说，一个国家不能以其国内法的规定为由，拒绝承担它根据国际法本应承担的国际义务。常设国际法院在 1932 年 2 月 4 日对“关于在但泽的波兰国民问题”发表的咨询意见中强调指出：“一个国家不能引用其宪法以反对另一个国家，以便逃避其依据国际法或现行条约所承担的义务。”① 同年，常设国际法院在“上萨瓦自由区和节克斯区案”（法国诉瑞士）的判决中指出，“法国不能以其国内法为由对其应当承担的国际义务进行限制”②。

这一习惯法规则在 1969 年《维也纳条约法公约》中也得到了确认，该公约第 27 条规定：“一当事国不得援引其国内法规定为理由而不履行条约。此项规则不妨碍第 46 条。”③

由于各国法律制度的不同，并且国际法的主要渊源又包括国际习惯和条约两种，所以这就使国际法在国内的适用问题变得非常复杂。一般而言，各国主要采用两种方式使国际法在各自国家内部得以适用，即转化和采纳。

“转化”是指国际法的原则、规则和制度由于国内法律行为而纳入国内法律体系中，成为国内法律，或者具有国内法律的效力。④ 采取这种方式将国际法规范变为国内法规范的过程中一定会涉及“国内法律行为”这一环节，因此，这种方式也被称为“间接适用国际法”的方式。⑤ 而“国内法律行为”，既可以是制定相应的国内法律，也可以是对条约进行颁布。“采纳”是指条约或者其他国际法规则经一国批准后就可以在该国国内直接适用，其国际法规则的形式与内容没有改变。⑥ 由此可见，“转化”与“采纳”两种方式的根本不同在于前者是先将国际法规范转变为国内法规范，进而这种国内法规范在一国国内被适用；而“采纳”则是直接将国际法规范在国内适用。

---

① P. C. I. J Reports，Series A/B，No. 44，p. 24.

② P. C. I. J Reports，Series A/B，No. 46，p. 167.

③ 《维也纳条约法公约》第 46 条规定：“一、一国不得援引其同意承受条约拘束之表示为违反该国国内法关于缔约权限之一项规定之事实以撤销其同意，但违反之情事明显且涉及其具有基本重要性之国内法之一项规则者，不在此限。二、违反情事倘由对此事依通常惯例并秉善意处理之任何国家客观视之为显然可见者，即系显明违反。”

④ 参见王铁崖：《国际法引论》，199 页，北京，法律出版社，1997。

⑤⑥ 参见吴慧：《国际法与国内法的关系》，载余民才主编：《国际法专论》，9 页，北京，中信出版社，2003。

四、国际刑法是对国内法的补充

国际刑法的形成和发展，与世界各国的司法实践紧密相关。由于世界上还不存在一个对所有国家都适用的“国际刑法典”，国际刑事法庭（院）在对国际罪行等进行考虑和判断时、在适用国际习惯法时将不得不考虑世界各国判例法和国内法院实施相关法律的司法实践。从这个角度来讲，国际法与国内法之间存在比较密切的联系。

国际刑事司法机构没有任何主权国家所自然具有的国家机器和法律强制力，为了使国际刑事司法机构的命令或判决得到有效的执行，就必须依靠国家的合作。最能说明国际刑事司法机构与主权国家之间关系的就是国际刑事法院规约里所规定的“补充管辖原则”。根据1998年通过的国际刑事法院《罗马规约》中的“补充管辖权”原则，当发生国际罪行时，只有在该有关国家的国内法院不能或者不愿意行使管辖权时，国际刑事法院才能行使管辖权。这一规定本身，就说明国际刑事司法机构必须对世界各国司法制度有所了解和研究。

国际刑法中的绝大部分习惯法规则，主要来源于国内法中与国际犯罪有关的法律规定。这方面最能举例说明问题的，就是与国内法中战争罪有关的司法实践。国内法院审理战争罪的案例，对国际刑事司法机构在战争罪方面的司法实践，起到了很大的影响作用。国际条约几乎不存在有关国际罪行构成要件的具体规定，使得国际刑法在很大程度上将国内刑法的规定逐渐地转换为国际刑法的规则。当然，这个转换本身与国内法律规定达到国际标准即其中的合理成分为国际刑事司法机构所接受有关系，与特有的国内刑事法律观念有关系。另外，它与一国国内的刑事审判程序也有关系。

对个人刑事责任进行追究，主要取决于国家对国际法罪行进行预防和打击的意愿与实际执行能力。当然，这与国家制定的法律和程序规则以及为此目的建立的司法机构有关联。前南国际刑事法庭和卢旺达国际刑事法庭的实践表明，国际刑事诉讼程序的规则是按照“程序与证据规则”的规定来进行的。也就是说，国际刑事法庭的诉讼程序规则是由法庭本身来制定完成。授权制定规则的基础，则是对该机构起宪法作用的根本性的法律文件，如规约或《联合国宪章》。

国际刑事法院与联合国这两个特设机构不一样。根据《罗马规约》第51条第1款和第2款的规定，国际刑事法院成员国大会可以以2/3以上的票数来修改“程序与证据规则”：

1. The Rules of Procedure and Evidence shall enter into force upon adoption by a two-thirds majority of the members of the Assembly of States Parties.

2. Amendments to the Rules of Procedure and Evidence may be proposed by：

(a) Any State Party；

(b) The judges acting by an absolute majority；or

(c) The Prosecutor.

Such amendments shall enter into force upon adoption by a two-thirds majority of the members of the Assembly of States Parties.

根据《罗马规约》第51条第3款的规定，国际刑事法院的法官在“程序与证据规则”没有明确规定某一问题的紧急情况下，可以根据2/3多数通过并适用一个暂行性的关于“程序与证据规则”的条例，直到国际刑事法院成员国召开下一次会议决定通过、修改或否决此暂行条例为止：After the adoption of the Rules of Procedure and Evidence，in urgent cases where the Rules do not provide for a specific situation before the Court, the judges may, by a two-thirds majority, draw up provisional Rules to be applied until adopted, amended or rejected at the next ordinary or special session of the Assembly of States Parties。

国际刑法在实践中经常要适用法律的一般性原则。一般性原则可能从整个国际刑法或国际法的体系中推导出来，但也有可能从世界主要法律体系的比较研究中推导出来。因此，对这些国际刑法一般性原则就不只是需要通过解释与概括，而且需要通过对各国法律制度进行比较研究。

如果能证明一般性的刑法原则不仅存在于普通法系和大陆法系，同时也存在于其他的法律体系，如伊斯兰世界的法律体系，中国和日本这样亚洲国家的法律体系，以及非洲大陆的法律体系，那么，国际刑事司法机构接受这样的原则就不会有什么问题。然而所谓的法律一般性原则，往往只是限于对大陆法系、普通法系的研究和探讨。这不免会产生一定的局限性。

在刑罚问题上，前南国际刑事法庭拟通过各国国内法的规定，来寻求国际法在“反人道罪”（crimes against humanity）行为上“一般性”的规定：The Trial Chamber thus notes that there is a general principle of law common to all nations whereby the severest penalties apply for crimes against humanity in national legal systems. It thus concludes that there exists in international law a standard according to which a crime against humanity is one of extreme gravity demanding the most severe penalties when no mitigating circumstances are present。①

前南国际刑事法庭第一任庭长 Antonio Cassese 还认为：

“只有当国际刑法规则无助于解释刑法概念，并在满足下列条件下时才能适用一国的国内立法。

“（1）除非由国际规则规定，不然的话，不能仅仅从一个国内法律体系即普通法系或大陆法系寻找所谓的‘一般性原则’。因为既然是一般性原则，就应该是一般性的概念，并与世界绝大多数法律体系相一致。所以，‘一般性原则’以确认这些法律体系中普遍性的共同特征，以便确定它们所拥有的基本概念为先决条件。

“（2）因为国际审判展现出大量的不同于国内刑事程序的特征，当利用国内法律概念时，必须要考虑国际刑事程序的特殊性。通过这种方式，从国内法到国际刑事程序的机械性地引进与转移被避免，并且对有些程序所有特征的歪曲也被避免。”②

将国内刑法的有关概念和规定与国际刑法相融合，说起来简单，但要实践却不是一个容易的过程。在世界目前情况下，各国法律体系由于文化、历史、宗教等原因，其本身就不统一。国际上有很多不同的法律体系，其中主要的有两个：一个是普通法系，它主要适用于英国、美国以及历史上受大英帝国影响的国家，如澳大利亚、加拿大及其他一些国家；另一个是大陆法系，它主要适用于欧洲大陆国家，如法国、德国、意大利及比利时等国家。另外，由于历史原因，大陆法系还适用于一些拉丁美洲、非洲和亚洲国家。所以，如果从法律渊源上看，国际刑法和国际刑事诉讼法的规则是从其他部门法律而来，客观地讲，它是一个混合而成的法律分支。

国际刑法的规则主要来源于各国国内刑法中的原则以及国际法中含有人权法方面内容的基

① Incited from Antonio Cassese, *International Criminal Law*, Oxford University Press, 2003, p. 34.

② Dissenting Opinion of Judge Cassese, in Erdemovic Appeal, ICTY, Appeals Chamber, Judgment of 7 October 1997 (Case No. IT-96-22-A).

本概念和原则。联合国两个特设法庭的建立，尤其是国际刑事法院的成立，极大地促进了国际刑事法规体系的形成。它通过这些年的国际刑事司法实践，正朝着构成一个较完整的法律体系方向发展。

CASE STUDY

英国关于与国际刑事法庭合作的立法
United Kingdom: Statutory Instrument No. 716
The United Nations (International Tribunal) (Former Yugoslavia) Order 1996①

Purpose of Legislation: to enable the United Kingdom to cooperate with the Tribunal in the investigation and prosecution of persons accused of committing "International Tribunal crimes" (means a crime in respect of which the Tribunal has jurisdiction under the Statute) and the punishment of persons convicted of such crimes.

Object of Legislation: it will enable the United Kingdom to comply with requests from the Tribunal. Such requests may involve, among other things, the arrest and delivery of persons to the International Tribunal, the provision of assistance in the investigation and prosecution of "International Tribunal crimes", the enforcement of orders of the Tribunal for the preservation or restitution of property and to give effect to requests to determine the ownership of property.

The legislation contains provisions enabling the United Kingdom to comply with these international obligations. In particular, the principal Agreement provides for:

—The arrest and delivery of persons to the Tribunal (Part I);

—Discontinuance of Proceedings in national courts. This applies where the Secretary of State receives from the Tribunal a request in accordance with the Statute and the Rules that a national court should defer to the competence of the Tribunal by discontinuing proceedings to which the requests relates (Part II);

—Transmission of information and records which are requested by the Tribunal (Part III s. 15).

—Search for material relevant to the Tribunal investigations. Part II of the Police and Criminal Evidence Act 1984 (a) gives the authorities powers of entry, search and seizure for serious arrestable offences. This includes any conduct which constitutes an "International Tribunal crime" and which would constitute a serious arrestable offence if it had occurred in any part of the Untied Kingdom (Part III, s. 16).

① International Criminal Tribunal for the Former Yugoslavia, Yearbook 1996, p. 259.

本章小结

1. 国际刑法是国际法与刑法等学科相互交融在一起的学科，它是国际公约中那些旨在维护各国共同利益而对国际犯罪进行惩治的刑事法规范的总称。国际刑法不仅规定要对国际罪行予以起诉和惩罚，而且规定了如何起诉并进行审判的国际司法程序。

2. 在传统国际法中，国家是国际法最主要的主体；在国际法中，个人不直接享受权利和承担责任。然而，随着国际实践的发展，尤其是随着国际人权法和国际刑法的发展，这种观点也越来越受到挑战。

3. 国际刑法的渊源问题，也就是国际刑事司法案件中适用法律来源问题，也是研究任何一个法律体系都自然而然会提出来的一个问题。国际刑事法院《罗马规约》第 38 条中关于国际法渊源的规定，也同样适用于国际刑法。

4. 国际刑法中的不少规则，来自国内法。国际刑法在其实践过程中，经常要借鉴国际习惯法。这是国际刑法比较明显的特点。

QUESTIONS AND COMMENTS

1. International criminal law is a body of international rules designed both to prescribe international crimes and to impose upon States the obligation to prosecute and punish serious crimes of international law. It also regulates international proceedings for prosecuting and trying persons accused of such crimes.
2. The main subjects of international law are states and international organizations. However, with the development of international human rights law and international criminal law, those who committed international crimes must be prosecuted and punished in accordance with international law.
3. International criminal law is but a branch of public international law, the sources of law from which one may derive the relevant rules (i) are those proper to international law, and (ii) must be resorted to in the hierarchical order dictated by international law.
4. What are the law-making processes from which one can draw the rules making up international criminal law to be applied by international criminal courts? In many respects each national legal system provides for its own mechanism for the implementation of international rules. In particular, each system lays down the conditions under which international rules of criminal law may be applied. For instance, in some States, in order for courts to be authorized to pronounce on some international crimes, it is necessary for the legislature to have passed the appropriate legislation defining the crimes and granting courts jurisdiction over them.

第二章 国际法上的严重罪行

引言

国际刑法与国际公法众多领域相比，如国家主权、海洋法、特权与豁免、国际组织等，在研究领域中是国际法领域中一个年轻的课题。但它要予以惩罚的国际罪行，却经历了一个相当长的发展过程。战争中的犯罪行为使得国际社会感到有必要惩治这些行为。国际法通过对国际罪行的规定，又使得国家和国际刑事司法机构能够对这些犯罪行为行使管辖权。从法律上讲，只有在国际法上规定了“罪行”，这些犯罪行为才可以被认为或被称为犯罪，国际社会对这些犯罪行为的起诉和惩治才成为可能。

重点问题

- 国际罪行的基本概念
- 国际罪行的演变与发展
- 国际法中的“核心罪行”
- 国际刑事司法机构管辖权内的国际罪行

第一节
惩治国际罪行之必要性

一、国际罪行的基本概念

什么是“国际罪行”呢？国际法上没有一个统一的定义。但联合国国际法委员会制定的《国际不法行为所引起国际责任公约草案》(Responsibility of States for Internationally Wrongful Acts) 第2条 (Elements of an internationally wrongful act of a State) 规定：

There is an internationally wrongful act of a State when conduct consisting of an action or omission：

(a) Is attributable to the State under international law；and

(b) Constitutes a breach of an international obligation of the State.

根据上述规定，国家由于其“行为”(action) 或“不行为”(omission) 违反了国际法，并构成对国家的国际义务的违反，就被认为犯有国际不法行为。所以，国际不法行为包括两个基本要素：第一，不法行为违反了对保护国际社会的基本利益极为重要的国际义务；第二，国家违反的这一义务被全体国际社会视为一种犯罪。

In re List and Others，the US Military Tribunal at Nuremberg defined international crime as follows：

“An international crime is such act universally recognized as criminal，which is considered a grave matter of international concern and for some valid reason cannot be left within the exclusive jurisdiction of the State that would have control over it under ordinary circumstances...”①

为什么要惩治国际犯罪？一般的说法是为了实现公正 (justice)，也有的说是为了世界和平，因为如果没有公正，就不会有和平 (there is no peace without justice)。联合国安理会于2006年6月22日发表的声明认为：

The Security Council reaffirms its commitment to the Charter of the United Nations and international law，which are indispensable foundations of a more peaceful，prosperous and just world. The Council underscores its conviction that international law plays a critical role in fostering stability and order in international relations and in providing a framework for cooperation among States in addressing common challenges，thus contributing to the maintenance of international peace and security...

The Security Council attaches vital importance to promoting justice and the rule of law，including respect for human rights，as an indispensable element for lasting peace...

① Hostages Trial，US Military Tribunal at Nuremberg，19 Feb. 1948 (1953) 15 Ann. Dig. 632，at 636.

The Security Council emphasizes the responsibility of States to comply with their obligations to end impunity and to prosecute those responsible for genocide, crimes against humanity and serious violations of international humanitarian law. The Council reaffirms that ending impunity is essential if a society in conflict or recovering from conflict is to come to terms with past abuses committed against civilians and to prevent future such abuses. The Council intends to continue forcefully to fight impunity with appropriate means and draws attention to the full range of justice and reconciliation mechanisms to be considered, including national, international and "mixed" criminal courts and tribunals and truth and reconciliation commissions.

在这个声明中，联合国安理会表达了三个要点：第一，《联合国宪章》是一个和平、繁荣、正义世界的法律基础，国际法对国际关系的稳定和秩序具有关键性的作用；第二，保障人权是和平得以维护的必不可少的因素；第三，国家负有对犯有国际法罪行的人进行起诉和惩治的责任和义务。其起诉或惩治的方式或是国内司法程序，或通过国际刑事法庭、"混合法庭"或事实与和解委员会等。以上这三点是相互联系的，即和平、繁荣和正义的世界，需要通过保障人权和惩治国际罪犯来实现；反过来说，对人权的保障和对犯有国际罪行的人进行起诉和惩治，有助于实现和维护一个和平、繁荣和正义的世界。

从国际刑法实践的角度来看，属于国际罪行的行为有以下两个特点：第一，它们违反国际惯例或国际条约的规定；第二，它们违反了对世界所有国家及个人都具有法律约束力的规定。

这些国际惯例、国际条约或对世界所有国家及个人都具有法律约束力的规定，主要体现在以下法律文件中，即：

——1945 年《联合国宪章》；

——1948 年《世界人权宣言》；

——1966 年联合国《公民权利和政治权利国际公约》及《经济、社会、文化权利国际公约》；

——1970 年联合国《国家间发展友好关系的宣言》；

——1984 年《反对酷刑公约》；

——关于反对恐怖主义行为的国际条约等。

除此之外，还有一些国际人道法方面的基本国际法律文件，如

——1948 年《种族灭绝罪公约》；

——1949 年关于保护武装冲突受害人的四个日内瓦公约；

——1977 年关于 1949 年日内瓦四公约的两个附加议定书。

这些基本法律文件明确体现了国际法要保障基本人权的价值理念，同时也提出法律上要明确禁止哪些行为。因此，国际刑法现在要起诉和惩治的"国际罪行"，主要就是基于这些国际法律文件之上的战争罪、反人道罪、种族灭绝罪、侵略罪以及恐怖主义行为等。

二、惩治国际犯罪的历史发展

现代意义上的国际法通常被认为始于欧洲三十年战争结束后的威斯特伐里亚公会，因为从那时起才有现代国际法意义上的主权国家，主权国家是现代国际法的基础。所以，战争不是从它一开始出现就为国际法所规范，战争罪被国际法确认并予以追究是近现代社会的现象。从不追究到追究，国际法制度的演变以及国际司法实践在其中发挥了重要作用。

国际法的历史很长。如果从国际法之父雨果·格老秀斯（Hugo Grotius）1625 年出版的经

典名著《战争与和平》(de jure belliac pacis) 算起，已有三百八十多年。若从英国法学家边沁(Bentham) 在 1780 年建议使用“国际法”(international law) 一语起算，也有二百二十多年。但真正成立国际刑事法庭，追究个人在国际法上的不法行为，则是第二次世界大战以后的事。

在国际法发展过程中的很长一段时间里，无论是国际条约还是国际习惯法，都仅仅满足于将某些行为界定为国际罪行。国家在它们相互约定的国际法律文件中，如 1864 年《日内瓦公约》、1868 年《圣彼得堡宣言》、1899 年和 1907 年两次海牙和平会议上制定的《陆战法规和惯例公约》等，就已经把在战争和武装冲突期间杀害战俘或者平民定为战争罪。但犯了这些罪行该有什么结果？关于这些国际罪行该如何惩治？国际法文件中没有具体规定，也没有为了处置这些犯罪行为而设置可行机制。换句话说，国际法在其长期的发展过程中只规定某些行为属于国际不法行为、为国际法规则所禁止，但却没有关于对这些行为从刑法上采取惩罚的规定和实际可能性。

在传统国际法中，每个人仅受自己国家排他性（又称“专属性”）的司法管辖（exclusive jurisdiction）。根据国际法的属地管辖权原则，如果犯有国际法上的不法行为，如虐待外国人、袭击外交官、政府官员违法逐出外国人等，如果被起诉或惩治，那也只能由该行为发生地的司法当局进行起诉和惩罚。我国刑法也明确规定：对于在中国境内触犯刑律的行为（不管是中国人所为还是外国人所为）以及对中国“国家工作人员和军人”在外国所犯违反法律的行为，我国法院都有管辖权。[①]

在传统国际法司法管辖方面也有例外，最早的就是 17、18 世纪猖獗一时的海盗行为。[②] 海盗行为引起世人关注，是因为它发生在公海，公海法律上不在任何国家的管辖范围之内，而行为受害者可能是任何国家的船只。所以，海盗行为妨碍国际法“公海自由”原则，侵犯私人财产，对国际社会造成了伤害。在这种情况下，国家之间达成协议：所有国家都有义务和权利搜捕海盗，不论海盗的行为是否已损害该具体国家的利益。海盗被看作是全人类的敌人（hostes humani generis)，所以，海盗罪是国际罪行，在国际法上是最早的国际罪行之一。

另一个罪行是国际法上的战争罪。与海盗罪相比，战争罪出现时间比较晚，大约是在 19 世纪下半叶。但该罪行和海盗行为一样，促进了国际社会集体责任（collective responsibility）理念的形成。

战争中的犯罪行为使国际社会感到有必要通过法律的手段来惩治这些行为。早期的战争法文件包括一国国内的法律和国际上半官方性质的对战争法进行编纂的行为，其中有 1863 年订立的著名的《利伯法典》。

在 1863 年美国内战期间，美国北部各州州长联合起来，在华盛顿向部队发出了一个后来成为战争法或武装冲突法的非常著名的命令，即“各州联合军队的政府指示”。这个文本由具有德国血统、移民到美国的国际法学家弗郎希斯·利伯（Francis Lieber）起草，因此在后来的国际法中被简称为《利伯法典》。该法典主要提供了关于陆地战争的整个领域的详细规则，它从战争行为的正当性和市民的待遇，一直到关于特殊种类人群的待遇，譬如，如何对待战争罪犯、战斗员的伤病员、游击队员等。该法典订立后，当时的美国总统林肯就颁布了第 100 号军令，将它定为“美国政府关于战场作战的指南”(Instructions for the Government of the United States in the Field)，并马上将之适用于美国内战。

---

① 《中华人民共和国刑法》第 6 条至第 8 条，1979 年订立，1997 年修订。

② 关于海盗的定义，参见 1982 年《联合国海洋法公约》第 101 条。

从国际法形成的技术层面上讲，《利伯法典》只是适用于一国国内战争的法律文件，但在战争规则方面制定得如此周密和完整，以至于成为了战争法的一种模式，并被其他国家接受和援用，逐渐成了法典编纂的范例和战争惯例。所以，《利伯法典》影响很大。

另外，对战争法的编纂影响较大的半官方法律文件，还有 1880 年国际法研究院（Institut du Droit International）通过的《牛津作战手册》(Oxford Manual)。

在 19 世纪末以前和这以后的很长一段时间内，只有海盗行为和战争行为在国际法上被定为国际罪行（海盗行为其实不符合严格意义上国际罪行的规定），但战争罪与海盗罪清楚显示了国际社会惩治国际犯罪活动的决心和努力。

国际社会对国际犯罪活动进行惩治的努力，首先表现在对战争法的编纂方面。例如，国际社会于 1899 年和 1907 年两次在荷兰海牙举行的和平会议上对战争法进行编纂，制定了《陆战法规和惯例公约》，对于规范战争中的作战行为和方式，以及对战争罪的发展，产生了很大的影响。

当第一次世界大战结束时，就开始有一些关于起诉和审判战争罪行的案例。这些案件的审理或者是基于国际法上的“属地管辖原则”，由罪行发生地国家来对战争犯罪嫌疑人进行审理；或者是基于“被动国籍原则”，由受害者所属的国家来对战争犯罪嫌疑人进行审理，而受害者只要具有第一次世界大战同盟国中某一国家的国籍即可。理论上也可以基于“主动国籍原则”（active nationality)，即由不法行为者的国籍国来进行起诉和审理，但实践中这一原则很少适用。

第二次世界大战结束后，战胜国（同盟国）在 1945 年和 1946 年分别通过了《纽伦堡国际军事法庭宪章》和《远东国际军事法庭宪章》，成立了纽伦堡国际军事法庭和远东国际军事法庭。这两个国际刑事法庭的成立和运作，不仅使国际法新增了反和平罪和反人道罪，更重要的是，国际社会在 1945 年以前曾有起诉和审判对战争罪行负有责任的国家领导人的愿望，但从来没有实现过。在历史上，一国的高级政府官员从未对战争中的不法行为承担个人刑事责任。但纽伦堡国际军事法庭和远东国际军事法庭的成立和审判清楚地表明：政治家、政府代表以及维护国家利益的将军等，都有可能因在战争或武装冲突中犯有国际不法行为而受到国际社会的审判和惩罚。

继两个国际军事法庭成立之后，1948 年订立了《种族灭绝罪公约》，在国际法上第一次将“种族灭绝罪”定为单独的国际罪行。1949 年订立的四个日内瓦公约当中关于“严重违反日内瓦公约的行为”的规定，进一步明确了国际法上战争罪的构成要件。另外，日内瓦公约规定了“普遍管辖权原则”，在程序法上也标志着国际法进入一个新的阶段。根据“普遍管辖权原则”，只要批准加入 1949 年日内瓦四公约，就能按照公约的规定，对犯有“严重违反 1949 年日内瓦四公约行为”的人进行起诉和审判，而不必考虑“行为人所属国籍”、“受害人所属国籍”以及“不法行为发生地”等诸多因素。

在 1949 年四个日内瓦公约制定后，1977 年又订立了两个关于保护战争受害者的附加议定书；1984 年订立了《反对酷刑公约》，将酷刑作为一个单独的国际法罪行；20 世纪 70 年代以来国际社会又订立了一系列“反恐”条约，由此推动了国际恐怖行为罪行的发展。

酷刑罪在国际法上的发展，使得智利前总统皮诺切特（Pinochet）在去英国治病时被逮捕。英国法院就皮诺切特是否应被引渡到西班牙的问题进行了开庭审理。英国最高法院作出裁定认为，并不能就其在任职期间所犯有的酷刑罪以及对此罪的通谋享有法律程序上的豁免。① 这是

---

① See Regina v. Bartie and the Commissioner of Police for the Metropolis and Others Ex Parte Pinochet, (1999) 381 ILM581 (UK House of Lords); Reed Brody and Michael Ratner (eds), “The Pinochet Papres: The Case of Augusto Pinochet in Spain and Britain”, *Kluwer Law International*, The Hague, 2000, p. 40.

第二次世界大战后纽伦堡、远东国际军事法庭审判以来，国际刑法发展的又一重要案例。

CASE STUDY

Sir Peter von Hagenbach Case

Prior to the judgment of the International Military Tribunal set up to prosecute major Nazi war criminals after WWII, efforts were made to find such precedents. One oft-cited precedent is the trial and execution of Sir Peter von Hagenbach in Breisach, Austria, in 1474.

Sir Peter von Hagenbach was tried for atrocities committed against civilians in Breisach in an attempt to force them to submit to the rule of Duke Charles of Burgundy. After the deliveration of the town by Austria and its allies (Berne, France, and the towns and knights of the Upper Rhine), he was arraigned before a tribunal of 28 judges from the allied States and constituted specially for his trial. The tribunal convicted him of murder, rape, perjury, and other crimes against the "law of God and man", stopped him of knighthood, and sentenced him to death.

However, commentators find some caveats about treating this case as a precedent for international criminal sanction against individuals. The 28 judges were drawn from the confederate entities of the Holy Roman Empire, thus depriving the tribunal of its "international" character, and the law applied was, there, not "international" law. ①

思考题

1. 国际刑法要惩治的国际罪行主要有哪些？
2. 国际罪行是如何演变与发展的？
3. 国际社会惩治国际罪行的途径是什么？
4. 国际社会为什么要起诉和惩治国际罪行？

第二节 追究个人刑事责任

世界上不同国家的刑事审判制度都有各自的特点，相互之间也会有区别，但所有国家的刑事法律制度都有一条基本规定，即任何自然人如果犯有刑法上禁止性的行为，就必须要承担法

① Cited from Kriangsak Kittichaisaree, *International Criminal Law*, Oxford University Press, 2001, p. 14.

律上规定的刑罚。为了维护社会秩序和保护公民的整体利益，"对个人刑事责任依法进行追究"是各国刑法的一般原则，也是国际刑法中的一个基本原则。

国际刑法实践和理论方面的发展，对国际法、国际政治和国际关系已经产生很大的影响。影响之一就是国际法上关于追究个人刑事责任理论和实践的发展。

一、追究个人刑事责任制度之建立

法律实体是法律上的一个较为抽象的概念。但无论哪一种国际罪行，其政策的制定、操作以及执行都是由具体的个人（自然人）予以实施，因而有必要更加精确地区分个人和法律实体的刑事责任，同时还要对法律实体刑事责任的结果进行鉴别：对于政策制定者和政策执行者实施的法律禁止行为，作为下级行为人的自然人以及那些仅仅是这种实体的成员，其个人的作用并不构成禁止性的行为，等等。

个人刑事责任观念直接源于国际刑法的规定。纽伦堡国际军事法庭和远东国际军事法庭的审判，在国际法实践中开创了追究国际犯罪者个人刑事责任的先例。

第二次世界大战后制定的《纽伦堡国际军事法庭宪章》和《远东国际军事法庭宪章》规定了直接适用的方式。《纽伦堡国际军事法庭宪章》第 6 条创设了个人刑事责任原则，它规定：纽伦堡国际军事法庭将有权对犯有该法庭管辖权范围内罪行的"所有人员进行审判和惩处"(to try and punish all persons who committed the crimes within the jurisdiction of the Tribunal)。

联合国大会在纽伦堡国际军事法庭审判结束之后，指示国际法委员会将该国际军事法庭的原则予以编纂并通过决议，一致肯定由该法庭的宪章和法庭审判所确认的国际法原则，这就是国际法上的"纽伦堡七原则"①。1946 年 12 月 11 日，联合国大会颁布了著名的"纽伦堡原则声明"，进一步确认国际法上关于个人应直接承担刑事责任的原则，并认为这样做时无须考虑一国国内法律的规定。

The principles of individual criminal responsibility were then formulated into the "Nuremberg Principles", prepared by the International Law Committee and submitted to the General Assembly of the United Nations in 1950. These principles provide as follows：

Principle Ⅰ：Any person who commits an act which constitutes a crime under international law is responsible therefor and liable to punishment；

Principle Ⅱ：The fact the internal law does not impose a penalty for an act which constitutes a crime under international law does not relieve the person who committed the act from responsibility under international law；

Principle Ⅲ：The fact that a person who committed an act which constitutes a crime under international law acted as Head of State or responsible Government official does not relieve him from responsibility under international law；

Principle Ⅳ：The fact that a person acted pursuant to order of his Government or of a superior does not relieve him from responsibility under international law, provided a moral choice was in fact

① 联合国大会 1946 年 12 月通过的 95 号（1）决议。

possible to him；

Principle Ⅴ：Any person charged with a crime under international law has the right to a fair trial on the facts and law；

Principle Ⅵ：The crimes hereinafter set out are punishable as crimes under international law：

A：Crimes against peace...

B：War crimes...

C：Crimes against humanity...

Principle Ⅶ：Complicity in the commission of a crime against peace，a war crime，or a crime against humanity as set forth in Principle VI is a crime under international law. ①

自1945年订立《纽伦堡国际军事法庭宪章》、建立纽伦堡国际军事法庭以来，不论国家是否愿意承认，也不论国际法上主体部分在学术理论上如何被解释，国际罪行在实践中已明确无误地适用于个人，事实上个人已成为国际刑法的属人事由。《纽伦堡国际军事法庭宪章》和纽伦堡国际军事法庭判决书还确立了关于“犯罪团体（criminal organizations）刑事责任”的原则。尽管“犯罪团体刑事责任”没能推动国家刑事责任的观念的发展，但它对原来传统国际法上国家仅对其国际法不法行为予以赔偿的惯例产生了冲击。

自从纽伦堡国际军事法庭和远东国际军事法庭审判以后，国际刑法在其范围、内容、适用和执行上都不断得到发展。但不管是前南国际刑事法庭、卢旺达国际刑事法庭、塞拉利昂特别法庭还是国际刑事法院，它们在其各自的规约中都无一例外地重申了国际法关于禁止性行为的个人刑事责任原则，从而通过国际刑法的实践，推动国际法上关于追究个人刑事责任原则的发展。

联合国大会采纳了国际法委员会1996年二读通过的《关于危害人类和平与安全治罪法草案》第2条规定：“1. 危害人类和平与安全的罪行应承担个人责任。2. 依据第16条的规定，个人应承担侵略罪的责任。3. 个人应承担第17、18、19、20条所规定罪行的责任，如果个人（1）故意实施这一犯罪；（2）命令实施这一犯罪，而事实上该罪已经实际发生或已经着手实施；（3）在第6条规定的情形中，没有防止和抑制这一犯罪行为的实施；（4）在知悉的情况下帮助、教唆或以其他方式直接和实际地协助实施该罪行，包括为实施这一犯罪提供工具；（5）直接参与计划、预谋实施这一犯罪，而这一犯罪事实上已实际发生；（6）直接、公开煽动其他个人实施这一犯罪，而这一犯罪事实上已实际发生；（7）已经着手实施某一犯罪行为，企图实施这一犯罪，而前一罪行由于意志以外的情形而事实上未遂。”

这些惯例随着前南国际刑事法庭和卢旺达国际刑事法庭的建立得到进一步加强。《前南国际刑事法庭规约》第7条第1项和第23条第1项，以及《卢旺达国际刑事法庭规约》第6条第1项和第22条第1项都规定了个人因实施国际犯罪而应负个人刑事责任的原则。

前南国际刑事法庭上诉庭认为：The Nuremberg Tribunal considered a number of factors relevant to its conclusion that the authors of particular prohibitions incur individual responsibility：the clear and unequivocal recognition of the rules of warfare in international law and State practice indicating an

① “纽伦堡原则——纽伦堡宪章和纽伦堡审判中确认的国际法原则”，联合国大会第95（2）号决议通过，1946年12月11日。

intention to criminalize the prohibition, including statements by government officials and international organizations, as well as punishment of violations by national courts and military tribunals. Where these conditions are met, individuals must be held criminally responsible, because, as the Nurember Tribunal concluded: "Crimes against international law are committed by men, not by abstract entities, and only by punishing individuals who commit such crimes can the provisions of international law be enforced。①

二、追究个人刑事责任之必要性

个人直接刑事责任和间接刑事责任之间可能因国家或者组织的犯罪行为而存在一定的联系，但是这两种国际刑事责任必须予以明确地界分。国家和组织的刑事责任必须通过个人的行为才能确定，而在某种程度上，这种为了某个国家或者组织，或代表某个国家或者组织的个人行为，构成犯罪时，行为人也应承担个人责任。

联合国大会通过的一系列决议，也证明了国际社会期待缔约国来起诉战争罪罪犯。例如，在1973年《关于侦查、逮捕、引渡和惩治战争罪和反人道罪罪犯的国际合作原则》的决议中，联合国大会声明："战争罪和反人道罪，无论其发生于何处，都将受到调查；对于有证据证明实施了这些犯罪的人，也将受到追查、逮捕和审判，如果他有罪，就将受到惩罚。"②

其他联合国大会决议也重申，如果国家在对这些罪犯予以"逮捕、引渡、审判和惩罚"等方面拒绝进行合作，就违反了《联合国宪章》，并且也违反了那些"被普遍认可的国际法准则"③。这些文件清楚地表明，国际社会期待各国通过一定的国际刑事程序来追究个人的刑事责任。

国际刑法具有国际强行法的特点。

国际法中的强行法，就是指国际法中某些首要的原则，它们组成了一个不容贬损的强行法规则体系。1969年《维也纳条约法公约》第53条规定了强行法或者国际法中的强行规则的定义，即：A treaty is void if, at the time of its conclusion, it conflicts with a peremptory norm of general international law. For the purpose of the present Convention, a peremptory norm of general international law is a norm accepted and recognized by the international community of States as a whole as a norm from which no derogation is permitted and which can be modified only by a subsequent norm of general international law having the same character。

"一般国际法强行规则是指被各国组成的国际社会整体所接受并被承认为不得贬损，而且唯有后来的、具有同一性质的一般国际法规则方可予以更改的规则。"

国际法委员会指出，含有以下所列因素的条约将被视为违反《维也纳条约法公约》第53条，这些条约为：(1) 意图规定非法使用违背联合国宪章之武力的条约；(2) 意图规定实施属于国际法之犯罪行为的条约；(3) 意图或者纵容下列犯罪行为的条约，例如贩卖奴隶、海盗或

---

① Decision on Defence Motion for Interlocutory Appeal on Jurisdiction rendered in the Tadic case, UN Doc. IT-94-1-T, 2 October 1995, para. 196.

② 《关于侦查、逮捕、引渡和惩治战争罪和反人道罪罪犯的国际合作原则》，第1段。

③ 引自波斯特 (J. Paust)：《执行国际刑法的一致性及义务：纳粹战犯无避难所》，载《休斯敦国际法杂志》，1989 (11)。

者种族灭绝，对这些犯罪，全世界每一个国家都有义务合作加以防止……侵犯基本人权、国家平等或者自决原则的条约也属此。[①]

国际刑法著名学者 Cherif Bassiouni 教授认为：International jus cogens crimes are，at this point in time：genocide，crimes against humanity，war crimes，slavery and slave related practices，torture and，for historic reasons，piracy. It is precisely because of the nature of these norms and their inderogability that certain legal consequences attach. For instance，they are：the duty for any and all legal systems，whether national or international，to prosecute or extradite and when necessary to resort to universal jurisdiction；to provide legal assistance to national or international legal orders undertaking the investigation，adjudication or prosecution of such armies，to not recognize or apply statutes of limitations；and to recognize and enforce penal judgments arising out of such cases。[②]

国际法上的严重罪行属于强行法罪行（jus cogens crimes）。如果实施了这些强行法罪行或者违反了强行法规则会有什么后果呢？在夫隆季亚案[③]有关酷刑罪部分的判决中，前南国际刑事法庭详细分析了违反强行法规则的后果。该法庭从刑事责任的角度指出，国际社会赋予禁止酷刑以强行法规则的特征就产生如下后果，即“每一个国家都有权调查、起诉并惩罚或引渡犯有酷刑罪的个人，只要他处在这个国家能够管辖的领土范围之内”[④]。

这里，前南国际刑事法庭将违反强行法规则所产生的后果，看作是给予了各国起诉或者引渡罪犯的权利。禁止酷刑这个规则本身和由此产生的结果，即起诉或者引渡酷刑罪罪犯的义务，都具有强制性的特征。

前南国际刑事法庭在夫隆季亚案中还认为，应当区分强行法规则（禁止战争罪）不可贬损的性质与违反这类规则而产生的“对一切人”（erga omnes）效果之间的关系。后面这个义务是关于遵守强制性规则的方法，因为“对一切人”的义务“从性质上说……对所有的国家都有影响，所有国家也就有理由要保护其自身合法权益”。

根据习惯法，如果对某种义务的违反是针对整个国际社会，那么任何国家，不管它是否受到损害，都可以求助于另一个国家。前南国际刑事法庭将这一后果所体现的理论概括为：“‘对一切人’的性质与国际法的执行领域相关，而禁止酷刑这个规则的其他特征则与国际法规则所具有的等级特征相关。”这意味着不可贬损性仅适用于禁止酷刑这个规则本身。[⑤]

综上所述，纽伦堡国际军事法庭和远东国际军事法庭的审判，开始了国际法上追究个人刑事责任的实践。它们在审判中所体现出来的国际法原则，通过联合国大会的决议得到了整个国际社会的承认。因此，在远东国际军事法庭审判结束近六十年后，日本的一些政界要人，如安倍晋三和森喜郎等，认为“战犯不是罪人”、“日本已经不再将甲级战犯视为罪犯”的言论[⑥]，不仅是对历史极其不负责任的歪曲，也是对国际法基本原则的践踏。

---

① 参见《国际法委员会 1966 年年刊》，248 页。

② Cherif Bassiouni，*Introduction to International Criminal Law*，Transnational Publishers，Inc.，Ardsley，New York，2003，p. 701.

③ The Prosecutor v. Furundzija，Judgement，IT-95-17/1-T，10 December 1998.

④ Ibid.，paras. 153－157.

⑤ Ibid.，para. 153.

⑥ 参见《右翼挑衅言论令日本民众不安》，载《参考消息》，2005-05-30。

CASE STUDY

远东国际军事法庭审判摘要

Responsibility for War Crimes against Prisoners

(Decision of the International Military Tribunal for the Far East)①

In the discharge of these duties to prisoners Governments must have resort to persons. Indeed the Governments responsible, in this sense, are those persons who direct and control the functions of Government. In this case and in the above regard we are concerned with the members of the Japanese Cabinet. The duty to prisoners is not a meaningless obligation case upon a political abstraction. It is a specific duty to be prisoned in the first case by those persons who constitute the Government. In the multitude of duties and tasks involved in modern government there is of necessity an elaborate system of subdivision and delegation of duties. In the case of duty of Governments to prisoners held by them in time of war those persons who constitute the government have the principal and continuing responsibility for their prisoners, even though they delegate the duties of maintenance and protection to others.

In general the responsibility of prisoners held by Japan may be stated to have rested upon:

(1) Members of the Government;

(2) Military or Naval Officers in command of formations having prisoners in their possession;

(3) Officials in those departments which were concerned with the well-being of prisoners;

(4) Officials, whether civilian, military, or naval, having direct and immediate control of prisoners.

It is the duty of all those on whom responsibility rests to secure proper treatment of prisoners and to prevent their ill-treatment by establishing and securing the continuous and efficient working of a system appropriate for these purposes, such persons fail in this duty and become responsible for ill-treatment of prisoners if:

(1) They fail to establish such a system.

(2) If having established such a system, they fail to secure its continued and efficient working.

Each of such persons has a duty to ascertain that the system is working and if he neglects to do so he is responsible. He does not discharge his duty by merely instituting an appropriate system and thereafter neglecting to learn of its application. An Army Commander or a Minister of War, for example, must be at the same pains to ensure obedience to his orders in this respect as he would in respect of other orders he has issued on matters of the first importance.

---

① International Military Tribunal for the Far East, The Tokyo War Crimes Trial, November 1948, reprinted from Friedman, L. (ed.), *The Law of War, A Documentary History*, New York, Random House, Vol. 2, 1972, pp. 1037-1038.

思考题

1. 为什么说追究个人刑事责任是国际刑法的基本原则?

2. 第二次世界大战后的两个国际军事法庭对于发展追究个人刑事责任制度发挥了什么作用?

3. 如何理解国际刑法与强行法之间的关系?

4. 你对远东国际军事法庭就日本政府成员对虐待战俘的罪行应负刑事责任的案例有何看法?

第三节

国际刑法中的国际罪行

国际不法行为的种类很多，但并不是所有不法行为都被惩治。由于国家政治态度和资源有限等原因，只有国际法上最严重的国际罪行才会被起诉和被惩治。国际刑事司法机构管辖权内的国际罪行清楚地展示了哪些属于国际法中最严重的罪行。

一、国际法中的“最严重罪行”

国际刑事司法机构是指业已成立的前南国际刑事法庭、卢旺达国际刑事法庭、塞拉利昂特别法庭、东帝汶法庭、柬埔寨法庭以及国际刑事法院等国际机构。国际刑事法庭（法院）管辖的国际法罪行是指这些国际刑事司法机构所能审判或裁决的国际罪行。所有这些国际刑事司法机构的规约，于其管辖权方面所规定的国际罪行基本相同。

前南国际刑事法庭是联合国自己成立的第一个司法机构，其目的是要对犯有最严重国际罪行的人进行审判。然而，前南国际刑事法庭起诉和惩治的国际罪行范围，仅限定在严重违反1949年日内瓦四公约的行为、战争罪、反人道罪和种族灭绝罪。其他国际刑事司法机构，如卢旺达国际刑事法庭、塞拉利昂特别法庭以及国际刑事法院等，其起诉和审理的国际法罪行，也都仅限于战争罪、反人道罪和种族灭绝罪。国际法有时称这些罪行为“核心罪行”（core crimes）。

国际刑事法院《罗马规约》第5条是关于国际刑事法院实质性管辖权的规定，即“法院管辖权内的犯罪”，该条款的条文如下：The jurisdiction of the Court shall be limited to the most serious crimes of concern to the international community as a whole. The Court has jurisdiction in accordance with this Statute with respect to the following crimes：(a) The crime of genocide；(b) Crimes against humanity；(c) War crimes；(d) The crime of aggression。

国际刑事法院《罗马规约》第5条所列罪行，即种族灭绝罪、反人道罪、战争罪和侵略罪，都是国际法中最严重的罪行（the most serious crimes）。它从另一面表明：国际刑事法院并不是对国际法中的所有严重罪行都具有管辖权，它只是对国际法中最严重罪行具有管辖权。

这是因为在成立国际刑事法院的谈判中，大多数的国家认为，应将国际刑事法院的管辖权限制在国际法中最严重的罪行方面。

1. 种族灭绝罪（crime of genocide)

《种族灭绝罪公约》订立于1948年。这是国际社会在种族灭绝罪方面迄今为止通过的唯一国际公约，在种族灭绝罪方面被视为最权威的法律文件。国际刑事法庭和国际刑事法院的法律文件中所规定的种族灭绝罪的规定，都是从1948年《种族灭绝罪公约》援引而来的。种族灭绝罪被视为违反强行法的犯罪。

种族灭绝罪因为其对国际社会的危害性和性质上的严重性，因而成为国际社会首先要惩治的国际罪行。几乎所有国际刑事司法机构管辖的罪行中，都有种族灭绝罪。《前南国际刑事法庭规约》第4条规定：

1. The International Tribunal shall have the power to prosecute persons committing genocide as defined in paragraph 2 of this article or of committing any of the other acts enumerated in paragraph 3 of this article.

2. Genocide means any of the following acts committed with intent to destroy, in whole or in part, a national, ethnical, racial or religious group, as such: (a) killing members of the group; (b) causing serious bodily or mental harm to members of the group; (c) deliberately inflicting on the group conditions of life calculated to bring about its physical destruction in whole or in part; (d) imposing measures intended to prevent births within the group; (e) forcibly transferring children of the group to another group.

3. The following acts shall be punishable: (a) genocide; (b) conspiracy to commit genocide; (c) direct and public incitement to commit genocide; (d) attempt to commit genocide; (e) complicity in genocide。

所以，如果“蓄意”要全部或局部地消灭某一民族、族裔、种族或宗教团体而犯有“杀害”、“致使在身体上或精神上遭受严重伤害”或“强制施行办法，意图防止该团体内的生育”等行为，就犯有种族灭绝罪。

前南国际刑事法庭关于这一罪行的定义，又是从1948年《种族灭绝罪公约》第2条援引而来的。其理由正如联合国秘书长所声明的：The Convention is today considered part of international customary law as evidenced by the International Court of Justice in its Advisory Opinion on Reservations to the Convention on the Prevention and Punishment of the Crime of Genocide, 1951。①

卢旺达国际刑事法庭、国际刑事法院及其他国际刑事司法机构的规约关于种族灭绝罪的规定，也都与《种族灭绝罪公约》第2条一样。

国际刑事法院《罗马规约》文本最早由联合国国际法委员会起草。当起草者于1994年把草案提交给联合国大会讨论时，只是将种族灭绝罪行列入国际刑事法院应管辖的罪行当中，但并没有对种族灭绝罪下定义。② 在成立国际刑事法院的讨论中，有的国家要求将该罪行的定义扩大为其受害者包括社会和政治团体，但大多数国家在1995年的报告中，非常赞同其定义还

---

① Report of the UN Secretary-General, UN Doc. S/25704, May 3, 1993, para. 45.

② Report of the International Law Commission on the Work of its Forty-Sixth Session, Draft Statute for an International Criminal Court, 2 May-22 July 1994, UN Doc. A/49/10 (1994), article 20 (a), p. 70.

要引用 1948 年《种族灭绝罪公约》中的定义。[①] 而在 1997 年 2 月召开的国际刑事法院预备会议上，尽管很多关于修改该定义的建议也引起了注意和讨论，但各国代表仍然回到了 1948 年公约的定义。在罗马外交会议上，主席团建议采用 1948 年公约中的定义时没有任何人表示反对。[②] 因此由起草大会提交、全体大会同意通过的关于种族灭绝罪的定义，没有经过任何修改。[③]

种族灭绝罪的行为中最重要的罪行构成要件，是关于"特别的杀人动机"，即：被控者的行为，必须为了全部或部分地摧毁定义所保护的四个团体中的其中一个。前南国际刑事法庭曾在"种族清洗"（ethnic cleansing）问题上分析认为：

The mass executions described in the indictment were evidently systematic, being organized by the military and political hierarchy of the Serbian administration of Pale, apparently with close support from elements of the army of the Federal Republic of Yugoslavia (Serbia-Montenegro). These executions were committed in the context of a broader policy of "ethnic cleansing" which is directed against the Bosian Muslim population and which also includes massive deportation. This policy aims at creating new borders by violently changing the national or religious composition of the population. As a result of this policy, the Muslim population of Srebrenica was totally banished from the area.

The policy of "ethnic cleansing" referred to above presents, in its ultimate manifestation, genocidal characteristics. Furthermore, in this case, the intent to destroy, in whole or in part, a national ethnical, racial or religious group, which is specific to genocide, may clearly be inferred from the gravity of the "ethnic cleansing" practiced in Srebrenica and its surrounding areas, i. e. principally, the mass killings of Muslims which occurred after the fall of Srebrenica in July 1995, which were committed in circumstances manifesting an almost unparalleled cruelty。[④]

在卢旺达国际刑事法庭审判的 Gambanda 案中，该法庭的庭长 Gama 法官认为：种族灭绝罪是罪中之罪（crime of the crimes）。[⑤]

《前南国际刑事法庭规约》和《卢旺达国际刑事法庭规约》里的种族灭绝罪[⑥]，其中不仅有《种族灭绝罪公约》第 2 条的定义，而且有其第 3 条中除了追究该罪行主要行为者，也追究如协助人、企图行为人、直接地和公开地鼓动其他人犯下该罪行的人的责任等相关内容。

2. 反人道罪（crime against humanity）

国际法禁止并惩罚反人道罪的行为。酷刑、非法人体实验、奴役、种族隔离等行为，在法律上都属于反人道罪的犯罪行为。如第二次世界大战后订立的《纽伦堡国际军事法庭宪章》第 6 条（c）款和《远东国际军事法庭宪章》第 5 条（c）款就分别确立了这种犯罪，"同盟国管制委员会第 10 号法案"第 2 条（c）款也规定了反人道罪，其反人道罪的规定如下：(C) CRIMES AGAINST HUMANITY: namely, murder, extermination, enslavement, deportation, and other inhu-

---

① Report of the PrepCom on the Establishment of an International Criminal Court, UN Doc. A/50/22, pp. 12-13, paras. 59-72.

② 参见联合国文件 A/CONF. 183/C. I/L. 58, p. 9。

③ 参见联合国文件 A/CONF. 183/C. I/L. 91, p. 2。

④ In the confirmation of the second indictment against Radovan Karazic and Ratko Mladic-the Srebrenica indictment, UN Doc. IT-95-18-I, p. 4.

⑤ The Prosecutor v. Kambanda, UN Doc. Case No. ICTR 97-23-S, para. 16.

⑥ 参见《卢旺达国际刑事法庭规约》第 2 条。

mane acts committed against any civilian population, before or during the war, or persecution on political, racial or religious grounds in execution of or in connection with any crimes within the jurisdiction of the Tribunal, whether or not in violation of domestic law of the country where perpetrated。

《前南国际刑事法庭规约》也将一些行为规定为反人道罪，如：murder，extermination，enslavement，deportation，imprisonment，torture，rape，persecutions on political，racial and religious grounds 以及 other inhumane acts，只要这些行为 committed in armed conflict，whether international or internal in character，and directed against any civilian population。

在这一定义中，“国际或国内武装冲突中所犯的针对平民的罪行”一语与“武装冲突”(armed conflict）要素联系在一起，要求反人道罪只能发生在武装冲突中。但这一规定与《卢旺达国际刑事法庭规约》的规定不一样。根据《卢旺达国际刑事法庭规约》的规定，该法庭对类似于 murder，extermination，enslavement，deportation，imprisonment，torture，rape，persecutions on political，racial and religious grounds 以及 other inhumane acts 具有管辖权，只要这些行为 committed as part of a widespread or systematic attack against any civilian population on national，political，ethnic，racial or religious grounds。

从反人道罪的国际立法过程来看，在类似于 murder，extermination 等具体行为方面没有什么争论或不同意见，但关于这些行为发生的大环境，即反人道罪行为究竟是只发生在武装冲突期间还是也可以发生在和平时期，观点不一。对此，前南国际刑事法庭在 Tadic 案中认为：

It is by now a settled rule of customary international law that crimes against humanity do not require a connection to international armed conflict. Indeed, as the Prosecutor points out, customary international law may not require a connection between crimes against humanity and any conflict at all. Thus, by requiring that crimes against humanity be committed in either internal or international armed conflict, the Security Council may have defined the crime in Article 5 more narrowly than necessary under customary international law...

Article 5 may be invoked as a basis of jurisdiction over crimes committed in either internal or international armed conflicts。①

后来，前南国际刑事法庭在反人道罪的定义上又进一步认为：The second circumstance, whereby crimes must be "directed against any civilian population" is specific to crimes against humanity. Set forth in broad terms in the Statute, it covers, according to prevailing opinion, three distinct components. First, the crimes must be directed at a civilian population, specifically identified as a group by the perpetrators of those acts. Secondly, the crimes must, to a certain extent, be organized and systematic. Although they need not be related to a policy established at State level, in the conventional sense of the term, they cannot be the work of isolated individuals alone. Lastly, the crimes, considered as a whole, must be of a certain scale and gravity。②

国际刑事法院《罗马规约》第 7 条也是关于“反人道罪”的规定。由于在这以前，对平民进行大规模或有系统攻击的反人道罪行为是否应仅被限制在战争时期还是应包括和平期间有不

① Decision on Defence Motion for Interlocutory Appeal on Jurisdiction, the Prosecutor v. Tadic, 2 October 1995, UN Doc. IT-94-1-T, paras. 141-142.

② Review of Indictment Pursuant to Rule 61, the Prosecutor v. Nikolic, 20 October 1995, UN Doc. IT-95-2-R61, para. 26.

同的规定，所以在国际刑事法院成立的讨论过程中，意见不太统一。但国际社会最后决定不再要求“武装冲突”这一要素。其第 7 条具体行文为：For the purpose of this Statute, “crime against humanity” means any of the following acts（即：murder, extermination, enslavement 等）when committed as part of a widespread or systematic attack directed against any civilian population, with knowledge of the attack。

国际刑事法院《罗马规约》第 7 条在取消与武装冲突有联系的要素后，“大规模或有系统”攻击这两个因素就显得非常重要。因此，国际刑事法院在“罪行构成要件”（elements of crimes）中进一步规定：The last two elements for each crime against humanity describe the context in which the conduct must take place. These elements clarify the requisite participation in and knowledge of a widespread or systematic attack against a civilian population。

前南国际刑事法庭关于“反人道罪”的定义，要求有武装冲突存在这一要素。[①] 不管是国际性的或非国际性武装冲突，都是构成反人道罪不可缺少的一个要件。但卢旺达国际刑事法庭和国际刑事法院的规约没有规定这一要素。国际刑事法院将“反人道罪”定义为“广泛或有系统地针对任何平民”进行的攻击，而且行为人“明知”这一攻击并作为攻击一部分而实施的如谋杀、灭绝、奴役或驱逐出境等行为。

另外，“罪行构成要件”（elements of crimes）还明确规定：“Attack directed against a civilian population” in these context elements is understood to mean a course of conduct involving the multiple commission of acts referred to in article 7, paragraph 1, of the Statute against any civilian population, pursuant to or in furtherance of a State or organizational policy to commit such attack. The acts need not constitute a military attack. It is understood that “policy to commit such attack” requires that the State or organization actively promote or encourage such an attack against a civilian population。

根据这一规定，对平民的“攻击”是指“大规模的”或是“有系统的”。这种“攻击”还不能局限在一般人所理解的“军事攻击”（military attack），而应被理解为针对平民而发动的运动或行动。另外，这一规定还用了“行为过程”（a course of conduct）一词。

国际刑事法院《罗马规约》中关于“反人道罪”的定义（第 7 条）非常重要。在国际刑事法院成立之前，关于“反人道罪”还没有一个被国际社会普遍接受的定义，也没有任何国际条约清楚地规定关于该罪行的定义。反人道罪主要规定在第二次世界大战后成立的纽伦堡国际军事法庭和远东国际军事法庭的宪章、“同盟国管制委员会第 10 号法案”以及其他特设国际刑事法庭的规约里面，但在所有这些规定中，不论是在罪行的构成要件还是在对犯罪行为的列举上，都存在着相当大的分歧。

如果对照以前的定义，国际刑事法院《罗马规约》对“反人道罪”的定义具有以下几点新的突破：

第一，它不再要求“反人道罪”必须具有武装冲突这一要素。在国际刑事法院以前，所有第二次世界大战后成立的特设法庭都要求反人道罪必须与武装冲突有联系，即：该罪行只能发生在武装冲突期间。但国际刑事法院《罗马规约》不再设这点限制。据此，反人道罪的犯罪时间可以是在战争过程中，也可以是在和平时期。

---

① 参见《前南国际刑事法庭规约》第 5 条。

第二，国际刑事法院《罗马规约》第 7 条规定：反人道罪的行为是对平民的攻击，这一攻击或者是“广泛的”，或者是“有系统的”。这样，在罪行构成要件方面就取消了“广泛”与“有系统”两个条件必须同时满足的要求。

第三，国际刑事法院《罗马规约》的定义并不要求迫害必须是出于反人道罪所列举的任何行为的动机。相反，迫害被作为犯罪行为的一种，包括在列举之中了。[①] 另外，该罪行的定义，还将罪行与犯罪行为人所担任的职务分离开。这就使得国际刑事法院《罗马规约》对“酷刑”和“强迫失踪”的定义[②]与其他相关的人权条约相比[③]，显得更为广泛。

国际刑事法院《罗马规约》第 7 条关于反人道罪的定义，与国际习惯法在该罪行方面的基本概念是相一致的。从国际刑事法院反人道罪的定义可以看出，该罪行的范围、罪恶的程度和它的规模，都足以对国际社会构成危险，并对人类的良知引起震惊。这在对反人道罪的构成要件进行分析时应作为一个指导性的原则来考虑。

3. 战争罪（war crimes）

战争罪一词，涵盖了国际公约和国际习惯法中许多被禁止的行为。战争罪在传统上是国际法的重要罪行之一，它也是国际人道法整个法律体系在很长历史时期内的调整对象。

战争罪在历史上被认为是作战人员在国际武装冲突中违反战争法的行为。如果发生有战争罪行为，有关人员（其中包括职位较低的人员）将会因为其不法行为而被审判和惩罚。当然犯有如此不法行为的人不仅会受到本国司法当局的起诉和惩罚，而且可能受到敌国的起诉和惩罚。但战争的特殊性质，即战争的每一方都声明是为了保护国家的利益，使得国家不愿起诉己方的将士。所以在历史上很长的一段时间内，都是战争取得胜利的一方在冲突结束以后，通过运用国际法上的“被动国籍原则”（principle of “passive nationality”），即保护本国受害者利益的原则，对战争中对方犯罪的人提起诉讼和实行惩罚。订立于 1912 年的英国《陆战作战手册》（Manual on Land Warfare）毫不掩饰地认为：“战争罪就是为了使敌方士兵（enemy soldier）和敌方平民（enemy civilians）在被俘时受到惩罚的一个专业术语表达（technical expression）。”[④]

但随着国际法的发展，尤其是战争法或国际人道法的发展，国际社会逐渐认识到惩治战争罪的必要性与重要性。在所有国际犯罪种类中，与战争罪相关的国际法律文件的数量最多，它涵盖了广泛的禁止性规定和规范，具体说明、编纂或者阐明了习惯国际法，并规定违反这些文件将在国际法上受到起诉和惩罚。这些文件中最重要的有：

——1899 年 7 月 29 日《陆战法规和惯例公约》（第一次海牙和平会议）；

——1907 年 10 月 18 日《陆战法规和惯例公约》（第二次海牙和平会议）；

——1949 年 8 月 12 日四个日内瓦公约；

——1977 年 6 月 8 日日内瓦四公约的两个附加议定书，等等。

1949 年四个日内瓦公约及其两个 1977 年附加议定书是可适用规则的最综合性的编纂，而且具有最具体和最广泛的刑罚特征。“日内瓦规则”涵盖了“海牙规则”，后者中的大部分规则已经被纳入前者之中，反之亦然。在很大程度上，“日内瓦规则”被视为已经确立的习惯。《前

① 参见国际刑事法院《罗马规约》第 7 条第 1 款（h）项。

② 参见国际刑事法院《罗马规约》第 7 条第 2 款（f）、（i）项。

③ 参见《反对酷刑公约》第 1 条，《保护任何人不受强迫失踪宣言》（联合国大会 47/133 号决议，1992 年 12 月 8 日），序言，第 3 段。

④ Col. J. E. Edmons and Prof. L. Oppenheim，Land Warfare，An Exposition of the Laws and Usage of War on Land for the Guidance of Officers of His Majesty's Army，London：His Majesty's Stationery Office，1912，at 95，para. 441.

南国际刑事法庭规约》、《卢旺达国际刑事法庭规约》以及国际刑事法院管辖范围内的罪行均包括战争罪。

《前南国际刑事法庭规约》第2条是关于"严重违反1949年日内瓦四公约的情势"(Grave breaches of the Geneva Conventions of 1949)的规定,根据这一规定,前南国际刑事法庭将对犯有1949年日内瓦四公约中"严重违反"(grave breaches)行为的人进行起诉。这些"严重违反"具体为:(a) willful killing;(b) torture or inhuman treatment, including biological experiments;(c) willfully causing great suffering or serious injury to body or health;(d) extensive destruction and appropriation of property, not justified by military necessity and carried out unlawfully and wantonly;(e) compelling a prisoner of war or a civilian to serve in the forces of a hostile power;(f) willfully depriving a prisoner of war or a civilian of the rights of fair and regular trial;(g) unlawful deportation or transfer or unlawful confinement of a civilian;(h) taking civilians as hostages。

《前南国际刑事法庭规约》里之所以有关于1949年日内瓦四公约中"严重违反"的规定,主要是因为它在国际习惯法尤其是在国际人道法方面的作用。联合国秘书长在法庭成立时向安理会提交的报告中解释了为什么要订有这么一个条款,他声明:

The Geneva Conventions constitute rules of international humanitarian law and provide the core of the customary law applicable in international armed conflicts. These Conventions regulate the conduct of war from the humanitarian perspective by protecting certain categories of persons: namely, wounded and sick members of armed forces in the field; wounded, sick and shipwrecked members of armed forces at sea; prisoners of war, and civilians in time of war.

Each Convention contains a provision listing the particularly serious violations that qualify as "grave breaches" or war crimes. Persons committing or ordering grave breaches are subject to trial and punishment. The lists of grave breaches contained in the Geneva Conventions are reproduced in the article which follows.

The Security Council has reaffirmed on several occasions that persons who commit or order the commission of grave breaches of the 1949 Geneva Conventions in the territory of the former Yugoslavia are individually responsible for such breaches as serious violations of international humanitarian law。①

除了关于1949年日内瓦四公约中"严重违反"的规定以外,《前南国际刑事法庭规约》第3条还订立了关于"违反战争法和惯例的行为"(violations of the laws or customs of war)的规定。根据这一规定,该法庭将对犯有包括以下行为的人进行起诉:(a) employment of poisonous weapons or other weapons calculated to cause unnecessary suffering;(b) wanton destruction of cities, towns or villages, or devastation not justified by military necessity;(c) attack, or bombardment, by whatever means, of undefended towns, villages, dwellings, or buildings;(d) seizure of, destruction or wilful damage done to institutions dedicated to religion, charity and education, the arts and sciences, historic monuments and works of art and science;(e) plunder of public or private property。

对于前南国际刑事法庭为什么要惩治"违反战争法和惯例的行为",联合国秘书长作了如下的说明:

① Report of the UN Secretary-General, UN Doc. S/25704 (1993), paras. 37-39.

The 1907 Hague Convention (Ⅳ) Respecting the Laws and Customs of War on Land and the Regulations annexed thereto comprise a second important area of conventional humanitarian international law which has become part of the body of international customary law.

The Nuremberg Tribunal recognized that many of the provisions contained in the Hague Regulations, although innovative at the time of their adoption were, by 1939, recognized by all civilized nations and were regarded as being declaratory of the laws and customs of war. The Nuremberg Tribunal also recognized that war crimes defined in article 6 (c) of the Nuremberg Charter were already recognized as war crimes under international law, and covered in the Hague Regulations, for which guilty individuals were punishable.

The Hague Regulations cover aspects of international humanitarian law which are also covered by the 1949 Geneva Conventions. However the Hague Regulations also recognize that the right of belligerents to conduct warfare is not unlimited and that resort to certain methods of waging war is prohibited under the rules of land warfare.

1994 年，当联合国国际法委员会向联合国大会提交国际刑事法院《罗马规约》草案时，其中就包括战争罪。[1] 以后，在讨论成立国际刑事法院的过程中，尽管对战争罪的构成要件有各种各样的建议，对适用战争罪的武装冲突性质有不同的争论，然而在关于战争罪应该是国际刑事法院管辖范围内的核心罪行这个问题上，却从来没有任何争论和疑问。

战争罪在传统国际法中仅仅适用于国际性的武装冲突。然而，随着国际法的发展，尤其是因为国际刑法和国际人道法的发展，战争罪适用于国内武装冲突也被国际社会承认和接受。这方面最显著的例子，就是当 1994 年在卢旺达发生种族灭绝和其他严重违反国际人道法的行为时，联合国安理会成立了卢旺达国际刑事法庭，以对为这些违法行为负责的人进行惩治。卢旺达国际刑事法庭要处理的这些罪行，都发生在卢旺达国内武装冲突中。

《卢旺达国际刑事法庭规约》第 4 条具体规定：该法庭将对违反 1949 年日内瓦四公约共同第 3 条及 1977 年第二附加议定书的人进行起诉。而这些法律文件，仅适用于非国际性的武装冲突。这一规定对于论证战争罪可以发生在一国国内的武装冲突中，国家可以在“普遍管辖权”的基础上对战争罪的犯罪人进行起诉和追究刑事责任有着重要的意义。它对国际法中战争罪概念的发展，起了相当大的推动作用。

国际刑事法院《罗马规约》第 8 条是关于“战争罪”的条款。该条款规定：

For the purpose of this Statute, “war crimes” means:

(a) Grave breaches of the Geneva Conventions of 12 August 1949, namely, any of the following acts against persons or property protected under the provisions of the relevant Geneva Convention: (ⅰ) Willful killing; (ⅱ) Torture or inhuman treatment, including biological experiments; (ⅲ) Willfully causing great suffering, or serious injury to body or health; (ⅳ) Extensive destruction and appropriation of property, not justified by military necessity and carried out unlawfully and wantonly; (ⅴ) Compelling a prisoner of war or other protected person to serve in the forces of a hostile Power; (ⅵ) Willfully depriving a prisoner of war or other protected person of the rights of fair and regular trial; (ⅶ) Un-

[1] Report of the International Law Commission on the Work of its Forty-Sixth Session, Draft Statute for an International Criminal Court, 2 May-22 July 1994, UN Doc. A/49/355 (1994), article 20.

lawful deportation or transfer or unlawful confinement；（viii）Taking of hostages.

（b）Other serious violations of the laws and customs applicable in international armed conflict，within the established framework of international law...

上述规定是1949年日内瓦四公约中“严重违反”的行为。由于日内瓦公约在整体上是一个适用于国际性武装冲突的法律文件，所以战争罪只是适用于国际性的武装冲突。但由于卢旺达国际刑事法庭及国际人道法整体的发展，《罗马规约》第8条规定的“战争罪”除适用于国际性武装冲突外，还适用于非国际性武装冲突：In the case of an armed conflict not of an international character，serious violations of article 3 common to the four Geneva Conventions of 12 August 1949，namely，any of the following acts committed against persons taking no active part in the hostilities，including members of armed forces who have laid down their arms and those placed hors de combat by sickness，wounds，detention or any other cause：（i）Violence to life and person，in particular murder of all kinds，mutilation，cruel treatment and torture；（ii）Committing outrages upon personal dignity，in particular humiliating and degrading treatment；（iii）Taking of hostages；（iv）The passing of sentences and the carrying out of executions without previous judgement pronounced by a regularly constituted court，affording all judicial guarantees which are generally recognized as indispensable。

因此，国际刑事法院管辖下的战争罪既有“严重违反国际法既定范围内适用于国际武装冲突的法规和惯例的其他行为”等，同时也包括“在非国际性武装冲突中，严重违反1949年8月12日四项日内瓦公约共同第3条的行为，即对不实际参加敌对行动的人，包括已经放下武器的武装部队人员，及因病、伤、拘留或任何其他原因而失去战斗力的人员”犯罪的行为，如“对生命与人身施以暴力，特别是各种谋杀、残伤肢体、虐待及酷刑”，“损害个人尊严，特别是侮辱性和有辱人格的待遇”，“劫持人质”或“未经具有公认为必需的司法保障的正规组织的法庭宣判，径行判罪和处决”等。

由于国际刑事法院是一个常设机构，它对世界所有战争罪都具有管辖权。因此，它的这一规定对国际法发展将产生深远影响。

如果把上述所有战争罪罪行的基本构成要件概括起来，战争罪罪行一般性的构成要件主要有：（1）犯有国际条约或国际习惯法中所禁止行为其中之一；（2）这一行为发生在武装冲突中；（3）犯有该行为的人，与武装冲突中的某一方有某种联系；（4）行为的受害者，属于中立方或属于武装冲突中另外一方。

概括地说，在战争罪定义下，有些行为在国际性的武装冲突情境下被禁止，有些在国内性质的武装冲突情境下被禁止，而有些则在所有性质的武装冲突情境下被禁止。

4. 侵略罪（crime of aggression）

在国际刑法的历史上，除了第二次世界大战后纽伦堡与远东国际军事法庭曾对纳粹德国和日本法西斯以反和平罪进行起诉、审判和定罪以外，其后所有国际刑事司法机构还从来没有就“侵略罪”行使管辖权。究其原因，是因为国际法迄今为止还没有一个国际社会能普遍接受的关于侵略罪的定义。

第二次世界大战同盟国在1943年11月1日的《对德国暴行宣言》中表示，它们将承担起诉和处罚战犯的责任和义务。以后在1945年8月8日关于起诉和惩治欧洲轴心国主要战犯的协定即《伦敦协定》及其附件《纽伦堡国际军事法庭宪章》和1946年1月19日《远东国际军事法庭宪章》中履行了惩治战犯的承诺，从而成功地对德国纳粹分子和日本法西斯分子进行了审判。在这些法律文件里，反和平罪（侵略罪）的定义为："Crimes against peace"：namely，planning，preparation，initiation or waging of a war of aggression，or a war in violation of international treaties，agreements or assurances，or participation in a common plan or conspiracy for the accomplishment of any of the foregoing。

在纽伦堡与远东国际军事法庭的诉讼审判中，虽然订有关于反和平罪（侵略罪）的规则，也成功地进行了审判，但还是缺乏明确处罚战争犯罪的法律禁止性的规定。不少指控"反和平罪"的证据，似乎更能证明是战争罪下的行为。

传统国际法上关于"正义"战争与"非正义"战争的观念，在联合国成立的时候被反映在1945年国际社会起草和通过的《联合国宪章》里面。该宪章第2条第4款明确禁止对他国使用武力：All Members shall refrain in their international relations from the threat or use of force against the territorial integrity or political independence of any state，or in any other manner inconsistent with the Purposes of the United Nations。

《联合国宪章》明确禁止对他国使用武力。但在联合国大会1974年12月14日通过《关于侵略罪的定义》之前，国际社会始终没有就"侵略罪"的定义问题达成一致。不过，即便联合国大会通过了关于"侵略罪"定义的决议，从国际法角度来说，该文件也不是一份对国家具有约束力的国际文件。

没人能否认侵略是破坏力最大、国际法上最严重的罪行。联合国国际法委员会1994年向联合国大会提交的国际刑事法院《罗马规约》草案里也有侵略罪行，但它没有对该罪行的定义提出任何具体的建议。国际法委员会将定义问题留给各国通过谈判解决，因为它认为在"侵略罪"方面不存在任何较为实际、可被国家所接受的定义。① 最后国际法委员会在草案中规定：任何关于侵略罪或与侵略罪有关的司法诉讼程序，都不在国际刑事法院被提起，除非联合国安理会已经作出判断，认为某个国家已经实施了侵略行为。

在讨论成立国际刑事法院的过程中，主权国家之间没能就侵略罪定义达成共识。非洲和阿拉伯地区的一些国家，主张在联合国大会第3314号决议的基础上，作出一个较为广泛的定义。② 其他国家则建议订立一个既能体现联合国大会议决议中的要点又能反映国际刑事法院的司法程序需要的一个定义。但在罗马外交会议上还没能找到一个各方面都能接受的、折中的定义。

由于缺乏时间，加之没有关于该罪行定义的决议，罗马外交会议没有对联合国安理会的作用进行深入的讨论。联合国安理会的作用问题是一个复杂和有争议的问题。喀麦隆代表团曾经建议，有关侵略罪的案件，一旦提交给国际刑事法院后，应马上转交给联合国安理会，以便由联合国安理会确定并宣布是否在事实上存在已发生侵略的情势。如果联合国安理会在一定时间内不能就法院提交的情况作出裁决，那国际刑事法院就可以自行开展调查。③ 然而喀麦隆代表团的这个建议，没有在谈判过程中得到充分的讨论。主席团最后在1998年7月10日向外交大会提交了一个草案，建议在国际刑事法院《罗马规约》有关该法院所管辖的罪行中，暂时不包

① Year Book of International Law Commission，(1995) 2，parts 2，38-39.

② For details，see UN Doc. A/CONF. 183/C. 1/L. 37 and A/CONF/183/C. 1/L. 56.

③ UN A/CONF. 183/C. 1/L. 39.

括侵略罪，而将它留给法院成立后的缔约国大会审查决定。不结盟国家也提出了一个决议草案，建议在国际刑事法院《罗马规约》所管辖的罪行中，先包括侵略罪，但关于该罪行的定义，再由缔约国大会进行讨论决定。①

《罗马规约》最后达成的第 5 条规定：The Court shall exercise jurisdiction over the crime of aggression once a provision is adopted in accordance with articles 121 and 123 defining the crime and setting out the conditions under which the Court shall exercise jurisdiction with respect to this crime. Such a provision shall be consistent with the relevant provisions of the Charter of the United Nations。

根据这条规定，国际刑事法院将对“侵略罪”具有管辖权，但这要等到国际刑事法院依照《罗马规约》第 121 条和第 123 条的规定界定侵略罪的定义，并在所界定的条款必须符合《联合国宪章》有关规定以后，国际刑事法院才能有管辖权。

二、国际法其他严重国际罪行

虽然国际刑事司法机构迄今为止管辖的国际罪行仅限定在战争罪、种族灭绝罪和反人道罪方面，但这并不排除国家与国家在双边或多边司法协助上相互合作，以惩治其他的国际罪行。而且，即便从国际刑事法院《罗马规约》的规定来看，该法院在将来也有起诉和审理其他国际罪行的可能性。

国际刑事法院《罗马规约》第 123 条规定：Seven years after the entry into force of this Statute the Secretary-General of the United Nations shall convene a Review Conference to consider any amendments to this Statute. Such review may include, but is not limited to, the list of crimes contained in article 5. The Conference shall be open to those participating in the Assembly of States Parties and on the same conditions。

所以，国际刑事法院成立 7 年后召开的缔约国审议会议上，只要是根据《罗马规约》的规定以多数票通过决议，就可增加类似侵略罪、贩运毒品罪和恐怖主义罪或其他罪行。在讨论成立国际刑事法院的谈判过程中，有些国际法罪行也曾被提出和讨论过，然而由于参加谈判的国家没能达成一致，暂时被排除在国际刑事法院的管辖权范围以外。但如果从国际刑法的发展来看，有些罪行非常有可能被纳入国际刑事法院的管辖之内。

1. 贩运毒品罪（crime of drug trafficking）

在联合国范围内讨论成立国际刑事法院的设想，最早还是从反对毒品贩运开始的。1989 年南美的一个小国家特立尼达和多巴哥（Trinidad and Tobago）在联合国大会上提议成立一个国际刑事法院，以便对大规模的毒品贩运行为和与毒品贩运相关联的行为进行惩治。事实上，在讨论成立国际刑事法院的谈判过程中，关于毒品贩运的问题不断地被提了出来。在最后罗马外交大会上，特立尼达和多巴哥及一些加勒比海国家又再次提出，要将毒品贩运罪（drug trafficking）列入国际刑事法院的管辖范围以内。②

然而，出席会议的大多数国家认为：毒品贩运虽然在性质上也属于国际法下的严重罪行，但其性质与核心罪行（即《罗马规约》第 5 条所列罪行）毕竟不同。而且毒品贩运量之大，需

---

① UN DOC. A/CONF. 183/C. 1/L. 75.

② UN DOC. A/CONF/183/C. 1/L. 48.

要国家在现行的双边和多边合作的框架下共同努力。而国际刑事法院在预算方面，可能不具备为惩治毒品贩运而进行长期和复杂的调查所需要的资金。[①]

最后，印度、斯里兰卡、希腊和一些加勒比海国家提出一个决议草案，提议“成立国际刑事法院的预备委员会”就关于“毒品贩运”罪行定义和构成要件进行讨论，以提交给罗马外交会议F决议通过成立的预备委员会。于是罗马外交会议将F文件作为其“最后文件”的一部分通过，建议根据国际刑事法院《罗马规约》第123条成立的“审查委员会”在适当的时候进行审查，以决定有无可能将毒品贩运罪列入国际刑事法院的管辖权范围以内。[②]

2. 恐怖行为罪（crime of terrorism）

自从“9·11”事件发生以后，“反恐”斗争成为整个国际社会关注的焦点。事实上当讨论成立国际刑事法院时，“恐怖主义罪”（terrorism）也曾被建议包括在国际刑事法院的管辖权范围内。比如，阿尔及利亚、印度、斯里兰卡、希腊等一些国家，就曾强烈地建议要把恐怖主义行为包括在国际刑事法院的管辖罪行之列。[③] 然而由于在讨论成立国际刑事法院时，关于恐怖主义罪行还没有一个为国际社会所普遍接受的定义，大多数国家认为，如果将该罪行包括进来，可能会对国际刑事法院的正常运作在政治上产生一些问题。这些国家还担心，如果将恐怖主义罪行包括进“反人道罪”，在国际法上会构成先例，这有违在罗马会议上所达成的共识。[④]

于是，和对毒品贩运罪的处理结果一样，罗马外交会议最后通过的E决议提出建议：由国际刑事法院成立后的缔约国大会对恐怖主义罪进行审查，以决定是否将该罪行列入国际刑事法院的管辖范围以内。[⑤] 但迄今为止，恐怖行为罪和贩运毒品罪一样，都还未列入国际刑事法院的管辖范围以内。

3. 种族隔离罪（crime of apartheid）

国际刑事法院管辖的罪行中也不包括于1973年订立、1976年生效的关于种族隔离制度国际条约里的罪行。种族隔离（apartheid）之所以不属于现代国际法意义上的国际罪行，主要是因为该罪行还受到时间和空间上的限制，同时也因为这一罪行还没有成为国际习惯法。到目前为止，批准加入该国际公约的国家，共有101个，但所有这些国家都属于发展中国家和原来“冷战”时期的东欧集团，其中没有任何一个西方制度的国家。所以，尽管从理论上讲，没有人会反对将种族隔离列入国际罪行的行列，但如果仅仅国际社会中的两个组成部分——发展中国家和东欧国家认为种族隔离是犯罪行为，而西方或其他国家没有接受这个观点将种族隔离定性为国际罪行，可以说还未成为国际法上的习惯法。因此犯有种族隔离行为的人就没有被认为必须要承担国际刑法上的个人刑事责任。

国际刑事法院《罗马规约》第7条第1款规定：该法院的管辖权也适用于种族隔离罪（the crime of apartheid）；第7条第2款又对种族隔离罪行下了具体的定义，即：The crime of apartheid means inhumane acts of a character similar to those referred to in paragraph 1, committed in the

---

① The Report of the Preparatory Committee on the Establishment of an International Criminal Court, Supp. No. 22, UN Doc. A/51/22, Vol. I.

② UN DOC. A/CONF. 183/C. 1/L. 71.

③ The Report of the Preparatory Committee on the Establishment of an International Criminal Court, Supp. No. 22, UN Doc. A/51/22, Vol. I, p. 25 et seq..

④ The Convention mentioned here was adopted by the United Nations General Assembly on 15 Dec. 1997.

⑤ The Report of the Preparatory Committee on the Establishment of an International Criminal Court, Supp. No. 22, UN Doc. A/51/22, Vol. I, p. 25 et seq..

context of an institutionalized regime of systematic oppression and domination by one racial group over any other racial group or groups and committed with the intention of maintaining that regime。

国际刑事法院的这些规定会促进种族隔离罪行向国际习惯法的方向发展。在将来国际刑事法院的司法实践中，如果有关于一国政权从制度上对另一种族或民族进行系统性限制和压迫的案例，从而以反人道罪中的“其他非人道行为”被起诉，那么，关于种族隔离罪的构成要件就会更加清晰，就会进一步推动种族隔离罪成为要被追究个人刑事责任的国际罪行。

现行国际法上“国际罪行”还不包括非法运输含有麻醉剂和其他药物违禁品、非法武器交易、贪污受贿、走私核武器及其他常规武器以及洗钱等。这些行为之所以不构成国际法意义上的核心罪行，是因为迄今为止，所有这些罪行只是由国际协定或国际组织所通过的决议而不是由国际习惯法来进行调整。

另外，这些行为的主体通常是个人或犯罪团体组织，而不是国家。主权国家从维护自己利益出发，一般也都会相互合作，以打击这些犯罪活动。此外，这些犯罪行为是针对国家的犯罪，偶尔即便有国家政府官员参与，那也是因为其个人利益的驱动。就是依据该国政府的国内立法，其犯罪行为也通常被认定为犯罪行为。

CASE STUDY

东条英机案
(远东国际军事法庭)[1]

第二次世界大战以轴心国的失败而告终。德国在 1945 年 5 月 8 日正式投降，日本于同年 8 月 15 日正式投降。在德、日两个国家投降之后，战胜的同盟国便分别在德国纽伦堡和日本东京先后设立了两个国际军事法庭，即纽伦堡国际军事法庭和远东国际军事法庭。这两个法庭的组织有所不同，但其任务和目的是一样的，那便是把轴心国的某些国家领导人当作首要的或主要的战争罪犯而加以逮捕、侦查、起诉、审理和判刑。在远东国际军事法庭第一批被起诉的 28 名甲级战犯中，就有曾任日本首相的东条英机。

《远东国际军事法庭宪章》第 5 条明确规定：“本法庭有权审判及惩罚被控以个人身份或团体成员身份犯有各种罪行包括破坏和平之远东战争罪犯。”所以，远东国际军事法庭管辖的国际罪行主要有三个，即：战争罪、反人道罪和反和平罪。

战争罪就是指“违反战争法规及战争惯例之犯罪行为”，其范围非常广泛，如杀人放火、奸淫、虐待俘虏、残害平民等各种残暴行为；反人道罪则是纽伦堡和远东国际军事法庭审判中提出的新罪名，其依据源自对日本军国主义分子和纳粹德国希特勒暴行的清算和预防；反和平罪其实就是今天经常提到的“侵略罪”，它在《远东国际军事法庭宪章》中是列为甲项即第一项的犯罪，次序在战争罪和反人道罪之前。东条英机被指控犯有反和平罪与战争罪。

东条英机生于 1884 年，日本陆军士官学校及陆军大学毕业，毕业后长期任职于陆军省、参谋本部及关东军司令部。1940 年 10 月晋升为陆军大将，1941 年 10 月 18 日至 1944 年 7 月 22 日任日本首相。他是日本法西斯集团中最激进的一个，也是该集团领导人之一。1940 年，

① 引自张效林译：《远东国际军事法庭判决书》，北京，群众出版社，1986。

他推动日本加入轴心国集团并在此后控制了整个日本的军队，是参与对华侵略、偷袭珍珠港、发动太平洋战争的主谋。

在东京审判中，东条英机的辩护律师认为：侵略战争是“国家行为”，应由国家负责，个人只是执行者，不应承担个人责任。另外，侵略战争是国际法上的犯罪，国际法是以国家而不是以个人为主体，因此，个人违反国际法的行为不应受到处罚。

针对东条英机辩护律师的上述辩解理由，远东国际军事法庭列举了详细的证据予以坚决驳斥，认为：国际法对于国家和个人同时规定有权利和义务，战争犯罪就是个人对国际法的侵犯，它们的审判不受一般国内刑法规则的限制。而且，国际法一直就存在对个人的制裁方法。另外，对于一切现行法（包括国际法）的无知不能成为免责的理由，而且依被告的知识和地位，不可能不知道自己的行为是犯罪。经过两年半的审理后，东条英机于 1948 年 11 月 12 日被远东国际军事法庭以侵略罪和战争罪被判处绞刑。

本章小结

1. 在传统国际法中，每个人仅受自己国家排他性（又称“专属性”）的司法管辖。但随着国际法的发展，国际社会认识到：和平和正义需要通过保障人权与惩治国际罪犯来实现；反过来说，对人权的保障和对犯有国际罪行的人进行起诉与惩治，有助于实现和维护一个和平、繁荣、正义的世界。

2. 国际罪行就是对国际社会所认定的最基本价值理念构成极大破坏，必须予以惩治的严重国际犯罪行为。

3. 属于国际犯罪的行为都具有违反国际惯例或国际条约的规定，或违反了对世界所有国家及个人都具有法律约束力的规定的特征。

4. 迄今为止，国际刑事司法机构管辖的国际罪行仅限定在战争罪、种族灭绝罪以及反人道罪等国际法“核心罪行”方面。然而，这并不排除国家在双边或多边司法协助上相互合作以惩治其他的国际罪行。但从国际刑事法院《罗马规约》规定来看，该法院在将来当然也有起诉、审理和惩治其他国际犯罪的可能性。

QUESTIONS AND COMMENTS

1. The goals of international criminal law include the prevention and suppression of international criminality, enhancement of accountability and reduction of impunity, and the establishment of international criminal justice.
2. The evolution of the direct enforcement system can be considered part of international law. One can identify certain historical precursors to the IMT and the IMTFE in the same way that these two institutions can be considered precursors of the ICTY and the ICTR.
3. The crimes within the jurisdiction of international criminal institution can be considered as the

"core crimes" of international law. To prosecute and punish these crimes reflect the common interests of the whole international community.

4. Though the crimes prosecuted by the International Criminal Court are limited, it is quite possible that the list of the crimes would be expended in order to safeguard the basic interests of the whole mankind.

第三章 国际人道法体系和规则

引言

国际人道法发展到今天，已是内容非常丰富的一个法律体系。和平与战争，是国际关系和国际法上一个永恒的主题。在现代国际社会中，尽管有渴望和平的美好愿望，战争或武装冲突还不能完全避免。国际法承认这一事实，因而有对战争或武装冲突加以限制和规定的规则，也有对战争受害者予以保护的必要。这些交战国或冲突各方在彼此之间发生战争或武装冲突时应予遵守的保护战争受害者的规则，就构成了现在常提到的国际人道法。

重点问题

- 国际人道法的基本概念
- 国家诉诸战争权（jud ad bellum）与战争的手段与方法（jus in bello）
- 国际人道法规则的调整对象
- 国际人道法的重要原则
- 对严重违反国际人道法行为的惩治

第一节 基本概念

国际人道法的英语为“International Humanitarian Law”，法语为“le Droit International Humanitaire”。由于在国际关系实践中的实际作用，国际人道法在现代国际法中的地位变得越来越重要。

国际人道法的规则适用于武装冲突。只要发生武装冲突或战争，就不可避免会产生国际人道法规则的适用问题。传统国际法由两大部分组成：和平法与战争法。战争法一语后来又演变为现代国际法上经常提到的国际人道法。因此，国际人道法属于国际法范畴。

国际人道法是一门非常重要和实用的学科。它之所以重要，是因为一个简单的事实：在国与国的关系中，尽管始终有渴望和平、消灭战争的愿望和呼声，但战争与武装冲突还不能避免。远的不说，自从“冷战”结束以后就先后发生有伊拉克与科威特之间的战争、海湾战争、科索沃战争、阿富汗战争、伊拉克战争等。而在这些战争中，直接涉及我国国家重大利益的有1999年5月7日北约（美国）军用飞机对我驻南斯拉夫使馆轰炸事件。这也涉及国际人道法的原则和规则问题。

国际法承认战争在现代社会中不可避免的事实。在承认这一事实基础上，出于人道的考虑，国际社会制定了旨在对战争与武装冲突加以限制和规范的原则和规则，这些原则和规则构成了国际法中的武装冲突法。

一、国际人道法的适用范围

国际人道法是在战争与武装冲突期间对不参加战斗或先参加后又退出战斗那部分人实施保护的法律规则，它是调整冲突各方在武装冲突时期的规则、原则和规定的总体。它是国际法的一个分支。

国际性的权威机构——红十字国际委员会曾对国际人道法作过一个简明扼要的定义，它认为：International rules，established by treaties or customs，which are specifically intended to solve humanitarian problems directly arising from international or non-international armed conflicts and which，for humanitarian reasons，limit the right of parties to a conflict to use the methods and means of warfare of their choice or protect persons and property that are，or may be，affected by conflict。①

① The efforts of ICRC in the case of violations of international humanitarian law，*The International Review of the Red Cross*，March-April 1981.

因此，国际人道法，是在战争或武装冲突中，以条约和惯例为形式，用来保护不直接参加军事行动（如平民百姓）或不再参加军事行动（如军事部队的伤、病员和俘虏）的人员为目的，并规定各交战国或武装冲突各方之间交战行为的原则、规则和制度的总体。

红十字国际委员会的代表 Frédéric Maurice 对国际人道法的必要性进行了如下的阐述：War anywhere is first and foremost an institutional disaster, the breakdown of legal systems, a circumstance in which rights are secured by force. Everyone who has experienced war, particularly the wars of our times, knows that unleashed violence means the obliteration of standards of behaviour and legal systems. Humanitarian action in a war situation is therefore above all a legal approach which precedes and accompanies the actual provision of relief. Protecting victims means giving them a status, goods and the infrastructure indispensable for survival, and setting up monitoring bodies. In other words the idea is to persuade belligerents to accept an exceptional legal order—the law of war or humanitarian law—specially tailored to such situations. That is precisely why humanitarian action is inconceivable without close and permanent dialogue with the parties to the conflict。[①]

在国际法或国际关系的实践中，每当战争或武装冲突爆发时，人们争论的焦点大多放在“谁对谁错”、军事进攻者是否属于“侵略”或“战争是否具有合法性”等方面，如关于美国于2003年3月20日对伊拉克发动的武装进攻的讨论，基本上都是集中在这些问题上。但如果从国际法角度看，对战争或武装冲突可以从它起始原因方面进行研究，也可以从它进行的方式方法的效果方面进行研究。拉丁词语“jud ad bellum”（国家诉诸战争的权利）和“ jus in bello”（战争进行的手段和方式）反映了国际法上两个层面的问题，非常重要，它是研究国际人道法时所必须了解的。

1. 关于国家诉诸战争的权利

关于国家是否具有诉诸战争权利问题，其实就是关于战争或武装冲突的性质，即某一场战争或武装冲突应该不应该被发动的问题。在战争法和武装冲突法领域，我们一直坚持正义战争论（bullum justum），认为所有的战争和武装冲突都应分为“正义”和“非正义”、“合法”和“不合法”。对于“正义”或“合法”的战争与武装冲突，应该支持；而对于“非正义”以及“不合法”的战争与武装冲突，我们应该明确地予以谴责和反对。[②]

在漫长的人类历史上，自从有了战争，也就有了关于战争的规定。国际上著名人道法专家皮克特（J. Pictet）认为：“In reality, the laws of war are as old as war itself, and war is as old as life on earth.”[③] 然而，战争或武装冲突在国际法的不同发展阶段，具有不同的法律地位。一个主权国家，在传统国际法下，都有诉诸战争的权利。究其原因，是因为在国际社会里国家是拥有主权的，并且在国家之上不存在能强制国家遵守国际法的任何中央权力机关，所以，“战争权”被看作是国家的“绝对的主权”，是国家为实现基于国际法或自称基于国际法的权利主张

① Frederic Maurice, Humanitarian Action, in *the International Review of the Red Cross*, vol. 289, 1992, p. 371.

② 比如，“战争有正义与非正义之分。在国际范围内，正义战争指的是非掠夺性的，保卫人民抵御外来侵犯的战争，以及殖民地和附属国从帝国主义压迫下解放出来的战争。非正义战争指的是掠夺性的，侵略和奴役别的国家和人民的战争”。而“第二次世界大战以后，民族自决和民族解放战争已成为被奴役的民族的不容置疑的权利。殖民主义和种族主义违反《联合国宪章》和国际法的基本原则，实际上是非法占领者和侵略者。反抗殖民主义和种族主义的战争是合法的战争”（王铁崖主编：《国际法》，509页，北京，法律出版社，1981；赵理海：《当代国际法问题》，360～361页，北京，中国法制出版社，1992）。

③ J. Pictet. Development and Principles of International Humanitarian Law 6, ICRC, Geneva, 1985.

的一种自助手段，甚至是用以否定和改变以现行国际法为依据的国际秩序合法的工具。① 在1907 年举行的第二次海牙会议上，只有一种战争，即为了追索私人债权而发动的战争，被认为是非法的。②

传统国际法认为战争是国家可以诉诸的工具这一认识，一直延续到 19 世纪末 20 世纪初。尽管如此，国际社会为限制战争还是作出了努力。1899 年海牙和平会议上缔结的《国际纷争和平解决公约》规定："为国际关系上尽量免除诉诸武力起见，缔约各国都愿尽力于国际纷争之和平解决。"这在国际法上还是第一次对国家以战争来解决国际争端的"权利"进行了限制。以后，1907 年的海牙公约又重述了上述规定。尽管这些规定在现在看来比较微弱，但毕竟对缔约国诉诸战争的"绝对权利"施加了某些法律上的限制，反映了人们要求和平的良好愿望。

20 世纪 20 年代之后，国际社会还签订了一些法律文件，宣布废弃战争作为实现国家政策的工具。宣布废弃战争的第一个重要文件是 1928 年签订的《关于废弃战争作为国家政策工具的一般条约》（简称《巴黎非战公约》或《白里安凯洛格公约》），该公约序言宣称："相信断然地废弃战争作为实行国家政策工具的时机已经到来。"第 1 条规定："缔约各方以他们各国人民的名义郑重声明，它们斥责用战争来解决国家纠纷，并在它们的相互关系上废弃战争作为国家政策的工具。"第 2 条规定："缔约各方同意，它们之间可能发生的一切战争或冲突，不论其性质或起因如何，只能用和平的方式加以处理或解决。"

然而，渴望和平是一回事，在国际关系实践中能否避免战争是另一回事。战争法规则本身就是良好愿望与残酷事实之间的产物。1907 年第二次海牙和平会议上通过的《陆战规则和惯例公约》[Convention (IV) Responding the Laws and Customs of War on Land] 序言就阐述了这两者之间的关系：

While seeking means to preserve peace and prevent armed conflicts between nations, it is likewise necessary to bear in mind the case where the appeal to arms has been brought about by events which their care was unable to avert;

Animated by the desire to serve, even in this extreme case, the interests of humanity and the ever progressive needs of civilization;

Thinking it important, with this object, to revise the general laws and customs of war, either with a view to defining them with greater precision or to confining them within such limits as would mitigate their severity as far as possible.

国际法一方面要禁止使用武力，另一方面在一定条件下又允许使用武力，这点在《联合国宪章》里也有体现。

联合国组织是为了维护世界和平与安全而订立的，所以，《联合国宪章》序言开宗明义地宣布：联合国人民"to maintain international peace and security, and to that end: to take effective collective measures for the prevention and removal of threats to the peace, and for the suppression of acts of aggression or other breaches of the peace, and to bring about by peaceful means"。

---

① 参见［德］劳特派特修订：《奥本海国际法》，下卷、第一分册，129 页，北京，商务印书馆，1981。

② 1907 年第二次海牙和平会议上缔结的《禁止使用武力索取债务公约》第 1 条规定："凡一国政府，因别国政府，欠其人民订有契约之款项，不得以兵力向其索偿。"这一公约的倡议者为美国的外交官波特（Porter），因此，该公约有时被称为《波特公约》。

《联合国宪章》第 2 条第 4 款规定：All Members shall refrain in their international relations from the threat or use of force against the territorial integrity or political independence of any state, or in any other manner inconsistent with the Purposes of the United Nations。

《联合国宪章》序言部分和第 2 条禁止侵略行为，主张成员国相互之间不得使用威胁或武力以侵害另一国家之领土完整。然而，《联合国宪章》对禁止使用武力还有例外性的规定。

《联合国宪章》规定在某些情况下允许使用武力，例如，为执行联合国安理会的决议而采取强制性措施，或行使自决权或根据民族自决权原则而使用武力或进行武装斗争等。此外，《联合国宪章》第 51 条明确规定国家有进行“自卫”的权利：Nothing in the present Charter shall impair the inherent right of individual or collective self-defence if an armed attack occurs against a Member of the United Nations, until the Security Council has taken measures necessary to maintain international peace and security。

所以，国际法没有绝对地禁止使用武力，它只是禁止“非法”使用武力。于是，人们一直试图把战争分成“正义”或“非正义”，并由此来禁止属于“非正义”的战争，目的是限制战争。战争是否正义，主要是看发动战争的原因。根据“正义战争论”，战争需要有正当的理由；“正义”与“非正义”的界线，通常是通过战争的性质或目的来确定。

但在实际中要做到这一点比较难。由于国际法并没有无条件地在任何情况下都禁止使用武力，而且国际社会目前还没有一个普遍接受的“侵略”定义，只要战争或武装冲突一爆发，各方自然都宣称自己是“受害者”，自己使用武力是正义、合法的。

例如，伊拉克 1990 年军事入侵科威特。尽管伊拉克一夜之间就把科威特整个国家侵吞了，并将它变成了自己的一个省，但伊拉克认为它师出有因，具有“合法性”。再例如，以美国为首的北约组织，在 1999 年的 3 月至 5 月，在没有受到任何外来干预的情况下，对前南斯拉夫这一主权国家进行了长达 78 天的轰炸，从而对该国的经济和人民的生命、财产造成了极大的损失。然而，美国等国家通过对“保护人权”等基本原则的解释，来论证自己军事行为的合法性。所以，所谓“正义”行为或军事行动的“合法性”等，在由主权国家组成、在主权国家之上又不存在超国家的立法机构的国际社会里，至今还没有一个统一或客观的标准。

2. 关于进行战争的手段与方法

进行战争的手段和方法，即“jus in bello”，只是关系到进行战争的手段和方法的规则，不去追究战争发生的原因，也不问武装冲突各方谁是谁非。所以，jus in bello 是战争和武装冲突开始后适用的法律规范。它与有关战争或武装冲突的正义性问题的“jud ad bellum”，在国际法上分别属于两个不同层面上的问题。

这样，即使某一特定的战争或武装冲突中首先武装进攻或侵略的一方是非正义的，但它同时有在战争或武装冲突中始终遵守有关战争法规的规定的可能性。另外，虽然某个国家或战争团体进行的是正义战争，因为它在行使国际法下的自卫权，但是，它可能在行使自卫权时有违法行为，即没有遵守有关战争和武装冲突的有关法规。

有的国家，如伊拉克 1990 年对科威特的入侵，明显造成了对科威特国家主权和领土完整的侵害，违反了国际法上的主权原则，因而是非正义的。但尽管如此，伊拉克必须在入侵科威特的军事行动中遵守国际法上有关的战争法规的义务。同时，为制止伊拉克入侵行为的有关战争中的一方，即美国和世界其他一些国家的武装部队，在落实联合国有关决议、制止伊拉克侵略行为时，也有遵守这些战争法规的义务。如果美国等的部队在军事打击中，故意伤害平民百姓、攻击非军事目标或损毁红十字救济物资等，即便战争的“正义性”不构成问题，那也犯下了属于国际人道法上的国际不法行为。有关行为的负责人，也应在国际人道法的规定下被追究个人刑事责任。

1949 年日内瓦四公约第一附加议定书是国际人道法的重要文件之一，该文件的序言部分首先就提出了 jus ad bellum 和 jus in bello 问题：

The High Contracting parties,

Proclaiming their earnest wish to see peace prevail among peoples.

Recalling that every State has the duty, in conformity with the Charter of the United Nations, to refrain in its international relations from the threat or use of force against the sovereignty, territorial integrity or political independence of any State, or in any other manner inconsistent with the purposes of the United Nations.

Be-lieving it necessary nevertheless to reaffirm and develop the provisions protecting the victims of armed conflicts and to supplement measures intended to reinforce their application.

Expressing their conviction that nothing in this Protocol or in the Geneva Conventions of 12 August 1949 can be construed as legitimizing or authorizing any act of agression or any other use of force inconsistent with the Charter of the United Nations.

Re-affirming further that the provisions of the Geneva Conventions of 12 August 1949 and of this Protocol must be fully applied in all circumstances to all persons who are protected by those instruments, without any adverse distinction based on the nature or origin of the armed conflict or on the causes espoused by or attributed to the Parties to the conflict...

国际法上之所以有“jus ad bellum”和“jus in bello”之分，是因为战争或武装冲突虽然可能有“正义”或“非正义”之分，但只要是战争，其造成的客观后果几乎都是对人的伤害和对生活环境的破坏。国际人道法的存在，不是要取消战争或武装冲突，而是基于国际社会中始终发生武力冲突以及武力冲突必然带来破坏性这一事实，出于人道的考虑，尽量减轻战争与武装冲突给人类带来的灾难。国际人道法在其适用时不考虑冲突的原因，不去追究谁是“占领者”或是“侵略者”，也不涉及战争的“正义”或“非正义”性。国际人道法只是从人道的原则出发，给不直接参加战争与武装冲突的人员（如平民百姓）和那些参加但后又退出战争或武装冲突的人员（即武装部队的伤病员）以一定的保护。

综上所述，“jus ad bellum”是关于战争或武装冲突的正义性或合法性问题。它主要是国际法大的范畴内的问题，因为它和国家的基本权利和义务联系在一起（如自卫权）。“Jus in bello”则主要是国际人道法方面的规则，并不涉及，也不去追究战争或武装冲突的起因或动机。换句话说，国际法承认战争与武装冲突这一事实，同时包含一些对战争受害者进行保护的规则，以及对进行战争或武装冲突的行为加以限制的规则。这些规则就是国际人道法，是国家在习惯上或依据特别协议，同意在发生战争或武装冲突时予以遵守的。了解这点，对于研究国际人道法至关重要。

二、国家人道法关于战争目的的阐释

关于战争和武装冲突应如何进行的法律规范，主要是指基于国家普遍承认的实践和国家之间达成的协议的国际习惯法，如 1899 年和 1907 年的海牙公约，另外还主要有关于保护战地武装部队伤病员、战俘和平民的1949年日内瓦四公约及其1977年两个附加议定书。这些关于战争和武装冲突应如何进行的法律规范，属于“jus in bello”，也是一般意义上的国际人道法。

那么，为什么其效果本身在于破坏法律与秩序的战争或武装冲突，还要按照法律规则来进行？为什么一个为生存而不得不进行作战的国家，却非要同意自己的行为受法律的限制？

要解答这些问题，首先得了解有关战争目的的哲理思想。

1868年制定的《圣彼得堡宣言》（Declaration of St. Petersburg），是战争法早期的国际法律文件，该法律文件明确规定了武装冲突各方在战争中要达到的合法目的：

Considering：

That the progress of civilization should have the effect of alleviating as much as possible the calamities of war；

That the only legitimate object which States should endeavour to accomplish during war is to weaken the military forces of the enemy；

That for this purpose it is sufficient to disable the greatest possible number of men；

That this object would be exceeded by the employment of arms which uselessly aggravate the sufferings of disabled men，or render their death inevitable；

That the employment of such arms would，there，be contrary to the laws of Humanity.

国际法上这条著名的规则清楚地说明：武装部队或军人在战争中的目的只是削弱敌人的军事力量。战争是国家为了达到政治上目的而采取的手段。

战争是暴力行为，是国家相互之间为了彼此制服而进行的武力争斗。然而，战争本身不是目的，它只是为达到某个目的而采取的一种手段。爆发战争或武装冲突、关国家及武装团体投入战争或武装冲突的原因，可能是领土之争、权力之争，也可能是为了保卫自己的国家、反对外国占领或殖民统治等。然而，不管参战的国家或团体的最终目的是什么，该目的只有通过以武力战胜敌对方才能实现：由一方打败了另一方，从而迫使战败者屈从战胜者的任何要求，以达到进行战争或武装冲突的最终目的。换句话说，战争的目的与发动战争的原因或动机紧密相连。

对于战争本身不是目的这一论点，马克思列宁主义就明确认为：战争是政治的另一种手段（暴力）的继续。① 毛泽东则更是一针见血地指出：“‘战争是政治的特殊手段的继续’。政治发展到一定的阶段，再也不能照旧前进，于是爆发了战争，用以扫除政治道路上的障碍。”因此，“政治是不流血的战争，战争是流血的政治”②。

既然战争本身不是目的，那么，只要能达到战争目的，就没有必要对进行敌对行为的具体个人施加不必要的痛苦，因而就有必要对作战方法和手段，进行一定的限制。

早期研究战争法的论述，除了对神圣的人或物即教士和教会财产存有一定的顾虑以外，很少考虑到应该对战争中交战双方的行为作某些限制的规定。直到文艺复兴时期，人们才开始对战争受难者的命运给以关注。在启蒙运动时期出现了一种对战争新的看法，认为战争是“国家行为”，是国家与国家之间政治的产物，战争应该仅局限于作战人员之间，而不应该伤害平民

① 参见王铁崖主编：《国际法》，500页，北京，法律出版社，1981。

② 《论持久战》，载《毛泽东选集》，2版，第2卷，479页，北京，人民出版社，1991。

百姓，也不应该破坏与军事目的无关的财产。持这一观点比较典型的要数让·雅克·卢梭(J. J. Rousseau)，他认为："战争绝对不是人与人的一种关系，而是国与国的一种关系，在战争之中，个人与个人绝对不是以人的资格，而是以公民的资格，才偶然地成为敌人的；他们绝对不是作为国家的成员，而只是作为国家的保卫者。"①

他还进一步解释："由于战争的目的是使敌国屈服，士兵有权利消灭该敌国武装的保卫者；然而只要敌国的武装人员放下武器并且投降，就不再是敌对人员或敌国政策的工具，他们就又回到原来意义上的人（即平民百姓）。在这种情况下，任何其他的人再没有杀死他们的权利。在消灭一个国家的同时，而不杀害该国的任何国民，某些时候是可能的。战争只是给予为取得胜利所必须采取的破坏。这些原则不是格老秀斯的发明，也不是诗人魅力的产物。它们来自事物的性质，是基于理性的结果。"②

以上这些都是关于战争法中人道规则的哲理。鉴于战争规则的大部分都属于人道考虑的性质，对这些规则的遵守并不妨碍战争所追求目标的实现，因此，在战争或武装冲突期间，对于这些规则必须不问战争或武装冲突的合法性而予以遵守。

CASE STUDY

德国基尔上诉法院关于德国—波兰战争的性质的裁决③

德国基尔上诉法院在其1947年3月26日判决中提到了战争法的特点和它的性质，认为："1939年战争（即德国入侵波兰）是违反国际法的，因为它违反了1928年的凯洛格公约、德国—波兰互不侵犯条约，以及其他一些国际约定。但是，在国际法文献中，人们始终承认即使是一场非法战争，也始终是国际法意义上的战争，它产生一场战争的一切后果。战争是引起法律后果的一种事实状态，一场非法战争虽然断绝了国际义务，但它仍要服从于战争法。"

思考题

1. 国家间制定国际人道法规则的目的是什么？

2. 战争如此残酷，为了在战争中取得胜利，交战方一般都会尽其所能。在这种情况下为什么还要重视人道原则并遵守战争法规则呢？

3. 只要一发生战争，国际法就有两个层面上的规则需要适用，这两层面的规则分别是什么？

4. 战争法或国际人道法的适用范围是什么？如果说美国在2003年3月20日对伊拉克的进攻不符合《联合国宪章》的规定，那么是否因此就犯有战争罪或严重违反国际人道法呢？

---

①② 转引自［法］卢梭：《武装冲突法》（中译本），2页，北京，中国对外翻译出版公司，1987。

③ 转引自上书，18页。

第二节 国际人道法的演变与发展

在传统战争法中，有“海牙法系”（the Hague Law System）和“日内瓦法系”（the Geneva Law System）之分。“海牙法系”主要是指那些战争如何开始、进行和结束的规则；“日内瓦法系”则主要是指那些处理战争与武装冲突结果，即如何保护那些不直接参与战争或先参与但后又退出战争的那部分人，有时又被称为“战争受难者”（the victims of war）的法律规则。这两个体系的规则发展到今天，已被认为融合在一起，成为国际人道法的法律规则。

一、战争法的编纂

早期战争法上最重要的发展，是1868年签订的《圣彼得堡宣言》和1899年、1907年两次海牙和平会议通过的国际公约。

《圣彼得堡宣言》是人类历史上第一次以公约的方式，明确在战争中禁止某一特定的武器。该宣言规定：The Contracting Parties engage mutually to renounce，in case of war among themselves，the employment by their military or naval troops of any projectile of a weight below 400 grammes，which is either explosive or charged with fulminating or inflammable substances。

其实，《圣彼得堡宣言》不仅规定在战争中放弃使用任何轻于400克的爆炸性弹丸或者装有爆炸性或易燃物质的弹丸，而且规定战争的唯一合法目标是“削弱敌人的军事力量”。如果“由于武器的使用无益地加剧失去战斗力的人的痛苦或使其死亡不可避免，将会超越这一目标”。

《圣彼得堡宣言》的意义，在于它在战争法中开始确立“禁止使用将引起不必要痛苦的作战手段和方法”的原则。该宣言为了人道的目的，在其最后一段规定：The Contracting or Acceding Parties reserve to themselves to come hereafter to an understanding whenever a precise proposition shall be drawn up in view of future improvements which science may effect in the armament of troops，in order to maintain the principles which they have established，and to conciliate the necessities of war with the laws of humanity。

它之所以规定将来在军备方面改进时还有提出明确建议的必要，主要就是为了维护《圣彼得堡宣言》在订立时已确定的原则，并使战争能符合人道的法律需要。

正是为了使战争能符合人道的法律需要，后来所制定的1899年和1907年《陆战法规和惯例公约》又进一步重申①，认为“基于即使是在（战争）这样极端的情势下，仍为人类的利益

① 该附件的第23条第5项规定：禁止“使用足以引起不必要痛苦的武器、投射物或物质”。

和日益增长的文明的需要而服务的愿望”[①]。

所有这些用语都反映了从人道原则出发，在战争或武装冲突的情况下，重申和发展有关人道法规范的重要性和必要性。

1899年和1907年的这两个海牙公约，在战争法上对作战人员的原则和规则，以及对战争的手段和方法的限制上，起了很大的作用，其中不少都是开创性的。海牙公约还对战斗人员的资格作出了规定，如《陆战法规和惯例公约》第1条规定：The laws，rights，and duties of war apply not only to armies，but also to militia and volunteer corps fulfilling the following conditions：1. To be commanded by a person responsible for his subordinates；2. To have a fixed distinctive emblem recognizable at a distance；3. To carry armed openly；and 4. To conduct their operations in accordance with the laws and customs of war。

根据这条规定，有关战争法规不仅适用于正规的军队，也适用于民兵和志愿兵，只要他们符合如具备指挥官、固定明显标志、公开携带武器以及在作战中遵守战争法规和惯例等条件。

海牙公约还给予被占领土上的居民以作战人员的地位，只要他们在敌人迫近时自动拿起武器，并遵守战争法规和惯例（第3条），而不管是作战人员还是非作战人员，在被敌人俘获后都有权享受战俘的待遇（第3条），因为战俘是“处于敌国政府权力之下，而不是在俘获他们的个人或军队的权力之下”。对于他们所应享有的人道的待遇，海牙公约作出了较为详细的规定。

当然，战争法公约的编纂并不是从零开始，而是在已有的法规和惯例的基础上进行修改、整理和编纂。正如1899年海牙公约前言所说：缔约国“为此目的（即为了人类的利益和文明需要的目的），修改一般战争法规和惯例，使其臻于明确，或为其规定一定的界限，以尽可能减轻其严酷性是重要的”。

然而编纂不可能尽然，尤其是在不能达成完全一致的情况下，会因此留下空白。考虑到这一点，《陆战法规则和惯例公约》明确表明，“现在还不可能对实践中所出现的一切情况制定一致协议的章程”。但同时，缔约各国又不愿意军事指挥官在战争中任意武断行事。为防止出现这种情况，于是就制定了在两个海牙公约中最重要的“马尔顿条款”（Marten's Clause）。该条款规定：Until a more complete code of the laws of war has been issued，the High Contracting Parties deem it expedient to declare that，in cases not included in the Regulations adopted by them，the inhabitants and belligerents remain under the protection and the rule of the principles of the law of nations，as they result from the usages established among civilized peoples，from the laws of humanity，and the dictates of the public conscience。

根据这一条款的规定，即便在条约没有规定的情况下，武装冲突各方仍有尊重国际法原则的义务。战争法或武装冲突法的原则、规则和制度不仅存在于条约之中，而且通过习惯的形式发挥作用，并随着军事科学和武器装备技术的发展而迅速发展，因此，在战争法或武装冲突法尚无具体规则的情况下，有关各方不能为所欲为，他们仍然受来源于既定习惯、人道原则和公众良心要求的国际法原则的保护和支配。

尽管“马尔顿条款”是放在海牙公约的序言部分，只是对解释公约起指导作用，对缔约国没有拘束力，但由于它将对作战人员和非作战人员的保护置于国际法的一般原则上，而不是某

① 1899年和1907年《陆战法规和惯例公约》序言。

一个具体的公约或协定上，并可用来填补战争法在其发展的任何阶段所存在的“真空”(lacunae)，因而对人道法在国际法中的地位的解释，起了一定的作用。

二、“海牙法系”与“日内瓦法系”的融合

在战争法的编纂历史中，1899 年和 1907 年两次海牙和平会议起了重要的作用。但是，在日内瓦，签订了一系列关于保护战争受难者的公约：从 1864 年、1906 年、1929 年到 1949 年的日内瓦四公约及其 1977 年两个附加议定书，所有这些公约和议定书构成了国际人道法的重要部分。

传统战争法上有“海牙法系”和“日内瓦法系”之分。所谓“海牙法系”，是在国际社会缔结的一系列条约中开始发展起来的；而保护战争受害者的法律，即所谓“日内瓦法系”，则是单独在日内瓦公约的历史进程中发展起来的。以后，这两个法系通过 1977 年两个附加议定书的制定，相互联系了起来。

1977 年第一附加议定书在武装冲突中敌对行为的有关规则，包括作战手段和方法、对平民居民的保护等方面，取得了实质性的突破和进展。第二次世界大战以后，公认的国际人道法方面主要有三大主要发展：(1) 关于战时对平民予以保护的 1949 年日内瓦第四公约。这是一个专门为保护平民而制定的公约，在战争法或武装冲突法上是第一次。(2) 关于适用于一国内战的条约方面规则，1949 年日内瓦四公约共同第 3 条以及 1977 年第二附加议定书的订立。(3) 关于战争中的作战手段和方法。

1977 年第一附加议定书第三部分是专门关于“作战方法和手段，战斗员和战俘的地位”(Methods and Means of Warfare: Combatant and Prisoner-of-war Status) 的规定，里面第 35 条和第 36 条规定：

Article 35-Basic Rules

1. In any armed conflict, the right of the Parties to the conflict to choose methods or means of warfare is not unlimited.

2. It is prohibited to employ weapons, projectiles and material and methods of warfare of a nature to cause superfluous injury or unnecessary suffering.

3. It is prohibited to employ methods or means of warfare which are intended, or may to expected, to cause widespread, long-term and severe damage to the natural environment.

Article 36-New weapons

In the study, development, acquisition or adoption of a new weapon, means or method of warfare, a High Contracting Party is under an obligation to determine whether its employment would, in some or all circumstances, be prohibited by this Protocol or by any other rule of international law applicable to the High Contracting Party.

这些规则都是关于战争手段或战争应如何进行的规则，传统上属于“海牙法系”规则，但 1949 年日内瓦四公约的 1977 年两个附加议定书把它们融合进来。实际上，“海牙法系”和“日内瓦法系”只是理论上或称谓上不同，它们之间的区分从未真正存在过。如果看一下早期的战争法典，如 1863 年《利伯法典》和 1874 年布鲁塞尔会议文件，就会发现：那时候的战争法和战争习惯，就已经包含对处于敌方权力控制下的人，尤其是战俘和在被占领土上的人，予以保

护的规则。另外，1864年、1906年或1929年日内瓦公约已包括关于敌对行为的法规，即禁止攻击医院及因病或因受伤而丧失战斗力的非战斗员的规则。当然，这本身也是国际习惯法规则之一。因而，1977年两个附加议定书的法律效果，并不是第一次将这两种规则客观地统一在国际人道法之内，它只是排除以前人为的区分。

这两个法系在规则上的融合是有必要的。1907年制定了有关限制作战手段和方法的规则，在战争法上通常被认为是个开端。但1907年以后一直到1977年两个附加议定书，整整70年，其中除了1925年制定了一个关于禁止在战争中使用毒气的公约以外，还没有其他任何限制作战手段和方法的法律文件。然而在这期间，军事武器和技术以空前的速度向前发展，使得现代战争的摧毁力和破坏性与1907年以前不能同日而语。历史上由来已久的武装部队作战人员与平民之间的区别，也发生了深刻的变化。这都使得制定有关限制作战手段和方法的规则，显得尤其必要。

因为所有这些规定的制定，1977年第一附加议定书重申和发展了海牙公约中关于作战方法和手段的规定，把传统意义上的海牙法系和日内瓦法系结合在一起。更主要的是，1977年第一附加议定书里的这些规定，反映并重申了海牙公约中的规定。

国际人道法由于适用于战争或武装冲突，有时仍被称作“战争法”、“武装冲突法”或“战争与武装冲突法”；而战争法或武装冲突法由于是基于人道原则、为了减轻战争带来的灾难而制定的，有时被称为“人道法”。尽管这些术语互相混用，但都属于国际人道法的法律体系。因此，国际法学界传统意义上的战争法或武装冲突法，其实就是国际人道法范围内的规则。

CASE STUDY

Legality of the Threat or Use of Unclear Weapons
(International Court of Justice)[①]

A large number of customary rules have been developed by the practice of States and are an integral part of the international law relevant to the question posed. The “laws and customs of war” —as they were traditionally called—were the subject of efforts at codification undertaken in The Hague (including the Conventions of 1899 and 1907), and were based partly upon the St. Petersburg Declaration of 1868 as well as the results of the Brussels Conference of 1874. This “Hague Law” and, more particularly, the Regulations Respecting the Laws and Customs of War on Land, fixed the rights and duties of belligerents in their conduct of operations and limited the choice of means of injuring the enemy in an international armed conflict. One should add to this the “Geneva Law” (the Conventions of 1864, 1906, 1929 and 1949), which protects the victims of war and aims to provide safeguards for disabled armed forces personnel and persons not taking part in the hostilities. These two branches of the law applicable in armed conflict have become so closely interrelated that they are considered to have gradually formed one single complex system, known

---

① Legality of the Threat or Use of Unclear Weapons, Advisory Opinion, July 8, 1996, ICJ Report, 1996, para. 75.

today as international humanitarian law. The provisions of the Additional Protocols of 1977 give expression and attest to the unity and complexity of that law.

思考题

1. 战争法上的“海牙法系”的特点是什么?

2. 国际人道法把传统战争法上的“海牙法系”和“日内瓦法系”融合在一起，这对国际法的发展有什么意义呢?

3. 本小节的案例中，国际法院认为战争法中的不少规则都属于国际习惯法。国际法院如此认为的理由是什么?

4. 国际法上常提到类似“战争法”、“武装冲突法”或“战争与武装冲突法”等术语，所有这些术语与国际人道法之间是什么关系?

第三节 国际人道法的主要内容与基本原则

现在经常提到的国际人道法，并不完全是新的东西。从最初的日内瓦公约发展成为现在相当完整的法律体系，其中经过若干阶段和一百多年的历史。除日内瓦公约的1977年两个附加议定书中的一些规定以外，它们都是在以前的公约的基础上，吸收历次战争的经验，修正、补充而成的。

一、保护战争受难者的日内瓦公约

国际人道法（日内瓦公约体系）的规则，在其发展过程中很长一段时间内，并不规定战争本身的法律地位或交战国间的一般关系，亦不涉及交战国使用的武器或战争方法，更不涉及交战国和中立国间的权利、义务，而只是从人道的原则出发，给予战争受难者——武装部队的伤者、病者、战俘和平民等以必要的保护。

国际人道法上每个公约的制定，都是国际社会对战争或武装冲突带来的灾难进行反思的结果，如1864年的日内瓦公约、1929年的战俘公约、1949年日内瓦四公约及其1977年两个附加议定书，等等。现在，最主要的法律文件是1949年日内瓦四公约及其1977年两个附加议定书，它们是国际人道法最基本的法律文件。

（一）早期的日内瓦公约

1949年日内瓦四公约，是第二次世界大战后在联合国框架外订立的少数国际法文件之一。尽管属于战后制定的法律文件，但其前后的发展也有一百四十多年的历史。

早在1862年，瑞士人亨利·杜南（Henry Dunant）发表他的《沙斐利洛的回忆》（Souvenir de Solferinl)，描绘了1859年法、意对奥匈帝国战争中沙斐利洛战役的惨状，以唤起世人对于战时救护伤病员问题的注意。他提倡各国创立救护团体，并建议由各国政府订成“协定的神圣的原则”(principe conventionnel et sacre)，作为各国救护团体活动的基础。由于这本书的影响，在瑞士随即发起了红十字组织运动。1863年创立红十字会组织的日内瓦国际会议，在决议中表示希望使伤员和医务人员“中立化”(neutralisation)，而这一希望由于1864年瑞士联邦政府召集的外交会议而获得实现。该会议订立了一个《改善战地武装部队伤者境遇的公约》(Geneva Convention for the Amelioration of the Condition of the Wounded in Armies in the Field)，那就是1864年的日内瓦公约。

1864年日内瓦公约是最早的日内瓦公约，也是狭义的、传统意义上的日内瓦公约。该公约的意义，在于它第一次在战争法中订立有关伤兵待遇的原则，从而使陆战规则“法典化”迈出了第一步。这个公约尽管一共只有10条，但它确定的三个原则，一直为以后的日内瓦公约所保留。这三个原则是：

1. Wounded or sick combatants, to whatever nation they may belong, shall be collected and cared for (art. 6);

2. Hospital and ambulance personnel, including the quarter-master's staff, the medical, administrative and transport services, and the chaplains, shall have the benefit of the same neutrality when on duty, and while there remain any wounded to be brought in or assisted (art. 2);

3. A distinctive and uniform flag shall be adopted for hospitals, ambulances and evacuation parties. It should in all circumstances be accompanied by the national flag (art. 7).

通过1864年公约，从法律上规定：军人只要因为负伤、患病失去战斗力和防卫能力，都应当不分国籍得到照顾；而为着伤兵的利益，军事救护人员和医院以及医务人员均应享受中立利益，即应予保护，不使他们遭到敌对行为；另外，公约还将“白底红十字”规定为鲜明的救护符号。

公约里面体现的基本道理很简单，如果要去战场照顾伤、病员，就必须要有一个协定，以便能保障安全地从事救护工作；而要将照顾伤、病员的人与进行战斗的人分开，就必须要有一个鲜明的符号，以便区别。这个协定就是1864年日内瓦公约，这个区别的标志就是鲜明的白底红十字符号。

1864年日内瓦公约的内容不多，当时看来就已经不够。况且它只是为陆战而订的规则，不适用于海战。为弥补这些缺点，瑞士政府又于1866年召集了一个国际会议，草拟了一个含有15条规定的公约。前5条补充1864年的公约，后10条适用1864年公约的原则于海战。然而，这个会议订立出的公约始终未被批准。到了1899年的第一次海牙会议，才订出了《推行1864年日内瓦公约原则于海战的公约》，并且希望瑞士政府设法召开一次会议，以修正1864年日内瓦公约。结果，1906年6月在日内瓦召开了一个包括中国清政府在内的37国会议，订成了《1906年改善战地伤者病者境遇的日内瓦公约》，从而对1864年日内瓦公约作了修正和补充。

最初，日内瓦公约下人道的保护只是适用于战争的伤者、病者。但经过第一次世界大战，不但1906年日内瓦公约需要修订，就是战争的其他受难者尤其是战俘的境遇，也引起了注意。在战俘待遇问题上，虽然1907年《陆战法规和惯例公约》的第一编第二章里有所规定，但一共只有17条，多半属于原则性的规定。

另外，第一次世界大战中的经验证明，海牙第四公约不能满足保护战俘的需要，因而对于战俘待遇有作全面规定的必要。所以，1929 年日内瓦会议除对《1906 年改善战地伤者病者境遇的日内瓦公约》加以修正和补充外，新订了一个关于战俘待遇的公约。这就是 1929 年日内瓦公约，它取代了 1907 年海牙第四公约中关于战俘的规定。所有这些公约的内容为后来的 1949 年公约所代替。

（二）1949 年日内瓦四公约

1949 年 8 月 12 日订立的四个日内瓦公约分别是：

（1）《改善战地武装部队伤者病者境遇公约》（Convention for the Amelioration of the Condition of the Wounded and Sick in Armed Forces in the Field）（以下简称第一公约）；

（2）《改善海上武装部队伤者病者及遇到船难者境遇公约》（Convention for the Amelioration of the Condition of Wounded, Sick and Shipwrecked Members of Armed Forces at Sea）（以下简称第二公约）；

（3）《关于战俘待遇公约》（Convention Relative to the Treatment of Prisoners of War）（以下简称第三公约）；

（4）《关于战时保护平民公约》（Convention Relative to the Protection of Civilian Persons in Time of War）（以下简称第四公约）。

1949 年 4 月至 8 月召开的日内瓦会议，目的是将人道原则进一步落实在各种类型的战争受难者的保护方面，会议通过订立的日内瓦四公约，修正、补充了 1929 年关于改善战地伤者病者境遇和关于战俘待遇的两个公约以及 1907 年推行日内瓦公约于海战的海牙公约，产生了一个战时保护平民的公约，从而把对战争受难者的保护原则，从陆战的伤者、病者，海战的伤者、病者和遇到船难者，战俘，一直推及于平民。至此，所谓日内瓦规则的体系基本上完成。

1949 年日内瓦四公约共有四百多个条文，规则制订得周全和细致，内容也很丰富。归纳起来，公约主要包括以下这几方面的规定。

1. 关于伤病员待遇问题

1864 年、1906 年、1929 年和 1949 年先后订立了关于改善战地武装部队伤者、病者境遇公约，这方面的规定主要有：

（1）冲突一方对于在其权力下的另一方伤病员，在一切情况下应无区别地予以人道的待遇和照顾，不得基于性别、种族、国籍、宗教、政治意见或其他类似标准而有所歧视。

（2）冲突各方的伤者、病者如落于敌手，应为战俘，国际法上有关战俘之规定应适用于他们。

（3）每次战斗后，冲突各方应立即采取一切可能的措施搜寻伤者、病者，予以适当的照顾和保护；环境许可时，应商定停战或停火办法，以便搬移、交换或运送战场上遗落之受伤者。

（4）冲突各方应尽速登记落于其手中的敌方伤者、病者，或死者之任何可以证明其身份之事项，并应尽速转送战俘情报局，该局转达上述人员之所属国。

（5）冲突各方应保证在情况许可下将死者分别埋葬和焚化之前，详细检查尸体；如有可能，应经医生检查，以确定死亡，证明身份并便于作成报告。

（6）军事当局，即使在入侵或占领地区，也应准许居民或救济团体自动收集和照顾任何国籍之伤者、病者。任何人不得因看护伤者、病者而被侵扰或定罪。

关于海战中伤病员的待遇，如适用范围、保护对象、基本原则等方面，与陆战的制度完全相同，但由于海战的特点而作了一些特殊规定：

（1）在海上受伤、患病或遇到船难的武装部队人员或其他人员，在一切情况下，应受尊重与保护。“船难”一词应理解为任何原因的船难，并包括飞机被迫降落海面或被迫自飞机上跳海者在内。

（2）交战者之一切军舰应有权要求交出军用医院船、属于救济团体或私人的医院船，以及商船、游艇或其船只上的伤者、病者或遇船难者，不拘国籍，但须伤者、病者处于适合移动的情状，而该军舰具有必要的医疗设备。

2. 战俘待遇问题

战俘是战争或武装冲突中落于敌方权力之下的合法交战者，以及 1949 年《日内瓦第三公约》规定的其他人员。在国际人道法中对战俘待遇作出规定的公约有：1929 年和 1949 年关于战俘待遇的日内瓦公约以及 1977 年日内瓦公约第一附加议定书。按照这些公约的规定，战俘自其被俘至其丧失战俘身份前应享受以下各方面的待遇：

（1）交战方应将战俘拘留所设在比较安全的地带。无论何时都不得把战俘送往或拘留在战斗地带或炮火所及的地方，也不得为使某地点或某地区免受军事攻击而在这些地区安置战俘。

（2）不得将战俘扣为人质，禁止对战俘施以暴行或恫吓及公众好奇的烦忧；不得对战俘实行报复，进行人身残害或肢体残伤，或供任何医学或科学实验；不得侮辱战俘的人格和尊严。

（3）战俘应保有其被俘时所享有的民事权利。战俘的个人财物除武器、马匹、军事装备和军事文件以外的自用物品一律归其个人所有；战俘的金钱和贵重物品可由拘留国保存，但不得没收。

（4）对战俘的衣、食、住要能维持其健康水平，不得以生活上的苛求作为处罚措施；保障战俘的医疗和医药卫生。

（5）尊重战俘的风俗习惯和宗教信仰，允许他们从事宗教、文化和体育活动。

（6）准许战俘与其家庭通信和收寄邮件。

（7）战俘享有司法保障，受审时享有辩护权，还享有上诉权。拘留国对战俘的刑罚不得超过对其本国武装部队人员同样行为所规定的刑罚。禁止因个人行为而对战俘实行集体处罚、体刑和酷刑。对战俘判处死刑应特别慎重。

（8）讯问战俘应使用其了解的语言。

（9）不得歧视。战俘除因其军职等级、性别、健康、年龄及职业资格外，一律享有平等待遇。不得因种族、民族、宗教、国籍或政治观点不同加以歧视。

（10）战事停止后，战俘应即予以释放并遣返，不得迟延。

3. 战时对平民的保护问题

国际人道法要求对交战者和平民加以区别，目的是在战争与武装冲突期间更有效地实行对平民的保护。落入敌国管辖或支配下的平民的保护有两种情形：一种是战争或武装冲突发生时对交战国或武装冲突国境内的敌国平民的保护，另一种是对占领区的平民的保护。

在战争或武装冲突发生时，对于在交战国或武装冲突国境内的敌国平民一般应允许离境，而对于继续居留者应给予以下人道的待遇：（1）平民居民本身及平民个人不得成为攻击的对象，禁止在平民中散布以恐怖为主要目的的暴力行为或暴力威胁；（2）作为报复对平民居民的攻击是禁止的；（3）保障平民的合法权益，不得把他们安置在某一地点或地区以使该地点或地区免受军事攻击；（4）不得在身体上和精神上对平民施加压力，强迫提供情报；（5）禁止对平民施以体刑和酷刑，特别禁止非为医疗目的的医学和科学实验；(6) 禁止实行集体刑罚和扣为人质；(7) 应给予平民以维持生活的机会，但不得强迫他们从事与军事行动直接相关的工作；(8) 只有在于安全的绝对必要的情况下，才可把有关敌国平民拘禁或安置于定居所；(9) 对妇女和儿童予以特殊保护。

在军事占领下，占领当局只能在国际法许可的范围内行使军事管辖权，并对平民应给予以下国际人道的待遇：(1) 不得剥夺平民的生存权，占领当局在行使权力的同时，有义务维持社会秩序和居民生活；(2) 对平民的人格、荣誉、家庭、宗教信仰应给予尊重；(3) 不得对平民施以暴行、恐吓和侮辱，不得把平民扣为人质，或进行集体惩罚，或谋杀、残害及用作实验；(4) 不得用武力驱逐平民；(5) 不得为获取情报对平民采取强制手段；(6) 不得强迫平民为其武装部队或辅助部队服务或加入其军队；(7) 不得侵犯平民正常需要的粮食和医药供应；(8) 不得废除被占领国的现行法律，必须维持当地原有法院和法官的地位并尊重现行法律。

在 1949 年 8 月 12 日制定的日内瓦四公约中，前三个公约都是关于作战人员的法律文件。第四公约是一个保护平民的公约。而专门为保护平民制定的公约，在战争法上还是第一个。所以在 1949 年日内瓦四公约中，第四公约是全新的。

要制定保护平民的公约，理由很清楚：在战争受难者中除了伤病员需要保护以外，平民也需要保护，这是显而易见的。第一次世界大战期中早已表现出保护平民规则的缺乏。海牙第四公约所附规则虽然在第 2 条和第 3 条对于占领当局的权力的限制和居民的保护方面，作了一些原则性的规定，但这些规定对于战时保护平民是不够的。在第二次世界大战爆发之前原来已有召开国际会议讨论拟定战时保护平民公约的计划，由于大战的爆发而未能实现，以至于在第二次世界大战期间，随着战争范围的扩大和深入，战争受难者的境遇越来越惨，尤其是在德国、日本法西斯占领地域，大量的平民遭受了拘禁、残杀和其他种种非人道的待遇。平民的这些痛苦的经历，使人们更加认识到有对战时保护平民专门拟定公约以贯彻日内瓦公约人道原则的必要性。某种意义上，第四公约是对于在第二次世界大战期间，在被占领国领土内战争法规则大量被践踏而进行反思的结果。

4. 日内瓦四公约共同条款

1949 年的四个日内瓦公约都是为了保护战争受难者而制定的，围绕这个目的，这四个公约有些共同的、基本的条款，它们被称为日内瓦公约“共同条款”(common articles)。如：

(1) 公约共同第 1 条规定，“the High Contracting Parties undertake to respect and to ensure respect for the present Conventions in all circumstances”。这里，承诺在“一切情况下”尊重并保证公约被尊重意味着：尽管传统国际法上存在“相互原则”(principle of reciprocity)，缔约国仍愿意准备单独承担公约的义务，而不管其他国家在履行公约方面做得如何。由于公约的这条规定，国家有遵守公约并保证公约被尊重的义务，因此，所有批准加入公约的国家，不仅自己不能违反公约的规定，而且有义务制止其他国家违反公约的行为。国际法院就曾根据这一条规定，在尼加拉瓜诉美国一案中，判定美国犯有国际不法行为。

(2) 公约共同第 2 条明确规定，“the present Convention shall apply to all cases of declared war or of any other armed conflict which may arise between two or more of the High Contracting parties, even if the said occupation meets with no armed resistance”。在这里，公约将适用于缔约国之间所发生的一切战争或任何武装冲突，即使其中一国不承认有战争状态，而且适用于一缔约国的领土被占领时，即使被占领时没有遇到武装抵抗。这一规定确定了适用国际武装冲突的规

范的界限，同时也扩大了公约在传统战争法中的适用范围。

（3）公约中另一重要条款是共同第三条，它规定：

In the case of armed conflict not of an international character occurring in the territory of one of the High Contracting Parties, each Party to the conflict shall be bound to apply, as a minimum, the following provisions ...

Common Article 3 prohibits the following acts when committed against persons taking no active part in the hostilities：（a）violence to life and person, in particular murder of all kinds, mutilation, cruel treatment and torture；（b）taking of hostages；（c）outrages upon personal dignity, in particular humiliating and degrading treatment；（d）the passing of sentences and the carrying out of executions without previous judgement pronounced by a regularly constituted court, affording all the judicial guarantees which are recognized as indispensable by civilized people.

从规定上看，尽管该条款明确被确定只适用于非国际性的武装冲突，但由于它是冲突各方在武装冲突中所应遵守的“最低限度”的规定，因而是一个重要的条款。

二、1977 年两个附加议定书

1977 年 6 月 8 日订立了 1949 年日内瓦四公约的两个附加议定书，即：（1）《关于保护国际性武装冲突受难者的附加议定书》（Protocol Additional to the Geneva Convention of 12 August 1949, and Relating to the Protection of Victims of International Armed Conflict）（以下简称第一议定书）；和（2）《关于保护非国际性武装冲突受难者的附加议定书》（Protocol Additional to the Geneva Convention of 12 August 1949, and Relating to the Protection of Victims of Non-International Armed Conflict）（以下简称第二议定书）。

国际社会之所以制定这两个附加议定书，是因为自 1949 年以后虽然没再发生过新的世界大战，但区域战争和武装冲突不断。由于先进科学技术和武器的发展，现代战争或武装冲突具有史无前例的摧毁力，那些无辜的平民，尤其是妇女和儿童，越来越容易受到伤害。因此，有必要根据现代武装冲突的实际情况，对关于战争的法规作一系列调整。

除了武器越来越先进以外，战争的方式方法也有很大不同。传统上的战争通常由为数不太多的武装人员进行，而现代战争在庞大的部队之间展开。战斗员数量的增加，使得从事战争准备工作的非战斗人员（如军火和战争器材制造者）也相应地增加。另外，对敌人施行经济上的破坏行为，是合法的，但以前，其作用是次要的；而在现代战争中，则成为主要的了，其结果使得平民也不能避免遭受战争带来的灾难。更主要的是，飞机在战争中的运用和空战的空前发展（轰炸战场以外的军火工厂、桥梁、工业中心、车站等），使得武装部队和平民之间的区别越来越不容易区分。所有这些变化，使得在现代战争条件下进一步制定有关作战行为规范的必要性更加突出。正是在这一背景下，于 1974 年至 1977 年在日内瓦召开了“关于重申与发展国际人道法外交会议”，并通过了 1949 年日内瓦四公约两个附加议定书。

这两个法律文件的目的不是使 1949 年日内瓦四公约失去效力，而是通过加强原有规则和引进新的保护性条款对原公约加以补充。这两个附加议定书的内容也很多，这里只能简单介绍其中最重要的几条规定。

1. 1977 年第一议定书

1977 年第一议定书的规定中，最突出的就是将国际武装冲突的定义扩展到包括各国人民对殖民统治和外国占领以及对种族政权作战的武装冲突。第一议定书本是关于国际性武装冲突的法律文件，但根据该议定书第 1 条第 4 款，其适用范围“include armed conflicts in which peoples are fighting against colonial domination and alien occupation and against racist regimes in the exercise of their right of self-determination”。

国际法的主体主要是国家，还没有在自己国家取得胜利的解放组织显然还不具备在国际法上享受权利或承担义务的主体资格。对此，第一议定书第 96 条进一步规定，“the authority representing a people engaged against a High Contracting Party in an armed conflict of the type referred to in Article 1，paragraph 4，may undertake to apply the Conventions and this Protocol in relation to that conflict by means of a unilateral declaration addressed to the depositary”。

所以，反抗外国占领、殖民统治或与种族政权进行武装斗争的团体组织，就可以依据这条规定，通过单方面声明的方式来适用 1949 年日内瓦四公约及其 1977 年两个附加议定书的规定。将民族解放运动写进第一议定书，从某种意义上讲，是发展中国家在外交上的一个了不起的胜利，具有历史性意义。这一规定对武装冲突法的发展，也具有很大的影响。

与此相对应，第一议定书在赋予战斗员地位条件的规定也有所改变，在战斗员被俘情况下赋予战俘地位的条件也有所改变。该议定书关于“武装部队”（armed forces）的第 43 条规定：The armed forces of a Party to a conflict consist of all organized armed forces，groups and units which are under a command responsible to that Party for the conduct of its subordinates，even if that Party is represented by a government or an authority not recognized by an adverse Party. Such armed forces shall be subject to an internal disciplinary system which，inter alia，shall enforce compliance with the rules of international law applicable in armed conflict。

这条规定对法律意义上的武装部队的定义比较灵活。它考虑到民族解放战争中存在的一些特殊情况，不再强制规定战斗员在任何时候都必须穿着正规制服。这样，它就将战俘资格和战俘待遇的规定，也扩大到冲突方武装部队的所有人员。

该议定书第 44 条第 2 款规定：While all combatants are obligated to comply with the rules of international law applicable in armed conflict，violations of these rules shall not deprive a combatant of his right to be a combatant or，if he falls into the power of an adverse Party，of his right to be a prisoner of war...

所以，在人道法上，即便违反国际法规则了，也不被“剥夺作为战斗员的权利；即便被俘虏，也不应被剥夺其作为战俘的权利”。与此相反，第一议定书明确规定：“A mercenary shall not have the right to be a combatant or a prisoner of war. ”在国际法上外国雇佣兵不应享有作为战斗员或成为战俘的权利，这也是一条新的规定。

第一议定书中关于敌对行为的规定主要有：（1）In any armed conflict，the right of the Parties to the conflict to choose methods or means of warfare is not unlimited（art. 35，para. 1）；（2）It is prohibited to employ weapons，projectiles and material and methods of warfare of a nature to cause superfluous injury or unnecessary suffering（art. 35，para. 2）；（3）In order to ensure respect for and protection of the civilian population and civilian objects，the parties to the conflict shall at all times distinguish between the civilian population and combatants and between civilian objects and military objectives and accordingly shall direct their operations only against military objectives (art. 48)。

国际人道法有些基本和重要的规则。上面列举的关于“冲突各方选择作战方法和手段的权利不是无限制的”、“禁止使用导致不必要痛苦的武器”，以及“平民与民用物体不得成为攻击的目标”的原则，可以说是国际人道法最重要的原则之一。

2. 1977 年第二议定书

1977 年第二议定书，是一个专门规范国内武装冲突的法律公约。在此以前，关于非国际性武装冲突的专门规定，只有 1949 年日内瓦四公约的共同第 3 条。国际社会同意将共同第 3 条扩展成为一个专门规定一国国内武装冲突的法律文件，主要是由于当时的国际形势的需要。

20 世纪 50 年代末、60 年代初，是世界上殖民地国家和人民要求独立的呼声最高涨时期。“国家要独立，人民要解放”，是当时国际形势的主流。而反对殖民者和外国统治的民族解放运动，往往通过武装斗争的手段来进行。民族解放运动的参与者，又主要是广大的人民群众；武装斗争的范围通常局限于一国的境内，在法律上属于非国际性武装冲突。所有这些特点，使得形式多半是游击战的民族解放运动，与国际法传统意义上的战争有很大的区别，也使得原来战争与武装冲突法上关于作战人员的身份、地位及权利的规定，都有修改的必要。这也是需要对有关国内武装冲突的法律规范进行补充和调整的原因。

所以，第二议定书具有它的历史意义。原来传统战争法中的规则和协定，主要是用来调整国家之间所发生的武力争斗的行为。在国际协定和公约中，除了 1949 年日内瓦四公约共同第 3 条以外，还没有任何其他关于规范非国际性武装冲突的法律文件。作为第一个专门规定在内战或非国际性武装冲突中对个人实施保护以及对使用武力加以限制的普遍性国际条约，1977 年第二议定书不少规定在国际法上都具有深远的影响。

1977 年第二议定书关于其适用范围的第 1 条规定：This Protocol, which develops and supplements Article 3 common to the Geneva Convention of 12 August 1949 without modifying its existing conditions of application, shall apply to all armed conflicts which are not covered by Article 1 of the Protocol Additional...relating to the Protection of Victims of International Armed Conflicts (Protocol I) ...

所以，第二议定书在不改变共同第 3 条的适用条件下，只是起到发展和补充该条款规定的作用。换句话说，第二议定书涵盖第一议定书关于国际性武装冲突（第 1 条）规定中所没有包括的武装冲突，它包括在缔约国一方领土上发生的、有统帅的武装部队与其他有组织的武装集团之间的一切武装冲突，条件是只要该武装部队能进行持久、协调的军事行动，并执行第二议定书里的规定。

同时，第二议定书明确规定，this Protocol shall not apply to situations of internal disturbances and tensions, such as riots, isolated and sporadic acts of violence and other act of a similar nature, as not being armed conflicts。因此，该议定书不适用于一国内部所发生的不属于武装冲突的动乱和紧张局势。这是因为国际人道法只适用于武装冲突的情势，而暴动或孤立发生的暴力行为不属于武装冲突，因而不属于国际人道法规范的范围。

由于主权问题的敏感性和国内武装冲突（形式上往往一边是政府军队，另一边是反政府的武装力量）的性质，第二议定书与 1949 年日内瓦四公约共同第 3 条一样，它在订立以上关于适用范围的规定的同时还规定：1. Nothing in this Protocol shall be invoked for the purpose of affecting the sovereignty of a State or the responsibility of the government, by all legitimate means, to maintain or re-establish law and order in the State or to defend the national unity and territorial integrity of the State. 2. Nothing in this Protocol shall be invoked as a justification for intervening, directly or indirectly, for any reason whatever, in the armed conflict or in the internal or external affairs of the High Contracting Party in the territory of which that conflict occurs。(art. 3)

尽管如此，有些国家虽然加入了第一议定书，但对第二议定书持保留，尤其是当时仍处于内战的国家。

国家间为了通过协商达成一致，谈判中对提交的草案，不得不做大量删减，有关战斗人员特权地位的问题在讨论之初就被删除，而关于敌对行为、救助、医疗职责和实施机制的问题在最后的一轮外交谈判中也都被删去。

尽管如此，第二议定书在保护一国国内武装冲突受害者方面仍制定了一些基本的规则，例如，基本保障条款（第 4 条）、自由受到限制人的权利条款（第 5 条）以及司法保障条款（第 6 条）等内容。另外，虽然敌对行为一章的内容被大量删减，但还是订立了“禁止攻击平民居民的原则”（第 13 条）、“对平民居民生存所不可缺少的物体的保护”和“不得强迫平民迁移”（第 17 条）等规定。所有这些规定，对于在非国际性武装冲突中保护战争受难者都具有积极的意义。

三、国际人道法的基本原则

国际人道法的基本原则如下：

第一，限制原则（restriction）。在战争与武装冲突中应对一些作战手段和方法加以限制。在原则上，各交战国和冲突各方对作战方法与手段的选择都应受到法律的限制，例如，禁止使用不分青红皂白的作战手段和方法，禁止使用大规模屠杀和毁灭人类的作战手段和方法，禁止使用滥杀滥伤、造成极度痛苦的作战手段和方法。

第二，比例原则（proportion）。这项原则主张作战方法和手段的使用应与预期的、具体的和直接的军事利益成比例，禁止过分的攻击，以及引起过分伤害和不必要痛苦的作战方法和手段。

第三，区分原则（distinction）。这项原则是把平民居民和武装部队中的战斗员与非战斗员、有战斗能力的战斗员与丧失战斗能力的战争受难者、军用物体与民用物体以及民用目标与军事目标等区分开来，并在战争与武装冲突中分别给予不同的对待。

第四，中立原则（neutrality）。武装部队的伤病员、战俘和平民，是武装冲突法保护的对象，通常称为“被保护人”。武装冲突法的规则，确定了交战各方与被保护人关系上的一定权利和义务，从而使后者的安全和利益具有法律的保障。但是，这些已退出战斗的人员和平民，必须严守中立原则，不得参加军事行动。

第五，“军事必要”（military necessity）不能解除交战国义务的原则。这项原则强调，尽管在武装冲突中存在“军事必要”的原则，但“军事必要”不能被用来解除交战各国或武装冲突各方尊重和适用武装冲突法的原则、规则与制度的义务。

关于国际人道法的基本原则，国际法院在 1996 年 7 月 8 日就“使用或威胁使用核武器的合法性”（Legality of the Threat or Use of Nuclear Weapons）问题的咨询意见中，也讨论了国际人道法的基本内容和原则。国际法院认为：The cardinal principles contained in the texts constituting the fabric of humanitarian law are the following. The first is aimed at the protection of the civilian population and civilian objects and establishes the distinction between combatants and non-combatants; States must never make civilians the object of attack and must consequently never use weapons that are incapable of distinguishing between civilian and military targets. According to the second principle, it is prohibited to cause unnecessary suffering to combatants: it is accordingly prohibited to use weapons causing them such harm or uselessly aggravating their suffering. In application of that second principle, States do not have unlimited freedom of choice of means in the weapons they use。①

从国际法院的意见中不难看出，它认为“区分原则”、“禁止使用不分皂白（即对战斗员和平民不能予以区分）的武器的原则”和“禁止对战斗员造成不必要的痛苦的原则”是国际人道法中最重要的原则。

确实，国际人道法最基本的限制或规定就是要区分战斗员与非战斗员。在战斗中消灭敌人或摧毁对方军事目标，都是合法的；但如果攻击非军事目标，如平民百姓、平民居住区、教堂、红十字救护站或设备等，则违反了区分原则，因而是不法行为。

第一议定书第 85 条规定：In order to ensure respect for and protection of the civilian population and civilian objects, the Parties to the conflict shall at all times distinguish between the civilian population and combatants and between civilian objects and military objectives and accordingly shall direct their operations only against military objectives。

在国际人道法上，区别原则是通过确定战斗员和非战斗员之间的区别，达到保护平民和民用目标的最重要的原则之一。尽管这项规定以条约的形式出现在第一议定书的第 48 条中，但战争法上很多古老的规则，其实都源自这项原则，其范围从确立战斗员和非战斗员的地位到禁止使平民忍受饥饿等。

与“区分原则”相关的还有“中立原则”。这也是国际人道法的一个重要原则。根据这一原则，受保护人员必须严守中立。该原则的意义是非常清楚的：既然公约约定的受保护权利只给予那些“不直接参加或不再参加敌对行为的人员”，那么，任何团体或个人，只要继续从事“有害于”敌方的行为，自然就不能主张这项权利。比方说，一个负伤的作战人员，在公约的含义下，属于被保护人员，但前提是他必须放下武器。如果他不顾伤痛，继续射击或参加战斗，那他当然地不属于国际人道法概念里的受保护人员。正是由于这一点，1949 年日内瓦四公约及其 1977 年两个附加议定书里经常出现“中立”（neutrality）这一术语。

“中立”这一术语，早在 1864 年的日内瓦公约就已使用。该公约一开始就规定：

Article 1 Ambulances and military hospitals shall be recognized as neutral and, as such, protected and respected by the belligerents as long as they accommodate wounded and sick.

Neutrality shall end if the said ambulances or hospitals should be held by a military force.

Article 2 Hospital and ambulance personnel, including the quarter-master's staff, the medical, administrative and transport services, and the chaplains, shall have the benefit of the same neutrality when on duty, and while there remain any wounded to be brought in or assisted.

“中立”概念很是贴切。它用一个词表示出了国际人道法中受保护人员所处地位的两个方面：权利和义务。按照日内瓦公约的规定，医务人员以及医院和医疗单位等，都是公约的保护

---

① I. C. J., Legality of the Threat or Use of Nuclear Weapons (Advisory Opinion), (July 8, 1996) p. 28, para. 78.

对象。他们之所以受到保护，是因为他们从事有关人道职责方面的工作。而一旦他们超越其人道职责的范围，如从事有害于敌方的行为，就会受到警告，并在警告被忽视的情况下，可按照公约的规定，停止其在国际人道法规则下享受的保护。

概括地讲，国际人道法里的“受保护人员”（protected persons），必须在武装冲突的任何时候都严守中立，即不参加实际的敌对行为。如果放弃中立，这些本该受公约保护的人员将不再受到公约的保护。

另外，在国际人道法中，“不必要痛苦原则”也很重要，它准确地揭示了战争的目的和限制作战手段与方法的逻辑关系：既然战争的最直接目的是消灭敌人的军事力量，那么在战场上只要以正常的手段能将敌人杀伤，使其处于不能继续进行战争或武装冲突的状态，就可说是已达到目标；但如果使用某种武器，致使敌人即使在退出战斗以后，仍继续遭受痛苦，则是已超出作战目标，因而是不必要的，应予以避免和禁止。正是基于这一根本的思想，国际人道法禁止使用达姆弹（进入人体后会引起爆炸的子弹）和任何其他主要作用在于以碎片伤人而其碎片在进入人体后无法用 X 射线检测的武器。

CASE STUDY

Decision on the Defence Motion on Jurisdiction
(The Tadic case in The ICTY)①

68. The fact that acts prescribed by common Article 3 constitute criminal offences under international law is also evident from the fact that the acts within common Article 3 are criminal in nature. They are similar in content to acts prohibited by the grave breaches provisions, which clearly entail individual criminal liability. In addition, the type of acts listed in common Article 3 have been found in the past to result in individual criminal liability. For example, Article 44 of the Lieber Code supra provided for the prohibition, criminal responsibility and punishment of persons committing acts which are of the type that would today fall within common Article 3. In addition, there have been national trials for individuals charged with violations similar to common Article 3. [See Jordan Paust, War Crimes Jurisdiction and Due Process: The Bangladesh Experience, 11 Vanderbilt Journal of Transnational Law 1, 25 (1978).]

69. The customary international law doctrine of recognition of belligerency allows for the application to internal conflicts of the laws applicable to international armed conflict, thus ensuring that even in a non-international conflict individuals can be held criminally responsible for violations of the laws and customs of war. Additionally, some national military manuals and laws emphasize the criminal nature of acts within common Article 3. For example, the United States Army regards violations of common Article 3 as encompassed by the notion of war crimes, thus empowering it to prosecute captured military personnel for war crimes if they were accused of breaches of common

① Decision on the Defence Motion on Jurisdiction, the Appeals Chamber, the Prosecutor v. Dusko Tadic, the ICTY, 10 August, 1995.

Article 3. The German Military Manual describes violations of common Article 3 as "grave breaches of international humanitarian law," implying that violations of common Article 3 could form the basis for individual criminal responsibility. [See Theodor Meron, International Criminalization of Internal Atrocities, 89 Am. J. Int'l. L. 554, 564-65 (1995) .] Further, the criminal nature of the acts within common Article 3 is evident from the language of common Article 3 itself, which is clearly prohibitory and addresses fundamental offences such as murder and torture which are prohibited in all States.

Therefore, no person who has committed such acts...could claim in good faith that he/she did not understand that the acts were prohibited. And the principle nullum crimen sine Lege is designed to protect a person only from being punished for an act that he or she reasonably believed to be lawful when committed.

70. The individual criminal responsibility of the violator need not be explicitly stated in a convention for its provisions to entail individual criminal liability. This is evident from the use of the Fourth Hague Convention and the 1929 Geneva Prisoners of War Convention as the basis for prosecutions and convictions at Nuremberg, despite the fact that neither convention contain any reference to penal prosecution or individual liability for breaches.

…… ……

73. Additional support for the finding that there is no violation of the principle of nullum crimen sine lege is that by incorporating the prohibitory norms of common Article 3 into its national law, the former Yugoslavia has criminalized these offences. (See Art. 125 of the Criminal Code of the Former Yugoslavia, which provides that the prohibition of war crimes against the civilian population applies to situations of "war, armed conflict or occupation," irrespective of the nature of the conflict, thus implying that situations of non-international armed conflict could be covered.)

74. For these reasons, the Trial Chamber finds that the character of the conflict, whether international or internal, does not affect the subject-matter jurisdiction of the Tribunal under Article 3. The term "laws or customs of war" applies to international and internal armed conflicts. The minimum standards of common Article 3 apply to the conflict in the former Yugoslavia and the accused's prosecution for those offences does not violate the principle of nullum crimen sine lege.

思考题

1. 如何理解“国际人道法公约的制定都是国际社会对战争带来的灾难进行反思的结果”这一论点？

2. 制定日内瓦公约的初衷是什么？

3. 1949 年日内瓦四公约及其 1977 年两个附加议定书规定的核心是什么？

4. 1949 年日内瓦四公约及其 1977 年两个附加议定书在战斗冲突中保护战争受难者的实际意义是什么？

第四节 惩治严重违反国际人道法罪行

严重违反国际人道法（serious violation of international humanitarian law）罪行是指违反战争法规和惯例以及人道准则的各种犯罪行为。惩罚战争罪犯，对于犯有严重违反国际人道法行为的人追究他们的个人刑事责任，是国际法特别是武装冲突法的重大发展。

一、国际刑法的发展与惩治严重违反国际人道法罪行

在国际法追究个人的刑事责任方面，第二次世界大战后成立的纽伦堡国际军事法庭和远东国际军事法庭起了很大的推动作用。从国际法意义上讲，纽伦堡审判和东京审判开创了追究战争罪犯个人刑事责任的先例。在此以前，国家破坏和平等罪行也引起国家责任，责任的形式主要是限制主权和赔偿。限制国家主权是指对战败国家实行占领或管制等；赔偿是指战败国给予战胜国的物质赔偿。事实上，违反国际法的罪行往往是个人作出的。因此，对于侵略战争，除了追究国家责任之外，还必须追究个人责任。

《纽伦堡国际军事法庭宪章》第 6 条规定：Violations of the laws and customs of war. Such violations shall include，but not be limited to，murder，ill-treatment or deportation to slave labor or for any other purpose of civilian population of or in occupied territory，murder or ill-treatment of prisoners of war or persons on the seas，killing of hostages，plunder of public or private property，wanton destructions of cities，towns，or villages，or devastation not justified by military necessity.《远东国际军事法庭宪章》第 5 条也作了基本相同的规定。

按照第二次世界大战后成立的这两个国际军事法庭宪章的规定，战争罪行，又称为违反战争法规或惯例的罪行，主要包括对占领地平民的谋杀、虐待战俘、掠夺公私财产、毁灭城镇或乡村的罪行等。

1946 年 12 月联合国大会通过第 95（I）号决议，确认了《纽伦堡国际军事法庭宪章》所包括的国际法原则。联合国国际法委员会根据大会的决议，于 1950 年编纂了国际军事法庭宪章和判决中所包含的原则。具体来说，这些原则是：（1）从事构成违反国际法的犯罪行为的人承担个人责任，并因此应受到惩罚；（2）不违反所在国的国内法不能作为免除国际法责任的理由；（3）被告的地位不能作为免除国际法责任的理由；（4）政府或上级命令不能作为免除国际法责任的理由；（5）被控有违反国际法罪行的人有权得到公平审判；（6）违反国际法的罪行是：反和平罪、战争罪、反人道罪；（7）共谋上述罪行是违反国际法的罪行。

订立于 1949 年的日内瓦四公约，里面都含有关于“严重违反公约行为”（grave breaches）的规定。例如，第一公约第 50 条规定：“严重破坏公约行为，应系对于受本公约保护之人或财

产所犯之任何下列行为：故意杀害，酷刑或不人道待遇，包括生物学实验，故意使身体及健康遭受重大痛苦或严重伤害，以及无军事上之必要，而以非法与暴乱之方式，对财产之大规模的破坏与征收。”

第一议定书通过其第 11、85 条的规定，对 1949 年日内瓦四公约中关于严重违反公约的行为给予补充。这些行为虽然在议定书中被称为“严重违反公约行为”，但这些行为，其实就是后来联合国前南国际刑事法庭、卢旺达国际刑事法庭和国际刑事法院的规约里所界定的“战争罪”。

第一议定书里的“严重违法行为”包括：

——对平民居民或平民个人进行攻击；

——对含有危险力量的工程或设施（如核电站）发动攻击；

——强行驱逐或迁移人口；

——对构成人民文化或精神遗产的纪念物发动攻击；

——剥夺受到公正和正当程序审判的权利。

第一议定书指定的这些行为同 1949 年日内瓦四公约列明的那些严重的违反公约行为一起，构成了战争中所犯下的最应予以谴责和惩治的行为。

另外，第一议定书还将“严重违反”的规定，扩展到包括“使平民居民或平民个人成为攻击的对象”的行为，并且包括“种族隔离”的行为。该议定书最后实质性的条款，是“关于责任”问题，它明确规定，冲突方应对“组成其武装部队的人员所从事的一切行为负责”。

到目前为止，世界上几乎所有的国家都批准加入了日内瓦公约，而且，这些缔约国也都制定了公约在国内的实施细则。因此，起诉严重违反日内瓦公约的行为，例如该公约里所列举的“严重罪行”，或者引渡该罪犯的规定，就成了习惯国际法意义上的义务。

迄今为止，对于犯有严重违反国际人道法行为的人加以制裁和惩罚的实例，除了第二次世界大战后成立的纽伦堡国际军事法庭和远东国际军事法庭以外，还有 1993 年和 1994 年根据联合国安理会第 827 号和第 955 号决议而设立的前南国际刑事法庭和卢旺达国际刑事法庭。另外，国际刑事法院也于 2002 年 7 月 1 日正式成立。所有这些国际性的刑事法庭（法院）都在自己的规约里有起诉和惩治严重违反国际人道法行为的规定。

二、前南国际刑事法庭与卢旺达国际刑事法庭

前南国际刑事法庭与卢旺达国际刑事法庭这两个法庭，都是联合国安理会通过决议成立的特设（Ad hoc）法庭，属于联合国安理会的附属机构。

1993 年，联合国安理会鉴于前南斯拉夫境内普遍发生的违反国际人道法①的行为（主要是大规模屠杀和实行“种族清洗”的行为），断定这一局势对国际和平与安全构成威胁，于是通过第 827 号决议，设立了一个特设国际法庭来审理前南斯拉夫境内所发生的这些罪行。因此，前南国际刑事法庭的设立，表达了联合国要起诉和惩治在前南斯拉夫武装冲突中作出严重违反国际人道法行为的人的愿望和决心。同时，也是通过安理会的决定，第一次在联合国的范围内将有关国际刑法的理论付诸实施。

---

① 国际人道法的罪行，属前南国际刑事法庭的实体管辖权（subject jurisdiction），因此，国际人道法的法律规定，也是前南国际刑事法庭所适用的实体法方面的重要内容。这部分内容比较多，因篇幅有限，这里就不作论述。如果对有关国际人道法的基本原则和内容感兴趣，请参见朱文奇：《国际人道法概论》，香港，健宏出版社，1997。

继联合国 1993 年 5 月成立了其历史上由自己成立首个国际刑事法庭的第二年，联合国安理会又因为在卢旺达境内于 1994 年 4 月至 7 月所发生的种族灭绝及其他严重违反国际人道法行为的局势，通过第 955 号决议成立了卢旺达国际刑事法庭。

前南国际刑事法庭与卢旺达国际刑事法庭这两个法庭，虽然其成立的方式、背景以及法庭内部结构等，与第二次世界大战后成立的纽伦堡国际军事法庭和远东国际军事法庭有很大的不同，但它们在国际法方面和原则方面存在很大的相同之处。

卢旺达国际刑事法庭的性质与前南国际刑事法庭相同，都是对被怀疑犯有严重违反国际人道法罪行的人进行起诉，并追究其个人刑事责任的国际刑事法庭。但在卢旺达国际刑事法庭被起诉的人，主要是在卢旺达国内武装冲突中犯有严重违反国际人道法罪行的人，因而卢旺达国际刑事法庭主要适用 1949 年日内瓦四公约共同第 3 条和 1977 年第二议定书。

第一，所有这些国际刑事司法机构都是为了追究个人在国际法方面的刑事责任。例如，《前南国际刑事法庭规约》第 6 条规定，the International Tribunal shall have jurisdiction over natural persons pursuant to the provisions of the present Statute。

第二，作出严重违反战争法或国际人道法行为的人，可以上至国家元首，下至普通士兵。《前南国际刑事法庭规约》和《卢旺达国际刑事法庭规约》都明确规定：

1. A person who planned，instigated，ordered，committed or otherwise aided and abetted in the planning，preparation or execution of a crime referred to in articles 2 to 5 of the present Statute shall be individually responsible for the crime.

2. The official position of any accused person，whether as Head of State or Government or as a responsible Government official，shall not relieve such person of criminal responsibility nor mitigate punishment.

3. The fact that any of the acts referred to in articles 2 to 5 of the present Statute was committed by a subordinate does not relieve his superior of criminal responsibility if he knew or had reason to know that the subordinate was about to commit such acts or had done so and the superior failed to take the necessary and reasonable measures to prevent such acts or to punish the perpetrators hereof.

第三，前南国际刑事法庭管辖的国际罪行分别被规定在规约的第 2 条到第 5 条，主要是"战争罪"、"种族灭绝罪"和"反人道罪"。其中第 2 条是专门关于"严重违反日内瓦公约行为"（grave breaches of the Geneva Conventions of 1949）的条款，该条规定：The International Tribunal shall have the power to prosecute persons committing or ordering to be committed grave breaches of the Geneva Conventions of 12 August 1949，namely the following acts against persons or property protected under the provisions of the relevant Geneva Convention：（a）Willful killing；（b）Torture or inhuman treatment，including biological experiments；（c）Willfully causing great suffering or serious injury to body or health；（d）Extensive destruction and appropriation of property，not justified by military necessity and carried out unlawfully and wantonly；（e）Compelling a prisoner of war or a civilian to serve in the forces of a hostile power；（f）Willfully depriving a prisoner of war or a civilian of the rights of fair and regular trial；（g）Unlawful deportation or transfer or unlawful confinement of a civilian；（h）Taking civilians as hostages。

第四，《卢旺达国际刑事法庭规约》里也有专门惩治严重违反国际人道法行为的规定。

1994年在卢旺达发生的武装冲突在法律上主要是国内性质的武装冲突，因此，《卢旺达国际刑事法庭规约》第4条规定的严重违反国际人道法行为就涉及1949年日内瓦四公约共同第3条和第二议定书（Article 4：Violations of Article 3 Common to the Geneva Conventions and of Additional Protocol II），其规定如下：The International Tribunal for Rwanda shall have the power to prosecute persons committing or ordering to be committed serious violations of Article 3 common to the Geneva Conventions of 12 August 1949 for the Protection of War Victims, and of Additional Protocol II thereto of 8 June 1977. These violations shall include, but shall not be limited to:（a）Violence to life, health and physical or mental well-being of persons, in particular murder as well as cruel treatment such as torture, mutilation or any form of corporal punishment;（b）Collective punishments;（c）Taking of hostages;（d）Acts of terrorism;（e）Outrages upon personal dignity, in particular humiliating and degrading treatment, rape, enforced prostitution and any form of indecent assault;（f）Pillage;（g）The passing of sentences and the carrying out of executions without previous judgement pronounced by a regularly constituted court, affording all the judicial guarantees which are recognized as indispensable by civilized peoples;（h）Threats to commit any of the foregoing acts。

第五，虽然国家和国际刑事法庭对国际法严重罪行都有管辖权，但从某种意义上讲，国际刑事法庭的管辖权高于国家的司法权，因为前南国际刑事法庭和卢旺达国际刑事法庭的规约里都规定了“优先权”（primacy）。这两个法庭的规约都明确规定：

1. The International Tribunal and national courts shall have concurrent jurisdiction to prosecute persons for serious violations of international humanitarian law committed in the territory of the former Yugoslavia since 1 January 1991.

2. The International Tribunal shall have primacy over national courts. At any stage of the procedure, the International Tribunal may formally request national courts to defer to the competence of the International Tribunal in accordance with the present Statute and the Rules of Procedure and Evidence of the International Tribunal.

根据上述国际刑事司法机构的规定，任何犯有严重违反国际人道法罪行的人都应负个人刑事责任，受到国际法的惩治。

三、国际刑事法院

国际刑事法院于2002年7月1日成立。它的成立是国际刑法发展的一个里程碑。国际刑事法院《罗马规约》里所规定的该法院管辖权，是该法院受理案件的权能和效力根据。国际刑事法院的管辖权与国家的刑事管辖有很大不同，即便与前南国际刑事法庭和卢旺达国际刑事法庭的管辖权相比较，也有很大的不同。

前南国际刑事法庭的管辖权只涉及在前南斯拉夫领土内发生的严重违反国际人道法的行为；卢旺达国际刑事法庭也只是管辖在卢旺达国内或在邻国发生的种族灭绝罪和其他严重违反国际人道法的行为。另外，这两个法庭在性质上属于“特设”（ad hoc）。国际刑事法院与这两个国际刑事法庭最主要的不同点，在于它不是“特设”而是常设的（permanent）国际刑事司法机构。只要符合《罗马规约》里规定的条件，国际刑事法院对于世界范围内发生的国际罪行都具有管辖权。国际刑事法院还具有“自动管辖权”，即国家一旦批准加入国际刑事法院《罗马规约》，就自动地接受该法院的管辖。因为这些特点，国际刑事法院的成立及运作，对国际刑法的发展，以及对国际法和国际关系的发展，都产生了深远的影响。

国际刑事法院管辖范围内的国际罪行，如战争罪、种族灭绝和反人道罪等，都被整个国际社会认为是当代国际法下最严重的国际罪行。关于战争罪的具体定义，《罗马规约》第 8 条规定：For the purpose of this Statute，“war crimes” means：Grave breaches of the Geneva Conventions of 12 August 1949，namely，any of the following acts against persons or property protected under the provisions of the relevant Geneva Convention…

该条款还规定：Other serious violations of the laws and customs applicable in international armed conflict，within the established framework of international law，namely，any of the following acts…

该条款还规定：In the case of an armed conflict not of an international character，serious violations of article 3 common to the four Geneva Conventions of 12 August 1949，namely，any of the following acts committed against persons taking no active part in the hostilities，including members of armed forces who have laid down their arms and those placed hors de combat by sickness，wounds，detention or any other cause…

在国际刑事法院管辖下的“战争罪”，既包括“严重违反国际法既定范围内适用于国际武装冲突的法规和惯例的其他行为”，如“故意指令攻击平民人口本身或未直接参加敌对行动的个别平民”，“故意指令攻击民用物体，即非军事目标的物体”，或“故意指令攻击依照《联合国宪章》执行人道主义援助或维持和平行动所涉人员、设施、物资、单位或车辆，如果这些人员和物体有权得到武装冲突国际法规给予平民和民用物体的保护”，又包括“在非国际性武装冲突中，严重违反 1949 年 8 月 12 日四项日内瓦公约共同第三条的行为，即对不实际参加敌对行动的人，包括已经放下武器的武装部队人员，及因病、伤、拘留或任何其他原因而失去战斗力的人员”的行为，如“对生命与人身施以暴力，特别是各种谋杀、残伤肢体、虐待及酷刑”，“损害个人尊严，特别是侮辱性和有辱人格的待遇”，“劫持人质”或“未经具有公认为必需的司法保障的正规组织的法庭宣判，径行判罪和处决”等。

如果把上述有关严重违反国际人道法罪行的基本要件综合起来看，该罪行一般性的构成要件主要有以下几点：(1) 犯有国际条约或国际习惯法中所禁止行为之一；(2) 这一行为发生在武装冲突中；(3) 犯有该行为的人，与武装冲突中的某一方有某种联系；(4) 行为的受害者，属于中立或属于武装冲突中另外一方。

概括地说，在战争罪和严重违反国际人道法罪行的定义下，有些行为在国际性的武装冲突中被禁止，有些在国内性质的武装冲突中被禁止，而有些在所有性质的武装冲突中被禁止。

国际刑事法院《罗马规约》中所有关于国际性武装冲突以及非国际性武装冲突的规定，是国际法发展的结果。海牙公约及其规则本身并不包含如何处理违反其条款规定行为人的个人责任方面的内容，也没有任何明确缔约国对于实施违反公约行为者，即使是最严重违反公约行为的罪犯，负有起诉的责任的规定。但纽伦堡国际军事法庭在 1945 年就曾指出：1907 年《陆战法规和惯例公约》附则所包含的人道法规则，属于“the rules of the principles of the law of nations，as they result from the usages established among civilized people，from the laws of humanity，and the dictates of the public conscience”。为追究严重违反国际人道法行为而设立的前南国际刑事法庭在其规约中也规定了对“violations of the laws or customs of war”行使管辖权。所以，国际刑事法院《罗马规约》列举的国际刑事法院管辖的具体战争罪罪行，基本上都是对战争法和战争习惯法的违反。

国际刑事法院成立于2002年7月1日。就在它成立快十周年时，即2012年3月14日，国际刑事法院作出了该法院成立后的第一份判决①，裁定被告卢班加（Lubanga）因在刚果发生的武装冲突中招募、使用15岁以下的儿童而犯有战争罪。在国际刑事审判实践的历史上，这还是第一次裁定被告犯有如此的战争罪行。

CASE STUDY

The Prosecutor v. Jean Paul Akayesu
(卢旺达国际刑事法庭)②

《卢旺达国际刑事法庭规约》第4条规定要起诉"严重违反日内瓦公约共同第3条以及第二议定书的罪行"，即：The International Tribunal for Rwanda shall have the power to prosecute persons committing or ordering to be committed serious violations of Article 3 common to the Geneva Conventions of 12 August 1949 for the Protection of War Victims, and of Additional Protocol II thereto of 8 June 1977。这一条款列出了被视为严重违反共同第3条和第二议定书的行为，有些行为是1949年日内瓦四公约共同第3条中的禁止性规定，另一些则是1977年第二议定书的某些条款。所有这些规定都是关于在非国际性武装冲突中发生的严重违反国际人道法的行为。

在Akayesu案中，在被告人被指控的若干项罪行中，第6项、第8项、第10项和第12项是对共同第3条的违反，第15项是对1977年第二议定书的违反。所以，如果要使对Akayesu违反这些规定的指控成立，就需要法庭检察官证明被告人在犯有这些指控时发生了适用这些国际法律文件的非国际性武装冲突。

卢旺达国际刑事法庭在该案的审理中分析了规约第4条关于日内瓦公约共同第3条和第二议定书条款的性质。该法庭认为，《卢旺达国际刑事法庭规约》第4条里的第二议定书的相关条款均来自于第二议定书的第4条第2款，而第二议定书第4条（基本保证）是对共同第3条内容的重申和发展，由于共同第3条的习惯法性质已不存在任何疑问，所以，第二议定书第4条也应该属于现行国际习惯法的范畴。所以，卢旺达国际刑事法庭认为这些法律文件具有习惯法的性质，应适用于所有非国际性武装冲突。

这一判决表明：《卢旺达国际刑事法庭规约》第4条中共同第3条和第二议定书的条款，其本身适用范围应是不同的，但卢旺达国际刑事法庭通过法律解释的方法消除了两者之间在适用范围上的分歧，从而把涉及规约第4条的第二议定书的条款的适用扩大到与日内瓦公约共同第3条一样大的范围。

---

① The Prosecutor v. Thomas Lubanga, Judgment Pursuant to Article 74 of the Status, available at www.icc-cpi.int/iccdocs/doc/doc1379838.pdf (visited on November 15, 2012).

② The Prosecutor v. Jean Paul Akayesu, Judgment of Trial Chamber, ICTR-96-4-T, para. 607.

思考题

1. 严重违反国际人道法的行为是指什么?
2. 1949年日内瓦四公约中关于“严重违反公约行为”是如何规定的?
3. 国际刑事法庭关于“严重违反公约行为”是如何规定的?
4. 国际刑事法庭在“严重违反公约行为”方面是如何裁决的?

本章小结

1. 战争是在现代社会中不可避免的事实。国际法承认这一事实，并在此基础上出于人道的考虑，制定了旨在对战争与武装冲突加以限制和规范的原则与规则。这些原则与规则就是现代国际法中的国际人道法。

2.“jud ad bellum”是关于战争或武装冲突的正义性或合法性问题;“jus in bello”则主要是国际人道法方面的规则，它并不涉及，也不去追究战争或武装冲突的起因或动机，只是通过制定人道的规则，来对战争受难者予以保护。

3. 1864年的日内瓦公约、1929年的战俘公约、1949年日内瓦四公约以及1977年两个附加议定书等，都是国际人道法方面重要的国际条约，其中最主要的法律文件是1949年日内瓦四公约及其1977年两个附加议定书，它们对于如何保护战争受难者作了具体的规定。

4. 在国际人道法中有些重要的原则，如“区分原则”、“禁止使用不分皂白的武器的原则”以及“禁止对战斗员造成不必要的痛苦的原则”等，它们在保护战争受难者方面都是非常重要的原则。

QUESTIONS AND COMMENTS

1. How to understand that international rules, established by treaties or customs and intended to solve humanitarian problems directly arising from international or non-international armed conflicts, limit the right of parties to a conflict to use the methods and means of warfare of their choice?
2. What is the significance for the Marten's Clause that all those civilians, in cases not included in the international treaties, remain under the protection and the rule of the principles of the law of nations, as they result from the laws of humanity, and the dictates of the public conscience?
3. Why do the rules of international law try to protect wounded or sick combatants, hospital, ambulance personnel, the medical, administrative and transport services, and the chaplains, etc? And what does the principle of neutrality mean?
4. The Trial Chamber of the International Criminal Tribunal for the Former Yugoslavia finds in

Tadic case that the character of the conflict, whether international or internal, does not affect the subject-matter jurisdiction of the Tribunal under Article 3. The term "laws or customs of war" applies to both international and internal armed conflicts. How do you understand this ruling of the Tribunal?

第四章 国际刑事司法机构

引言

国际刑法学虽然是一门较为新颖的学科，但国际刑法的实践一直在不断发展。自1993年5月联合国安理会设立前南国际刑事法庭以来，出现了不少其他的国际刑事司法机构，如卢旺达国际刑事法庭、东帝汶特别法庭、塞拉利昂特别法庭、柬埔寨特别法庭以及国际刑事法院等。所有这些国际刑事司法机构可以根据其性质分为特设国际刑事法庭、混合型国际刑事法庭以及常设性质的国际刑事法院。所有这些国际刑事司法机构在其成立的方式、组成和管辖权方面，都有异同之处。学习或研究国际刑法，对这些国际刑事司法机构要有一般的了解。

重点问题

- ❑ 成立特设国际刑事法庭的背景和目的
- ❑ 混合型国际刑事法庭的优越性
- ❑ 特设与混合性质国际刑事法庭的异同
- ❑ 常设国际刑事法院成立的深远影响及重要意义

第一节

特设国际刑事法庭

特设国际刑事法庭的"特设"一词，是从 ad hoc 转译而来的，其基本意思是一事一理。特设国际刑事法庭就是为了起诉和惩治在某一时间内某一地方发生的某些特定罪行而设立的国际性质的刑事司法机构，它具有临时性质。纽伦堡国际军事法庭、远东国际军事法庭、联合国前南国际刑事法庭和卢旺达国际刑事法庭在性质上都属于特设国际刑事法庭。

一、前南与卢旺达特设法庭的成立背景

从性质上看，前南与卢旺达两个国际刑事法庭和第二次世界大战后成立的纽伦堡和远东国际军事法庭一样，都是特设的国际刑事法庭，但它们相互之间还是有许多不同之处。

第二次世界大战刚结束，战胜德国法西斯和日本侵略者的盟国就在纽伦堡和东京分别设立了两个国际军事法庭，对发动侵略战争和犯有国际严重罪行的德国与日本法西斯进行起诉和审判。国际社会通过成立这两个国际刑事法庭，从国际刑事司法实践方面肯定了惩罚战争罪犯的原则，分别以大约十个月和两年半的时间完成了对战争罪犯的审理和判决。这在国际法和国际关系的历史上还是第一次。所以，对战争罪犯进行审判并定罪是第二次世界大战后国际法和国际关系中的一件大事，也是人类发展史上的一个创举。战争罪、种族灭绝罪、反人道罪和反和平罪（侵略罪）等国际犯罪以及个人的国际刑事责任原则在第二次世界大战后通过国际习惯、条约及纽伦堡和远东国际军事法庭的实践而得以确立和发展。

在纽伦堡和远东国际军事法庭审判后的 45 年左右的时间里，尽管国际上不时发生严重违反国际人道法的事件，国际社会亦有对那些严重违反人权法和人道法的人予以惩治的呼声，但由于当时国际社会处于"冷战"和极度分裂状态，未能达成一致的意见，对这些人的审判一直没有付诸实施。直到 20 世纪"冷战"结束以后，国际社会才重新关注对人权法和人道法严重违反的情势，并采取措施要对犯有国际罪行的人进行起诉和审理。

前南国际刑事法庭是针对在 20 世纪 90 年代初前南斯拉夫联邦解体的过程中，武装冲突各方犯下的严重违反国际人道法罪行而设立的。在这场武装冲突中，发生了严重的"种族清洗"事件，在波黑地区还发生了大规模的屠杀平民百姓，有组织、有计划地拘留和强奸妇女，实施酷刑、毁坏文化和宗教财产等不法行为。联合国安理会鉴于前南斯拉夫境内普遍发生的违反国际人道法的事实（主要是大规模屠杀和实行"种族清洗"的行为），断定这一局势对国际和平与安全构成威胁，于是在《联合国宪章》第七章"关于维护世界和平和安全"的基础上通过决议，决定设立一个特设国际刑事法庭来审理前南斯拉夫境内所发生的上述罪行。

The International Criminal Tribunal for the Former Yugoslavia was established by the Security

Council of the United Nations in its Resolution 827 of 25 May 1993. The Security Council first considered the Report of the Secretary-General, submitted pursuant to operative paragraph 2 of the Security Council Resolution 808, which proposed a Statute for the Tribunal. The Security Council determined that the situation in the former Yugoslavia and in particular in Bosnia and Herzegovina, where there were "reports of mass killings, massive, organized and systematic detention and rape of women and... the practice of 'ethnic cleansing'", constituted a threat to international peace and security under Chapter VII of the United Nations Charter. It established the Tribunal in the belief that an international tribunal would "contribute to ensuring that such violations are halted and effectively redressed".

关于成立前南国际刑事法庭的目的，联合国安理会在其通过的第 827 号决议的序言中明确表明：The Security Council decided... to establish an international tribunal for the sole purpose of prosecuting persons responsible for serious violations of international humanitarian law committed in the territory of the former Yugoslavia between 1 January 1991 and a date to be determined by the Security Council upon the restoration of peace and to this end to adopt the Statute of the International Tribunal annexed to the above-mentioned [UN Secretary-General's] reports。

从联合国安理会通过的第 827 号决议可以清楚地看出，安理会成立前南国际刑事法庭的基础是《联合国宪章》关于"维护世界和平和安全"的规定，目的是惩治前南斯拉夫境内所发生的违反人道法的罪行。

卢旺达国际刑事法庭是针对 1994 年发生在卢旺达境内的种族大屠杀而设立的。1994 年 4 月 6 日，时任卢旺达总统哈比・亚利马纳的座机在卢旺达首都基加利机场上空遭火箭袭击坠毁，总统遇难。这一事件立即引发了卢旺达境内由胡图族（Hutu）对图西族（Tutsi）实施的种族屠杀。从 1994 年 4 月至 7 月，在短短的一百天左右的时间里，就有 80 万～100 万人被杀，震惊全世界。联合国安理会鉴于这一屠杀行为构成了 1948 年《种族灭绝罪公约》里所界定的罪行，断定这一局势对国际和平与安全也已构成威胁，于是接受卢旺达总统给联合国秘书长的信里关于成立一个国际刑事法庭的建议，于 1994 年 11 月在《联合国宪章》第七章"关于维护世界和平和安全"的基础上通过了第 955 号决议，设立一个特设国际刑事法庭来审理 1994 年在卢旺达境内所发生的种族灭绝及其他严重违反国际人道法的行为，以达到维护和平与民族和解的目的。

联合国安理会在其通过的第 955 号决议中声明：

The Security Council,

Having considered the reports of the Secretary-General pursuant to paragraph 3 of resolution 935 (1994), and having taken note of the reports of the Special Rapporteur for Rwanda of the United Nations Commission on Human Rights...

Expressing once again its grave concern at the reports indicating that genocide and other systematic, widespread and flagrant violations of international humanitarian law have been committed in Rwanda...

Determining that this situation continues to constitute a threat to international peace and security...

Convinced that in the particular circumstances of Rwanda, the prosecution of persons responsible for serious violations of international humanitarian law would enable this aim to be achieved and would contribute to the process of national reconciliation and to the restoration and maintenance of peace;

Believing that the establishment of an international tribunal for the prosecution of persons responsible for genocide and the other above-mentioned violations of international humanitarian law will contribute to ensuring that such violations are halted and effectively redressed.

成立卢旺达国际刑事法庭的目的与成立前南国际刑事法庭的目的一样，都是惩治在这些国家发生的严重违反国际人权法和人道法的罪行。联合国安理会为成立这两个特设法庭而通过的决议表明：成立这两个司法机构是维护世界和平与安全而采取的措施，是为了依法起诉和审判对这些罪行负有责任的人，从而打破对无辜的人民采取暴力行为和报复的无止境循环。这两个国际刑事法庭的设立，表达了联合国起诉和惩治在前南斯拉夫武装冲突和卢旺达种族灭绝中犯有严重违反国际人道法罪行的人的愿望和决心。

二、特设国际刑事法庭相互间的异同

特设国际刑事法庭的成立都是为了起诉和审理国际法下的严重罪行，但它们的管辖权在属时、属地或组织机制等方面，相互之间都有很大的不同。

（一）管辖范围

《纽伦堡国际军事法庭宪章》第 1 条规定：In pursuance of the Agreement signed on 8th day of August 1945 by the Government of the United States of America, the Provisional Government of the French Republic, the Government of the United Kingdom of Great Britain and Northern Ireland and the Government of the Union of Soviet Socialist Republics, there shall be established an International Military Tribunal for the just and prompt trial and punishment of the major war criminal of the European Axis。

第 2 条规定：The Tribunal shall consist of four members each with an alternate. One member and one alternate shall be appointed by each of the Signatories。

所以，纽伦堡国际军事法庭是由第二次世界大战中取得胜利的 4 个同盟国对欧洲轴心国首要战犯进行审判的国际刑事司法机构，其管辖的国际罪行是战争罪、反人道罪以及反和平罪。远东国际军事法庭则是为了审判日本主要战犯而设立的国际刑事法庭，由对日本取得胜利的 11 个国家选派的法官组成。其宪章第 5 条明确规定："本法庭有权审判及惩罚被控以个人身份或团体成员身份犯有各种罪行包括破坏和平之远东战争罪犯。"因此，远东国际军事法庭管辖的国际罪行与纽伦堡国际军事法庭管辖的一样，即战争罪、反人道罪以及反和平罪。

纽伦堡和远东国际军事法庭在其宪章中规定要对德国和日本的侵略罪行进行清算，明确将"反和平罪"定义为：Planning, preparation, initiation or waging of a war of aggression, or a war in violation of international treaties, agreements or assurances, or participation in a common plan or conspiracy for the accomplishment of any of the foregoing。纽伦堡和远东国际军事法庭起诉并追究侵略罪行，这是后来成立的特设法庭所没有的。

前南与卢旺达国际刑事法庭都是联合国安理会通过决议成立的，属于联合国安理会的附属机构。《前南国际刑事法庭规约》第 1 条规定：The International Tribunal shall have the power to prosecute persons responsible for serious violations of international humanitarian law committed in the territory of the former Yugoslavia since 1991 in accordance with the provisions of the present Statute。

《卢旺达国际刑事法庭规约》第 1 条规定：The International Tribunal for Rwanda shall have the power to prosecute persons responsible for serious violations of international humanitarian law committed in the territory of Rwanda and Rwandan citizens responsible for such violations committed in the territory of neighbouring States between 1 January 1994 and 31 December 1994，in accordance with the provisions of the present Statute。

以上规定清楚地显示：这两个特设法庭的管辖权是有限制的。前南国际刑事法庭的管辖时间限于“自 1991 年以后”，而其管辖的地域范围则限定在“前南斯拉夫国家”的领土范围，即南斯拉夫联邦在 1991 年解体前的领土；卢旺达国际刑事法庭的管辖权，在时间上被严格限制在“1994 年”，也就是从 1994 年 1 月 1 日到 1994 年 12 月 31 日期间内所发生的犯罪行为；而属地管辖权和属人管辖权则被限制在对“在卢旺达境内”和“在邻国”实施的种族灭绝罪和其他此类暴行负责的卢旺达公民。

（二）优先管辖权

前南和卢旺达国际刑事法庭因为是联合国安理会成立的，所以借助安理会的权威在管辖权方面就有一定的特殊强制性。《前南国际刑事法庭规约》第 9 条（《卢旺达国际刑事法庭规约》是第 8 条）规定：

1. The International Tribunal and national courts shall have concurrent jurisdiction to prosecute persons for serious violations of international humanitarian law committed in the territory of the former Yugoslavia since 1 January 1991.

2. The International Tribunal shall have primacy over national courts. At any stage of the procedure，the International Tribunal may formally request national courts to defer to the competence of the International Tribunal in accordance with the present Statute and the Rules of Procedure and Evidence of the International Tribunal.

按照上述规定，联合国的两个特设法庭“与一国国内法院在起诉种族灭绝罪、战争罪和反人道罪方面都有管辖权，但国际刑事法庭与国内法院在管辖权方面发生冲突时，国际刑事法庭优先于国内法院。在诉讼程序的任何阶段，国际刑事法庭可要求国内法院服从国际刑事法庭的管辖”。

前南国际刑事法庭和卢旺达国际刑事法庭的“优先管辖权”，是两个法庭能有效运转的首要条件之一。前南国际刑事法庭成立后审理的第一个案件是 the Prosecutor v. Dusko Tadic。被告 Tadic 于 1994 年 2 月在德国被捕，不久就被德国司法机构起诉并已开始审理。由于前南国际刑事法庭也要求行使管辖权，德国司法当局按照“优先权”的原则，通过国内法定程序将他移送给了前南国际刑事法庭。[①] 同样，在 1994 年卢旺达发生的种族灭绝大屠杀中，原卢旺达总统办公室主任 Bagasora 被普遍地怀疑是这场大屠杀的最主要组织者和策划者之一。当 Bagasora 于 1995 年在喀麦隆被捕时，卢旺达政府基于与喀麦隆之间的引渡协议，以及犯罪行为发生在卢旺达、犯罪嫌疑人和被害人都是卢旺达国民的事实，向喀麦隆政府提出引渡要求，以便能将他引渡回国进行审理。比利时司法机构基于 Bagasora 应对原来保护卢旺达前总理的 10 位比利时籍维和士兵的被害负刑事责任的理由，也向喀麦隆司法部门提出了引渡要求。由于卢旺达国际刑事法庭适用的是“优先管辖权”，而且事实上卢旺达国际刑事法庭也要求对 Bagasora 进行审

① 关于该案例，请参见 Judgement，the Prosecutor v. Tadic，7 May 1997；UN Doc. IT-94-1-T。

理，并为此目的要求喀麦隆有关部门将该嫌疑人及有关的材料按照卢旺达国际刑事法庭规约的规定，移送到设立在坦桑尼亚阿鲁沙（Arusha）卢旺达国际刑事法庭的所在地。

（三）反人道罪的构成要件

从两个特设法庭对罪行的管辖权来看，前南国际刑事法庭管辖的罪行有4种，即：严重违反1949年日内瓦四公约的情势、违反战争法和惯例的行为、种族灭绝罪和反人道罪。卢旺达国际刑事法庭管辖的罪行有三种，即：种族灭绝罪、反人道罪和严重违反1949年日内瓦四公约共同第3条及其1977年第二议定书的行为。

虽然特设法庭在其管辖罪行的类别上都有反人道罪，但相互之间还是有差别。《前南国际刑事法庭规约》如纽伦堡和远东国际军事法庭的宪章中规定的那样，认为反人道罪必须与武装冲突相关联，即：反人道罪 committed in armed conflict，whether international or internal in character，and directed against any civilian population。然而，《卢旺达国际刑事法庭规约》删去了该罪行必须与武装冲突有关这个条件，规定，反人道罪只是 when committed as part of a widespread or systematic attack against any civilian population on national，political，ethnic，racial or religious grounds，从而把反人道罪也适用于和平时期。但是，鉴于卢旺达种族大屠杀的特点，《卢旺达国际刑事法庭规约》要求反人道罪是基于民族、族裔、种族、政治和宗教的理由，《前南国际刑事法庭规约》只要求反人道罪中的迫害罪（persecutions on political，racial and religious grounds）基于这样的理由。

（四）程序与证据规则

联合国两个特设国际刑事法庭与第二次世界大战结束后成立的两个国际军事法庭相比，其程序与证据规则要细致和周密得多。它们经过法庭的实践不断地被修正和完善，建立起一个较为完整的国际刑事诉讼体系，并符合当今国际人权法的基本原则。例如，法庭适用“无罪推定原则”，即：The accused shall be presumed innocent until proved guilty according to the provisions of the present Statute；在保护被告受公平审判的方面，禁止在被告未被捕的情况下进行缺席审判，即，to be tried in his presence，and to defend himself in person or through legal assistance of his own choosing；to be informed，if he does not have legal assistance，of this right；and to have legal assistance assigned to him，in any case where the interests of justice so require，and without payment by him in any such case if he does not have sufficient means to pay for it。

之所以作如此规定，是因为若被告不知悉对他的控诉，也不能为自己进行辩护，这种审判就很难成为公正的审判。另外，这两个特设国际刑事法庭都为经济上不富裕的被告免费指派律师。在联合国两个特设法庭的规约中，被告还享有一些基本权利，如：

—to examine，or have examined，the witnesses against him and to obtain the attendance and examination of witnesses on his behalf under the same conditions as witnesses against him；

—to have the free assistance of an interpreter if he cannot understand or speak the language used in the International Tribunal；

—not to be compelled to testify against himself or to confess guilt。

两个特设法庭适用“一罪不二审”原则，所以，no person shall be tried before a national court for acts constituting serious violations of international humanitarian law under the present Statute，for which he or she has already been tried by the International Tribunal。据此，禁止国内法院就同一犯罪事实对已被国际刑事法庭审判的人再进行审判。

第二次世界大战后的纽伦堡和远东国际军事法庭不允许被告上诉，但前南和卢旺达国际刑事法庭都规定被告有上诉的权利。此外，两个特设法庭还注重对证人的保护和支持，专门设立了证人保护支助股执行此职能，等等。这些反映了国际刑法在现代国际社会的发展。

CASE STUDY

卢旺达国际刑事法庭对卢旺达前总理 Jean Kambanda 的起诉和判决
The Prosecutor v. Jean Kambanda
(The ICTR)①

On 9 July 1997, Jean Kambanda, the former Prime Minister of Rwanda, was arrested by the Kenyan authorities on the basis of a formal request submitted to them by the International Criminal Tribunal for Rwanda. On 1 May 1998, Jean Kambanda pleaded guilty during his initial appearance to the six counts contained in the indictment, namely genocide, conspiracy to commit genocide, direct and public incitement to commit genocide, complicity in genocide, crimes against humanity (murder) and crimes against humanity (extermination).

The Trial Chamber has examined all the submissions presented by the Parties pertaining to the determination of sentence, from which it can be inferred:

(A) (i) Jean Kambanda has cooperated and is still willingly cooperating with the Office of the Prosecutor;

(ii) the guilty plea of Jean Kambanda is likely to encourage other individuals to recognize their responsibilities during the tragic events which occurred in Rwanda in 1994;

(iii) a guilty plea is generally considered, in most national jurisdictions, including Rwanda, as a mitigating circumstances;

(B) But that, however:

(iv) the crimes for which Jean Kambanda is responsible carry an intrinsic gravity, and their widespread, astonished and systematic character is particularly shocking to the human conscience;

(v) Jean Kambanda committed the crimes knowingly and with premeditation;

(vi) and, moreover, Jean Kambanda, as Prime Minister of Rwanda was entrusted with the duty and authority to protect the population and he abused this trust.

On the basis of all of the above, the Trial Chamber of the ICTR is of the opinion that the aggravating circumstances surrounding the crimes committed by Jean Kambanda negate the mitigating circumstances, especially since Jean Kambanda occupied a high ministerial post at the time he committed the said crimes.

Therefore, the Trial Chamber of the ICTR has found Jean Kambanda guilty on all six counts and sentenced him to life imprisonment.

---

① The Prosecutor v. Jean Kambanda, Judgment and Sentence, 4 September 1998, Case No. ICTR 97-23-S.

思考题

1. 联合国安理会成立特设国际刑事法庭的基本考虑是什么?
2. 前南、卢旺达国际刑事法庭与第二次世界大战后的国际军事法庭有什么不同?
3. 前南与卢旺达国际刑事法庭为何会有“优先管辖权”?
4. 现在成立的特设国际刑事法庭都规定了上诉权，这说明了什么?

第二节 国际和国内混合型的法庭

混合型法庭（mixed tribunal）有时被称为国际化法庭。它是一个混合性质的机构，里面既有国内诉讼因素，又有国际诉讼因素。这种以混合方式成立的法庭的目的是在尊重国家主权的前提下，在当事国的参与之下保障在审判过程中适用国际标准，完全遵守适当的程序，尊重被告的权利，并通过审判消息的广泛传播和公开审判，使所有国家都能够全面参与和目睹正义与公正的实现。

联合国东帝汶过渡行政管理局于 2000 年在东帝汶设立了第一个国际和国内混合型特别法庭；2002 年联合国与塞拉利昂政府共同建立了塞拉利昂特别法庭；2003 年联合国与柬埔寨签署了条约，建立非常法庭，审判 20 世纪 70 年代红色高棉时期所犯的严重违反国际人道法的罪行。

一、东帝汶特别法庭

东帝汶严重犯罪特别法庭（Special Panels for Serious Crimes）是 2000 年根据联合国东帝汶过渡行政管理局于 1999 年颁布的法令［United Nations Transitional Administration in East Timor (UNTAET) Regulation 1999/1 of 27 November 1999］建立的。

东帝汶（East Timor）原是葡萄牙殖民地，1960 年成为非自治领土。1975 年，葡萄牙了为使它逐渐过渡到独立就撤出东帝汶。然而，就在葡萄牙撤出以后，印度尼西亚便占领了东帝汶，并于 1976 年 12 月 7 日宣布东帝汶是印度尼西亚的第 27 个省。1999 年 8 月 30 日联合国就东帝汶是否独立举行了公民投票。结果，绝大多数东帝汶人投票反对东帝汶继续留在印度尼西亚内。而在公民投票前，当地就已发生暴力事件。公民投票后，东帝汶的暴力事件越发增多，其中包括谋杀、绑架、强奸、破坏财产、偷盗、放火和捣毁军事设施、办公室和民用住宅，其目的是强制驱逐东帝汶人。在这些暴力事件中，许多东帝汶人被杀害，成千上万人流离失所。1999 年 9 月 20 日联合国派维和部队恢复了东帝汶的秩序，而后设立了联合国东帝汶过渡行政管理局（UNTAET)。2000 年，联合国东帝汶过渡行政管理局颁布了关于东帝汶法院组织法第 2000/11 号法（Regulation No. 2000/11 on the Organization of Courts in East Timor）和关于设立对严重刑事犯罪行为进行排他性管辖的组织法第 2000/15 号法（Regulation No. 2000/15 on the Establishment of Panels with Exclusive Jurisdiction over Serious Criminal Offences)，规定在帝力地区法院内设立一个由国际法官和当地法官组成的特别法庭，对严重犯罪具有专属管辖权。

从东帝汶特别法庭成立的法律依据来看，它是依联合国东帝汶过渡行政管理局颁布的法令而设立的，因而是联合国的一个行使当地政府职能的机构。其之所以如此，是因为当时并不存在当地政府，因此也就没有当地政府参与法庭建立的决策的问题。

联合国东帝汶过渡行政管理局颁布的第 2000/11 号法第 1 部分规定：Judicial authority in East Timor shall be exclusively vested in courts that are established by law and composed of judges who are appointed to these courts in accordance with UNTAET Regulation No. 1999/3。

第 2000/11 号法第 9 部分是关于地区法院的组成问题（composition of the District Courts），其中规定：

9. 1 Each District court shall be composed of judges who are appointed to the respective court by the Transitional Administrator in accordance with Regulation No. 1999/3.

9. 2 The judges shall sit in panels of three judges, as determined by the plan of distribution of incoming cases pursuant to Section 35 of the present regulation, with equal votes. The panel shall take its decisions by majority vote.

东帝汶特别法庭第 22 部分对上诉庭的组成明确规定：The panels in the Court of Appeal in Dili shall be composed of two international judges and one East Timorese judge. In cases of special importance or gravity a panel of five judges composed of three international and two East Timorese judges may be established。

上述规定表明，东帝汶特别法庭是设立在帝力地区法院内的一个混合性质的法庭，每个分庭由 2 名国际法官和 1 名当地法官组成。特别法庭还特别设有调查法官，他有权命令拘留嫌疑犯长达 6 个月，6 个月后由一个审判分庭来审查拘留问题。调查法官还负责保护嫌疑犯的权利。另外，特别法庭还设立一个调查股，在东帝汶总检察长领导和监督下，专门调查严重的犯罪；调查员大多数是国际职员。有关严重犯罪的起诉书向帝力地区法院提交，在特别法庭审理。上诉案件则向帝力上诉法院提出，其多数法官也为国际法官。

关于法庭所要起诉和审理的罪行，第 2000/11 号法在关于排他性严重罪行管辖权（Exclusive Jurisdiction for Serious Crimes）的第 10 部分中明确规定：

10. 1 The District Court in Dili shall have exclusive jurisdiction over the following serious criminal offences：（a）Genocide（b）War crimes（c）Crimes against humanity（d）Murder（e）Sexual offences（f）Torture.

关于以上所有这些罪行的定义和特征，第 2000/11 号法都一一作了规定。除此以外，第 2000/11 号法第 15 部分还明确规定了"官方身份无关"原则（irrelevance of official capacity），即：

15. 1 The present regulation shall apply equally to all persons without any distinction based on official capacity. In particular, official capacity as a Head of State or Government, a member of a Government or parliament, an elected representative or a government official shall in no case exempt a person from criminal responsibility under the present regulation, nor shall it, in and of itself, constitute a ground for reduction of sentence.

15.2 Immunities or special procedural rules which may attach to the official capacity of a person, whether under national or international law, shall not bar the panels from exercising its jurisdiction over such a person.

在迄今为止的几个混合型特别法庭中，东帝汶特别法庭是第一个。该法庭是在当地社会秩序混乱、司法体系受到严重破坏的情况下成立的，所以，在其成立之初，法庭本身就存在一些司法管理方面的问题。然而，东帝汶特别法庭在 2001 年正式开始运转以后，通过努力将内部体制加以理顺，逐渐提高了法庭的工作效率，并成功地对犯有严重国际罪行的嫌疑人进行了起诉和审理，为以后混合型国际刑事法庭的设立提供了经验和借鉴。

二、塞拉利昂特别法庭

塞拉利昂特别法庭（Special Court for Sierra Leone）是 2002 年 1 月 16 日通过塞拉利昂政府与联合国组织签署协议建立的。

1991 年 3 月，利比里亚总统查尔斯·泰勒支持的塞拉利昂革命统一战线发动了反政府的起义，并杀害了成千上万的平民。1997 年革命统一战线和军队革命委员会一起夺取了政权，并于 1999 年 5 月 22 日与政府签署了《洛美和平协议》，给予革命统一战线的成员大赦。然而，就在《洛美和平协议》签署时，联合国秘书长特别代表附了一个声明：联合国并不认为《洛美和平协议》的大赦条款应适用于种族灭绝罪、反人道罪和战争罪以及其他严重违反国际人道法的国际罪行。

《洛美和平协议》签订后不久，联合国安理会建立了塞拉利昂维和部队帮助执行《洛美和平协议》以及解除武装等。但《洛美和平协议》不久被撕毁，武装冲突再度发生，其间发生了攻击联合国维和人员、绑架数百名维和部队人员等严重违法事件。2000 年 8 月 14 日，联合国安理会通过第 1315 号决议，对于在塞拉利昂所发生的针对塞拉利昂人民、联合国维和人员及其他相关人员的犯罪行为表示了关切（expressed deep concern at the very serious crimes committed within the territory of Sierra Leone against the people of Sierra Leone and United Nations and associated personnel），并要求联合国秘书长与塞拉利昂政府谈判，以便能设立一个独立的特别法庭（an independent special court）来就对所犯罪行最具责任的人（who bear the greatest responsibility）进行起诉和审理。

另外，塞拉利昂总统写信给联合国秘书长，请求国际社会的援助以恢复国内司法程序，并要求对在国内动乱时期犯了罪行的人进行审判。因此，联合国秘书长与塞拉利昂政府进行了谈判，就成立塞拉利昂特别法庭达成了协议并通过了《塞拉利昂特别法庭规约》（The Special Court Stature）。

《塞拉利昂特别法庭规约》第 1 条规定了该法庭的管辖权问题（competence of the Special Court），即该法庭 have the power to prosecute persons who bear the greatest responsibility for serious violations of international humanitarian law and Sierra Leonean law committed in the territory of Sierra Leone since 30 November 1996, including those leaders who, in committing such crimes, have threatened the establishment of and implementation of the peace process in Sierra Leone。

根据《塞拉利昂特别法庭规约》第 1 条的规定，特别法庭属时管辖从 1996 年 11 月 30 日起算。之所以从这一天开始，是因为这天是塞拉利昂政府和革命统一阵线签订第一个和平协议的日期。

该特别法庭不仅有权起诉和审判对自1996年11月30日以后发生的严重违反国际人道法的行为最具责任的人，而且对维和人员也具有管辖权，因为其规约第1条第2款规定，any transgressions by peacekeepers and related personnel present in Sierra Leone...shall be within the primary jurisdiction of the sending State，其管辖的条件是：In the event the sending State is unwilling or unable genuinely to carry out an investigation or prosecution，the Court may，if authorized by the Security Council on the proposal of any State，exercise jurisdiction over such persons。

根据上述规定，塞拉利昂特别法庭也对维和部队以及有关人员在塞拉利昂的犯罪行使管辖权，只要派出维和部队的国家不愿意和不能够对犯罪切实地进行调查。反过来讲，这个规定承认派出国对它们的维和部队有主要的管辖权，特别法庭在对维和部队及有关人员行使管辖权的时候必须得到联合国安理会根据任何国家的建议作出的授权。可见，塞拉利昂特别法庭规约关于管辖权的规定是一项比较特殊的规定。

《塞拉利昂特别法庭规约》第12条规定，法庭应有8位或11位独立法官。关于这些法官的分配，该条规定：a. Three judges shall serve in the Trial Chamber，of whom one shall be a judge appointed by the Government of Sierra Leone，and two judges appointed by the Secretary-General of the United Nations（hereinafter "the Secretary-General"）. b. Five judges shall serve in the Appeals Chamber，of whom two shall be judges appointed by the Government of Sierra Leone，and three judges appointed by the Secretary-General。

这条规定表明，塞拉利昂特别法庭与东帝汶特别法庭虽然在性质上同为混合型法庭，但两者之间有所不同。东帝汶特别法庭是由联合国在东帝汶的过渡行政管理局通过颁布法令设立的，设立后是帝力地区法院内一个混合的法庭。但塞拉利昂特别法庭不同，它成立后与塞拉利昂国内的刑事司法体系完全分开，由联合国和塞拉利昂共同管理。在塞拉利昂特别法庭的法官和检察官中都有当地的和国际的人员，法庭有两个审判分庭，共6名一审法官，其中2名法官由塞拉利昂政府任命，4名由联合国秘书长任命；还有一个上诉分庭，共5名上诉法官，其中2名由塞拉利昂政府任命，3名由联合国秘书长任命；法官任期为3年。

塞拉利昂特别法庭在法庭检察官方面也进行了混合性的规定。该法庭规约第15条首先规定检察长的独立性，即：The Prosecutor shall act independently as a separate organ of the Special Court. He or she shall not seek or receive instructions from any Government or from any other source。然后，该条就检察长与副检察长的分配问题规定：The Prosecutor shall be appointed by the Secretary-General for a three-year term and shall be eligible for re-appointment；以及 The Prosecutor shall be assisted by a Sierra Leonean Deputy Prosecutor，and by such other Sierra Leonean and international staff as may be required to perform the functions assigned to him or her effectively and efficiently。所以，该法庭的检察官和书记官长也由联合国秘书长任命，任期也是3年。

塞拉利昂特别法庭所管辖的罪行，主要包括：反人道罪（crimes against humanity）、违反1949年日内瓦四公约共同第3条及其1977年第二议定书的行为（violations of Article 3 common to the Geneva Conventions and of Additional Protocol II）、其他严重违反国际人道法的行为（other serious violations of international humanitarian law）和违反塞拉利昂法律的罪行（crimes under Sierra Leonean law）。从罪行的定义上看，反人道罪、违反1949年日内瓦四公约共同第3条及其1977年第二议定书的行为、其他严重违反国际人道法的行为基本上与《罗马规约》中的定义相似。除了这三种罪行以外，特别法庭还对酷刑、谋杀和性犯罪具有管辖权，而对于这些罪行，特别法庭将按照塞拉利昂刑法来审判。这反映了塞拉利昂特别法庭混合的性质。

塞拉利昂特别法庭规约还取消了《洛美和平协议》中赦免的规定，其第10条规定：An amnesty granted to any person falling within the jurisdiction of the Special Court in respect of the crimes referred to in articles 2 to 4 of the present Statute shall not be a bar to prosecution。

塞拉利昂特别法庭适用卢旺达国际刑事庭的“程序与证据规则”，the Rules of Procedure and Evidence of the International Criminal Tribunal for Rwanda obtaining at the time of the establishment of the Special Court shall be applicable mutatis mutandis to the conduct of the legal proceedings before the Special Court。不过，特别法庭法官如果感到有必要，他们有权修改这些规则使它们符合法庭的特别需要；法庭也可以适用塞拉利昂1965年的刑事诉讼法。

尽管塞拉利昂特别法庭不是联合国安理会根据《联合国宪章》第七章设立的，但它的规约第8条“并行管辖权”（concurrent jurisdiction）与前南、卢旺达国际刑事法庭一样，含有“优先权”的规定：1. The Special Court and the national courts of Sierra Leone shall have concurrent jurisdiction. 2. The Special Court shall have primacy over the national courts of Sierra Leone. At any stage of the procedure, the Special Court may formally request a national court to defer to its competence in accordance with the present Statute and the Rules of Procedure and Evidence。

塞拉利昂特别法庭与塞拉利昂国内的法院对规约内的罪行因此具有并行管辖权，但特别法庭的管辖权优先于塞拉利昂国内法院的管辖权，塞拉利昂特别法庭有权要求塞拉利昂的任一个国内法院在诉讼的任何阶段服从它的管辖。

塞拉利昂特别法庭于2002年7月1日开始运作，已对不少被怀疑犯有国际罪行的人进行了起诉，其中包括利比里亚总统查尔斯·泰勒。这些人被控犯有战争罪、反人道罪和其他严重违反人道法的罪行，包括谋杀、灭绝、强奸、恐怖主义行为、奴役、抢劫和放火、性奴役、招募儿童参军、强迫结婚、攻击联合国维和部队人员和人道救援人员等。毫无疑问，塞拉利昂特别法庭的审判将丰富国际刑法的实践。

三、柬埔寨特别法庭

柬埔寨特别法庭（Extraordinary Chambers for Crimes Committed During the Period of the Democratic Kampuchea）是根据《联合国和柬埔寨王国政府关于按照柬埔寨法律起诉在民主柬埔寨时期所犯罪行的协定》（Law on the Establishment of Extraordinary Chambers in the Courts of Cambodia for the Prosecution of Crimes Committed During the Period of Democratic Kampuchea）（本节以下简称为《协定》）建立的。

柬埔寨在20世纪下半叶经历了一段悲惨的时期。1970年，西哈努克政府由于军事政变而被推翻，成了流亡政府。新的政府组成了红色高棉，并制定政策对共产主义者和越南人进行镇压。1975年，红色高棉掌握了政权，宣告成立民主柬埔寨共和国（Democratic Kampuchea）。从1975年到1979年，红色高棉在全国进行了清洗运动，尤其对受过国外教育的知识分子进行迫害，意图建立一个不受外国支持的、由工厂工人和农场农民组成的公社组织。在这一政策的执行过程中，城市里不少人被强制迁移到农场去，很多人被饿死或劳累致死，甚至不经审判被处死。在红色高棉统治的4年期间，不计其数的人被迫害致死。1979年越南攻入柬埔寨，扶植了一个傀儡政府。红色高棉成为游击组织，并开始进行了对抗政府的内战。直到1991年，政府与红色高棉签订了和平协定，并在联合国的指导下建立了一个新的联合政府。

1979年，越南在攻入柬埔寨以后，曾和它的傀儡政府共同审判了两名红色高棉最高领导人、当时柬埔寨政府的国家领导人波尔布特和英萨利。但由于审判程序本身缺少公正性，也未遵守适当的公认的程序规则，所以又以民族和解的名义赦免了他们。1997年柬埔寨政府为了民族和解，请求联合国帮助起诉和审理红色高棉在其统治时期所犯下的罪行。但是，柬埔寨出于维护本国主权的考虑，不同意联合国专家小组关于建立一个国际法庭的建议，认为柬埔寨完全有能力进行审判。联合国与柬埔寨经过协商和谈判，最后同意在国际参与的情况下，根据柬埔寨的法律建立一个在柬埔寨控制下的法庭。

《协定》第1条规定了其宗旨和目的，即：The purpose of this law is to bring to trial senior leaders of Democratic Kampuchea and those who were most responsible for the crimes and serious violations of Cambodian penal law，international humanitarian law and custom，and international conventions recognized by Cambodia，that were committed during the period from 17 April 1975 to 6 January 1979. 所以，柬埔寨特别法庭并不是对什么人都进行审理，它只是审判民主柬埔寨高级领导人和那些对犯罪负主要责任的人；法庭的属时管辖也只是从1975年至1979年。

关于法庭混合性的组成，《协定》第9条明确规定：

The trial court shall be an Extraordinary Chamber composed of five professional judges，of whom three are Cambodian judges，with one as president，and two are foreign judges；and before which the Co-Prosecutors shall present their cases. The president shall appoint one or more clerks of the court to participate.

The appeals court shall be an Extraordinary Chamber composed of seven judges，of whom four are Cambodian judges，with one as president，and three are foreign judges；and before which the Co-Prosecutors shall present their cases. The president shall appoint one or more clerks of the court to participate.

The supreme court shall be an Extraordinary Chamber composed of nine judges，of whom five are Cambodian judges，with one as president，and four are foreign judges；and before which the Co-Prosecutors shall present their cases. The president shall appoint one or more clerks of the court to participate。

柬埔寨特别法庭是一个国际和国内混合型的法庭，这与塞拉利昂特别法庭一样。但与塞拉利昂特别法庭不同的是，柬埔寨特别法庭设立在柬埔寨法院内，所以不完全独立于国内司法体系。柬埔寨特别法庭包括审判分庭、上诉分庭和最高分庭，但在每一级分庭内，柬埔寨的法官都占多数。在审判分庭的5个法官中，3个应由当地任命，2个由联合国秘书长任命；在7个上诉分庭的法官中，4个是当地的法官，3个是国际法官；在最高分庭中，5个法官是当地的，4个法官是国际的。根据《协定》第14条，特别法庭在对被告作出有罪或无罪的判决时如果不能达成一致，必须以超过多数的表决来决定。

《协定》第16条是关于起诉检察机制的规定，该条规定：All indictments in the Extraordinary Chambers shall be made by two prosecutors，one Cambodian and another foreign，who shall work together as Co-Prosecutors to prepare indictments against the Suspects in the Extraordinary Chambers。另外，特别法庭还设置2个调查法官（two investigating judges)，也是国际和国内的各1位，他们可以根据从各个来源取得的资料进行调查，可以讯问嫌疑人，询问受害人和证人，可以收集证据。

在柬埔寨特别法庭管辖范围内的犯罪是：种族灭绝罪、反人道罪、严重违反日内瓦公约的罪行、违反1954年《在武装冲突中保护文化财产的海牙公约》的罪行以及对受国际保护人员的犯罪。有意思的是，严重违反日内瓦公约的罪行要求发生在国际武装冲突中，但这种罪行在红色高棉时期发生得并不多，发生最多的还是对国内平民所犯的罪行。客观地讲，在柬埔寨发生的武装冲突既有国际性武装冲突，也有非国际性武装冲突，但法庭对此不作区别，只是在第6条规定：The Extraordinary Chambers shall have the power to bring to trial all Suspects who committed or ordered the commission of grave breaches of the Geneva Conventions of 12 August 1949, such as the following acts against persons or property protected under provisions of this Convention, and which were committed during the period 17 April 1975 to 6 January 1979。

柬埔寨特别法庭对于杀人、酷刑和宗教迫害可根据1956年柬埔寨刑法进行起诉。种族灭绝罪的定义采取了1948年《种族灭绝罪公约》中的定义；反人道罪的定义与卢旺达国际刑事法庭规约中的定义相似。考虑到在红色高棉时期的武装冲突破坏了大量的文化遗产，所以《协定》第7条规定：The Extraordinary Chambers shall have the power to bring to trial all Suspects responsible for the destruction of cultural property during armed conflict pursuant to the 1954 Hague Convention for Protection of Cultural Property in the Event of Armed Conflict, and which were committed during the period from 17 April 1975 to 6 January 1979。这是第一次根据《在武装冲突中保护文化财产的海牙公约》起诉、审判违反该公约的罪行。

另外，在红色高棉时期曾发生过把外交人员从法国使馆中赶出来并谋杀的事，因此，特别法庭的管辖权中还包括对受国际保护人员的犯罪。《协定》第8条规定：The Extraordinary Chambers shall have the power to bring to trial all Suspects responsible for crimes against internationally protected persons pursuant to the Vienna Convention of 1961 on Diplomatic Relations, and which were committed during the period from 17 April 1975 to 6 January 1979。

虽然同是混合性质的特别法庭，但柬埔寨特别法庭与其他两个特别法庭相互之间还是存在不同之处。例如，东帝汶特别法庭是依联合国东帝汶过渡行政管理局颁布的法令而设立的，属于联合国的一个行使当地政府职能的机构；柬埔寨特别法庭则是柬埔寨政府首先向联合国提出要求审判犯罪责任者并希望获得援助，然后再通过谈判和协商，根据本国政府与联合国签署的特别协议建立的，所以，柬埔寨特别法庭的建立反映了柬埔寨政府的意愿和政策。柬埔寨特别法庭成立的这个过程与塞拉利昂特别法庭的成立过程相同。

正是因为塞拉利昂和柬埔寨特别法庭是通过本国政府分别与联合国间缔结的协议建立的，所以在这些协议的规定里融入了重要的国内法因素，例如，对国内法上的犯罪的管辖以及任命一些国内的官员。前南和卢旺达国际刑事法庭是联合国安理会按照《联合国宪章》第七章建立的机构，它们的规约除了在量刑问题上规定要考虑被告国籍国的法律以外，基本上都没有提到国内法。塞拉利昂和柬埔寨特别法庭能够根据协议来适用本国的相关法律。

如果将混合性质的东帝汶、塞拉利昂和柬埔寨特别法庭与联合国前南和卢旺达国际刑事法庭相比较，它们之间最明显的区别是：所有这三个特别法庭都是设在犯罪发生地，即塞拉利昂、东帝汶和柬埔寨，而联合国前南、卢旺达国际刑事法庭的所在地都并非犯罪发生地。两个特设法庭因为武装冲突还在进行或出于司法公正的考虑而没有设在本国，所以在法庭具体操作过程中就不可避免地遇到了不少困难，例如，法庭的调查人员需要离开法庭所在地去犯罪发生地进行调查，而当地的证人需要被安排去法庭所在地作证，等等。而特别法庭设在犯罪发生地的国家，就可以避免这些困难和麻烦，更主要的是，案审就在本地举行，这就使当地人民能近距离地了解法庭的工作和案审的进展，从而有利于进行民族和解。

CASE STUDY

联合国关于在东帝汶实现公正及难民回返的政策
The UN Policy on Justice and Return Procedures in East Timor
March 23, 2002①

The United Nations, together with the Transitional Government of East Timor, is keen to promote the return of refugees as the current situation in East Timor is stable and safe. At present, a number of factors may influence whether or not a person decides to return, including: access to pensions, aid packages for returnees, the overall economic situation, and justice procedures for those suspected of committing crimes in 1999. This paper deals only with the last of these issues.

The leadership and people of East Timor are truly committed to peace and reconciliation, but this can only be fully achieved if those suspected of having committed a serious crime are brought to justice. All refugees are free to decide whether or ot to return home. No matter why they chose to leave East Timor, they are welcome back. This includes people who committed crimes in 1999. Most refugees did not commit such crimes.

Any person who did commit a crime during 1999 will have to face one of two processes once they return to East Timor, depending on the seriousness of the crime.

思考题

1. 混合型特别法庭通常是以什么方式设立的?
2. 特别法庭的混合性质主要是因为当事国出于哪一方面的政策考虑?
3. 混合型特别法庭与特设法庭在性质上什么不同?
4. 混合型特别法庭在惩治国际犯罪上的贡献是什么?

第三节 常设国际刑事法院

国际刑事法院的成立是国际刑法发展的一个重要里程碑。与其他具有临时性质或混合性质的法庭不同，它是一个常设性质并且对全世界范围内严重国际罪行具有管辖权的国际刑事法

① Incited from Rodney Dixon, Karim Khan, Judge Richard May, *Archbold: International Criminal Courts: Practice, Procedure and Evidence*, Sweet & Maxwell, London, 2003, p. 1154.

院。正因为如此，它在管辖权、起诉机制以及保护受害者等方面与其他国际刑事法庭或特别法庭都有很大的不同。毫无疑问，国际刑事法院的成立和运作对国际法和国际关系产生了很大的影响。

一、法院成立的背景

成立国际刑事法院本身就是国际刑法的一个发展过程。

早在第二次世界大战以后，随着纽伦堡和远东国际军事法庭的成立以及对德国、日本战犯进行成功的审判和惩治，国际社会感到有必要成立一个常设的国际刑事法院，以审理类似第二次世界大战中发生的那些暴行。此后，联合国就成立这样的刑事法院进行了多次讨论，但由于国家相互之间无法就国际刑事法典达成一致性的意见，成立国际刑事法院的议题就此搁置了。

1989 年 12 月，联合国大会应特立尼达和多巴哥共和国的请求，请国际法委员会重新就国际刑事法院的创设问题进行工作。1994 年，国际法委员会将该法院规约草案提交给了联合国大会。经过国际刑事法院筹备委员会的多次讨论和协商，规约草案提交给于 1998 年 6 月到 7 月在意大利罗马召开的外交大会，并最后于 1998 年 7 月 17 日得以通过。此后，因为超过 60 个国家在 2002 年 4 月 11 日批准加入了该规约，国际刑事法院根据《罗马规约》第 126 条关于“生效”的规定，于 2002 年 7 月 1 日正式成立。

国际刑事法院《罗马规约》里所规定的该法院管辖权，不仅与国家在刑事管辖方面有很大不同，而且与联合国安理会于 1993 年成立的前南国际刑事法庭和于 1994 年成立的卢旺达国际刑事法庭的管辖权相比，也有很大的不同。它不是根据联合国安理会的决议建立的，也不是依联合国与一个国家的双边条约建立的，而是根据一项多边国际条约建立的，是建立在缔约国自愿的基础上的，因而在管辖权方面具有普遍性。所以，国际刑事法院本身就是一个独立的国际组织，它对其管辖权范围内的犯罪采取行动，无须联合国安全理事会或任何其他国家的特别授权。

在属时管辖（jurisdiction ratione temporis）方面，国际刑事法院 has jurisdiction only with respect to crimes committed after the entry into force of this Statute，也就是说，只对 2002 年 7 月 1 日规约生效后所实施的犯罪具有管辖权，它不能审判那些被指控曾在此之前实施犯罪行为的人。这解释了为什么在《罗马规约》已经生效后还要建立柬埔寨特别法庭，因为柬埔寨特别法庭要审理的犯罪行为发生在 1975 年到 1979 年之间，是发生在国际刑事法院成立的 2002 年以前，所以国际刑事法院根据《罗马规约》对那些罪行没有管辖权。这也是国际刑事法院与前面所述的其他国际法庭或军事法庭的不同之处，其他法庭都是在犯罪发生后才设立来回溯审判那些罪行，国际刑事法院是对其建立以后发生的犯罪行为进行起诉和审判，它追求的是对严重的国际犯罪发挥威慑作用。

二、补充性原则

国际刑事法院的管辖权，是该法院受理案件的权能和效力的根据。国际刑事法院的权能和效力根据来自于国际刑事法院《罗马规约》。国际刑事法院的管辖权属于补充管辖权（complementarity）的性质。这是国际刑事法院管辖权方面最重要的特点之一。

《罗马规约》在其序言中，认为“it is the duty of every State to exercise its criminal jurisdiction over those responsible for international crimes”，从而鼓励国家对国际刑事法院管辖权内的犯

罪行使管辖权。但在国家和国际刑事法院对《罗马规约》里的罪行具有并行管辖（concurrent jurisdiction）的情况下，《罗马规约》“emphasizing that the International Criminal Court established under this Statute shall be complementary to national criminal jurisdictions”，从而确立了国际刑事法院管辖权的补充性原则。

国际刑事法院《罗马规约》第1条规定：An International Criminal Court（“the Court”）is hereby established. It shall be a permanent institution and shall have the power to exercise its jurisdiction over persons for the most serious crimes of international concern，as referred to in this Statute，and shall be complementary to national criminal jurisdictions. The jurisdiction and functioning of the Court shall be governed by the provisions of this Statute。

《罗马规约》第17条在肯定第1条和序言里“补充原则”的基础上，更是明确规定：The Court shall determine that a case is inadmissible where：the case is being investigated or prosecuted by a State which has jurisdiction over it，unless the State is unwilling or unable genuinely to carry out the investigation or prosecution。

上述条款表明国际刑事法院对国际罪行的管辖要具备特定的条件，只有当一国的国内法院不愿意或不能够时，国际刑事法院才可以行使管辖权，即：当一国国内法院和国际刑事法院对罪行都有管辖权时，首先由国家法院来进行审理。只有当国家“不愿意”或“不能够”（unable or unwilling）进行审理时，才轮到国际刑事法院来行使管辖权。因此，成立国际刑事法院的目的，是通过该法院对国家管辖“补充”性的这一司法机制，来防止犯有《罗马规约》里规定的严重罪行的人逃脱法网。

国际刑事法院管辖权问题，既属于国际刑法范畴问题，也属于国际法的问题。它关系到国家主权，也涉及国际法与国内法的关系问题。“补充性原则”规定国际刑事法院不能行使管辖权，除非有关国家对罪行“不愿意或不能够”切实地进行调查或起诉。其目的在于鼓励主权国家批准加入《罗马规约》，这一鼓励反映了当今国际法和国际关系在主权问题上的现实态度。

“补充性原则”也表明，随着国际法的发展和国际关系的变化，越来越多的国家表示愿意承担国际责任，并以各种方式来切实惩罚国际犯罪。然而，国家只有健全自己的司法制度，才能在惩罚国际犯罪的同时维护自己国家的主权。

三、法院启动机制

与国际刑事法院行使管辖权紧密相关的，还有国际刑事法院的“启动机制”（trigger mechanism）。《罗马规约》的第二部分，清楚地规定了法院行使管辖权的范围、行使管辖权的先决条件、管辖权的启动及可接受的控告。“启动机制”涉及国际刑事法院本身审理程序的启动，也涉及缔约国或非缔约国的权利和义务，因而是国际刑事法院管辖权问题中最复杂、最敏感的问题之一。

关于国际刑事法院的“启动机制”，《罗马规约》第二部分中的第13条规定：The Court may exercise its jurisdiction with respect to a crime referred to in article 5 in accordance with the provisions of this Statute if：（a）A situation in which one or more of such crimes appears to have been committed is referred to the Prosecutor by a State Party in accordance with article 14；（b）A situation in which one or more of such crimes appears to have been committed is referred to the Prosecutor by the Security Council acting under Chapter VII of the Charter of the United Nations；or（c）The

Prosecutor has initiated an investigation in respect of such a crime in accordance with article 15。

按照这条规定，国际刑事法院行使管辖权的案件，可以分别来自国际刑事法院的缔约国、联合国安理会和国际刑事法院的检察长。《罗马规约》第14条还规定，缔约国可以向检察官提交能显示犯罪已经发生的情势（situation），请检察长予以调查，以确定被指控的人是否实施了该罪行。

在国际刑事法院的启动机制方面，检察长的作用非常关键。从国际刑事法院《罗马规约》第13条规定的字面上看，缔约国、联合国安理会以及国际刑事法院的检察长，都可以启动法院的审理程序，因此，这三者好像是处于同等的权利地位。但检察长的这一职能对国际法院的运转似乎更重要，因为：当联合国安理会和缔约国有时出于政治方面的考虑犹豫不决时（这在国际关系方面是经常的事情），国际刑事法院的检察长就有可能主动启动法院的机制。除此以外还有重要的一点是：虽然联合国安理会和缔约国也都能启动法院的机制，但按照第13条的规定，它们只能向国际刑事法院提交能显示犯罪行为发生的情势，即：在一个地区可能发生有严重违反国际人道法行为的情况存在，至于对该"情势"里具体的"罪行"（a crime），即：具体有没有人应负刑事上的责任，或者哪些人该负这些责任，则由国际刑事法院的检察长负责调查。因此，作为国际刑事法院的检察长，他（她）有决定国际刑事法院将受理哪些具体案件的权力。

国际刑事法院《罗马规约》中的检察长不仅仅是指一个人，而是指检察长办公室这样一个机构，是指国际刑事法院进行调查和起诉的整个机制。从国际刑事法院的机制设计上看，前南国际刑事法庭的检察长不仅负责案件的起诉，而且负责立案前的调查取证工作。这点和一国国内的司法体制有很大的不同，因为在一国国内的司法制度上，公安（警察）与检察（起诉）隶属于两个不同的部门，而一国的国内法院通常专司审判职权，因此，国家刑事管辖权是单一的审判管辖权。而国际刑事法院作为一综合性质的国际刑事司法机构，在其组织机制上规定案件调查权和起诉权都由检察长独立行使。原来联合国安理会成立的前南刑庭和卢旺达国际刑庭的规约就是这样规定的。现在《罗马规约》把这两个职能集中在检察长办公室。国际刑事法院在机制上作如此规定，目的是保持调查和起诉工作中的统一性。

正因为国际刑事法院检察长在调查和起诉方面享有说一不二、没有制约的权力，有些国家对检察长的权力有所顾忌，因而不愿批准加入国际刑事法院。

四、对受害人的保护

惩治国际犯罪，目的是维护社会的安定和广大人民的基本人权。国际刑事法院《罗马规约》注重对受害人的保护，这是它与特设国际刑事法庭又一不同之处。

《罗马规约》第68条第3款规定：Where the personal interests of the victims are affected, the Court shall permit their views and concerns to be presented and considered at stages of the proceedings determined to be appropriate by the Court and in a manner which is not prejudicial to or inconsistent with the rights of the accused and a fair and impartial trial。

《罗马规约》第75条第2款规定：The Court may make an order directly against a convicted person specifying appropriate reparations to, or in respect of, victims, including restitution, compensation and rehabilitation。

《罗马规约》第79条第1款还规定成立一个信托基金：

1. A Trust Fund shall be established by decision of the Assembly of States Parties for the benefit of victims of crimes within the jurisdiction of the Court, and of the families of such victims.

2. The Court may order money and other property collected through fines or forfeiture to be transferred, by order of the Court, to the Trust Fund.

3. The Trust Fund shall be managed according to criteria to be determined by the Assembly of States Parties。

根据《罗马规约》以上这些规定，受害人被赋予了较为具体的求偿权利：他们可以直接参加刑事诉讼，并在涉及他们的利益时提出自己的观点和意见；国际刑事法院还为受害人设立了一个信托基金，所以受害人可以向国际刑事法院寻求对他们所遭受的损害的赔偿，法院可以命令将通过罚金或没收取得的财物转入信托基金，用于援助法院管辖权内的犯罪的被害人及其家属。法院还可以命令被定有罪的人对这些受害人予以赔偿，其用于赔偿的资金可以转到信托基金，可由信托基金根据法院的指示付给被害人。

国际刑事法院的这些规定是受害人求偿方面一个新的机制。在联合国安理会成立的前南和卢旺达国际刑事法庭中，根据这两个法庭的规约和“程序与证据规则”，受害人没有以个人身份参加刑事诉讼的权利，也没能获得对他们所受损害予以赔偿的权利。从这两个法庭的规约和“程序与证据规则”的规定来看，这两个机构注重起诉犯有严重违反国际人道法罪行的人，也注重保障起诉检察官和被告的权利，却忽视了被害人以个人身份参加诉讼或取得赔偿的权利。而国际刑事法院关于受害人求偿的规定，既能惩治犯罪，同时也能通过给予受害人赔偿来帮助恢复他们的尊严，并促进个人和社会的和解进程，使正义得到真正的实现。

在国际刑事法院成立十周年时，即 2012 年 3 月 14 日，该法院作出了第一份判决，裁定被告卢班加（Lubanga）因在刚果发生的武装冲突中招募、征召和使用 15 岁以下的儿童而犯有战争罪。[①] 在国际刑事审判的历史上，这还是第一次裁定被告犯有如此的战争罪行。而在有罪的判决的 6 个月后，国际刑事法院依据《罗马规约》作出了关于给予被害者赔偿的决定[②]，这在国际刑法的发展过程中也是有开创性的一个决定。

CASE STUDY

国际刑事法院的成立背景情况介绍

Overview of the International Criminal Court[③]

It has been 50 years since the United Nations first recognized the need to establish an international criminal court, to prosecute crimes such as genocide. In resolution 260 of 9 December 1948, the General Assembly, “Recognizing that at all periods of history genocide has inflicted great losses on humanity; and being convinced that, in order to liberate mankind from such an odious

① The Prosecutor v. Lubanga, Case No. ICC-01-04-01-06, Judgment Pursuant to Article 74 of the Statute (Mar. 14, 2012). Available at http://www.icc-cpi.int.

② The Prosecutor v. Lubanga, Case No. ICC-01/04-01/06, Decision on Sentence Pursuant to Article 76 of the Statute (July 10, 2012). Rome Statute of the International Criminal Court, July 19, 1998, 2187 UNTS 3.

③ 这篇概述既是对成立国际刑事法院的回顾，其实也是对第二次世界大战后国际刑法发展的一个小结。

scourge, international co-operation is required", adopted the Convention on the Prevention and Punishment of the Crime of Genocide. Article I of that convention characterizes genocide as "a crime under international law", and article VI provides that persons charged with genocide "shall be tried by a competent tribunal of the State in the territory of which the act was committed or by such international penal tribunal as may have jurisdiction..." In the same resolution, the General Assembly also invited the International Law Commission "to study the desirability and possibility of establishing an international judicial organ for the trial of persons charged with genocide..."

Following the Commission's conclusion that the establishment of an international court to try persons charged with genocide or other crimes of similar gravity was both desirable and possible, the General Assembly established a committee to prepare proposals relating to the establishment of such a court. The committee prepared a draft statute in 1951 and a revised draft statute in 1953. The General Assembly, however, decided to postpone consideration of the draft statute pending the adoption of a definition of aggression.

Since that time, the question of the establishment of an international criminal court has been considered periodically. In December 1989, in response to a request by Trinidad and Tobago, the General Assembly asked the International Law Commission to resume work on an international criminal court with jurisdiction to include drug trafficking. Then, in 1993, the conflict in the former Yugoslavia erupted, and war crimes, crimes against humanity and genocide—in the guise of "ethnic cleansing" — once again commanded international attention. In an effort to bring an end to this widespread human suffering, the UN Security Council established the ad hoc International Criminal Tribunal for the Former Yugoslavia, to hold individuals accountable for those atrocities and, by so doing, deter similar crimes in the future.

Shortly thereafter, the International Law Commission successfully completed its work on the draft statute for an international criminal court and in 1994 submitted the draft statute to the General Assembly. To consider major substantive issues arising from that draft statute, the General Assembly established the Ad Hoc Committee on the Establishment of an International Criminal Court, which met twice in 1995. After the General Assembly had considered the Committee's report, it created the Preparatory Committee on the Establishment of an International Criminal Court to prepare a widely acceptable consolidated draft text for submission to a diplomatic conference. The Preparatory Committee, which met from 1996 to 1998, held its final session in March and April of 1998 and completed the drafting of the text.

At its fifty-second session, the General Assembly decided to convene the United Nations Diplomatic Conference of Plenipotentiaries on the Establishment of an International Criminal Court, subsequently held in Rome, Italy, from 15 June to 17 July 1998, "to finalize and adopt a convention on the establishment of an international criminal court" .

"In the prospect of an international criminal court lies the promise of universal justice. That is the simple and soaring hope of this vision. We are close to its realization. We will do our part to see it through till the end. We ask you...to do yours in our struggle to ensure that no ruler, no State, no junta and no army anywhere can abuse human rights with impunity. Only then will the innocents of distant wars and conflicts know that they, too, may sleep under the cover of justice; that they, too, have rights, and that those who violate those rights will be punished."

—Kofi Annan, United Nations Secretary-General

From: www. un. org/international law/ international criminal court/overview

思考题

1. 常设国际刑事法院设立的背景是什么?
2. 国际刑事法院的管辖权与其他特设法庭的有何异同?
3. 国际刑事法院的启动机制与其他特设法庭的有何异同?
4. 为什么说国际刑事法院的成立和运转将对国际法的发展产生深远的影响?

本章小结

1. 联合国安理会运用《联合国宪章》第七章成立了前南和卢旺达国际刑事法庭，其目的是制止在这些国家发生的严重违反国际人权法和人道法的罪行。因此，成立这两个司法机构是为维护世界和平与安全而采取的措施，是为了依法起诉和审判对这些罪行负有责任的人，以打破对无辜的人民采取暴力行为和报复的无止境循环。

2. 前南和卢旺达国际刑事法庭是联合国安理会通过决议成立的，属于安理会的附属机构，因此借助安理会权威在管辖权方面就有一定的特殊强制性。

3. 混合型法庭兼具国内与国际因素。混合型法庭的目的是在尊重国家主权的前提下起诉和惩治国际犯罪。在当事国的参与之下能保障审判过程中适用国际标准，从而能使所有国家都能够参与和目睹正义与公正的实现。

4. 国际刑事法院的成立是国际刑法发展的一个重要的里程碑。它是一个常设的国际刑事法院，在管辖权、起诉机制和保护受害者等方面与其他特设法庭和混合性质的特别法庭都有很大的不同。毫无疑问，国际刑事法院的成立和运作将对国际法与国际关系产生很大的影响。

QUESTIONS AND COMMENTS

1. The UN Security Council's establishment of the ICTY and the ICTR broke the long years of silence since the end of the post-WWII prosecutions. International criminal justice was now not only recognized, but officially sanctioned by the UN Security Council.
2. In the conflict in East Timor, the Security Council addressed both peace-keeping issue and post-conflict there; in the case of Cambodia, an effort was made to develop a national tribunal with international participants.
3. In the case of Sierra Leone, at first a peace accord provided the perpetrators with amnesty, but

then the UN insisted on some prosecutions through a national justice mechanism with international participation, similar to the proposed court in Cambodia.

4. For the first time in human history, a permanent international criminal court has been set up to prosecute the most serious crimes such as crimes of genocide, crimes against humanity and war crimes. It is no doubt that the establishment of the ICC will promote international criminal justice.

第五章
合法性原则

引言

刑法上的“合法性原则”(principle of legality) 要求一个法庭必须“依法成立”，否则，就没有资格对案件进行审理、确定被告是否有罪以及惩治犯罪。刑法上这条基本原则也适用于国际刑事法庭。

国际社会为了惩治严重的国际犯罪行为，已成立了不少国际刑事法庭，这些国际刑事法庭的宗旨和目的基本相同，但其成立方式并不一样：前南国际刑事法庭和卢旺达国际刑事法庭是联合国安理会通过决议成立的；塞拉利昂特别法庭则是塞拉利昂政府与联合国通过签订协议而成立的。尽管成立方式各异，但它们都得符合“合法性”原则。迄今为止，这些国际刑事法庭都已有了较为丰富的司法实践。本章将探讨这些国际刑事法庭在实践中是如何论证和裁决关于成立国际刑事法庭的“合法性”原则的法理问题。

重点问题

- ❑ “法无明文不为罪”原则的基本概念
- ❑ 联合国安理会成立国际刑事法庭的法律依据
- ❑ 前南国际刑事法庭讨论法庭成立是否合法的资格问题
- ❑ 塞拉利昂特别法庭与《洛美和平协议》和塞拉利昂政府之间的关系问题

第一节

“法无明文不为罪”与法庭合法性问题

合法性问题是国际刑法当中的一个重要问题。国际刑法学者 Cherif Bassiouni 教授认为：The penal aspects of international law derive from “conventions”, “customs” and “general principles of law”, all of which are among the sources of this legal discipline as enunciated in Article 38 of the Statute of the International Court of Justice. These sources of law are, however, subject to the principles of legality which derive from general principles of law as applied in international criminal law。[①]

刑法上的“合法性原则”与依法进行审判和惩治有紧密的联系。所有国际性质的刑事法庭审判的都是国际罪行。从法理上讲，只有通过国际法才能对国际罪行进行界定。除了条约对国际罪行作出规定以外，有些国际罪行通过习惯法来确定。此外，“法律的一般性原则”（general principles of law）也是国际刑法的渊源之一。但无论是什么渊源，国际刑法确定的任何禁止性的规定，都必须符合“合法性原则”的要求。

一、关于“法无明文不为罪”的基本概念与要求

“法无明文不为罪”（nullum crimen sine lege）是国际刑法的最基本原则之一。所有国际刑事司法机构都不可否认地坚持这个原则。国际刑事法院《罗马规约》第 22 条规定：A person shall not be criminally responsible under this Statute unless the conduct in question constitutes, at the time it takes place, a crime within the jurisdiction of the Court。

东帝汶特别法庭关于设立对严重刑事犯罪行为进行排他性管辖的组织法第 12 条也明确规定“法无明文不为罪”的原则：

12.1 A person shall not be criminally responsible under the present regulation unless the conduct in question constitutes, at the time it takes place, a crime under international law or the laws of East Timor.

12.2 The definition of a crime shall be strictly construed and shall not be extended by analogy. In case of ambiguity, the definition shall be interpreted in favour of the person being investigated, prosecuted or convicted.

12.3 The present Section shall not affect the characterization of any conduct as criminal under principles and rules of international law independently of the present regulation.

---

① Cherif Bassiouni, *Introduction to International Criminal Law*, Transnational Publishers, Inc., Ardsley, New York, 2003, pp. 4-5.

“法无明文不为罪”的原则要求被告被起诉的行为在其发生时已根据当时的法律构成了犯罪，否则，该被告就不应被起诉，更不能被要求承担刑事责任。

二、国际军事法庭与“反和平罪”

第二次世界大战以后，同盟国在1943年11月1日的《对德国暴行宣言》中表示，它们将承担起诉和处罚战犯的责任与义务。以后在1945年8月8日《纽伦堡国际军事法庭宪章》和1946年1月19日《远东国际军事法庭宪章》中履行了惩治战犯的承诺，从而成功地对德国纳粹分子和日本法西斯战犯进行了审判。在东京审判中，除了对南京大屠杀负有战争罪刑事责任的松井石根以外，所有其他24名被告都因对华或对其他国家的侵略而被判定犯有“反和平罪”[①]。

根据这两个国际军事法庭宪章的规定，侵略罪被称为“反和平罪”（有时被译为“破坏和平罪”），当时没有侵略罪的专有表述。但从罪行构成要件上来分析，反和平罪就是侵略罪。侵略罪是国际法上的一个非常严重的国际罪行。迄今为止，只有第二次世界大战结束后成立的远东国际军事法庭和纽伦堡国际军事法庭有过关于侵略罪的司法实践。这两个国际军事法庭的宪章对反和平罪作了规定，但对于在法庭成立前国际法是否已存在禁止破坏和平行为的法律是有争论的。

传统国际法上关于“正义”战争与“非正义”战争的观念，在联合国成立的时候也被反映在1945年国际社会所起草和通过的《联合国宪章》中。但在联合国大会1974年12月14日通过《关于侵略罪的定义》之前，国际社会始终没有就“侵略罪”的定义问题达成一致。而且，即便联合国大会通过了《关于侵略罪定义》的决议，从国际法角度来说，这个文件还不是一个对国家具有约束力的国际文件。

《远东国际军事法庭宪章》第6条和《纽伦堡国际军事法庭宪章》第5条是关于“反和平罪”的规定。这两个国际军事法庭列举出5项犯罪行为，即计划、准备、发动及执行侵略或违反国际公法、条约、协定或保证之战争；除此4项以外，为达到上述目的而参与共同计划或阴谋的罪行也被包括在内。[②] 所以，按照这两个国际军事法庭宪章的规定，侵略战争是犯罪行为，凡是以任何方式或行动去参与这种战争的人都要负其个人责任。

“甲级战犯”是指犯有“反和平罪”的人。由于它的严重性，“反和平罪”被国际军事法庭作为“甲”项即第一项被规定在法庭的管辖权里；“乙”项和“丙”项分别是指战争罪行和反人道罪行。所以，“反和平罪”是第二次世界大战后成立的国际军事法庭审理的案件中最重要的一项罪行。

从实践来看，在纽伦堡国际军事法庭受审的戈林等22名主要纳粹战犯和在远东国际军事法庭受审的东条英机等28名主要日本战犯，全都被指控犯有“反和平罪”。所有这些被告由于在他们本国都享有很高的地位和权力，并且他们在第二次世界大战前和战中策划、实施了对其他国家的侵略，所以在侵略政策的制定和实施方面都负有不可推卸的责任。

从这两个国际军事法庭的审判上看，被告对法庭有权审判战争罪行没有提出过异议，认为无论是国际法庭还是一国国内军事法庭都可对被告们进行审判。虽然反人道罪是根据德国纳粹

---

① 张效林译：《远东国际军事法庭判决书》，612页，北京，群众出版社，1986。

② 参见《远东国际军事法庭宪章》第6条、《纽伦堡国际军事法庭宪章》第5条，载赵秉志、王秀梅编：《国际刑事审判规章汇编》，北京，中国人民公安大学出版社，2003。

和日本法西斯在第二次世界大战中的暴行确立的国际法新罪名，至审判时还没有任何国际法律文件对该罪名作出规定，但被告对反人道罪也没提出任何异议。然而，被告的律师对于法庭在“反和平罪”或“侵略罪”方面的管辖权，进行了猛烈的攻击。①

Crimes against peace were charged before the International Military Tribunal. The charge was criticised on the grounds that it was based on ex post facto law. 在纽伦堡和远东国际军事法庭审理期间，被告的律师对国际军事法庭审理“反和平罪”（侵略罪）的主要辩护理由是：“第一，战争是国家的行为，因此，个人在国际法上无须承担任何责任。第二，侵略战争本身并不是非法的，废弃以战争为国家政策工具的1928年的《非战公约》，没有把战争当作犯罪。第三，国际军事法庭宪章的规定，是‘事后’（ex post facto）法，违反了‘法律不溯及既往’的原则，所以是非法的。”

All these arguments were rejected in the Judgment of the International Military Tribunal at Nuremberg. The Law of the Charter, where the Hague Convention of 1907, Draft League of Nations Treaty of Mutual Assistance, 1923, Declaration of the Assembly of the League of Nations, September 24, 1927 and Sixth (Havana) Pan-American Conference Resolution of February 18, 1928 were all considered by the Tribunal in holding “that resort to a war of aggression is not merely illegal but criminal”②.

按照纽伦堡国际军事法庭的判决，反和平罪是“最大的国际性罪行，与其他战争罪行的区别，只是它所包括的是全部祸害的总和”。因为从逻辑上讲，如果没有侵略就不会有战争，如果没有战争便不会有杀伤、奸淫、掳掠、残害平民、虐待俘虏等战争罪行，所以侵略战争是“全部祸害的总和”，因而也是“最大的国际性罪行”（supreme international crime）③。

侵略战争在被告们参与的时候是否在国际法上已经被认为是犯罪？即使侵略战争在当时国际法上已被认为是犯罪，参与战争的个人是否应该为此负责？对这两个问题，具有国际性质的纽伦堡、远东国际军事法庭认为，法庭的宪章规定是完全符合当时的国际法的，被法庭起诉的被告在遵守和适用宪章规定方面负担有国际法上的义务。

纽伦堡国际军事法庭认定侵略为一种国际法罪行，其主要根据是订立于1928年的《非战公约》。该公约有63个国家批准和参加，其中包括德国和日本。日本于1929年7月24日加入这一公约。④ 所以，德国和日本对它都有遵守的义务。

《非战公约》在序言中声明：缔约国“所有各国关系之变更，只可以和平方法使其实现……由是世界文明各国联合，共同斥责以战争为履行国家政策之工具”。公约第1条规定：“缔约各国兹郑重宣告：它们斥责用战争来解决国际纠纷，并在它们相互关系上，废弃战争作为施行国家政策之工具。”公约第2条规定：“缔约各国互允：各国间如有争端，不论如何性质，因何发端，只可用和平方法解决之。”

纽伦堡国际军事法庭认为，自从《非战公约》制定以后，侵略战争在国际法上已经被视为是违法的，它不但违法，而且还是犯罪。纽伦堡国际军事法庭在判决中认为：“法庭宪章并非

---

① 参见梅汝璈：《远东国际军事法庭》，23页，北京，法律出版社、人民出版社，2005。

② Trial of the Major War Criminals before the International Criminal Tribunal, Nuremberg, 1949, Vol. 1, at 186.

③ 《纽伦堡国际军事法庭判决书》，伦敦版第13页，中文译本第20页。转引自梅汝璈：《远东国际军事法庭》，25页，北京，法律出版社、人民出版社，2005。

④ 参见《非战公约》，载《国际条约集（1924—1933）》，373～374页；张效林译：《远东国际军事法庭判决书》，43页，北京，群众出版社，1986。

战胜国方面权力之武断的行使，而是宪章制定颁布时现行国际法的表现。”“依照本法庭之见解：郑重地斥责战争为推行国策之工具，其中必然包括承认战争在国际法上是违法的原则；凡从事于策划和执行这种产生不可避免的可怕结果的战争者，都应该视为犯罪行为。被当为解决国际纠纷中推行国策工具的战争，其中必然包括侵略战争，因此侵略战争正是公约所视为违法的。”①

被告的律师曾辩解说，《非战公约》中并没有直接使用“犯罪”的字样。纽伦堡国际军事法庭认为这并不重要。公约中的国际法“不法行为”，按照一般意义上的解释，其意义等同于犯罪。法庭以1907年第四海牙公约（《禁止战争中各种残暴行为的公约》）为例证：该公约并未用过“犯罪”字样，但人们从未怀疑过其中所禁止的事项都是犯罪行为。自公约签订以后的40年里，许多犯有这些罪行的人被各国法庭逮捕，作为战争罪犯受到审判和惩处。所以，解释法律和适用法律不能拘泥于呆板的文字，而应重视立法的精神和当时的环境，包括当时的公众意识、人类进步、社会舆论，等等。②

纽伦堡国际军事法庭在审理 the High Command Trial Responsibility for the crime of aggression 时认为：...as in ordinary criminal cases，so in the crime denominated aggressive war，the same elements must all be present to constitute criminality. There first must be actual knowledge that an aggressive war is intended and that if launched it will be an aggressive war. But mere knowledge is not sufficient to make participation even by high ranking officers in the war criminal. It requires in addition that the possessor of such knowledge，after he acquires it shall be in a position to shape or influence the policy that brings about its initiation or its continuance after initiation，either by furthering or hindering or preventing it. If he does the former，he becomes criminally responsible. If he does the latter to the extent of his ability，then the action shows the lack of criminal intent with respect to such a policy。③

三、日本战犯与侵略罪

纽伦堡国际军事法庭开庭比远东国际军事法庭开庭约早半年，纽伦堡国际军事法庭判决的宣布比远东国际军事法庭要早两年。对于纽伦堡国际军事法庭在反和平罪的认定和界定方面，远东国际军事法庭表示完全同意，并认为：“有鉴于两个法庭的宪章在一切重要方面完全相同，本法庭宁愿对纽伦堡法庭的意见表示无条件的支持，而不愿用不同的字句重新另写，以免敞开对两个写法不同的意见采取抵触的解释及争辩之门。”④

远东国际军事法庭的管辖时间从1928年起算。为了证明侵略战争在1928年以前就被视为国际罪行，远东国际军事法庭详细列举了在1928年以前国际社会已将侵略战争定为犯罪的努力和尝试，以及日本在国际法上的义务和权利。远东国际军事法庭列举的国际公约和国际事件主要有：（1）1894年—1895年的中日战争；（2）第一次海牙和平会议；（3）1899年—1901年的义和团事件；（4）日俄战争；（5）《朴次茅斯条约》；（6）《北京条约》；（7）“南满洲铁道株

---

① 《纽伦堡国际军事法庭判决书》，伦敦版第39页，中文译本第65页。转引自梅汝璈：《远东国际军事法庭》，25页，北京，法律出版社、人民出版社，2005。

② 转引自梅汝璈：《远东国际军事法庭》，25页，北京，法律出版社、人民出版社，2005。

③ LRTWC，Vol. XII，pp. 68-69；Rodney Dixon，Karim Khan，Judge Richard May，Archbold，*International Criminal Courts*，Sweet & Maxwell，London，2003，p. 406.

④ 张效林译：《远东国际军事法庭判决书》，第一部第二章甲节，北京，群众出版社，1986。

式会所”；(8) 在中国的所谓“门户开放”政策；(9) 1908年的日美同文通牒；(10) 朝鲜的合并；(11) “二十一条要求”，1915年的《中日条约》；(12) 1917年—1920年协约国的对苏干涉；(13) 1919年的和约；(14)《国际联合会盟约》；(15) 1921年的“四国协议”；(16) 1922年的“日美委任统治条约”；(17) 华盛顿会议；(18) 对荷兰和葡萄牙的“四国保证”；(19) 华盛顿海军军备裁减会议；(20)《九国公约》；(21) 1912年的《鸦片公约》；(22)《非战公约》；(23) 第三海牙公约；(24) 日内瓦红十字会公约；及 (25) 第十海牙公约；等等。①

远东国际军事法庭在判决中用了整整一章（第三章）把上述各国际法律文件一一列举出来，以证明早在日本侵略中国以前，国际法上就已存在一个原则，即：侵略战争在国际上是犯罪行为；日本通过自己加入的国际公约，已经保证尊重所有其他国家的领土完整和政治上的独立。

远东国际军事法庭通过长达2年半的审理，最后在判决书关于“起诉书中罪状的认定”中声明：“日本为取得对东南亚、太平洋及印度洋，以及该地区内与其接壤的国家或岛屿之军事、政治、经济的控制地位……日本单独或与其他具有同样目的之国家，发动侵略战争，以对付反对此侵略的国家。”

远东国际军事法庭就日本侵略中国的事实进行了裁决，认为：“为达到他们日本统治远东这一最后目标，他们在1931年，发动了对中国的侵略战争，占领了‘满洲’和热河。到1934年，他们已经开始侵入华北，在华北驻兵，并树立了专为他们的目的服务而组织的各种傀儡政府。自1937年以后，继续对中国进行了大规模的侵略战争，侵略和占领了许多中国领土，设立了仿效上述形式的各种傀儡政府，并且开发了中国的经济和天然资源以供应日本之军事的和一般人的需要。”②

远东国际军事法庭认定日本对中国及其他国家“进行了侵略战争”③。与此同时，法庭拒绝了被告的律师们所提出的关于“当被告们策划、发动或参加侵略战争的时候，侵略战争还未被宣布为非法”的说法。对于所谓被告们根据“法律不溯及既往”的原则应该是无罪的说法，远东国际军事法庭也予以坚决的驳斥。最后，在远东国际军事法庭11个法官中，除了印度法官之外，其余10国法官一致认定侵略战争属于国际法上的罪行，所有参加者也都负有个人刑事责任。④

CASE STUDY

远东国际军事法庭关于合法性的案例
日本甲级战犯被告对远东国际军事法庭法官资格的挑战⑤

1946年1月19日，麦克阿瑟签署盟军总部第一号特别通告，下令“设置远东国际军事法庭”，同时还公布了《远东国际军事法庭宪章》。法庭宪章共有5章、17条，规定了远东国际军事法庭的任务、组成、诉讼程序及管辖权等。《远东国际军事法庭宪章》规定，将以反和平罪

---

① 参见张效林译：《远东国际军事法庭判决书》，23～51页，北京，群众出版社，1986。
② 同上书，565页。
③ 同上书，568页。
④ 参见梅汝璈：《远东国际军事法庭》，24页，北京，法律出版社、人民出版社，2005。
⑤ 摘自《丧钟为谁而鸣——远东国际军事法庭审判纪实》中央电视台“探索·发现”栏目编。

对犯有包括反和平罪在内的个人、团体成员进行起诉与审判，法庭有权审判犯有以下三种罪行的日本甲级战犯：反和平罪；普通战争罪；违反人道罪。

远东国际军事法庭共有来自11个国家的11名法官，他们是：澳大利亚法官卫勃，美国法官克莱墨，中国法官梅汝璈，英国法官派特里克，苏联法官扎里亚诺夫，加拿大法官麦克杜哥，法国法官柏纳特，荷兰法官洛林，印度法官帕尔，新西兰法官诺司克夫，菲律宾法官哈那尼拉。其中，刚刚成为澳大利亚最高法院大法官的卫勃被麦克阿瑟任命为远东国际军事法庭庭长。

1946年5月3日，当远东国际军事法庭准备按照既定程序进行“认罪传讯”时，辩护律师团副团长清濑一郎突然站起来，要求庭长卫勃回避，理由是卫勃先生在来法庭之前就曾经调查过日军在新几内亚的战争行为，因此丧失了公正、客观的立场，不能再进行审判。清濑一郎说的是事实，卫勃在来东京之前的确曾经主持调查了日军在新几内亚的犯罪事实，对日本人在那个地区所犯下的暴行了解很多。然而，卫勃认为他在新几内亚和其他地方进行的调查与审判长的身份之间没有任何关系。尽管如此，他出于公正原则的要求，仍然宣布法庭休庭，并在自己回避的情况下由其他法官开会来决定自己的资格问题。

《远东国际军事法庭宪章》第2条规定：“本法庭应有六人以上十一人以下之法官，由盟军最高统帅就日本投降书各签字国、印度及菲律宾共和国所提之人选名单中任命之。”

根据上述规定，由于法官们是由盟军最高统帅依照各国政府的推荐而任命的，法官自然就没有任何权利决定他们自己当中任何人的任免或回避。因此，清濑一郎的请求被驳回，卫勃法官重新回到庭长的座位，继续主持审判。

思考题

1. “法无明文不为罪”的基本要求是什么？
2. 国际罪行应通过什么来确定？
3. 为什么“侵略罪”是国际法上的严重罪行？
4. 远东国际军事法庭是如何来论证日本战犯实施了侵略罪行的？

第二节 联合国特设国际刑事法庭的合法性

按照刑法“合法性原则”，只有经合法、正当程序成立的法庭才能对被告进行审理；法庭也只有经过充分有效的证明以后，才能确定被告是否有罪。这是刑法和国际法的基本原则，任何法庭都要遵循这一原则。因此，一个法庭必须首先“依法成立”（established by law），才有资格进行审理。刑法上这个原则对各国国内法院如此要求，对国际刑事法庭（法院）同样如此要求。

前南国际刑事法庭和卢旺达国际刑事法庭是联合国安理会成立的。从道理上讲，如果“人人都得遵守法律”，联合国不能例外，联合国安理会也不能例外，都要遵守法律。那么，联合国安理会成立这两个国际刑事法庭本身，在法律上有没有根据？

一、合法性问题提出的背景情况

前南和卢旺达国际刑事法庭是两个各自独立的国际司法机构，各有自己一套完整的调查、起诉和审理的机制。但从性质上讲，这两个国际刑事法庭都是“特设”的，都是联合国安理会决定成立的，又都属于联合国安理会的附属机构。前南国际刑事法庭成立于1993年，卢旺达国际刑事法庭成立于1994年。在法庭成立以后，这两个法庭在其合法性问题上都面临过挑战。由于前南国际刑事法庭比卢旺达国际刑事法庭成立要早一年，它在“合法性”问题上遇到挑战的案件也更早。因此，这里对联合国特设国际刑事法庭“合法性”问题的论述，重点将放在前南国际刑事法庭发生的案例方面。

Tadic案是前南国际刑事法庭于1993年成立后审理的第一个案件。正因为是第一个，联合国安理会设立前南国际刑事法庭的合法性问题也被作为法律上一个极其重要的问题，在法庭审理开始以前就自然而然地被提出来。

从国际法上讲，被告要求一个依法建立的法庭来审理对他（她）的刑事控诉，是他（她）的一项基本权利。联合国《公民权利和政治权利国际公约》第14条第1款规定，all persons shall be equal before the courts and tribunals. In the determination of any criminal charge against him, or of his rights and obligations in a suit at law, everyone shall be entitled to a fair and public hearing by a competent, independent and impartial tribunal established by law。

这一条款规定了任何人作为被告的一项基本权利，即只接受一个依法建立的法庭公平和公开的审理。

“犯罪”本属于刑事实体法范畴，但要对公民进行定罪，必然会超越单一的实体限制。具体地讲，“定罪”是法定机关依照法定程序对于公民是否触犯刑法而应否追究刑事责任所作判定的过程，是刑事实体法和程序法的有机结合。它强调定罪的程序内涵，即只有通过合法、正当的程序来查明公民有犯罪事实，才能对公民是否有罪进行判定。法院（法官）是唯一有权判定的机关。定罪的唯一根据，则是审理过程中的证据展示，表明嫌疑人、被告人经查明确实犯有违背刑法规定的行为，应当被追究刑事责任。

所以，刑法的基本法理都要求严格地贯彻“法无明文规定不为罪”及“法无明文规定不处罚”原则。为了满足“合法性原则”的要求，必须首先明确地界定犯罪，使每个人都能意识到某种行为具有犯罪的特征。

合法性原则要求对禁止性的行为有一个清晰明确的界定，要求国际刑事法庭是依据已有的法律规定而成立。《前南国际刑事法庭规约》明确规定：“国际法庭根据现有规约的规定，有权起诉应对1991年以来在前南斯拉夫领域内实施严重违反人道法行为负有责任之人。”

对于前南国际刑事法庭属物事由方面的规定，“联合国秘书长认为，罪刑法定原则的适用要求国际法庭应适用国际人道法规则，这些规则无疑是习惯法的部分，因而某些国家参加，但并非所有国家参加公约就不会因具体公约产生附带问题。这一点似乎对于对严重违反国际人道法罪行负有起诉责任的国际特设法庭的诉讼程序而言特别重要”①。

---

① Report of the Secretary General, UN Doc. S/25704, adopted by the Security Council at its 321th meeting, on 25 May 1993, para. 29.

《欧洲人权公约》第6条1款规定：In the determination of his civil rights and obligations or of any criminal charge against him，everyone is entitled to a fair and public hearing within a reasonable time by an independent and impartial tribunal established by law...

《美洲人权公约》第8条1款也规定：Every person has the right to a hearing，with due guarantees and within a reasonable time，by a competent，independent and impartial tribunal，previously established by law。

上述原则表明，任何人在受到刑事指控时，都享有由依法建立的独立和公正的法庭的审理的权利。因此，Tadic的辩护律师认为：The right to have a criminal charge determined by a tribunal established by law is one which forms part of international law as a "general principle of law recognized by civilized nations"，one of the sources of international law in Article 38 of the Statute of the International Court of Justice。①

由一个依法建立的法庭来决定被控方的权利，是"为文明各国承认的一般法律原则"，也是国际法的组成部分。Tadic的辩护律师为了支持他的这一论断，强调了联合国《公民权利和政治权利国际公约》、《欧洲人权公约》和《美洲人权公约》中的"公平审判"或"适当程序"原则的基本性质，认为这些原则是国际法对刑事司法管理的最低要求。② 正是基于这些法律原则，Tadic在联合国安理会成立国际法庭的合法性问题上，向法庭提出了挑战。

二、国际刑事法庭对"合法性问题"的审议资格问题

前南国际刑事法庭是联合国安理会在《联合国宪章》第七章规定下成立的。成立后的前南国际刑事法庭作为联合国安理会的一个附属机构来运作。由于这层关系，前南国际刑事法庭在决定Tadic提出的合法性问题方面首先必须回答：它作为联合国安理会决议的产生结果和附属机构，本身有没有资格来讨论关于联合国安理会成立前南国际刑事法庭是否合法的问题。

前南国际刑事法庭检察方的意见是，国际刑事法庭无权审查联合国安理会成立国际刑事法庭是否合法的问题。理由是：国际刑事法庭是根据《联合国宪章》第七章成立的，而对《联合国宪章》的解释其实是一个不能裁判的"政治问题"。对此，初审庭也表示同意，认为：It is one thing for the Security Council to have taken every care to ensure that a structure appropriate to the conduct of fair trials has been created；it is an entirely different thing in any way to differ from that careful structuring that it was intended that the International Tribunal be empowered to question the legality of the law which established it. The competence of the International Tribunal is precise and narrowly defined；as described in Article 1 of its Statute，it is to prosecute persons responsible for serious violations of international humanitarian law，subject to spatial temporal limits，and to do so in accordance with the Statute. That is the full extent of the competence of the International Tribunal。③

援引《前南国际刑事法庭规约》第1条，是为了表明该法庭受空间和时间的限制；国际刑事法庭的管辖权受到限制，是它不能审查国际刑事法庭成立是否合法的理由。基于同样思路，法庭检察方提出并得到初审庭同意的理由还有：This International Tribunal is not a constitutional

---

①② Decision on the Defence Motion for Interlocutory Appeal on Jurisdiction，Appeals Chamber Decision on the Tadic Jurisdictional Motion，2 October 1995，Case No. IT-94-1-AR72，para. 41.

③ Ibid.，para. 14.

court set up to scrutinize the actions of organs of the United Nations. It is, on the contrary, a criminal tribunal with clearly defined powers, involving a quite specific and limited criminal jurisdiction. If it is to confine its adjudications to those specific limits, it will have no authority to investigate the legality of its creation by the Security Council。①

为了进一步论证法庭没有权力去审议安理会建立它是否合法的问题，前南国际刑事法庭的初审庭还参考了国际法院的判决。国际法院在南非不顾安理会第276号（1970）决议继续留驻纳米比亚（西南非洲）对各国的法律后果问题进行裁决时，认为：Undoubtedly, the Court does not possess powers of judicial review, or appeal in respect of decisions taken by the United Nations organs concerned。②

然而，尽管前南国际刑事法庭的初审庭认为对联合国安理会的决定不具有司法审查和上诉的权力，但该法庭上诉庭不这么认为。对该上诉庭来讲，是否要对联合国安理会的决定进行审议，不是问题的关键；出于决定它自己对案子是否有管辖权的目的，国际法庭在其行使这个附加权力时能否审查安理会建立它的合法性，这才是问题的关键。③ 为此，上诉庭援引了《联合国行政法庭规约》第2条第3款的规定，即："在发生有关法庭是否有权的争端时，该问题应由法庭的决定解决。"此外，它还对"权力的权力"一语进行了解释。

"权力的权力"，在法语中是"la competence de la competence"（the competence of the competence），它是任何司法机构或仲裁庭固有的管辖权的一个重要部分。根据这一原则，任何法庭应有权"决定它自己的管辖权"。这是行使司法职能时的必要要素。它被明确地规定在司法机构的文件中。如国际刑事法院《罗马规约》第36条第6款规定：In the event of a dispute as to whether the Court has jurisdiction, the matter shall be settled by the decision of the Court。既然关于国际刑事法院有无管辖权的问题由法院自己来裁决，从逻辑上讲，国际刑事法院（法庭）来决定自己的管辖权，可以被认为是一项"固有的权力"。

决定自己的管辖权被认为是一项"固有的权力"，这是因为国际法上不存在一个有具体规定、完整的司法制度，也不是所有的司法或仲裁机构都需要一项具体法律文件来限定它的管辖权。事实上，"法院的第一个义务——和其他任何司法机关一样——是断定它自己的权能。"④ 由于前南国际刑事法庭规约里没有法庭对自己的管辖权的审议进行任何限制的规定，所以上诉庭认为，前南国际刑事法庭就必须行使其"对管辖权的管辖权"，通过审查被告方对管辖权的抗辩，来断定其受理此案实质问题的管辖权：Obviously, the wider the discretion of the Security Council under the Charter of the United Nations, the narrower the scope for the International Tribunal to review its actions, even as a matter of incidental jurisdiction. Nevertheless, this does not mean that the power disappears altogether, particularly in cases where there might be a manifest contradic-

① Decision on the Defence Motion for Interlocutory Appeal on Jurisdiction, Appeals Chamber Decision on the Tadic Jurisdictional Motion, 2 October 1995, Case No. IT-94-1-AR72, para. 20.

② Legal Consequences for States of the Continued Presence of South Africa in Namibia (South-West Africa) notwithstanding Security Council Resolution 276 (1970), 1971, I. C. J. Report 16, para. 89 (Advisory Opinion).

③ Decision on the Defence Motion for Interlocutory Appeal on Jurisdiction, Appeals Chamber Decision on the Tadic Jurisdictional Motion, 2 October 1995, Case No. IT-94-1-AR72, para. 20.

④ Judge Cordova, dissenting opinion, advisory opinion on Judgements of the Administrative Tribunal of the ILO upon complaints made against the UNESCO, 1956, I. C. J. Reports, 77, 163 (Advisory Opinion of 23 October) (Cordova. J., dissenting).

tion with the Principles and Purposes of the Charter。①

由于前南国际刑事法庭上诉庭认为，只要是涉及与《联合国宪章》的原则和目的明显不符的情况，国际刑事法庭不可能完全置之不理，所以它最后裁定：In conclusion，the Appeals Chamber finds that the International Tribunal has jurisdiction to examine the plea against its jurisdiction based on the invalidity of its establishment by the Security Council。②前南国际刑事法庭认为它有权审查安理会建立该国际刑事法庭合法与否的问题。

三、前南国际刑事法庭对《联合国宪章》的解释和运用

Tadic 在前南国际刑事法庭不具有管辖权方面提出了诸多的理由，归纳起来，主要集中在以下两点：第一，按照国际人权法和刑法公认的原则，法庭应该是一个“依法成立”（duly established）的法庭。作为一个国际刑事司法机构，前南国际刑事法庭应该由国际社会的主权国家通过协商一致、制定国际公约或通过修改《联合国宪章》来建立，而不应该仅仅以联合国安理会通过决议的方式来建立。

第二，《联合国宪章》没有关于安理会可以根据《联合国宪章》第七章来建立一个司法机构的明确规定，更不用说安理会拥有设立一个带有强制性质的刑事法庭的权力。③

这两个问题是对于设立前南国际刑事法庭合法性的挑战，其要害是：《联合国宪章》里面到底有没有授予联合国安理会设立国际刑事法庭的权力？

Tadic 的辩护律师的逻辑是这样的：联合国安理会如果不具有成立国际刑事法庭的法律根据，那么它设立的这一法庭就是不合法的。根据国际法和刑法“罪刑法定”的基本原则，非法成立的法庭就没有管辖权，没有资格进行审判，因此，他认为被告人即 Tadic 先生应予以释放。

对前南国际刑事法庭的检察方来说，证明联合国安理会在《联合国宪章》规定下具有建立国际刑事法庭的权力，是至关重要的问题。

联合国安理会成立前南国际刑事法庭的法律根据是《联合国宪章》的第七章，该章第 1 条即《联合国宪章》第 39 条规定：The Security Council shall determine the existence of any threat to the peace，breach of the peace，or act of aggression and shall make recommendations，or decide what measures shall be taken in accordance with Articles 41 and 42，to maintain or restore international peace and security。

第 39 条的规定表明，以维护世界和平和安全为目的的联合国安理会具有断定对和平和安全是否存在威胁的权力。这是一项对形势进行判断并下结论的权力，是一项非常重要的权力。同时它还表明：联合国安理会在断定国际局势是否对和平具有威胁方面，拥有相当大的自由量裁权。

联合国安理会不仅具有断定和平与安全的威胁情势是否存在的权力，而且一旦断定这样的情势存在，就有为了维持或恢复国际和平与安全，依据《联合国宪章》第 41、42 条的规定采取强制性措施的权力。所以，联合国安理会如果断定在前南斯拉夫领土范围内存在威胁国际和平与安全的情势，就可以按照《联合国宪章》采取适当的措施。

《联合国宪章》第 42 条规定的措施，属于军事性质的措施，它包括使用武装部队。《联合国宪章》第 40 条是关于一些“临时措施”的规定，其作用是对于一个“维持”的行动，产生

①② Decision on the Defence Motion for Interlocutory Appeal on Jurisdiction，Appeals Chamber Decision on the Tadic jurisdictional Motion，2 October 1995，Case No. IT-94-1-AR72，para. 21.

③ Ibid.，para. 27.

“停止”或冷却的效果，“而不损害有关各方的权利、主张和立场”。它们类似于紧急的警察行动，而不是依法执法的司法机关的行为。所以，《联合国宪章》第 40 条和第 42 条都不涉及设立国际刑事司法机构问题。但《联合国宪章》第 41 条是关于联合国安理会可以采取“武力以外”的措施的条款。根据这一条的规定，联合国安理会“可以促请联合国会员国”采取“完全或部分中止经济关系和铁路、海上、空中、邮政、电报、无线电”等停止的方法，必要时还可“断绝”外交关系。

据《联合国宪章》第 41 条关于“不涉及使用武力的措施”，设立国际刑事法庭显然不属于使用武力问题，符合该条关于和平手段的规定。从逻辑上讲，《联合国宪章》第 39 条赋予联合国安理会断定国际上“和平之威胁、和平之破坏或侵略行为之是否存在”的权力，一旦联合国安理会作出决定，认为有这样的情势存在，就得依宪章的规定采取《联合国宪章》第 41 条和第 42 条所规定的措施。第 41 条与第 42 条中有关措施的区别，在于第 41 条是关于和平方式，而第 42 条是关于使用武力方面的措施。《联合国宪章》规定：It (the Security Council) may take such action by air, sea, or land forces as may be necessary to maintain or restore international peace and security。前南国际刑事法庭在性质上是个司法机构，设立这样一个机构显然不属于使用武力方面的“措施”，不属于第 42 条所规定的措施。

仅从字面上理解，《联合国宪章》第七章中没有任何可被认为是直截了当地授予联合国安理会设立国际刑事法庭权力的规定。Tadic 的辩护律师在法庭上提出，对照《联合国宪章》第 41 条的规定，“很清楚，(该条款) 没有建立一个审判战争罪法庭的任何意图。这一条中所举的例子都集中于经济和政治的措施，无论如何都没有建议司法的措施”①。

那么，《联合国宪章》第 41 条究竟该如何解释呢？

《联合国宪章》第七章的确没有任何直接提到联合国安理会设立国际刑事法庭的字面规定。然而，对法律的解释，包括逻辑性的推理等，是全面理解法律条文的必要过程。关于联合国安理会是否具有设立国际刑事法庭的权力问题本身，其实也涉及对《联合国宪章》有关条文的逻辑解释和推理。

《联合国宪章》第 41 条规定：The Security Council may decide what measures not involving the use of armed force are to be employed to give effect to its decisions, and it may call upon the Members of the United Nations to apply such measures. These may include complete or partial interruption of economic relations and of rail, sea, air, postal, telegraphic, radio, and other means of communication, and the severance of diplomatic relations。

要理解这条规定，关键是对“可包括”(may include) 一词的解释。第 41 条中所列出的措施，如“完全或部分中止经济关系和铁路、海上、空中、邮政，电报、无线电和其他通讯手段”，或“断绝外交关系”等，里面没有提到“设立国际刑事法庭”，甚至没有提到“建立司法机构”的可能性。但“包括”一词又清楚地表明：这里所列举的措施仅仅是作为例证，它们不是“详尽性的”。换句话说，除这些措施以外还存在其他措施，只要有必要，联合国安理会为了维护世界和平与安全，就可以采取除了第 42 条使用武力以外的其他措施。

正是基于这一逻辑，前南国际刑事法庭上诉庭最后得出结论：联合国安理会根据《联合国

---

① Brief to Support the Motion (of the Defence) on the Jurisdiction of the Tribunal before the Trial Chamber of the International Tribunal, 23 June 1995, Case No. IT-94-1-T, para. 3. 2. 1.

宪章》第41条的规定，完全具有（fall squarely）设立国际刑事法庭的权力。[①] 换句话说，联合国安理会设立前南国际刑事法庭，符合国际法和刑法上关于“合法性原则”的要求。

这就是前南国际刑事法庭关于法庭成立“合法性”问题上的裁决。以后，当同样问题在卢旺达国际刑事法庭被提出来时，卢旺达国际刑事法庭采取了基本相同的立场。[②]

CASE STUDY

关于米洛舍维奇总统对前南国际刑事法庭合法性挑战的司法决定

The Prosecutor v. Slobodan Milosevic (Decision on Preliminary Motions), 8 November 2001[③]

Mr. SLOBODAN MILOSEVIC argued that the International Criminal Tribunal for the former Yugoslavia is an illegal entity because the Security Council lacked the power to establish it. The basis of the challenge to the constitutionality of the International Tribunal is that the Security Council is not empowered under Chapter VII of the Charter of the United Nations to establish an international criminal court.

The relevant provision is Article 41 of the Charter, which empowers the Security Council to adopt measures not involving the use of armed force to give effect to its decisions in order to discharge its obligation under Article 39 to maintain or restore international peace and security. Article 41 lists certain measures which may be taken by the Security Council. It is perfectly clear that the list is not exhaustive and that it is open to the Security Council to adopt any measure other than those specifically listed, provided it is a measure to maintain or restore international peace and security.

However, in the view of the Trial Chamber of the ICTY, the establishment of the International Tribunal with power to prosecute persons responsible for serious violations of international humanitarian law in the former Yugoslavia, and with the obligation to guarantee fully the rights of the accused, is, in the context of the conflict in the country at that time, pre-eminently a measure to restore international peace and security. Indeed, the role of the International Tribunal in promoting peace and reconciliation in the former Yugoslavia is highlighted in Security Council resolution 827 which established it. The Appeals Chamber in the Tadic Jurisdiction Appeal arrived at the same conclusion and concluded that "the establishment of the International Tribunal falls squarely within the powers of the Security Council under Article 41." Accordingly, the Trial Chamber dismisses this ground.

① Decision on the Defence Motion for Interlocutory Appeal on Jurisdiction, Appeals Chamber Decision on the Tadic Jurisdictional Motion, 2 October 1995, Case No. IT-94-1-AR72, para. 36.

② The Prosecutor v. Joseph Kanyabashi, International Criminal Tribunal for Rwanda, ICTR-96-15-T, Decision on the Defence Motion on Jurisdiction (Trial Chamber, 18 June 1997).

③ The Prosecutor v. Slobodan Milosevic, Decision on Preliminary Motions, 8 November 2001. Available at www. un. org/international law/icty.

Mr. SLOBODAN MILOSEVIC also argues that the creation of an ad hoc court targeting one country corrupts justice and law, that an ad hoc court violates the most basic principles of all law, and that an international court established to prosecute acts in a single nation and primarily, if not entirely, one limited group is pre-programmed to persecute, incapable of equality.

For the Trial Chamber of the ICTY, there is nothing inherently illegitimate in the creation of an ad hoc judicial body. The important question is whether that body is established by law, in the sense that, as it is stated in the Tadic Jurisdiction Appeal, it should genuinely afford the accused the full guarantees of fair trial set out in Article 14 of the International Covenant on Civil and Political Rights.

Since the Trial Chamber of the ICTY believes that the International Tribunal meets this requirement in that the rights of the accused, comparable to those in the International Covenant on Civil and Political Rights, are entrenched in the International Tribunal's Statute, in particular, in Article 21, the ground of Mr. SLOBODAN MILOSEVIC is dismissed.

思考题

1. 如何理解被告关于要求依法建立的法庭来审理的基本权利?
2. 联合国安理会的主要职能是什么?
3. 联合国安理会与《联合国宪章》之间的关系是什么?
4. 特设国际刑事法庭和维持世界和平与安全之间的联系是什么?

第三节 关于设立塞拉利昂特别法庭的合法性问题

塞拉利昂特别法庭在关于成立国际刑事法庭的“合法性”问题上，作出了与联合国两个特设国际刑事法庭很不一样的司法决定。当然，塞拉利昂特别法庭属混合型法庭，其成立方式与联合国两个特设国际刑事法庭不同。联合国前南、卢旺达国际刑事法庭是联合国安理会分别通过决议成立，塞拉利昂特别法庭则是根据 2002 年 1 月 16 日联合国和塞拉利昂政府之间达成的协定而设立的。①

① Agreement between the United Nations and the Government of Sierra Leone on the Establishment of a Special Court for Sierra Leone, Annex to the Report of the Secretary-General on the Establishment of a Special Court for Sierra Leone, UN Doc. S/2000/915, 4 October 2000.

一、塞拉利昂特别法庭成立背景及管辖权

联合国安理会在其所通过的第1315号决议里，促请联合国秘书长与塞拉利昂进行协商以设立一个独立的刑事法庭来对严重违反国际人道法的罪行进行起诉。[①]《塞拉利昂特别法庭协定》(The Special Court Agreement)[②] 和《塞拉利昂特别法庭规约》[③] 签订后，又由塞拉利昂议会于2002年3月通过《批准法案》予以批准：The Special Court Agreement and The Special Court Statute were ratified by the Sierra Leone parliament in March 2002 through the Ratification Act that explicitly states："The Special Court shall not form part of the Judiciary of Sierra Leone."[④] Nor is the Special Court，unlike the two ad hoc tribunals for the former Yugoslavia and Rwanda，linked to the United Nations. It is therefore an independent international criminal tribunal。

塞拉利昂特别法庭是一个独立的司法机构，它不属于塞拉利昂司法系统的一部分。塞拉利昂特别法庭的属时管辖权开始于1996年11月30日，这个时间是最早的停火协议即《阿比让协定》(the Abidjan Accord) 签署的日期；塞拉利昂特别法庭的属人管辖权则限于那些"对严重违反国际人道法和塞拉利昂法的行为承担最大责任的人员"[⑤]。在法庭审判分庭和上诉庭的法官中，少数人由塞拉利昂政府任命，其他法官由联合国秘书长任命。[⑥] 正是这种人员结构安排以及规约中包含国内法的罪行的情况，联合国秘书长将特别法庭描述为"有着混合管辖权限和人员组成的自成一格的条约性法庭"[⑦]。

在塞拉利昂特别法庭的规约中含有国内性质的因素。如果说前南和卢旺达两个特设法庭是作为联合国安理会的附属机构而成立，那么塞拉利昂特别法庭是一个独立性质的国际刑事法庭，它与联合国安理会没有隶属关系。这是塞拉利昂特别法庭与联合国两个特设法庭最不一样的地方。

二、关于塞拉利昂特别法庭的合法性的决定

2004年3月13日，塞拉利昂特别法庭作出了一个关于赦免是否合法的重要裁定。[⑧] 该法庭的上诉庭认为，塞拉利昂国内战争中的交战双方人员根据《洛美和平协议》所获得的赦免，将不妨碍特别法庭对这些人员进行起诉。这个决定虽是关于赦免问题，但里面涉及该法庭管辖权及合法性问题。

1999年7月7日，革命联合阵线（联合阵线）(the Revolutionary United Front，RUF) 与

---

① UN Doc. S/Res/1315 (2000)，2000-08-14.

② Agreement between the United Nations and the Government of Sierra Leone on the Establishment of a Special Court for Sierra Leone，Annex to the Report of the Secretary-General on the Establishment of a Special Court for Sierra Leone，UN Doc. S/2000/915，4 October 2000.

③ Statute of the Special Court for Sierra Leone，enclosed to the Report of the Secretary-General on the Establishment of a Special Court for Sierra Leone，UN Doc. S/2000/915，4 October 2000.

④ 《塞拉利昂特别法庭协定》第11条第2款，2002年《批准法案》，载2002年《塞拉利昂公报》附录，第130卷，第2期，2002-03-07。

⑤ 《塞拉利昂特别法庭协定》第1条。

⑥ 参见《塞拉利昂特别法庭协定》第12条。

⑦ Report of the Secretary-General on the Establishment of a Special Court for Sierra Leone，UN Doc. S/2000/915，4 October 2000，p. 9.

⑧ The Prosecutor v. Morris Kallon and Brima Buzzy Kamara，Special Court for Sierra Leone，SCSL-2004-15-AR72 (E) and SCSL-2004-16-AR72 (E)，Decision on Challenge to Jurisdiction：Lomé Accord Amnesty (Appeals Chamber，13 March 2004).

塞拉利昂政府在多哥城市洛美签署了一个和平协议[①]，即《洛美和平协议》。协议第 9 条规定，made broad concessions to the Revolutionary United Front including, among other things, a blanket amnesty in order to calm the decade-long civil war。[②]

The United Nations Special Representative of the Secretary-General for Sierra Leone appended a disclaimer to the agreement, stating that the amnesty provision therein would not apply to international crime of genocide, crimes against humanity, war crimes and other serious violations of international humanitarian law. [③]

塞拉利昂特别法庭的属事管辖权包括"反人道罪"，"严重违反 1949 年日内瓦四公约共同第三条及其 1977 年第二议定书的行为"，以及"其他严重违反国际人道法罪行"，以及塞拉利昂国内法中的罪行，如塞拉利昂国内法中所规定的严重虐待女童与肆意毁损财产的行为。[④] 因为联合国秘书长特别代表的声明，《塞拉利昂特别法庭规约》第 10 条规定：An amnesty granted to any person falling within the jurisdiction of the Special Court in respect of the crimes referred to in articles 2 to 4 of the present Statute shall not be a bar to prosecution。

从国际法角度看，《洛美和平协议》属于《维也纳条约法公约》意义上的国际条约，对塞拉利昂政府具有约束力。既然塞拉利昂政府在协议中对联合阵线作出让步，保证对其实施全面地赦免，那么所有参加武装冲突的人员根据协议都将无条件和无限制地获得大赦。因此，被告的律师在 the Prosecutor v. Morris Kallon and Brima Buzzy Kamara 案中认为，一个国际条约即《洛美和平协议》产生的义务，在没有得到该协议其他缔约方同意的情况下不能被以后所订立的条约改变，因此，当塞拉利昂政府在这以后与联合国缔结协定时，它已经违反了其先前所承担的国际义务。《洛美和平协议》要求塞拉利昂政府保证对联合阵线的成员以及参加冲突的其他人员不采取任何"官方或司法行为"[⑤]，这里的"行为"当然也包括同意设立一个国际法庭的协定——这明显地属于"司法或者官方"行为。

塞拉利昂特别法庭"程序与证据规则"第 72 条 E 款规定，如果涉及法庭管辖权问题，审前动议将被移送至上诉庭决定。所以，这个审前动议就由上诉庭直接来审理。

塞拉利昂特别法庭的上诉庭首先审查了《洛美和平协议》的地位问题。上诉庭认为：The mere fact that insurgents are subject to international humanitarian law may not lead to the conclusion that they are provided with an international personality under international law. The fact that the Sierra Leone government regarded the RUF as an entity with which it could enter into an agreement could not suffice for concluding that the RUF had international treaty-making capacity, since no other State granted them recognition as an entity under international law。[⑥]

对塞拉利昂特别法庭来说，如果联合国和其他第三国在《洛美和平协议》上签字，并不一

---

① Peace Agreement between the Government of Sierra Leone and the Revolutionary United Front of Sierra Leone of 7 July 1999, Lomé, UN Doc. 1999/777.

② 参见《洛美和平协议》，第 11 条。

③ Seventh Report of the Secretary-General on the United Nations Mission in Sierra Leone, UN Doc. S/1999/836, 30 July 1999, para. 7.

④ 参见《塞拉利昂特别法庭规约》第 2 条至第 5 条。

⑤ 《塞拉利昂特别法庭规约》第 24 条。

⑥ The Prosecutor v. Morris Kallon and Brima Buzzy Kamara, Special Court for Sierra Leone, SCSL-2004-15-AR72 (E) and SCSL-2004-16-AR72 (E), Decision on Challenge to Jurisdiction: Lomé Accord Amnesty (Appeals Chamber, 13 March 2004), p. 47.

定就可以将该协议归入国际条约的类别，从而对所有签字方都产生义务。[①] 联合国和其他第三国有时只是起“道义上保证”的作用，目的是使双方能善意地履行《洛美和平协议》。这种道义上的保证并不等于法律义务。一项国际条约，从性质上讲是为了在缔约方之间创设权利和义务，而《洛美和平协议》只是创设了恢复和平的实际情势，它并没有规定国际法所规范的权利和义务。[②]

在国际法对赦免限制问题上，塞拉利昂特别法庭的上诉庭提到了国际法上的“普遍管辖原则”(universal jurisdiction)。上诉庭认为：如果管辖权属于普遍性质，那么一个国家就不能通过赦免方式来剥夺其他国家对违法者进行起诉的权力。另外，它还通过对第二次世界大战后的纽伦堡国际军事法庭案例与以色列 Eichmann 案分析后认为，《塞拉利昂特别法庭规约》第 2 条至第 4 条所列举的罪行都属于国际罪行，都是根据普遍管辖原则要予以起诉的罪行。保护人类尊严是一项强行法规范，它体现了“对所有人而言义务的本质”的事实。[③] The grant of an amnesty for international crime therefore is not only in breach of international law, “but is in breach of an obligation of a State towards the international community as a whole”[④].

塞拉利昂特别法庭上诉庭认为对国际罪行予以大赦违反了国际法，也是对国家对整个国际社会所承担义务的违背；但同时也承认：There is not customary rule prohibiting national amnesty law, but only a development towards an exclusion of such laws in international law。

除了《洛美和平协议》的法律地位和赦免问题以外，塞拉利昂特别法庭上诉庭就法庭是否具有管辖权以及依据规约或协议所成立法庭的合法性问题作出了裁决：The Appeals Chamber held that it is not vested with power to declare statutory provisions of its own constitution unlawful. Only in cases where it could be established that the provisions in question, in terms of Article 53 or Article 64 of the Vienna Convention on the Law of Treaties or under customary international law, were void would the Appeals Chamber be empowered to undertake such a measure. However, no foundation for the applicability of these provisions had been provided by the parties。[⑤]

此外，the Chamber explicitly finds that the Tadic jurisdiction of the ICTY cannot be considered as authority, since the conditions were not alike. The ICTY was established by a Security Council resolution, whereas the Special Court of Sierra Leone is a treaty-based tribunal. The Tadic Decision only discussed the extent of powers of the Security Council to establish an international criminal court. It did not involve the validity of the provisions of a treaty. The judges nonetheless recognized that the situation would be different where a court is duly established to be called upon to declare the limits of its powers。[⑥]

塞拉利昂特别法庭上诉庭的裁决尽管也是关于法庭成立的合法性问题，但它的结论与前南国际刑事法庭上诉庭在 Tadic 案中的裁定有很大的不同，归纳下来，有以下几个要点：第一，塞拉利昂特别法庭与前南国际刑事法庭在性质上不一样，前南国际刑事法庭由联合国安理会通

---

① The Prosecutor v. Morris Kallon and Brima Buzzy Kamara, Special Court for Sierra Leone, SCSL-2004-15-AR72 (E) and SCSL-2004-16-AR72 (E), Decision on Challenge to Jurisdiction: Lomé Accord Amnesty (Appeals Chamber, 13 March 2004), pp. 37 - 42.

② Ibid., p. 42.

③ Ibid., p. 71.

④ Ibid., p. 73.

⑤⑥ Ibid., pp. 61-65.

过决议设立，而塞拉利昂特别法庭通过订立条约而设立。第二，前南国际刑事法庭在 Tadic 案中就管辖权问题所作的决定[1]，在本法庭的案审中不能被视为权威性的意见，因为两个案例的具体情形并不相同。Tadic 案的决定只是限于讨论联合国安理会设立国际刑事法庭的权限范围，并不涉及条约规定的有效性问题。第三，塞拉利昂特别法庭是根据条约设立的，所以它不具有审议法庭规约合法或不合法的权力。

塞拉利昂特别法庭上诉庭在其裁决中还提到了《维也纳条约法公约》的第 53 条和第 64 条。该公约第 53 条规定：A treaty is void if, at the time of its conclusion, it conflicts with a peremptory norm of general international law。第 64 条规定：If a new peremptory norm of general international law emerges, any existing treaty which is in conflict with that norm becomes void and terminates。

塞拉利昂特别法庭依据双边协定而设立，其司法审判权主要是来源于塞拉利昂国家基于属地和属人原则的管辖权。如果从国际法原则上讲，一个国家只有缔结条约才能将自己所拥有的权力和权限授予他方（nemo plus juris transferre potest quam ipse habet），所以，塞拉利昂特别法庭只能通过这种转让权力的方式得到管辖权。

基于《维也纳条约法公约》中关于条约在缔结时与一般国际法强制规则抵触时无效，以及任何现有条约之规定与该项规则抵触者即成为无效而终止的规定，塞拉利昂特别法庭认为：如果根据《维也纳条约法公约》第 53 条或第 64 条，或者如果根据习惯国际法，《塞拉利昂特别法庭规约》是无效的，则塞拉利昂特别法庭的成立有可能是不合法的。然而，当事方都没有提供能够适用上述规定的基础。[2] 基于这些论点，塞拉利昂特别法庭上诉庭驳回了被告对设立该法庭合法性问题的挑战。

CASE STUDY

联合国与塞拉利昂政府的特别协定

Agreement between The United Nations and The Government of Sierra Leone on The Establishment of A Special Court for Sierra Leone

WHEREAS the Security Council, in its resolution 1315 (2000) of 14 August 2000, expressed deep concern at the very serious crimes committed within the terri-tory of Sierra Leone against the people of Sierra Leone and United Nations and associated personnel and at the prevailing situation of impunity;

WHEREAS by the said resolution, the Security Council requested the Secretary-General to negotiate an agreement with the Government of Sierra Leone to create an independent special court to prosecute persons who bear the greatest responsibility for the commission of serious violations

---

[1][2] The Prosecutor v. Morris Kallon and Brima Buzzy Kamara, Special Court for Sierra Leone, SCSL-2004-15-AR72 (E) and SCSL-2004-16-AR72 (E), Decision on Challenge to Jurisdiction: Lomé Accord Amnesty (Appeals Chamber, 13 March 2004), p. 57.

of international humanitarian law and crimes committed under Sierra Leonean law;

WHEREAS the Secretary-General of the United Nations (hereinafter "the Secretary-General") and the Government of Sierra Leone (hereinafter "the Government") have held such negotiations for the establishment of a Special Court for Sierra Leone (hereinafter "the Special Court");

NOW THEREFORE the United Nations and the Government of Sierra Leone have agreed as follows:

Article 1

Establishment of the Special Court

1. There is hereby established a Special Court for Sierra Leone to prosecute persons who bear the greatest responsibility for serious violations of international humanitarian law and Sierra Leonean law committed in the territory of Sierra Leone since 30 November 1996.

2. The Special Court shall function in accordance with the Statute of the Special Court for Sierra Leone. The Statute is annexed to this Agreement and forms an integral part thereof.

Article 2

Composition of the Special Court and appointment of judges

1. The Special Court shall be composed of a Trial Chamber and an Appeals Chamber with a second Trial Chamber to be created if, after the passage of at least six months from the commencement of the functioning of the Special Court, the Secretary-General, or the President of the Special Court so request. Up to two alternate judges shall similarly be appointed after six months if the President of the Special Court so determines.

2. The Chambers shall be composed of no fewer than eight independent judges and no more than eleven such judges who shall serve as follows:

(a) Three judges shall serve in the Trial Chamber where one shall be appointed by the Government of Sierra Leone and two judges appointed by the Secretary-General, upon nominations forwarded by States, and in particular the member States of the Economic Community of West African States and the Commonwealth, at the invitation of the Secretary-General;

(b) In the event of the creation of a second Trial Chamber, that Chamber shall be likewise composed in the manner contained in subparagraph (a) above;

(c) Five judges shall serve in the Appeals Chamber, of whom two shall be appointed by the Government of Sierra Leone and three judges shall be appointed by the Secretary-General upon nominations forwarded by States, and in particular the member States of the Economic Community of West African States and the Commonwealth, at the invitation of the Secretary-General.

3. The Government of Sierra Leone and the Secretary-General shall consult on the appointment of judges.

4. Judges shall be appointed for a three-year term and shall be eligible for re-appointment.

5. If, at the request of the President of the Special Court, an alternate judge or judges have been appointed by the Government of Sierra Leone or the Secretary-General, the presiding judge of a Trial Chamber or the Appeals Chamber shall designate such an alternate judge to be present at

each stage of the trial and to replace a judge if that judge is unable to continue sitting.

Article 3

Appointment of a Prosecutor and a Deputy Prosecutor

1. The Secretary-General, after consultation with the Government of Sierra Leone, shall appoint a Prosecutor for a three-year term. The Prosecutor shall be eligible for reappointment.

2. The Government of Sierra Leone, in consultation with the Secretary-General and the Prosecutor, shall appoint a Sierra Leonean Deputy Prosecutor to assist the Prosecutor in the conduct of the investigations and prosecutions.

3. The Prosecutor and the Deputy Prosecutor shall be of high moral character and possess the highest level of professional competence and extensive experience in the conduct of investigations and prosecutions of criminal cases. The Prosecutor and the Deputy Prosecutor shall be independent in the performance of their functions and shall not accept or seek instructions from any Government or any other source.

4. The Prosecutor shall be assisted by such Sierra Leonean and international staff as may be required to perform the functions assigned to him or her effectively and efficiently.

…… ……

思考题

1. 塞拉利昂特别法庭是通过订立条约设立的，根据《维也纳条约法公约》该如何解释?

2. 前南国际刑事法庭在 Tadic 案中就管辖权问题的意见是否对塞拉利昂特别法庭具有拘束力?

3. 塞拉利昂特别法庭是否具有审查该法庭合法性问题的权力?

4. 《洛美和平协议》是否属于《维也纳条约法公约》一般意义上的条约?

本章小结

1. 随着国际人权法的发展，“法无明文不为罪”已成为国际刑法的最基本原则之一，所有国际刑事司法机构都不可否认地坚持这个原则。由一个依法建立的法庭来决定被控方的权利，是“为文明各国承认的一般法律原则”，也是国际法的组成部分。联合国安理会要遵守法律，其决定也必须有法律根据。

2. 前南国际刑事法庭和卢旺达国际刑事法庭是联合国安理会成立的。在 Tadic 案中，前南国际刑事法庭在审查该法庭及其规约合法性问题上，尽管它承认“不是一个为审议联合国机构的行动而设立的宪法法院”，但为了刑法上的原则和维护被告的权益，在前南国际刑事法庭管辖权方面还是进行了讨论并作出了决定，从而确认该法庭具有一定司法职能和管辖权限的合法性。这符合国际法法理，也符合国际人权法在当今国际社会的发展趋势。

3.《联合国宪章》第七章中没有任何直接提到联合国安理会设立国际刑事法庭的规定，但对法律的解释和理解，包括逻辑性的推理等，是一个全面解读法律条文的必要过程。塞拉利昂特别法庭上诉庭关于法庭成立的合法性问题，其结论与前南国际刑事法庭上诉庭在 Tadic 案中的裁定有很大不同，这是因为两个法庭成立的方式和途径不同。这同时表明：环境、事实或其他相关因素不同，在法律上得出的结论可能也不同。

4.《塞拉利昂特别法庭规约》第 14 条要求特别法庭将《卢旺达国际刑事法庭程序与证据规则》在作必要修改的前提下接受为该特别法庭的规则，具体地说：塞拉利昂法庭的法官只有"在可适用的规则未对某一特殊情况作出规定或未充分规定的情况下"才能对之进行修改。该法庭"程序与证据规则"第 72 条明确规定了对管辖权的异议。这一规定也存在于前南国际刑事法庭和卢旺达国际刑事法庭的"程序与证据规则"之中。事实上，Tadic 案的决定以及两个特别法庭的其他决定已被解释为赋予被告质疑法庭设立和法庭有关规定合法性权利的规定。塞拉利昂特别法庭法官认为他们没有被赋予审议规约规定合法性的权力。这一论点不知是否能从法理和逻辑上让人完全信服。

QUESTIONS AND COMMENTS

1. Since World War II, principles of legality have been recognized in all the world's major criminal justice systems and, then, also in international criminal justice.
2. The principle nullum crimen sine lege, which exists in some national legal systems, is also applicable in international criminal law.
3. The Decision in Tadic case shows that it is true that an international criminal law does not always regulate all details. By employing a system of general definition, it sometimes leaves the judge not only to interpret it, but also to determine how to apply it.
4. Internatinal criminal law as it is now, and certainly as it was in 1945, requires the existence of a legal prohibition arising under conventional or customary international law, and which defines a certain conduct as criminal, punishable or prosecutable, or violative of international law.

第六章 管辖豁免问题

引言

管辖豁免是国际法的一项重要原则，根据这个原则，一国行为及财产不受另一国的司法管辖，其内容当然包括对他国国家元首及外交人员的刑事管辖豁免。然而，通过20世纪国际法在追究个人刑事责任方面的发展，尤其是国际刑事实践近些年来的发展，可以看到现代国际法上开始强调追究个人刑事责任，主张任何个人（自然人）如果犯有国际罪行都必须承担刑事责任。这对传统国际法豁免原则产生了很大的影响和冲击。

重点问题

- ❑ 传统国际法上关于管辖豁免的规定
- ❑ 官方身份无关论
- ❑ 国际刑法追究个人责任的实践
- ❑ 惩治国际犯罪对管辖豁免理论的影响和冲击

第一节 传统国际法与管辖豁免理论

要了解国际刑法的发展对传统国际法豁免原则产生的影响和冲击，就得首先知道传统国际法上关于管辖豁免的理论与实践。管辖豁免主要是指司法管辖豁免，国际法上的管辖豁免主要是指国家元首及外交人员等因为国际法规定的特权而免受他国的司法管辖。

一、管辖豁免的基本概念

管辖豁免是国际法一项非常古老的原则。外国国家元首、国家代表及该国位于外国境内的财产豁免于当地法律管辖的原则，或许是整个国际法中最为古老的部分。正如国外有的国际法学者所说，immunity for State representatives derives from deeply rooted doctrines of international law aimed at facilitating relations between States，in part by preventing the authorities of one jurisdiction from interfering with the sovereignty of another。①

国家享有管辖豁免是因为主权的关系。国家在国际法上一般都拥有主权，可以独立自主地进行对外交往，行使国际法上的权利和履行国际法上的义务。这种由主权所决定的完全权利能力和行为能力是国际法其他主体所没有的。国际法对管辖豁免原则引用最为普遍的，是美国最高法院 Marshall 法官对 The Schooner Exchange v. McFaddon 案所作的判决，他认为：

This full and absolute territorial jurisdiction being alike the attribute of every sovereign，and being incapable of conferring extra-territorial power，would not seem to contemplate foreign sovereigns nor their sovereign rights as its objects. One sovereign being in no respect amenable to another，and being bound by obligations of the highest character not to degrade the dignity of his nation，by placing himself or its sovereign rights within the jurisdiction of another，can be supposed to enter a foreign territory only under an express license，or in the confidence that the immunities belonging to his independent sovereign station，though not expressly stipulated，are reserved by a implication，and will be extended to him.

This perfect equality and absolute independence of sovereigns，and this common interest compelling them to mutual intercourse，and an interchange of good offices with each other，have given rise to a class of cases in which every sovereign is understood to waive the exercise of a part of that complete exclusive territorial jurisdiction，which has been stated to be the attribute of every nation. ②

Marshall 法官把在本国领土内的一国管辖权解释为"必然是排他性的和绝对的"，并在随后所列举的例子中认为，主权者本人在外国领土上免受逮捕或监禁、外交部长的豁免以及外国军队在取得许可的条件下过境等。

在国际法上，国家主权是指国家独立自主地处理其对内、对外事务的最高权力。国家主权在国际法上最基本的特征是：(1) 主权是国家最重要的属性，若没有主权，称不上是真正的国家。(2) 主权在国内表现为领土最高权，即国家对其领土内的一切人、物和事件享有排他的管辖权；对外关系上表现为独立权，以及在其独立受到威胁或侵犯时的自卫权。这样构成完整的主权概念。(3) 国家都有主权，都是最高的和独立的，因此也是平等的。按照"平等者之间无管辖权"的格言，主权者负有互相尊重对方主权的义务，所有国家应同等地受国际法的拘束。

国际法学者 Ian Brownlie 教授认为，管辖豁免理论主要是依据两个原则：第一个原则是

---

① Bruce Broomhall，*International Justice and the International Criminal Court*，Oxford University Press，2003，p. 129.

② Ian Brownlie，*Principles of Public International Law* (fourth edition)，Clarendon Press，Oxford，1999，p. 325.

“平等者之间无管辖权”，第二个是“不得干涉他国内政”。他认为：It is helpful to distinguish two principles on which sovereign immunity rests. The one，expressed in the maxim par in parem non habet jurisdictionem，is concerned with the status of equality attaching to the independent sovereign：legal persons of equal standing cannot have their disputes settled in the courts of one of them. This principle is satisfied if a sovereign state waives its immunity：the consent given upholds the status of equality...The other principle on which immunity is based is that of non-intervention in the internal affairs of other states. This produces an area of issues which are in essence non-justiciable...It is difficult to catalogue such issues but the nature of the subject matter will lead a municipal court to accept that it is not an appropriate forum and can do nothing useful or effective。①

二、外交代表的人身豁免权

国家相互之间享有管辖豁免，其结果就是其外交代表也享有人身豁免权。

国际法上常说的外交关系，是指国与国之间进行的国际交往的关系，换句话说，就是国家相互之间运用谈判、会议和缔约的方法，以及互设常设外交代表机构所形成的关系。国家对外关系包括政治、经济、文化、外交等方面的关系。这种外交关系既受国家总体对外关系的制约或影响，又为国家一般对外关系的实现、发展和调整提供了途径。在现代国际社会，任何国家的发展都离不开与其他国家之间关系的发展。

外交关系是服务于国家对外政策的一种法律形式，具体要由人来操作。一般常说的外交活动，就是指国家为实现其对外政策，由国家元首、政府、外交部门、外部代表机关等进行的诸如访问、谈判、交涉、发出外交文件、缔结条约、参加国际组织和国际会议等对外活动。一个国家有哪些人从事外交活动，应由每个国家自己决定。但从国际法实践来看，一国从事外交活动的中央机关主要有国家元首、政府和外交部门，这些机关按其本国宪法及法律各有自己的职权范围，而在国际法上，都是本国与外国开展外交关系的代表。

国家元首是一国在对外关系上的最高机关，它可以是个人，也可以是集体。在对外关系上，国家元首所作出的一切有法律意义的行为，均被视为其所代表的国家的行为。国家元首在对外关系上的职权由本国宪法规定，一般说来，这方面的职权主要有：派遣和接受外交使节、批准和废除条约、宣战和媾和等。国家元首在他国享有完全的外交特权和豁免，以及最高之礼遇。

政府是一国的最高行政机关，也是国家对外关系的领导机关。政府在外交方面具有广泛的职权，大体有：同外国政府谈判、签订条约，签发某些本国谈判、会议和缔约代表的全权证书，任免一定等级的外交人员等。政府首脑在对外关系上居于首要地位，可以直接进行外交谈判，参加国际会议，签订条约，同外国政府首脑发表共同声明和公报等。有的国家如美国，其国家元首亦为政府首脑。政府首脑在国外享有全部的外交特权和豁免。

外交特权与豁免，是指按照国际法有关协议由接受国给予的特别权利和优遇。因外交代表享受的豁免亦是一种特权，故可简称为外交特权。《维也纳外交关系公约》第29条规定：The person of a diplomatic agent shall be inviolable. He shall not be liable to any form of arrest or deten-

① Ian Brownlie，*Principles of Public International Law*（fourth edition），Clarendon Press，Oxford，1999，pp. 324-325.

tion. The receiving state shall treat him with due respect and shall take all appropriate steps to prevent any attack on his person, freedom or dignity。

外交特权和豁免的给予，是为了使使馆和外交代表可以在不受接受国的干扰和压力之下，自由地代表本国进行谈判，自由地与本国政府联系，简言之，使其不受妨碍地顺利执行职务，是国家之间保持外交关系所不可或缺的。所以，《维也纳外交关系公约》是以职务需要说为依据，同时也考虑了代表性说而制定的。该公约序言指出“……此等特权与豁免之目的不在于给予个人以利益而在于确保代表国家之使馆能有效执行职务”。另外，《维也纳外交关系公约》第30条规定：1. The private residence of a diplomatic agent shall enjoy the same inviolability and protection as the premises of the mission. 2. His papers, correspondence, and, except as provided in paragraph 3 of Article 31, his property, shall likewise enjoy inviolability。

《维也纳外交关系公约》第31条第1款更是明确地规定：A diplomatic agent shall enjoy immunity from the criminal jurisdiction of the receiving State。

综上所述，《维也纳外交关系公约》清楚地制定了有关外交代表特权与豁免的规定。除了“使馆馆舍不可侵犯”及“档案和文件不可侵犯”以外，这些特权与豁免还包括：“人身不可侵犯”，也就是说外交代表不受任何方式的逮捕或拘禁；“外交代表对接受国的刑事管辖享有豁免权”，所以，外交代表对接受国的民事、行政管辖等，都享有豁免的权利。除非外交代表的管辖豁免由派遣国明示放弃，接受国对外交代表原则上不得采取执行措施。

《维也纳外交关系公约》的这些规定，其实都已成了国际习惯法的一部分。联合国国际法院对此评论说：The Vienna Conventions [of 1961 and its 1963 companion on Consular Relations], which codify the law of diplomatic and consular relations, state principles and rules essential for the maintenance of peaceful relations between States and accepted throughout the world by nations of all creeds, cultures and political complextions。①

CASE STUDY

美国驻德黑兰的外交和领事人员遭绑架案
（美国诉伊朗，国际法院，1980）②

1979年11月4日，在美国驻德黑兰使馆外示威的一部分伊朗人袭击了美国使馆。美国使馆的整个馆舍被侵占，美国使馆人员和当时位于使馆内的来宾均遭逮捕。此后不久，美国驻伊朗大不里士和设拉子的领事馆也在伊朗当局未采取任何制止措施的情况下遭到占领。占领者一直控制着上述美国使领馆，他们洗劫了使馆及其领事部的档案和文件，并将至少28名使馆外交人员、至少20名使馆行政技术人员和其他两名美国国民扣押在使馆馆舍内作为人质。此外，美国驻伊朗代办及另两位外交人员也被扣押在伊朗外交部的建筑物之内。

在美国的外交和领事人员遭绑架后，美国于1979年11月29日向国际法院对伊朗提起诉讼，请求法院判决并宣布：伊朗政府因容许、鼓励以及未加防止和惩处伊朗人侵犯美国使领馆

---

①② United States Diplomatic and Consular Staff in Tehran (United States of America v. Iran), Judgment of 24 May 1980.

及其人员的行为，违反了它根据 1961 年《维也纳外交关系公约》、1963 年《维也纳领事关系公约》、1973 年《关于防止和惩处侵害应受国际保护人员包括外交代表的罪行的公约》、1955 年《美伊友好、经济关系和领事权利条约》和《联合国宪章》的有关条款对美国所负的国际法律义务。

1980 年 5 月 24 日，国际法院就本案实质问题作出了判决，认为：作为外交代表接受国的伊朗有义务采取适当措施保护美国使馆不受侵犯。在 1979 年 11 月 4 日的事件中，伊朗当局对于袭击使馆的行为没有采取任何预防和制止措施，也没有迫使袭击者撤出使馆馆舍和释放人质。在美国使馆遭到占领以后，伊朗政府有义务采取一切适当措施以结束对使馆馆舍及使馆人员的侵犯，并赔偿由此造成的损害，但它并没有履行这些义务，反而立即对这些侵犯行为表示认可，并决定长期维持这些行为所造成的局面，以此作为对美国施加压力的手段。在这种情况下，袭击者的行为转化为伊朗国家的行为，袭击者成为伊朗的国家机关，伊朗国家应对他们的行为承担国际责任。

思考题

1. 国家主权原则与国际法上的豁免权之间是什么样的联系？

2. 为什么从事外交活动的人员，如国家元首、政府首脑、外交部、外部代表机关等，能享有人身豁免权？

3.《维也纳外交关系公约》在外交代表特权与豁免方面有哪些规定？

4. 一个国家如果侵犯了对他国的外交特权与豁免权，要承担什么形式的国家责任？

第二节 追究个人刑事责任与管辖豁免原则

国际刑法的作用就是通过惩治来预防和打击国际犯罪，以维护世界正常的和平秩序。国际刑法中所设立的公诉机制，就是通过设立对犯有国际不法罪行的人予以起诉和惩治的机制，来达到保障整个国际社会基本人权不受伤害的目的。所以，国际刑法的发展势必对传统国际法上的豁免原则产生影响和冲击。

一、国际刑法发展对管辖豁免原则的影响

管辖权是一个国家主权的重要组成部分，国家主权是平等的，“平等者之间无管辖权”(par in parem non habet jurisdictionem)。因此，一个国家的主权不能凌驾于另一个国家之上，从而排除了一个国家从属于另一个国家的可能性，也排除了国家间相互管辖或支配的可能性。然而，由于国际刑法的发展，原来传统国际法上的管辖豁免问题在理论和实践方面都需要在新形势下重新得到审议。

国际刑法上追究个人刑事责任与国际法有直接的、内在的联系。国家责任的理论与实践是传统国际法重要的组成部分之一。根据国家责任原则，一个国家机关或政府的代理人，如果犯有国际不法行为，就会产生国际法上的国家责任。相对由于国家代理人而使国家承担国际法上"国家责任"之说，现代国际法上开始强调追究"个人刑事责任"，也就是说，任何个人（自然人）犯有国际罪行，就必须为此承担个人刑事责任。

从理论上讲，国家官员之所以享有豁免权，是因为这些官员的官方地位和对外交往的需要。只要他们拥有某些官职，就会享有此种身份豁免权（personal immunity）。传统国际法上，这些官员首先是国家元首、政府首脑和外交部长①，同时也包括外交官和其他在国外执行国家特殊使命的官员。②

从逻辑上讲，这些在国际交往中担负主要职责的国家官员享有这些豁免权，是国际关系和国际合作平稳发展的需要，是国家相互之间进行有效交往与沟通的需要，因此，这种豁免权的存在对于保持国家间的和平共处与合作是十分必要的。正如本章第一节中所引述的、国际法院在 1980 年美国诉伊朗的绑架案判决中所声明的那样，《维也纳外交关系公约》明确了维护国家之间和平关系的主要原则，并被世界各国接受。所以从传统国际法的角度讲，作为国家主权平等原则的结果，国家及其代表在国际上就自然享有免受其他国家司法管辖的权利，其目的是确保国家不会受到他国不正当的干涉。

然而，随着国际人权法和国际人道法的发展，现在又产生了一些较新的国际法原则，它们以人道价值为基础，并把某些严重侵犯国际社会利益的行为界定为国际罪行，并要求对那些犯了国际罪行的个人追究刑事责任。

在第二次世界大战以后，国际社会为了惩治德国纳粹和日本法西斯而成立了纽伦堡国际军事法庭和远东国际军事法庭，以清算他们在战争中的暴行。通过对这些罪大恶极的战犯的审判，国际法上开始出现"官方身份无关性"（irrelevance of official position）的原则，即：不管担任国家或政府怎样的官职，只要犯有国际法上的罪行，就都要被惩处。《纽伦堡国际军事法庭宪章》第 7 条就明确规定：The official position of defendants, whether as Heads of State or responsible officials in Government Departments, shall not be considered as freeing them from responsibility or mitigating punishment。

联合国大会在 1946 年 12 月 11 日的 95（1）号决议中肯定了《纽伦堡国际军事法庭宪章》第 7 条，重申了关于被告的官职不得作为免除其刑事责任理由的规定，明确国家元首犯有国际罪行时不能适用豁免权。后来，联合国国际法委员会在 1950 年确认了由《纽伦堡国际军事法庭宪章》和法庭审判所确立的国际法原则：犯有国际法上严重罪行的人在犯罪行为发生时其作为国家元首或负责的政府官员的事实不能免除其在国际法下的刑事责任。这个国际法豁免权的例外可能扩大到国际和国内的刑事管辖范围中，这样，犯罪官员非国籍所属国就可以依据这个例外并运用普遍管辖的原则在本国国内法院起诉这些人。

联合国国际法委员会在编纂 1954 年《惩治危害人类和平与安全治罪法草案》时坚持了"与官职地位无关"原则，并指出，其不仅适用于一般的官员，也适用于国家元首。在 1996 年的治罪法草案中国际法委员会同样坚持了这条原则。另外，根据 1948 年《种族灭绝罪公约》

① See Judgment of Case Concerning Arrest Warrant (Congo v. Belgium), I. C. J., 2002, para. 47.

② 参见 1961 年《维也纳外交关系公约》第 29、31 条，1969 年《联合国特别使团公约》。

第4条、1973年《种族隔离法案》第3条和1984年《反对酷刑公约》第2条与第12条的规定，国家元首和其他官员如果违反这些国际条约的规定，也都不能享有不被刑事起诉的豁免权。因此，对于他们的这些行为，不论国内司法机构还是国际司法机构，都可以予以起诉。

国际法以上这些关于追究个人刑事责任的规定和规则表明，不管是什么人，也不管是从法律意义上（de jure）讲还是从事实上（de facto）讲，即使是因为代表国家利益犯有国际罪行，也不能享有司法豁免权，也要被追究其个人在国际刑法上的刑事责任。

二、不予豁免国际实践的尝试

对国家和政府官员所犯国际罪行不予豁免，在国际法上有一个发展过程。它随着国际刑法的发展以及国际社会要求惩治国际犯罪行为呼声的提高，为了防止出现导致犯罪人逃脱惩罚的情况才开始强调对所有的人都要追究个人刑事责任[①]，并开始对涉嫌犯有国际罪行的国家领导人予以追究刑事责任的实践。

在传统国际法上，没有关于对国家要加以刑事制裁的规则。事实上，国家是个抽象的概念，不可能将国家作为一个集体来实施刑事方面的制裁。另外，传统国际法对于那些被怀疑实施国际罪行的国家领导人或其他负责人，也没有要追究其个人刑事责任的规定。究其原因，是因为他们的行为一般认为是代表国家的行为，个人不应负刑事责任。[②] 传统的国际法文件，如1907年《陆战法规和惯例公约》第3条规定，交战国（也就是国家）对于它的军队下属个人的一切行为负责任。换句话说，在传统国际法上个人对国家行为无须承担个人刑事责任。

第一次世界大战于1918年刚结束时，在国际法上出现了一种比较新的观念，即国家的一些行为，特别是与侵略战争有关的行为，也可以构成刑事责任。理论上讲，虽然不可能对犯有国际罪行的那个集体实施刑事制裁，但对于具体犯有国际罪行的国家领导人以及其他负责人，仍是可以而且应该加以制裁的。因为从某种意义上讲，国家的国际不法行为，实质上也就是对这种行为实际负责的个人的国际犯罪行为。因此，应该对个人实施刑事制裁。

纵览国际刑法的发展历史，第一次起诉和审判政府高级负责人的尝试正是发生在第一次世界大战刚刚结束时。由于那次世界大战的空前规模以及它给人们所造成的史无前例的痛苦和牺牲，整个国际社会对于大战的发动者德皇和德政府领导人怀有深深的仇恨，认为必须对他们予以严厉惩罚。于是，在第一次世界大战后签署的《凡尔赛条约》(The Treaty of Versailles of 28 June 1919）中明确规定，同盟国及协约国将组织特别法庭审讯德国皇帝威廉二世（William II of Hohenzollern)：Under Article 227 of the Treaty of Versailles, the Allied and Associate Powers, "publicly arraign [ed] William II of Hohenzollern, formerly Germany Emperor, for a supreme offence against international morality and sanctity of treaties" . Article 227 further stipulated that, "A special tribunal will be constituted to try the accused, thereby assuring him the guarantees essential to the right of defence. It will be composed of five judges, one appointed by each of the flowing powers: namely, the United States of America, Great Britain, France, Italy and Japan"。

---

① See International Law Association: Final Report on the Exercise of Universal Jurisdiction in Respect of Gross Human Rights Offences, Committee on International Human Rights Law and Practice, London Conference, 2000, p. 2.

② 中国受害者就日本在侵华期间因为日军使用细菌化学武器所受到的伤害，曾多次在日本法庭要求追究其责任并予以赔偿。但所有这些申诉基本都被驳回，驳回的主要理由之一就是日本法律中“国家无责”，认为对于国家的行为（日本军队所为）不需承担任何责任。

从这里可以看出，第一次世界大战后同盟国及协约国是准备以“破坏国际道德和条约尊严的最大罪状”来对前德国皇帝威廉二世进行审判的。然而，威廉二世在战争时期就已逃到荷兰，当协约国及其联系国向荷兰政府提出引渡战犯前德国皇帝威廉二世的请求时，荷兰以违反本国宪法与历史传统为由拒绝引渡。这里所说的“历史传统”是指国际法上关于国家元首享有司法豁免权的习惯和原则。所以，荷兰拒绝引渡使得协约国要对前德国皇帝威廉二世进行审判没有成功。

虽然威廉二世由于荷兰的庇护没有受到任何法律制裁，但1919年《凡尔赛条约》的订立清楚地表明，国际社会惩办侵略战争的发动者和国际不法行为的负责人的努力，已经开始了初步的尝试。

CASE STUDY

“皮诺切特”案（Pinochet case）[①]

通过本国国内法来追究个人刑事责任最为典型的案例，是1998年至1999年间基于国际法被动“属人管辖”原则的“皮诺切特”案。这也是近些年来对传统国际法豁免理论影响较大的一个案例。

皮诺切特（Augusto Pinochet）原是智利总统。1973年9月，皮诺切特在外国势力支持下发动了军事政变，杀害了当时智利总统萨尔瓦多·阿连德（Salvador Allende），于1974年12月自任总统。皮诺切特统治智利长达17年，一直到1990年3月。但即便下台后，他根据智利1980年宪法，仍继续担任陆军总司令，直到1998年3月。那时他才彻底交出军权，成为一个终身参议员，法律上享有完全的刑事豁免特权。

在皮诺切特统治期间，智利有许多人被杀害，或失踪。由于其中有不少受害人是西班牙人，所以西班牙多年来一直在调查皮诺切特担任智利总统期间所犯下的罪行，并试图就这些罪行对他进行起诉。

1998年10月，西班牙趁皮诺切特来英国治病时以皮诺切特犯有国际罪行为由，要求英国拘留皮诺切特并提出引渡请求。于是，英国司法部门在西班牙的请求下将皮诺切特拘捕，皮诺切特的律师自然地以传统国际法豁免理论为基础，提出：国家元首应享有豁免权，英国没有权力拘留皮诺切特，更没有权力将他引渡给西班牙。

西班牙在引渡请求中对皮诺切特的指控有32项，主要涉及酷刑、绑架、谋杀等罪行。在皮诺切特被英国拘捕以前，欧洲有些国家法院已经基于普遍管辖权对于那些被指控在前南斯拉夫和卢旺达犯有严重罪行的人进行了审理。一个名叫International Law Association的非政府组织在2000年曾发表一份报告，题目为“Final Report on the Exercise of Universal Jurisdiction in Respect of Gross Human Rights Offences，Committee on International Human Rights Law and Practice”。该报告的附件回顾了在皮诺切特案之前在奥地利、丹麦、法国、德国以及荷兰的各种援引普遍管辖权的案件。

---

① See Opinions of the Lords of Appeal for Judgment in the Cause, Regina v. Bartle and the Commissioner of Police for the Metropolis and Others (Appellants) and Ex Parte Pinochet (Respondent)，24 March 1999.

对皮诺切特进行起诉和审判，首先是由西班牙国内法院作出的决定。根据西班牙的“国家听证”（Audiencia's National）裁决，“西班牙可以就在智利发生的严重罪行进行调查，国内法院可以就此对那些在西班牙领土之外的非西班牙国民行使普遍管辖权”①，这一决定为西班牙在1998年提出将皮诺切特引渡到西班牙的正式请求提供了基础。

从该案的案由来看，西班牙是以保护管辖原则为根据向英国提出引渡请求的，英国只是根据本国《1978年国家豁免法》来审查它是否符合向西班牙引渡的条件。然而，这种审查本身涉及皮诺切特作为一个前国家元首所享有的国际法豁免权能否阻止对其刑事责任的追究，因此，该案也就成了涉及国际法上管辖豁免原则的一个重要问题。

皮诺切特一案经过英国上议院上诉法庭的审理，最后以六比一的投票结果在1999年3月24日通过裁定，决定将皮诺切特引渡到西班牙。然而，从国际法的角度来看，重要的还不是结果，而是同意或者反对引渡的理由。

在案审中，Browne Wilkinson议员认为，国家豁免的适用是有限制的，它只限于国家元首等人在位期间代表国家实施的职能性行为，而实施《反对酷刑公约》规定的酷刑罪行并不属于执行一个国家功能的范畴。另外，他还认为，酷刑罪行与国际法相违背，这种酷刑即便是发生在智利，其他国家也有权管辖这种官方的酷刑罪行。②

Craighead议员认为，国际法豁免原则是为了在一个国家元首行使其政府职能时对他进行保护，但它有两个例外：一是该国家元首以行使政府职权为幌子而实施为其个人利益的行为，二是实施国际强行法禁止的行为。强行法要求所有国家在任何情况下都不能实施这类行为，并要求所有国家对这些行为予以惩罚。而在皮诺切特被指控的犯罪中，酷刑罪属于国际法上可引渡的罪行。③

Chieveley议员则持有不同意见，他认为，仅仅是行为构成犯罪这个事实，并不能排除国家豁免的适用。一个国家元首的职能是政府性的，而不是私人行为；虽然一个国家元首实施了一个非私人行为，并且构成犯罪，但这仍然不失其政府行为的性质。对于严重的犯罪，例如谋杀或者酷刑，或者对于较轻的犯罪，都是如此。因此，他认为应当驳回西班牙的引渡请求。

尽管英国上议院上诉法庭裁定，要将皮诺切特引渡到西班牙，但2000年3月，英国以皮诺切特的健康状况不适宜接受审判为由，拒绝了西班牙的引渡请求。在皮诺切特回国以后，智利圣地亚哥上诉法院于2000年6月5日取消皮诺切特终身议员的司法豁免特权。2005年1月4日，智利最高法院以3票对2票的表决结果维持该裁定。④ 可见，英国的司法程序对智利也产生了一定的影响，英国的裁决使得皮诺切特作为议员而享有的豁免特权被取消，也使得智利的国内司法程序能适用于皮诺切特。

在皮诺切特案审理时，英国还认为，所有1984年《反对酷刑公约》的缔约国都有义务对国际罪行采取必要措施，其中包括对正在其国家领土范围内的罪犯行使管辖权，或者将其起诉，或者将其引渡。它也强调，一个国家的前元首犯有酷刑罪或者犯有此罪的通谋时不能要求

① Mary Griffin, "Ending the Impunity of Perpetrators of Human Rights Atrocities: A Major Challenge for International Law in the 21st Century", *International Review of the Red Cross*, No. 838, June 2000, p. 382.

②③ Opinions of the Lords of Appeal for Judgment in the Cause, Regina v. Bartle and the Commissioner of Police for the Metropolis and Others (Appellants) and Ex Parte Pinochet (Respondent), 24 March 1999.

④ 参见《人民法院报》，2005-01-07。

享有豁免特权而免予引渡或被起诉。①

思考题

1. 国际刑法就是要通过惩治来预防和打击国际犯罪，它对传统国际法上的豁免原则会产生什么样的影响？

2. 两个国际军事法庭宪章中有哪些规定与传统国际法上的豁免原则会产生矛盾？

3. 第一次世界大战后，国际社会在追究个人刑事责任方面作了什么样的努力？

4. 通过对犯有国际罪行的人予以起诉和惩治，可以达到保障整个国际社会基本人权不受伤害的目的，但同时又如何才能坚持国家主权原则？

第三节 国际刑事司法审判及其对管辖豁免原则的影响

第二次世界大战后现代国际法的发展确定了一个原则，即任何人，其中也包括国家官员，如果犯有严重国际不法行为，将被追究其个人的刑事责任。即便是国家领导人，其官方身份也不能成为免除他（她）应对其犯下的国际罪行负个人刑事责任的抗辩理由。这是国际刑法发展过程中已确定的原则。这个原则在第二次世界大战后成立的所有国际刑事司法机构中，都得到了坚持和重申。

一、对德国纳粹和日本法西斯的审判与管辖豁免原则

第二次世界大战是以轴心国的失败而告终的。对于第二次世界大战期间德国纳粹和日本法西斯分子犯下的种种令人发指的残暴罪行，战胜的同盟国在德、日投降后，就先后在德国纽伦堡和日本东京设立了两个国际军事法庭。这两个国际军事法庭在机构的组织上略有不同，但它们的任务和目的是一样的：把轴心国对侵略和其他国际不法行为负责任的领导人当作首要的战争罪犯加以起诉和审判。②

针对与身份有关的豁免权的适用问题，《纽伦堡国际军事法庭宪章》就明确规定，被告的官职、地位不得成为其免除责任或减轻刑罚之理由，从而明确取消了国家元首及政府首脑享有的不被刑事起诉的豁免特权。被纽伦堡国际军事法庭审判的有 22 名甲级战犯，他们都是纳粹德国最重要的领导人（如果希特勒不自杀，也一定会被列入受审者之列），其中被判处绞刑的有 12 人，被判处无期徒刑的有 3 人，被判处有期徒刑的有 4 人，被无罪释放的有 3 人。③

---

① 《反对酷刑公约》第 4 条、第 5 条和第 7 条。

② 参见《纽伦堡国际军事法庭宪章》第 1 条，《远东国际军事法庭宪章》第 1 条。

③ 参见纽伦堡审判宣判书。转引自［民主德国］P. A. 施泰尼格尔：《纽伦堡审判》，上卷，325 页，北京，商务印书馆，1988。

《远东国际军事法庭宪章》第 6 条是关于“被告之责任”的规定，虽然它由于政治上的原因避开“国家元首”的提法，但在该条款中还是明确规定：“被告在任何时期所曾任之官职，以及……均不足以免除其被控所犯罪行之责任。如法庭认为符合公正审判之需要时，此种情况于刑罚之减轻上得加以考虑。”① 所以，远东国际军事法庭出于政治考虑没有起诉日本天皇，但还是起诉并审判了前日本政府其他军政首脑和内阁官员共 28 人，在 28 名被告中，有 2 名在审讯期间自然死亡，1 名被送往精神病院，其余 25 名均被判有罪，其中判处绞刑的有 7 人，判处无期徒刑的有 16 人，判处有期徒刑的有 2 人。②

第二次世界大战结束以后，对德国实施占领的同盟国在其制定的“同盟国管制委员会第 10 号法案”中，对于追究个人刑事责任问题又作了进一步的明确规定。该法案的第 2 条第 4 款第 1 项与《纽伦堡国际军事法庭宪章》第 7 条的规定只是措辞略有不同，实质完全相同。1950 年国际法委员会通过的“纽伦堡原则”第 3 条中去掉了“减轻刑罚”，它规定：“被告人以国家元首或者政府负责官员的身份实施了国际法上罪行的事实，不能免除其根据国际法应当承担的责任。”

纽伦堡国际军事法庭和远东国际军事法庭对国家和军队领导人如此规模浩大的审判与极其严厉的惩罚，是以前国际法与国际关系的历史上从未有过的。通过这两个国际刑事司法机构的审判，在国际法上确立了“个人刑事责任原则”以及“个人官职地位不能成为其开脱罪责之理由”的原则。

The principles of individual criminal responsibility were formulated into the “Nuremberg Principles”, prepared by the International Law Commission and submitted to the General Assembly of the United Nations in 1950. Among the seven principles, Principle III provides that “The fact that a person who committed an act which constitutes a crime under international law acted as Head of State or responsible Government official does not relieve him from responsibility under international law”.

第二次世界大战以后所发生的国际刑法有关实践清楚地表明，国际法上的国家刑事责任和实践发生了变化，国家官员以官方身份所为的行为不由本人负责而是仅由国家负责的这条普遍规则不再适用于导致国际犯罪的行为，行为时具有的官方身份不能成为免除他（她）应对其犯下的国际罪行负个人刑事责任的抗辩理由。这是第二次世界大战后纽伦堡国际军事法庭与远东国际军事法庭审判确定的原则。以后，在国际刑事法庭以及国内法院受理的一些案例里，例如在皮诺切特案中，英国最高法院（House of Lords）也都坚持与纽伦堡、远东审判相同的立场和观点。③ 由此可见，第二次世界大战后两个国际军事法庭的国际刑法实践对传统国际法上的管辖豁免原则形成了很大的影响和冲击。

二、联合国特设国际刑事法庭与管辖豁免原则

第二次世界大战以后，由于国际政治或者东西方对立的实际状况，国际法上极具制裁力的国际刑法在很长一段时间内没有什么发展，也一直没有对涉嫌犯有国际罪行的领导人进行过实

① 王铁崖等编：《战争法文献集》，190 页，北京，解放军出版社，1986。

② 参见上书，199 页。

③ See John R. W. D. Jones, “Immunity and ‘Double Criminality’: General Augusto Pinochet before the House of Lords”, in *International Law in the Post-Cold War World*: *Essays in Memory of Li Haopei* (edited by Sienho Yee and Wang Tieya, London: Routledge, 2001), at 261.

际的刑事审判。然而，这种状态随着20世纪80年代末、90年代初“冷战”结束和新的国际刑事法庭的设立而被打破。

在1993年和1994年，根据联合国安理会决议分别建立了前南国际刑事法庭和卢旺达国际刑事法庭。由于人员资源受到限制的原因，这两个国际刑事法庭自然而然地把起诉对象的重点，放在国家元首和政府高级官员方面。事实上，就在前述国际刑事法庭准备成立时，不少人给联合国秘书长写信，要求追究一些政府高级官员的个人刑事责任：Virtually all of the written comments received by the Secretary General (of the United Nations) have suggested that the statue of the International Tribunal should contain provisions with regard to the individual criminal responsibility of heads of State, government officials and persons acting in an official capacity. These suggestions draw upon the precedents following the Second World War. The Statute should, therefore, contain provisions which specify that a plea of head of State immunity or that an act was committed in the official capacity of the accused will not constitute a defence, nor will it mitigate punishment。①

《前南国际刑事法庭规约》第7条第2款和《卢旺达国际刑事法庭规约》第6条第2款分别规定了国家元首豁免权的不适用性，即：The official position of any accused person, whether as Head of State or Government or as a responsible Government official, shall not relieve such person of criminal responsibility nor mitigate punishment。

前南国际刑事法庭在成立以后就把主要精力放在对国家领导人的起诉和审理方面。关于这样做的理由，该法庭在Martic Case案中作了以下的解释：The Tribunal has particularly valid grounds for exercising its jurisdiction over persons who, through their position of political or military authority, are able to order the commission of crimes falling within its competence ratione materiae or who knowingly refrain from preventing or punishing the perpetrators of such crimes. In a Decision of 16 May 1995, this Trial Chamber considered that such persons "more so than those just carrying out orders (...) would thus undermine international public order". Since the criminal intent is formulated at a high level of the administrative hierarchy, the violation of the norm of international humanitarian law is part of a system of criminality specifically justifying the intervention of the Tribunal。②

这两个法庭分别起诉了前任国家元首——前南斯拉夫联盟总统米洛舍维奇和卢旺达前总理Kambanda。前总理Kambanda因犯有“种族灭绝罪、反人道罪和战争罪”被起诉，尽管他在法庭主动认罪，但因罪行严重，仍被卢旺达国际刑事法庭判处无期徒刑。③ 米洛舍维奇于2006年3月11日在海牙前南国际刑事法庭拘留所（detention unit）去世。根据刑法“无罪推定”（presumption of innocence）原则，米洛舍维奇一案在他去世时还没审理完毕，所以，不管历史学者根据史料作如何评论，从法律上讲，米洛舍维奇就将永远是一个无辜和清白之人。尽管如此，米洛舍维奇于1999年5月就任前南斯拉夫联盟总统时被国际刑事法庭起诉，从而成为历史上第一个被起诉的在位的国家元首。这件事本身清楚地说明了国际法追究个人刑事责任对管辖豁免原则的影响和冲击。

前南国际刑事法庭在其刚成立的时候，曾担心因没有被告而不能成功地履行国际社会所委

① Report of the Secretary General of the United Nations, UN Doc. S/25704, para. 55.

② Decision of Trial Chamber I-Review of Indictment Pursuant to Rule 61, rendered on 6 March 1996 in the Martic case, UN Doc. IT-95-11-R61, para. 21.

③ See The Prosecutor v. Kambanda, available at http://www.un.org.ictr.

托的惩治国际犯罪行为的任务，因而在调查和收集一定证据的基础上，尽可能多地公布了起诉书。但出人意料的是，由于西方国家及北约军事组织的合作与配合，很快就有不少被国际刑事法庭起诉的被告被抓获并移送到法庭来。在这一背景下，根据国际刑事法庭资源有限的条件，当时前南国际刑事法庭加拿大籍的总检察长 Louise Arbour 重新调整起诉政策，果断地撤销了前检察长对一些人的起诉，从而把力量集中放在那些对于就严重违反国际人道法罪行负有责任的政治家和军队的高级将领的起诉方面。这个事例典型地说明了国际刑事司法机构对于根据传统国际法本应享有豁免权的人的起诉态度和立场，也表明国际刑法实践对国际法豁免原则可能产生的影响和冲击。

三、联合国国际法院与管辖豁免原则

关于国际刑法上因犯有国际罪行使得外交豁免权归于无效的理论，在联合国国际法院遇到了很大的挑战。国际法院在逮捕令案中管辖豁免问题上的观点，坚持传统国际法中的管辖豁免理论，作出了截然不同的判决。

1. “逮捕令”案的背景情况

2002 年，国际法院受理了刚果诉比利时关于逮捕令的诉讼案。在该案中，刚果反对比利时法院对于被指控犯下严重违反国际人道法罪行的时任刚果外交部长阿普杜拉耶·耶罗迪亚·努道姆巴西（Abdulaye Yerodia Ndombasi）发放国际逮捕令，认为外交部长在国际外交法上享有不受起诉的豁免权。

案由与比利时关于惩治战争罪行的国内立法和发生在卢旺达的大屠杀有关。比利时于 1993 年已制定了关于惩处严重违反 1949 年日内瓦四公约的法律①，其中明确规定：“比利时法院对于本法规定的罪行有管辖权，无论该行为发生于何处”，“因官方身份而享有的豁免权不妨碍本法的适用”。所以，比利时国内法院对于种族灭绝罪、战争罪以及反人道罪都可以行使管辖权，即使犯罪嫌疑人当时并不在比利时的领土范围之内。

在 1994 年 4 月至 7 月，卢旺达国内爆发了种族大屠杀，它是占卢旺达人口多数的胡图族对图西族的屠杀。该屠杀引起大量的图西族人涌入邻国刚果，并在刚果形成严重的难民问题。1998 年 8 月，刚果境内又发生了刚果政府与图西族人之间的暴力冲突。当时，努道姆巴西任刚果总统私人秘书，他多次在公开场所煽动对图西族人的种族仇恨。所以，2000 年 4 月，比利时布鲁塞尔法院的冯德迈斯（Vandermeersch）法官对于已经担任刚果外交部长的努道姆巴西发出了国际逮捕令（an international arrest warrant）。刚果认为它违反国际法外交豁免原则，所以向国际法院提起诉讼，要求国际法院撤销这一逮捕令。

刚果在其提交的诉状中认为：Belgium had violated the “principle that a State may not exercise its authority on the territory of another State”, the “principle of sovereign equality among all Members of the United Nations, as laid down in Article 2, paragraph 1, of the Charter of the United Nations”, as well as “the diplomatic immunity of the Minister for Foreign Affairs of a sovereign State, as recognized by the jurisprudence of the Court and following from Article 41, paragraph 2, of the Vienna Con-

① 即惩治严重违反 1949 年日内瓦四公约及其 1977 年两个附加议定书的罪行的法律。参见《比利时观察报》，1993-08-05。

vention of 18 April 1961 on Diplomatic Relations”①。

刚果在国际法院审理阶段认为：The Congo maintains that, during his or her term of office, a Minister for Foreign Affairs of a sovereign State is entitled to inviolability and to immunity from criminal process being “absolute or complete”, that is to say, they are subject to no exception. Accordingly, the Congo contends that no criminal prosecution may be brought against a Minister for Foreign Affairs in a foreign court as long as he or she remains in office, and that any finding of criminal responsibility by a domestic court in a foreign country, or any act of investigation undertaken with a view to bringing him or her to court, would contravene the principle of immunity from jurisdiction。②

刚果的论点非常清楚：一个国家外交部长在其任职期间享有不可侵犯的、绝对的管辖豁免权，这是国际法的一项原则，没有任何例外。因此，外国法院不能对其进行任何刑事诉讼和刑事判决，否则，就违反了管辖豁免原则。

比利时则认为，While Ministers for Foreign Affairs in office generally enjoy an immunity from jurisdiction before the courts of a foreign State, such immunity applies only to acts carried out in the course of their official functions, and cannot protect such persons in respect of private acts or when they are acting otherwise than in the performance of their official functions。③

比利时的论点则是放在官方职能行为方面，认为外交部长在国外所享有的豁免权只能基于其行使官方职能的行为，豁免权本身并不保护该人的私人行为或者非行使官方职能的其他行为。而在逮捕令案中，努道姆巴西被指控行为发生时，其并不享有豁免权，也没有证据能够证明那些行为是他以官方身份实施的。换句话说，逮捕令是针对努道姆巴西的个人行为，而不是国际法上管辖豁免所要保护的国家行为。

2. 国际法院关于逮捕令案的判决

针对比利时所谓官方职能行为的论点，国际法院认为它没有任何道理。根据国际法，外交部长在其任职期间在外国享有完全的管辖豁免权和不可侵犯权，这些权利可以保护其不受外国有关当局对其行使职权进行妨碍。在事实上，既不能区分外交部长以官方身份实施的行为与其以所谓私人身份实施的行为，也不能区分该人在担任外交部长之前的行为与其任职期间的行为。如果一位外交部长在另一国由于刑事指控而被捕，其结果必然会妨碍其行使职权。

国际法院认为：No distinction can be drawn between acts performed by a Minister for Foreign Affairs in an “official” capacity, and those claimed to have been performed in a “private capacity”, or, for that matter, between acts performed before the person concerned assumed office as Minister for Foreign Affairs and acts committed during the period of office. Thus, if a Minister for Foreign Affairs is arrested in another State on a criminal charge, he or she is clearly thereby prevented from exercising the functions of his or her office. The consequences of such impediment to the exercise of those official functions are equally serious, regardless of whether the Minister for Foreign Affairs was, at the time of arrest, present in the territory of the arresting State on an “official” visit or a “private” visit,

① International Court of Justice, Judgment of Case Concerning the Arrest Warrant of 11 April 2000 (Democratic Republic of the Congo v. Belgium), 14 February 2002, para. 1.

② Ibid., paras. 47-48.

③ Ibid., paras. 49-50.

regardless of whether the arrest relates to acts allegedly performed before the person became the Minister for Foreign Affairs or to acts performed while in office, and regardless of whether the arrest relates to alleged acts performed in an "official" capacity or a "private" capacity。①

对于比利时发布的逮捕令的背景情况以及该命令的内容，国际法院也进行了仔细的研究和考察。从其背景来看，毫无疑问，比利时的司法当局希望能够逮捕这位被指控实施了战争罪和反人道罪的刚果外交部长。也正是出于这个目的，比利时的司法当局才颁发了逮捕令。从法律上讲，该逮捕令在比利时具有执行力，因为它"命令所有能够执行本逮捕令的司法官及公共当局的代表执行本逮捕令，并且将嫌疑人送到位于 Forest 的拘禁中心"，并且认为"该嫌疑人现在的外交部长职位并不能赋予其在管辖和执行方面的豁免权"②。

鉴于此，国际法院认为，比利时将逮捕令在全世界范围公布，就是想在国外奠定一种法律基础，以便逮捕努道姆巴西并将其引渡到比利时：The Court notes that the issuance, as such, of the disputed arrest warrant represents an act by the Belgian judicial authorities intended to enable the arrest on Belgian territory of an incumbent Minister for Foreign Affairs on charges of war crimes and crimes against humanity。③

国际法院认为，这一逮捕令的国际性质在客观上侵犯了努道姆巴西作为刚果外交部长的豁免权，并且会进一步影响刚果在国际社会交往中的行为，因为只要努道姆巴西一出国就有可能被捕。所以，比利时公布逮捕令的行为违反了比利时对于刚果的国际法义务，它没能尊重刚果外交部长的豁免权，即他作为刚果外交部长根据国际法应当享有的刑事管辖豁免权和不可侵犯权。④ 由于那些被赋予这类豁免权的国家元首、政府首脑、外交官和其他官员若在外国遭到逮捕或拘留，必然会阻止他们履行职务，所以这些官员对他国的刑事管辖享有绝对的豁免权。这种豁免权不仅适用于这些官员的职务行为，同样适用于他们的私人行为。并且无论他们被怀疑的犯罪行为（包括极其严重的国际犯罪行为）发生在他们任职期间还是发生在任职之前，这些官员一概可以用这种豁免权作为抗辩。⑤

刚果在 2000 年 11 月进行了政府改组，努道姆巴西改任教育部长。不过，他在 2001 年 4 月中旬又停止担任该项职务。但这还不是问题的所在。国际法院认为尽管努道姆巴西不再是外交部长，但逮捕令依然还在，其非法性也还在持续。The warrant is still extant, and remains unlawful, notwithstanding the fact that Mr. Yerodia has ceased to be Minister for Foreign Affairs. The Court accordingly considers that Belgium must, by means of its own choosing, cancel the warrant in question and so inform the authorities to whom it was circulated. ⑥ 国际法院要求比利时撤销逮捕令。

综上所述，可以清楚地看到，国际法院根据条约法和国际习惯法，认为高级官员享有不被外国国内法院刑事起诉的外交豁免权这一普遍规则不存在例外的情况，即使这些高级官员被控告犯有战争罪或其他反人道罪时，他们也享有这样的豁免权。并且国际法院对这种官员在一国

---

①② International Court of Justice, Judgment of Case Concerning the Arrest Warrant of 11 April 2000 (Democratic Republic of the Congo v. Belgium), 14 February 2002, para. 55.

③ Ibid., para. 70.

④ Ibid., paras. 70-71.

⑤ Ibid., paras. 54-55.

⑥ Ibid., para. 76.

外交关系中的特别职责与活动作出了特殊解释。①

正是基于这样的认识，国际法院在逮捕令案中，判决比利时败诉，裁定：That the issue against Mr. Abdulaye Yerodia Ndombasi of the arrest warrant of 11 April 2000，and its international circulation，constituted violations of a legal obligation of the Kingdom of Belgium towards the Democratic Republic of the Congo，in that they failed to respect the immunity from criminal jurisdiction and the inviolability which the incumbent Minister for Foreign Affairs of the Democratic Republic of the Congo enjoyed under international law。②

国际法院同时强调，国际法上授予豁免权的目的是使外交功能能得到充分发挥，正如《维也纳外交关系公约》在其序言中所表述的："特权与豁免……目的并非有益于个人，而是确保代表国家的外交使团职责的履行。"基于这一考虑，国际法院裁决 that the Kingdom of Belgium must，by means of its own choosing，cancel the arrest warrant of 11 April 2000 and so inform the authorities to whom that warrant was circulated。③

国际法院在逮捕令案的判决中坚持了传统国际法上政府官员享有外交特权的原则，但从整个国际刑法领域的实践来看，从联合国前南国际刑事法庭和卢旺达国际刑事法庭、塞拉利昂特别法庭、东帝汶特别法庭以及国际刑事法院所有这些国际刑事司法机构的规约来看，它们全都明确地规定要追究个人的刑事责任。此外，国际法院的立场在不同的情况下也会发生变化。在"逮捕令"案 10 年后，即 2012 年 7 月 20 日，国际法院在比利时诉塞内加尔（Belgium v. Senegal）一案中作出另一坚持官方身份不免职的重要判决。

比利时诉塞内加尔案主要涉及乍得前总统赫塞那·哈伯利。由于他被怀疑在 1982 年至 1990 年任总统期间对成千上万人施行酷刑，所以在其下台后不少人要求对他追究刑事责任。为躲避审判，赫塞那·哈伯利来到了塞内加尔并得到了塞内加尔的庇护。但比利时认为哈伯利的行为应受到法律的追究。由于比利时和塞内加尔都是联合国《反对酷刑公约》的缔约国，比利时于 2005 年向塞内加尔提出引渡要求，要求后者将哈伯利引渡至比利时进行审判，其法律根据就是《反对酷刑公约》中规定的"或起诉或引渡"的义务。塞内加尔拒绝了这一请求，所以比利时就于 2009 年向联合国国际法院提起诉讼，告塞内加尔违反了其依《反对酷刑公约》应承担的国际义务。经过审理，国际法院 15 名法官于 2012 年一致裁定塞内加尔败诉，并要求它履行国际法义务、立即开始对哈伯利进行审判。

四、国际刑事法院与管辖豁免原则

因国际刑事法院成立而于 2002 年正式生效的国际刑事法院《罗马规约》，在许多方面沿袭了这些年国际刑法实践中反映出来的规则和原则，其中包括司法管辖豁免问题。

1.《罗马规约》与"官方身份无关论"

联合国为成立国际刑事法院而成立的筹备委员会在其 1996 年报告中，就开始使用"官方身份无关论"（irrelevance of official position）的术语，并将它作为一个"实质性问题"提出以供讨论。筹备委员会 1996 年报告中有一条专门是关于"irrelevance of official position"，其中建议：Taking into account the precedents of the Nuremberg，Tokyo，Yugoslavia and Rwanda tri-

①② See Judgment of Case Concerning Arrest Warrant (Congo v. Belgium)，I. C. J.，2002.

③ 1961 年《维也纳外交关系公约》，序言，第 4 段。

bunals, there was support for the Statute to disallow any plea of official position as Head of State or Government or as a responsible government official; such official position should not relieve an accused of criminal responsibility. Some delegations thought that this issue could be included in relation to "defences" . The opinion was also expressed that further consideration would be useful on the question of diplomatic or other immunity from arrest and other procedural measures taken by or on behalf of the Court。①

由此可见，国际刑事法院在其成立的过程中，就已充分考虑到了国际刑事法庭的先例，建议从法律上继续不予采纳国家或政府首脑以其地位来作为抗辩的理由，并认为不能因这种官方身份而免除其刑事责任。

筹备委员会 1998 年在荷兰聚特芬（Zutphen）举行会议，会议报告第 18 条（官方身份无关性）规定："（1）本规约应绝无任何歧视地适用于所有人：任何人不得因其官方身份，无论是国家元首或政府首脑、政府成员或国会成员、民选代表，或政府官员而免除其根据本规约所负的刑事责任，也不得［仅仅］以其官方身份构成判刑理由。（2）不得援用国内法或国际法的规定而对任何人的官方身份适用任何豁免或特别程序规则，使法院无法对该人行使其管辖权。"②

在 1998 年为成立国际刑事法院在罗马召开的外交大会上，与会国家代表们就管辖豁免问题进行了最后的全方位的讨论，并最终通过了现在《罗马规约》第 27 条"irrelevance of official capacity"的规定，明确规定对种族灭绝罪、战争罪、反人道罪不能适用传统国际法上的管辖豁免。

《罗马规约》第 27 条的规定如下：

1. This Statute shall apply equally to all persons without any distinction based on official capacity. In particular, official capacity as a Head of State or Government, a member of a Government or parliament, an elected representative or a government official shall in no case exempt a person from criminal responsibility under this Statute, nor shall it, in and of itself, constitute a ground for reduction of sentence.

2. Immunities or special procedural rules which may attach to the official capacity of a person, whether under national or international law, shall not bar the Court from exercising its jurisdiction over such a person.

在上述第 1 款中，"对任何人（all persons）一律平等适用"、国家元首或政府首脑（a Head of State or Government）"在任何情况下（in no case）"等绝对性的语言明确地排除了行为具有官方性质而享有豁免权的可能性，同时也进一步地确认，即使行为是以官方身份所为，实施该行为的官员也要受到国际刑事法院的管辖。

上述第 2 款作为程序法上的规范，则进一步表明国际刑事法院拒绝适用国际法及国内法豁免权的坚定性，它规定可能赋予某人官方身份的豁免权或特别程序规则，不得妨碍法院对该人行使管辖权，以此强调在国际刑事法院进行的诉讼中彻底消除行为人依赖豁免权以逃避个人刑事责任的可能性，同时确保了第 27 条第 1 款承认的结果不为豁免权或其他程序所阻碍。

---

① Report of the Preparatory Committee on the Establishment of an International Criminal Court, U. N. GAOR, 51st Sess., Supp. No. 10, U. N. Doc. A/51/10, Volume Ⅰ, March-April and August 1996, para. 193.

② Report of the Inter-Sessional Meeting from 19 to 30 January 1998 in Zutphen, The Netherlands, U. N. Doc. A/CONF. 183/2/Add. 1 (14 April 1998), pp. 54-55.

《罗马规约》第27条明确规定国际刑事法院对任何个人具有管辖权，不论其是否拥有官方身份或者享有任何国内或国际法可能赋予的豁免权或特别程序规则。根据这条规定，所有被指控犯有国际刑事法院管辖范围内罪行的国家官员，都不能享有外交豁免权。

国际刑事法院与前南、卢旺达国际刑事法庭不同，它不是由联合国安理会通过决议建立的，因此没有《联合国宪章》第七章所赋予的权威性的支持，但它仍然对国际刑事法院《罗马规约》缔约国具有拘束力。国家加入国际刑事法院，就意味着接受了《罗马规约》第27条的规定，即放弃本国外交官和其他官员在国际法上本应享有的基于官方身份产生的豁免权。

国际刑事法院《罗马规约》关于管辖豁免的规定，相对于纽伦堡国际军事法庭和远东国际军事法庭的宪章以及前南国际刑事法庭和卢旺达国际刑事法庭的规约来说，显得更为明确：它不仅确定犯下国际罪行的国家官员都要在国际法上承担个人刑事责任，同时它还意味着，《罗马规约》的缔约国放弃了自己本国国家官员本应享有的豁免权。

当然，那些还没有放弃国家或外交豁免权的国际刑事法院《罗马规约》非缔约国，能够利用国际法提供的在被外国法院起诉时所享有的保护措施。尽管国际刑事法院有权对非缔约国的公民行使管辖权，但《罗马规约》没有相关条款规定可以消除非缔约国官员在国际法上正常拥有的豁免权。从《罗马规约》的序言和第27条所明示的目标中可以推断出，国际刑事法院有权对任何被怀疑犯有《罗马规约》中所规定罪行的嫌疑者进行起诉，即使是最高级别国家官员也不能被排除在国际刑事法院的管辖之外。

2.《罗马规约》关于豁免权的规定

根据《罗马规约》第27条，国际刑事法院对任何个人具有管辖权，不论其是否拥有官方身份或者享有任何国内或国际法可能赋予的豁免权或特别程序规则。因此，如果一个国家成为《罗马规约》的缔约国，就意味着存在把本国官员交由国际刑事法院起诉和审判的可能性，并且按照《罗马规约》第27条的规定明确消除本国高级官员（包括国家领导人）的国际法豁免权。缔约国不仅同意国际刑事法院对其官员进行起诉，而且同意这些高级官员可以被其他国家逮捕并移交到国际刑事法院。

然而，考虑到国际法有许许多多的国际公约，其中不少规定相互之间有冲突，《罗马规约》还订立了一条关于“放弃豁免权”方面的条款，即第98条，其中规定：

1. The Court may not proceed with a request for surrender or assistance which would require the requested State to act inconsistently with its obligations under international law with respect to the State or diplomatic immunity of a person or property of a third State, unless the Court can first obtain the cooperation of that third State for the waiver of the immunity.

2. The Court may not proceed with a request for surrender which would require the requested State to act inconsistently with its obligations under international agreements pursuant to which the consent of a sending State is required to surrender a person of that State to the Court, unless the Court can first obtain the cooperation of the sending State for the giving of consent for the surrender。

缔约国，根据《罗马规约》中关于合作的规定，自然具有与国际刑事法院合作的义务。然而，如果执行国际刑事法院提出的协助请求，可能会违背该缔约国对第三国或由国际法外交豁免权所产生的国际法义务，那么在这种情况下，国际刑事法院就不能提出这项请求，除非法院首先能取得该第三国的合作，并由该第三国放弃由于协议而产生的豁免权。

所以，《罗马规约》第98条表明传统国际法上的外交豁免权在一定条件下仍然在发挥作用。在国际刑法具体操作的实践中，“官方身份无关性原则”不是绝对和无条件的。

CASE STUDY

关于利比里亚前总统泰勒管辖豁免问题
(塞拉利昂特别法庭)①

塞拉利昂特别法庭是一个具有国际性质的刑事法庭，它根据 2002 年 1 月 16 日联合国和塞拉利昂政府之间达成的协定而设立。② 在塞拉利昂特别法庭迄今为止的审判中，对利比里亚前总统泰勒管辖豁免问题的决定是反映国际法关于豁免问题发展的一个比较重要的决定。

利比里亚邻国塞拉利昂于 1991 年爆发内战，战争持续了十多年，造成二十多万人死亡，被称为非洲现代史上最残酷的战争之一。泰勒被怀疑武装并培训了塞拉利昂当时的反政府武装革命联合阵线，并犯有国际罪行。2003 年 3 月 7 日，塞拉利昂特别法庭汤姆泊森（Bankole Thompson）法官同意（confirm）对泰勒的起诉书，里面有 17 项指控。与此同时，法庭还签发了逮捕令。2003 年 7 月 23 日泰勒的律师向法庭提出管辖豁免的申请，认为从国际法的角度来看，国际刑事法庭对一个国家元首不具有管辖权。2003 年 10 月 30 日和 11 月 1 日，塞拉利昂特别法庭就这一问题举行了听证会。

泰勒的律师提出了管辖豁免动议，要求法庭撤销对泰勒的指控和逮捕令以及其他一切命令。为支持这一动议，该律师援引了两个案例：一个是国际法院的逮捕令案，另一个是国际法院的荷花号案。

在逮捕令案里，如前所述，国际法院认为比利时国内法院公布逮捕令违反比利时所承担的国际法义务，也违反了国际法上的管辖原则，因为根据这一原则，刚果外交部长应当享有刑事管辖豁免权和不可侵犯权。根据国际法院的裁决，所有国家元首、政府首脑、外交官和其他官员都因为履行职务的需要而享有对他国刑事管辖的绝对豁免权。③

荷花号案清楚地表明，国际法上的主权平等原则禁止一国在另一国行使主权。根据这一原则，只有当犯罪人出现在该国的领域内时，一国才能对其发生在外国的罪行进行起诉。而塞拉利昂特别法庭向加纳送达逮捕泰勒的起诉书和逮捕令也都违反了主权平等原则。④

对于泰勒的律师的论理，法庭检察官则认为，国际法院审理的逮捕令案，其实是一个关于国家现任外交部长是否应在另一个国家法院享有豁免权的问题，这与当前塞拉利昂特别法庭要解决的问题不同。塞拉利昂特别法庭是根据国际法建立的国际刑事法庭，国际习惯法允许国际刑事法庭起诉在任的国家元首。起诉泰勒的根据是《塞拉利昂特别法庭规约》，泰勒被起诉的

---

① Decision on Immunity from Jurisdiction, Prosecutor Against Charles Ghankay Taylor, the Appeals Chamber, Case Number SCSL-2003-1, 31 May 2004.

② Agreement between the United Nations and the Government of Sierra Leone on the Establishment of a Special Court for Sierra Leone, Annex to the Report of the Secretary-General on the Establishment of a Special Court for Sierra Leone, UN Doc. S/2000/915, 4 October 2000.

③ International Court of Justice, Judgment of Case Concerning the Arrest Warrant of 11 April 2000 (Democratic Republic of the Congo v. Belgium), 14 February 2002, paras. 70-71.

④ Ibid., paras. 6, 7.

罪行是在塞拉利昂实施的，而不是在其他国家进行的。[①]

塞拉利昂特别法庭的上诉庭在听取了当事方的理由后作了裁决。在法庭辩论中，检控方认为管辖权与豁免之间存在区别，认为即便有豁免权，管辖权不能被行使，但它仍然存在，所以被告方提出的关于豁免问题的动议并不影响法庭行使管辖权。对于检控方这一观点，法庭不同意。法庭认为，既然管辖豁免原则意味着在特定情况下可以阻止法庭行使管辖权，申请人就豁免问题提出动议还是与管辖权有紧密的联系。[②]

但上诉庭同时还认为、法庭是由塞拉利昂政府与联合国安理会通过签订协议而成立的，代表了整个国际社会的共同利益。所以，法庭与其他国际刑事法庭，如前南国际刑事法庭、卢旺达国际刑事法庭及国际刑事法院在管辖权方面基本一样[③]，《塞拉利昂特别法庭规约》第6条关于官方身份既不影响定罪也不影响量刑的规定与任何国际习惯法的规定，其中包括管辖豁免原则的规定，并不矛盾，因此，法庭也就没有必要去讨论被告人提出的关于他在其他国家是否享有管辖豁免问题。据此，法庭拒绝了被告人关于享有管辖豁免的动议。[④]

当塞拉利昂特别法庭就泰勒总统管辖豁免问题进行法庭辩论时，泰勒本人还没有被逮捕或移送到法庭。2003年8月，西非国家经济共同体安排时任利比里亚总统的泰勒流亡尼日利亚，以结束利比里亚多年内战。然而，利比里亚新任女总统埃伦·约翰逊·瑟利夫于2005年3月当选后，就表达了要追究泰勒刑事责任的希望，同时也向尼日利亚方面提出引渡要求。[⑤] 后来，在尼日利亚协助下，泰勒最后被移送到了塞拉利昂特别法庭，准备接受审理。[⑥]此案还正在庭审过程中。

思考题

1. “官方身份无关论”基本概念是什么？
2. 特设国际刑事法庭规约中关于管辖豁免的规定是什么？
3. 国际刑事法院《罗马规约》中关于管辖豁免的规定是什么？
4. 塞拉利昂特别法庭就泰勒总统管辖豁免问题进行审理说明了什么？

本章小结

1. 管辖豁免是国际法的重要部分之一。自从国际法产生以来，某些人、物或事件有权免受一国的司法管辖就一直得到国际社会的普遍承认。管辖豁免，简单地讲，就是指一国的行为及财产不受另一国的司法管辖，其内容包括对国家行为和对国家财产的豁免，当然，也包括对

---

① International Court of Justice, Judgment of Case Concerning the Arrest Warrant of 11 April 2000 (Democratic Republic of the Congo v. Belgium), 14 February 2002, paras. 9, 10.

② Ibid., para. 32.

③④ Ibid., paras. 31-42.

⑤ 参见马震：《尼日利亚同意将泰勒引渡回利比里亚》，载《北京晚报》，2006-03-26。

⑥ 参见《非洲审判将引向何方?》，载美国《洛杉矶时报》，2005-04-02。转引自《参考消息》，2006-04-04。

他国国家元首、外交人员的刑事管辖豁免。

2. 国际法是调整国家与国家之间关系的法律规范，是国际关系的一部分。国家主权是平等的，国际法上的豁免权则是国家主权的产物。根据国家相互间达成的国际条约，主权国家的代表人享有不受其他国家司法管辖的豁免权，包括民事和刑事豁免权。这是传统国际法的一项基本原则和规定。

3. 由于国际刑法的发展，现代国际法上也开始强调追究个人刑事责任，主张任何个人（自然人），其中包括国家元首和国家领导人，如果犯有国际罪行，都必须承担个人刑事责任。这对传统国际法上的豁免原则势必会产生很大的影响和冲击。但“官方身份无关性”原则不是绝对和无条件的。

QUESTIONS AND COMMENTS

1. Under the traditional international law, heads of state were not subject to criminal responsibility for their actions, because of the merger of the sovereign and the sovereignty of the state.
2. With the development of international criminal law, it is advocated that heads of state should be held accountable for the international crimes they have committed.
3. Doctrine developments in international law seem to have consolidated the notion that heads of states can not be immune from prosecution for violations of international criminal law.
4. Even with several cases in which heads of state got prosecuted, there is no international or state practice that can be pointed to as evidence of a customary practice.

第七章 执行命令不免责问题

引言

“军人以服从命令为天职”，在世界各国军队里下级服从上级命令从来就是一项重要的规则。从广义上讲，服从权威或服从领导是维护社会秩序的一个基本条件，也是统治者维护和巩固政权一个不可或缺的重要因素。如果下级不服从上级的命令，就会被视为违法犯罪行为。相反，如果服从上级命令，即使造成严重后果，也无须承担刑事责任。

由于惩治国际犯罪的需要，国际法开始主张：一个人只应该服从合法的命令，而不应该服从违法的、犯罪的命令。如果一名军人因服从命令而违反了明显的、无可否认的战争规则，他便应该负不可逃避的责任，执行上级命令本身不能作为一个独立的辩护理由。但考虑到下级在执行命令时的无奈，它可能会作为一个导致减轻刑罚的因素。

重点问题

- “执行上级命令”的演变与发展
- 国际法上关于“执行上级命令”方面的规定
- 国际刑法的发展对“执行上级命令”的影响
- 现代国际刑法关于“执行上级命令”的理论与实践

第一节

执行命令不免责原则的历史演变

国际法的发展使得在国际刑法实践中逐渐确立起了“执行命令不免责”的原则。换句话说，只要是犯有国际法上严重罪行，即使是因为服从上级命令所致，行为人仍然要被追究其个人的刑事责任。当然，“执行命令不免责”与其他很多国际法原则一样，经历了一个发展过程。

一、从“执行命令免责”到“执行命令不免责”

“obedience to superior orders”（执行上级命令）能不能成为一个辩护的理由，在国际法上属于一个有争议的问题。国际刑法学家 Cherif Bassiouni 教授指出：Unlike national criminal law, which is designed to apply to civilians, military law is based on a hierarchical system requiring obedience by subordinates to the orders of superious. In fact, throughout the history of military law, obedience to superior orders has been one of the highest duties for the subordinate. This obedience exonerates the subordinate from responsibility because of the command responsibility of the superior who issued the order。①

在军队或是在国家机构中，下级服从上级的命令，从来是一项重要的规则。服从权威或服从领导是维护社会秩序的一个基本条件，也是统治者维护和巩固其统治一个不可或缺的重要因素。从法律上讲，尤其是从军事法的角度讲，如果下级不服从上级的命令，就会被视为违法犯罪行为。相反，如果因为服从上级命令，即使造成严重后果，也不承担刑事责任。

奥本海是国际法学界的权威之一，他的学说和著作对国际法有一定的影响。在下级服从上级命令能否免责方面，他在 1906 年认为：Violations of rules regarding warfare are war crimes only when committed without an order of the belligerent government concerned. If members of the armed forces commit violations by order of their government, they are not war criminals and may not be punished by the enemy; the latter may, however, resort to reprisals。②

奥本海关于武装部队成员只要是执行上级命令，违法时不应受到惩罚而只应由指挥官单独承担刑事责任的论点，对英国军队的立法产生了影响。The British Manual (1914), No. 443, provides as follows: Members of armed forces who commit such violations of the recognized rules of warfare as are ordered by their government or by their commander are not war criminals and cannot therefore be punished by the enemy...

---

① Cherif Bassiouni, *Crimes against Humanity in International Criminal Law*, Martinus Nijhoff Publishers, 1992, p. 399.

② Oppenheim, *International Law* (1st ed., 1906), pp. 264-265.

到了19世纪下半叶，开始出现一些国内立法追究在某些情况下执行上级命令的刑事责任。例如，1872年《德国军法典》第47条规定："如果士兵执行命令的行为触犯了刑律，那么发布该命令的上级单独承担刑事责任。但是，服从该命令的下级将承担共犯的刑事责任，如果（1）该士兵的行为超越了命令的范围，或者（2）该士兵知道上级命令涉及的行为构成普通犯罪或者军事犯罪。"在1915年奥匈帝国的一个军事法庭审判中，法庭也指出，只有当该行为"明显地不仅触犯了刑法，而且也与文明社会的战争习惯相违背"时，下级对于其执行命令的行为要承担刑事责任。①

现代战争中指挥官和普通士兵违反有关战争行为国际准则的现象十分严重。与此同时，保护敌方伤病人员的需要不断增强，这就要求所有战斗员，无论是指挥官还是普通士兵，都要遵守相关国际法原则。从法律上讲，如果将执行上级命令作为完全的辩护理由，必然会导致对于所有普通士兵实施的严重侵犯人权行为，最终只能追究最高统帅甚至国家元首的责任。于是，在国际法理论上就出现了"下级责任"（subordinates' responsibility）这个概念，专指下级执行上级违法命令所应当承担的责任。

第一次世界大战之后，国际法开始承认"执行上级命令不免责"的原则。1922年的华盛顿会议期间，美国、英国、法国、意大利和日本五国签订了《关于战时保护海上中立者和非战斗员生命及禁止使用有害气体和化学品公约》（Treaty Relative to the Protection of the Lives of Neutral and Noncombatants at Sea in Time of War and to Prevent the Use of Noxious Gases and Chemicals），其中规定："违反本规则的行为，无论是否属于依照政府命令行事，都应当被认为违反了战争法，并且应当接受审判和惩罚。"②

在第一次世界大战结束后，在莱比锡举行了对战犯的审判。虽然受审被告的地位比较低，但这些案件推动了国际刑法的发展。在莱比锡审判中，有几个案件涉及"执行上级命令不免责"的原则，例如，Dover Castle案和Llandovery Castle案。在Dover Castle案中，法庭判决Karl Neumann无罪。③ 但就在Dover Castle案判决不久，同样的法庭又审理了同样是关于执行上级命令是否免责的Llandovery Castle案。在这一案例中，该法庭裁决被告有罪。

这两个案子在性质上都是关于执行上级命令是否应免责的问题。在前一个案例中，Dover Castle是一艘医用船，被用来从马耳他运送伤病人员到直布罗陀。德国海军上尉Karl Neumann下令用鱼雷攻击该船，并导致船上6名船员遇难。Karl Neumann之所以下命令，是因为其上级告诉他该船已被敌军征用，并用于军事目的，是一条战船。莱比锡法庭根据其德国的国内法，认为下级应当执行其长官的所有命令，因此就判决Neumann无罪。

Llandovery Castle案的情况与Dover Castle案有所不同。在Llandovery Castle案中，法官认为，当一个人在执行上级命令时，如果知道这个命令违反了普通法或军事法，那么他就应当承担责任。军队下属没有义务质疑其上级发布的命令，他们可以信赖上级命令的合法性。但如果该命令对于包括被告人在内的所有人来说，已毫无疑问违反了法律，那么，这种对上级命令合法性的信赖就不存在了。在这种情况下，下属如果还执行违法的命令，就要承担刑事责任。

---

① See Paola Gaeta, "The Defence of Superior Orders: the Statute of the International Criminal Court versus Customary International Law", 10 E. J. I. L. 1999, p. 175.

② *Treaties, Conventions, International Acts, Protocols, and Agreements between the United States of America and Other Powers*, vol. Ⅱ, 2118 (1910—1923).

③ The Llandovery Castle Case, Annual Digest 1923—1924, Case No. 235, Full Report, 1921 (CMD. 1450), p. 45.

所以，同一个法庭在相同性质问题的两个案子中的结论就正好相反。

Dinstein 教授在对莱比锡案例进行分析后认为，关于执行上级命令是否应免责的问题主要有以下三个要点：1) As a general rule，a subordinate committing a criminal act pursuant to an order should not incur responsibility for it；2) This rule is inapplicable if the subordinate knew that the order entailed the commission of a crime，and obeyed it nonetheless；3) To determine whether the subordinate was aware of the fact that he had been ordered to perform a criminal act，the Court may use the auxiliary test of manifest illegality。①

到第二次世界大战为止，世界上仍有不少国家的军事立法规定：只要是执行上级命令就应被免责。例如，美国 1940 年制定的《陆战法规》［the United States Rules of Land Warfare (1940)］就规定：Individuals of the armed forces will not be punished for these offenses in case they are committed under the orders or sanction of their government or commanders. The commanders ordering the commission of such acts，or under whose authority they are committed by their troops，may be punished by the belligerent into whose hands they may fall。②

如果下级犯有战争罪行，而只要依据"对上级服从"就可以不被追究刑事责任，法律上就会产生恶劣的后果。在第二次世界大战中，纳粹德国将消灭整个犹太种族作为其国家政策；日本军国主义为了建立所谓"大东亚共荣圈"发动侵略战争，在中国实行"三光"政策。在这些侵略和暴行中，下级如果对上级只是盲从，同样也是一种灾难。

随着国际法的发展和民主政治制度的建立，在国际刑法实践中逐渐确立起了"执行命令不免责"的原则。根据这一原则，只要是严重侵犯人权或严重违反国际人道法的行为，即使是服从上级命令，执行者仍然要被追究其刑事责任。

二、"执行上级命令不免责"原则的基本哲理

"执行上级命令不免责"原则的确立，主要来源于对行为个人理性的承认和对战争（武装冲突）中受害人权利的尊重。

在中世纪以前，士兵简单地被视为执行任务或使命的工具，但随着启蒙思想家对自由意志的倡导，理性得到了尊重，开始强调行为人自己的意志。哲学家黑格尔认为，"加于犯人的侵害是正义的，因为这种侵害同时也是他存在的意志，是他的自由的定在，是他的法，所以是正义的"；另外，"刑罚既被包含着犯人自己的法，所以处罚他，正是尊敬他的理性的存在"③。

按照黑格尔的这些观点，对罪犯进行惩罚正是对于其作为一个具有自由意志的正常人的尊重，如果一个人在实施犯罪之后只是因为他人的原因而不被惩罚，那就是没有得到尊重。如果将执行上级命令的士兵看作一种工具或者机器，其实就是无视其也是具有理性的人的事实。正如在 the Einsatzgruppen 案中法官指出的那样，"士兵不是一个自动机器，而是一个有理性的代理人，他不像，也不能期待他像一部机器那样反应"④。

这种对行为人理性的承认和对被害人权利的尊重，要求士兵在接到上级违法命令时，对于

① Y. Dinstein，*The Defence of "Obedience to Superior Order" in International Law* (1963)；Cherif Bassiouni，*Crimes against Humanity in International Criminal Law*，Martinus Nijhoff Publishers，1992，p. 422.

② US Department of the Army Rules of Land Warfare，347 (Field Manual 27-10)，1940.

③ ［德］黑格尔著，范扬、张企泰译：《法哲学原理》，103 页，北京，商务印书馆，1961。

④ United States v. Otto Ohlendorf et al.，in 2 Trials of War Criminals before Nuremberg Military Tribunal，Case No. 9.

是否执行的问题进行选择。如果他在具有选择可能性的同时仍然执行违法命令，就要被追究其个人刑事责任。

执行上级违法命令是否应被免除刑事责任问题，与国际人道法的发展也有密切的联系。国际人道法的原则和规则，是为了对不直接参加武装冲突的人，如平民、被俘的军人、伤病者等，予以保护的法律体系规则；它起源于1862年亨利·杜南关于Solferinl战场惨烈情景的回忆录及红十字运动，并从那时开始陆续制定一些有关战争法的国际公约，例如，1864年日内瓦公约、1868年《圣彼得堡宣言》，以及其他国际法律文件等；目的都是保护战争受害者。尤其是1899年和1907年两次海牙国际和平会议签订的一系列公约，从不同的角度对战争行为的规范化进行了规定，也从不同的角度宣示了对平民、非战斗员及伤病者权利的保护。

上述国际法律文件的制定使得有些国家在国内法中改变以往关于执行上级命令不负责任这种传统做法，并开始追究某些执行上级命令者的刑事责任，从而为在国际法的层面上确立"执行上级命令不免责"原则奠定了基础。

随着国际法的发展，执行上级命令不再被作为免除刑事责任的辩护理由，"执行上级命令不免责"逐渐单独构成国际刑法的一项重要原则。执行上级命令之所以被认定为罪犯，主要原因不在于上级命令的违法性，而在于执行行为本身构成了战争罪等罪行，因此它主要是追究作为行为的刑事责任。虽然行为人可能对于命令是否违法存在着错误认识，但对于行为造成的结果本身是明知的，因而其主观方面只能是故意。例如，上级命令士兵枪杀被俘的敌方军人，假定士兵误认为这是战争法所允许的，他的行为仍然构成战争罪。

执行上级命令本身还可以分为不同情况，大致有以下三种：第一，下级明知命令违法，而且自己没有受到上级的威胁，但仍然予以执行；第二，下级知道命令违法，但受到了上级的威胁，不得已而执行了该违法命令；第三，下级不知道命令违法，所以才予以执行。

如果下级明知上级的命令是违法的，仍然予以执行，命令者与执行者属于教唆犯与实行犯的关系，他们之间成立一般的共犯关系；当下级不知道命令是非法的并予以执行而构成犯罪时，就没有共犯关系。在前一种情况下，行为人主观上没有认识错误；而在后一种情况下，行为人主观上存在着认识错误，但这种违法性认识错误不影响犯罪的成立。

三、"执行上级命令不免责"的立法实践

第二次世界大战后的国际刑法实践，从理论和实践对于执行上级命令是否应免责的问题产生了很大的影响和冲击。

美国在1940年《陆战法规》中规定：Individuals of the armed forces will not be punished for these offenses in case they are committed under the orders or sanction of their government or commanders。但美国的这一立场不久以后就作了调整。November 15，1944，a revision was added [345（1）] and stated：Individuals and organizations who violate the accepted laws and customs of war may be punished therefore. However，the fact that the acts complained of were done pursuant to the order of a superior or government sanction may be taken into consideration in determining culpability，either by way of defense，or in mitigation of punishment. The person giving such orders may also be punished. [US department of Army Rules of Land Warfare，345. 1（1940）]

"执行上级命令不免责"之所以在国际刑事审判过程中不断地被提出来，主要是因为以下三个理由：1）the hierarchical nature of the command military structure；2）the need to maintain discipline in the military structure; and 3) the fact that a commanding officer is responsible for the acts of his subordinate。

奥本海在 1935 年第六版的《国际法》里，修改了他自己先前关于“执行上级命令免责”的观点：“某条战争法规则是依照交战一方的政府或者指挥官的命令而实施的事实，不能否定其行为构成战争罪的性质……武装部队的成员只有义务遵守合法的命令……”① 这一论点为第二次世界大战后审判战犯的立法从理论上提供了支持。1952 年第七版《国际法》里更是明确地认为：The fact that a rule of warfare has been violated in pursuance of an order of the belligerent government or of an individual belligerent commander does not deprive the act in question of its character as a war crime: neither does it, in principle, confer upon the perpetrator immunity from punishment by the injured state...Members of the armed forces are bound to obey lawful orders only and...cannot therefore escape liability if, in obedience to a command, they commit acts which both violate unchallenged rules of warfare and outrage the general sentiment of humanity。②

1941 年成立了一个委员会，起草后来对战犯审判的程序规则。这个委员会的一个小组委员会讨论了执行上级命令的刑事责任问题，其报告指出：“总的来说，各国的国内法律认可执行上级命令的行为是一个有效的辩护理由，只要该命令是由上级通过正常的程序在其职权范围内向下级军官发布的，并且该命令不是明显违法。我们的结论是，每一个案件应当具体考虑其事实，执行命令的辩解并不自动成为一个辩护理由。”③

1943 年成立了联合国战争罪调查委员会（the United Nations Commission for the Investigation of War Crimes），其法律委员会（the Legal Committee）也支持上述观点，认为依照上级命令行事的事实本身不能免除行为人战争罪的刑事责任。美国为伦敦会议起草的文件指出：“由国际军事法庭审判的任何案件，被告人根据上级命令或者政府法令行事的事实，其本身不能构成一项辩护理由。但是，如果法庭认为其合乎正义要求，既可以采纳其为辩护理由，也可以考虑减轻刑罚。”④ 苏联方面认为，“被告人依照其上级或者政府命令行事的事实，不是证明其无罪的情节”⑤。在协商中，美国方面坚持将上级命令作为减轻处罚的考虑情节，并提出一个提案。该提案通过后，就成了《纽伦堡国际军事法庭宪章》第 8 条的规定，即：The fact that the Defendant acted pursuant to orders of his Government or of a superior shall not free him from responsibility, but may be considered in mitigation of punishment, if the Tribunal determines that Justice so requires。⑥

根据《纽伦堡国际军事法庭宪章》第 8 条的规定，下级如果服从其政府或部队上级命令而犯有违法行为，不能被免除其刑事责任；然而，如果法庭为了实现公正的需要，则可以在减轻

---

① Charles Garraway, “Superior orders and the International Criminal Court: Justice Delivered or Justice Denied”, *International Review of the Red Cross*, No. 836.

② Oppenheim, *International Law* (7th ed., H. Lauterpacht ed., 1952), pp. 568-569.

③ History of the United Nations War Crimes Commission and the Development of the Laws of War, 1948, cited in Howard S. Levie, “The Rise and Fall of an Internationally Codified Denial of the Defense of Superior Orders”, *Revue internationale de droit militaire et de droit de la guerre*, Vol. 31, 1991, p. 183.

④ Report of Robert H. Jackson, United Nations Representative to the International Conference on Military Trials, 1949, pp. 22 and 24, cited in Howard S. Levie, “The Rise and Fall of an Internationally Codified Denial of the Defense of Superior Orders”, *Revue internationale de droit militaire et de droit de la guerre*, Vol. 31, 1991.

⑤ Kellie Bright, Defence of Superior Orders, Legal Review of Article 6 (4) of the ICTR Statute, May 1999, Note 20.

⑥ 参见王铁崖等编：《战争法文献集》，190 页，北京，解放军出版社，1986。

刑罚上予以考虑。

《远东国际军事法庭宪章》第 6 条规定：Neither the official position，at any time，of an accused，nor the fact that an accused acted pursuant to the order of his government or of a superior shall，of itself，be sufficient to free such accused from responsibility for any crime with which he is charged，but such circumstances may be considered in mitigation of punishment if the Tribunal determines that justice so requires。

四、关于服从上级命令不免责的“纽伦堡模式”

《纽伦堡国际军事法庭宪章》规定上级命令可以作为减轻处罚的考虑情节。需要明确的是，上级命令不是必然能作为减轻处罚的考虑情节，是否要减轻处罚要根据具体情况来定。由于后来的国际刑事法庭实践基本上都重申了纽伦堡国际军事法庭这一规定，故称为“纽伦堡模式”。

1. 纽伦堡国际军事法庭“领导原则问题”

关于下级服从政府或部队上级命令而犯有违法行为能否被免除刑事责任的问题，是纽伦堡和远东国际军事法庭在审判中一再被提及、争论比较激烈的问题。比如，在纽伦堡国际军事法庭 the Führerprinzip 原则问题的辩论中，主要涉及领导层和下属之间的关系以及该如何理解执行命令的问题。法庭对“领导原则”（leadership principle）问题作了如下的解释：

The procedure within the [Nazi] party was governed in the most absolute way by the “leadership principle”（Führerprinzip）.

According to the principle，each Führer has the right to govern，administer or decree，subject to no control of any kind and at his complete discretion，subject only to the orders he received from above.

This principle applied in the first instance to Hitler himself as the Leader of the Party，and in a lesser degree to all other party officials. All members of the Party swore an oath of “eternal allegiance” to the Leader。①

希特勒的专制和霸道可以说是世人皆知，不执行他的命令的后果也不难预料，所以在 the Führerprinzip 原则问题上，被告的律师争辩说：The Tribunal should relieve the defendants of responsibility since they had not obeyed ordinary orders but orders from the Führer. Thus，the accused contended that Article 8 ought not apply because they had obeyed not just a leader，but rather “the Leader”，the Führer of the Third Reich。

另一个辩护律师 Dr. Jahrreiss 更是直截了当地认为：The Führer's orders had a special aura of sancity...His orders were something quite different from the orders of any official within the hierarchy under him。②

然而，辩护律师 Dr. Jahrreiss 的论点受到检察指控方的驳斥。苏联总检察长（the Chief Soviet Prosecutor）Rudenko 先生坚持要适用《纽伦堡国际军事法庭宪章》第 8 条的规定，认为即

---

① Command Papers No. 6964，5，Nuremberg Trial，Judgment，reprinted in Y. Dinstein，The Defence of “Obedience to Superior Order” in International Law (1963)；Cherif Bassiouni，*Crimes against Humanity in International Criminal Law*，Martinus Nijhoff Publishers，1992，p. 424.

② 17 International Military Tribunal 484，incited from Cherif Bassiouni，*Crimes against Humanity in International Criminal Law*，Martinus Nijhoff Publishers，1992，pp. 424-425.

便是执行上级的命令也应被追究个人的刑事责任：...it is quite incomprehensible what logical or other methods have led him to assert that the provisions of the Charter, especially drafted for the trial of major war criminals of fascist Germany, did not factually imply the very conditions themselves of the activities of these criminals. What orders then issued by whom and in what country are meant by the Charter of the Tribunal?①

美国总检察长（the Chief American Prosecutor）Justice Jackson 先生在 the Führerprinzip 原则问题上也同样认为：I admit that Hitler was the chief villain. But...we know that even the head of the state has the same limits to his senses and to the hours of his days as do lesser men. He must rely on others to be his eyes and ears as to most that goes on in a great empire. Other legs must run his errands; other hands must execute his plans. On whom did Hitler rely for such things more than upon these men in the dock? ...These men had access to Hitler and often could control the information that reached him and on which he must base his policy and his orders. They were the Paetorian Guard, and while they were under Caesar's orders, Caesar was always in their hands。②

在纽伦堡国际军事法庭的判决书中，最后还是坚持了该法庭宪章第 8 条的效力，认为：The provisions of this article are in conformity with the law of all nations. That a soldier was ordered to kill or torture in violation of the international law of war has never been recognized as a defence to such acts of brutality, though, as the Charter here provides, the order may be urgent in mitigation of the punishment. The true test, which is found in varying degrees in the criminal law of most nations is not the existence of the order, but whether moral choice was in fact possible。③

根据纽伦堡国际军事法庭的判决，尽管其宪章规定上级命令可以作为减轻处罚的考虑情节，但如果士兵被命令实施的行为属于违反战争法的杀害或酷刑等残暴罪行，那就不能被认可为一种辩护理由。各国刑法所体现出来的标准，不是命令本身是否存在，而是行为人是否在道义上有选择的可能性。④ 所以，上级命令不是必然能作为减轻处罚的考虑情节，这要根据具体情况来决定。如果犯罪意思非常明白、行为非常残暴，且缺乏军事上的正当理由，执行命令者就不会被减刑。

在纽伦堡国际军事法庭审判后颁布的“同盟国管制委员会第 10 号法案”也有类似的规定：The Proceedings were conducted under CCL 10, promulgated on December 20, 1945 by the Control Council of the four Occupying Powers in Germany. In Article 11 (4) (b) of the CCL 10 states that: The fact that any person acted pursuant to the order of his Government or of a superior does not free him from responsibility for a crime, but may be considered in mitigation。

在东京审判中，也有不少被告人主张上级命令可以使他们自己免除其罪责，理由主要是军队中的森严纪律以及违抗命令对抗命者的危险。远东国际军事法庭对此采取了与纽伦堡国际军事法庭同样的立场，即“被告是遵从其政府或上级长官之命令而行动之事实，均不足以免除其被控所犯罪行之责任；但如法庭认为符合公正审判之需要时，此种情况于刑罚之减轻上得加

①② 19 IMT 577 Nuremberg Trial, Closing Speech for the Prosecutor (by Rudenko); Cherif Bassiouni, *Crimes against Humanity in International Criminal Law*, Martinus Nijhoff Publishers, 1992, p. 425.

③ 22 IMT 466, reprinted in 41 *American Journal of International Law*, at 221 (1947).

④ 22 International Military Tribunal, Trial of the Major War Criminals before the International Military Tribunal 466 (1947).

考虑”。

远东国际军事法庭采取这一立场，其法理根据也是在于：一个人只应该服从合法的命令，而不应该服从违法的、犯罪的命令。如果他因服从命令而违反了明显的、无可否认的战争规则，他便应该负不可逃避的责任。从逻辑上讲，如果都把责任向发布命令的上级长官推，推到最后，将只有国家元首一个人或高级首长几个人对某些战争罪行负责。这对于战争法的有效实施会有极大的损害。①

当然，在因服从上级命令而犯了战争罪行的场合，法庭也应当将违反上级命令对于抗命者所可能带来的危险作为量刑时的参考因素。对于一个普通士兵或下级军官来说，因抗命所带来的后果将是极其严重的，故其选择余地也是很小的；但各人情况不尽相同，比如，对于一个高级军官或一名文职官员而言，抗命的危害就不是很大，至多不过丧失他的职位或某种利益而已。因此，法庭在量刑时会针对被告人的不同情况酌情处理。

2. 联合国特设法庭所遵循的“纽伦堡模式”

在两个国际军事法庭对战争罪犯成功地进行审判以后，国际法委员会（International Law Commission）re-formulated in 1950 the Principles of International Law Recognized in the Charter of the Nuremberg Tribunal and in the Judgment of the Tribunal. Principle IV of the document clearly states that：

The fact that a person acted pursuant to order of his government or of a superior does not relieve him from responsibility under international law，provided a moral choice was in fact possible to him.

In the commentary to the Principle，the Commission explains the connection between its formulation and that of the Nuremberg Tribunal：

105. This text is based on the principle contained in article 8 of the Charter of the Nuremberg Tribunal as interpreted in the judgment. The idea expressed in Principle IV is that superior orders are not a defence provided a moral choice was possible to the accused. In conformity with this conception，the Tribunal rejected the argument of the defence that there could not be any responsibility since most of the defendants acted under the orders of Hitler. The Tribunal declared：“The provisions of this article（article 8）are in conformity with the law of all nations. That a soldier was ordered to kill or torture in violation of the international law of war has never been recognized as a defence to such acts of brutality，though，as the Charter here provides，the order may be urgent considered in mitigation of the punishment. The true test，which is found in varying degrees in the criminal law of most nations is not the existence of the order，but whether moral choice was in fact possible”.

106. The last phrase of article 8 of the Charter “but may be considered in mitigation of punishment，if the Tribunal determines that Justice so requires，” has not been retained for the reason stated under Principle III，in paragraph 104 above. [i. e.，“The Commission considers that the question of mitigating punishment is a matter for the competent Court to decide”.]②

国际法委员会起草的《危害人类和平及安全治罪法草案》，在其1951年草案中规定：The fact that a person charged with an offence defined in this Code acted pursuant to order of his govern-

① 关于东京审判背景，请参见梅汝璈：《远东国际军事法庭》，北京，法律出版社、人民法院出版社，2005。

② Incited from Cherif Bassiouni，*Crimes against Humanity in International Criminal Law*，Martinus Nijhoff Publishers，1992，p. 435.

ment or of a superior does not relieve him from responsibility, provided a moral choice was in fact possible to him。①

国际法委员会的这个规定与《纽伦堡国际军事法庭宪章》确立的原则相似。对于这一相似之处，委员会自己还作了解释：The observation on Principle IV, made in the General Assembly during its fifth session, have been carefully studied; no substantial modification, however, has been made in the drafting of this article, which is based on a clear enunciation by the Nuremberg Tribunal. The article lays down the principle that the accused is responsible only if, in the circumstances, it was possible for him to act contrary to superior orders。②

然而，国际法委员会在其 1954 年草案第 4 条和 1991 年、1994 年草案第 11 条中作了修改，规定：The fact that a person charged with an offence defined in this Code acted pursuant to an order of his Government or of a superior does not relieve him of responsibility in international law if, in the circumstances at the time, it was possible for him not to comply with that order。③

根据这条规定，如果因为执行政府或上级命令犯有危害人类和平及安全罪，而在当时情况下本人有不执行命令之可能时，其刑事责任不能得到免除。将这一规定与《纽伦堡国际军事法庭宪章》相比，其中有些改变。它将 1951 年草案中"道义上有选择的可能性"的措辞改为"其本人有不遵行此项命令之可能"，从而使得这一规定更加明确。

CASE STUDY

关于执行上级命令是否免责的案例
Dover Castle Case 与 Llandovery Castle Case④

在第一次世界大战结束后，在莱比锡举行了对战犯的审判，其中有几个案件涉及"执行上级命令不免责"的原则，例如，Dover Castle 案和 Llandovery Castle 案。

In Dover Castle case, the defendant, Lieutenant Capitain Karl Neumann, the Commander of a German submarine, was charged with torpedoing the Dover castle, a British hospital ship. The defendant claimed that he was acting pursuant to "superior orders," which were issued by his naval superior who claimed that they believed that Allied hospital ships were being used for military purposes in violation of the laws of war. The Leipzig Court, acquitted the commander holding:

It is a military principle that the subordinate is bound to obey the orders of his superiors...when the execution of a service order involves an offence against the criminal law, the superior giving the order is alone responsible. This is in accordance with the terms of the German law, article 47, para. 1 of the Military Penal Code...

According to article 47 of the Military Penal Code No. 2, a subordinate who acts in conformity with orders is...liable to punishment as an accomplice, when he knows that his superiors have or-

---

① Report of the ILC, 2 *Yearbook of the ILC*, 1951, pp. 123-124.

② Ibid., p. 137.

③ Ibid., pp. 140-173.

④ See *American Journal of International Law*, vol. 16, pp. 721-722 (1922).

dered him to do acts which involve a civil or military crime or misdemeanor. There has been no case of this here. The memoranda of the German Government about the misuse of enemy hospital ships were known to the accused.… He was therefore of the opinion that the measures taken by the German Admiralty against enemy hospital ships were not contrary to international law, but were legitimate reprisals.… The accused…cannot, therefore, be punished for his conduct.

在 Dover Castle 案中，法庭判决 Karl Neumann 无罪。但就在该案判决不久，同一法庭又审理了同样是关于执行上级命令是否免责的 Llandovery Castle 案。而在后面这一案例中，该法庭却裁决被告有罪。

In Llandovery Castle case, also involving a German submarine attack upon a British hospital ship, the submarine commander ordered his subordinates to open fire on the survivors of the torpedoed Llandovery Castle who had managed to get into lifeboats. The officers who carried out the order, First Lieutenants Ludwig Dithmar and John Boldt, were charged with the killings and pleaded that they followed the orders of their commander, Helmut Patzik (whom the German authorities failed to apprehend after the war). The court, however, rejected this defense and stated:

The firing on the boats was an offence against the law of nations…The rule of international law, which is here involved, is simple and is universally known… [The commander's] order does not free the accused from guilt. It is true that according to para. 47 of the Military Penal Code, if the execution of an order in the ordinary course of duty involves such a violation the superior giving the order is alone responsible. However, the subordinate obeying such an order is liable to punishment if it was known to him that the order of the superior involved the infringement of civil or military law. This applies in the case of the accused. It is certainly to be urged in favor of the military subordinates, that they are under no obligation to question the order of their superior officer, and they can count upon its legality. But no such confidence can be held to exist, if such an order is universally unknown to everybody, including also the accused, to be without any doubt whatever against the law. ①

思考题

1. "执行上级命令不免责"原则的基本考虑是什么？
2. 执行上级命令本身可以分为哪几种情况？
3. 关于"执行上级命令不免责"有哪些立法实践？
4. "执行上级命令不免责"在实践中操作起来有哪些具体困难？

---

① The Llandovery Castle Case, Annual Digest 1923—1924, Case No. 235, Full Report, 1921 (CMD. 1450), p. 45.

第二节

“执行上级命令不免责”在现代国际刑法中的发展

根据“执行上级命令不免责”的原则，在国际刑法实践中，任何情况下执行命令都不能构成对一项战争罪指控的辩护理由，但下级个人执行命令的事实可以在量刑时与其他因素由法庭予以一并考虑，并决定是否要减轻惩罚。

一、绝对责任原则的概念

根据绝对责任（absolute liability）原则，执行上级命令在任何情况下都不能构成免除刑事责任的辩护理由，它仅仅可以作为量刑时减轻处罚的考虑情节。该原则的理论基础是：每个士兵都是理性人，能够评价其所受命令的性质。如果命令是非法的，他就有义务不执行；如果他仍然选择执行该非法命令，那么他就应当同其上级一起受到刑罚处罚。

绝对责任原则是1998年《罗马规约》订立以前国际刑事法律文件普遍采用的模式，《纽伦堡国际军事法庭宪章》、《远东国际军事法庭宪章》、“同盟国管制委员会第10号法案”、《前南国际刑事法庭规约》和《卢旺达国际刑事法庭规约》都明确规定，被告人遵照上级或者政府命令行事的事实，不能免除其刑事责任，但如果法庭认为合乎正义的要求，可以考虑减轻处罚。有些国家，如阿根廷、奥地利、伊朗、罗马尼亚和英国，其国内法也采用这种模式。①

绝对责任原则的产生有其历史原因和背景。首先，在第二次世界大战中，无论是纳粹德国还是日本军国主义，它们对于发动侵略战争、实行种族灭绝或者大规模虐待、杀害战俘等罪行，都是将其作为国家政策在进行。部队士兵以及绝大多数军队将领，都是在执行这种国家政策或者上级命令。第二次世界大战后的战犯审判是在清算这些罪行，即便不少罪行是以执行命令方式所为，在法律上也不能被容忍。其次，下级实施的战争罪属于国际习惯法确立的罪行，只要执行命令者没有发生事实认识错误，他们对其行为的性质就是明知的。因此，对执行命令者原则上追究刑事责任，也有心理事实的依据。最后，国际刑法中对于执行上级命令行为确立绝对责任原则，还因为第二次世界大战后国际刑事法庭所审判的罪行，都是性质非常严重的犯罪，它们不仅伤害了人类最基本的道德情感，而且严重侵犯了他人的基本人权。

根据绝对责任原则，士兵只有服从合法命令的义务。当下级认为上级的命令违法时，他就有义务拒绝执行，否则，将可能承担刑事责任。国际刑事司法实践和外国国内立法及其实践中，对于就执行上级命令的行为追究刑事责任的问题，普遍作了限制，即要求下级知道命令是

---

① Paola Gaeta，“The Defence of Superior Orders：the Statute of the International Criminal Court versus Customary International Law”，10 E. J. I. L. 1999，p. 175，note 21.

违法的或者上级命令明显违法。换句话说，如果下级知道或者意识到自己正在执行一个非法命令，那么他将不能被免除刑事责任。

二、国家有关绝对责任原则的立法

第二次世界大战后，世界上有些国家根据“同盟国管制委员会第10号法案”的规定所制定的一些国内法律中，采用了绝对责任原则。例如，波兰“1946年12月11日关于惩罚战犯的法律”第5条规定：“由于威胁、命令而实施一个作为或者不作为的事实不免除被告人的刑事责任。但法庭可以在考虑行为人及其行为之后减轻刑罚。”而挪威“1946年12月15日关于惩罚战犯的法律”第5条也规定：“上级命令不能作为实施本法第1条规定罪行的辩护理由。不过，法庭可以考虑判处其低于该罪最低刑的刑罚或者一种较轻的刑罚。情节特别轻微，可以免除刑罚。”①

有些国家在法律上明确规定军人只有执行合法命令的义务。例如，1990年荷兰《军事纪律法》(1990 Dutch Law on Military Discipline）第15条规定，“不履行执行命令的义务，属于违反本军事纪律的行为”；但第16条规定，“如果命令是违法的，或者士兵有合理根据认为命令是违法的，前条则不适用”。意大利《军事纪律条例》(Italian Regulations for Military Discipline）第25条第2款规定：“如果一个命令明显属于违宪，或者如果执行该命令将构成犯罪，那接受命令的士兵有义务不执行该命令，并有义务尽快将该情况向其上级报告。”丹麦《军事纪律法》(Danish Military Discipline Act）第9条规定：“执行上级命令而实施了某个可罚行为的人，不应受到惩罚，除非他知道上级是故意发布该违法命令，或者该命令的违法性非常明显。”

1977年以色列法律从反面规定执行上级命令行为的刑事责任，即：“在下列情况下，一个人不对其实施的作为或者不作为承担刑事责任：(1）执行法律；(2）履行法律义务而执行一个有权当局的命令，除非该命令是明显违法的。而一个命令是否明显违法，是一个法律问题。”以色列军事手册第10条规定：“违反战争法的行为，是根据军事的或者平民的上级当局的命令而实施的事实，不能排除该行为的战争罪性质，在审判被告人时也不能构成一个辩护理由，除非该命令的非法性不清楚和不明显。在任何情况下，个人执行上级命令的事实都可以作为减轻惩罚的情节考虑。”这两个条文从正反两个角度规定了条件责任原则。

加拿大国内法也是坚持条件责任原则的，例如，加拿大最高法院曾经在一个案例中指出：“执行上级命令的辩护理由……对于军队或者武装警察人员被起诉战争罪和反人道罪时是可以适用的。(该辩护理由）受明显违法标准的制约。也就是说，如果命令明显违法，则不能采纳这个辩护理由。但是，即使命令明显违法，如果被告人无法在道义上选择是否遵照该命令时，执行上级命令的辩护理由……也可以适用。”② 加拿大《危害人类罪和战争罪法》专门就“上级命令”作了规定，该条共3款，前两款与国际刑事法院《罗马规约》第33条类似，第3款是对被告人信仰的限制，它规定：“如果有关一个平民或者一个特定种群的信息，鼓动、可能怂恿或者试图开脱被告人针对该平民、种群实施非人道的作为或者不作为罪行，那么，被告人不能根据这些信息而相信命令是合法的，因此不能依照第1款的规定主张辩护理由。”

---

① Prosecurtor v. Drazen Erdemovic, Separate and Dissenting Opinion of Judge Li, in the Appeals Chamber, Case No. IT-96-22-A, 7 October 1997.

② R. v. Finta (1994, 1 S.C.R. 701).

德国国内法律对于执行上级命令行为的刑事责任，也经历了一个逐渐扩大的过程。最初，只有当下级明知执行上级命令将构成犯罪时，才追究下级的刑事责任。例如，1872 年《德国军法典》(German Criminal Military Code) 第 47 条规定："如果士兵执行命令的行为触犯了刑律，那么发布该命令的上级单独承担刑事责任。但是，服从该命令的下级将承担共犯的刑事责任，如果（1）该士兵的行为超越了命令的范围，或者（2）该士兵知道上级命令涉及的行为构成普通犯罪或者军事犯罪。"后来，德国法律也采用双重标准，即"明知"或者"明显违法"标准。1957 年《德国军事刑法典》第 5 条第 1 款规定："如果一个士兵执行上级命令的行为，违反了一个规定某种可罚行为的禁律，那么，只有当其知道该行为是违法的，或者根据当时情况行为的违法性是明显的，他才应受惩罚。"1992 年德国军事手册第 144 段规定："如果下级认识到了，或者根据当时的情况，很明显他能够认识到所命令的行为构成犯罪，那么，执行上级命令的辩护理由不能被采纳。"

美国国内法律历来坚持这样的观点，即：如果下级不知道上级命令是违法的，那么在这种情况下执行上级命令，当然就是一个辩护理由。美国 1956 年制定的《陆战手册》第 509 条第 1 款规定：A) The fact that the law of war has been violated pursuant to an order of a superior authority, whether military or civil, does not deprive the act in question of its character of a war crime, nor does it constitute a defence in the trial of an accused individual, unless he did not know and could not reasonably have been expected to know that the act ordered was unlawful. In all cases where the order is held not to constitute a defence to an allegation of war crime, the fact that the individual was acting pursuant to orders may be considered in mitigation of punishment. B) In considering the question whether a superior order constitutes a valid defence, the court shall take into consideration the fact that obedience to lawful military orders is the duty of every member of the armed forces; that the latter cannot be expected, in conditions of war discipline, to weigh scrupulously the legal merits of the orders received; that certain rules of warfare may be controversial; or that an act otherwise amounting to a war crime may be done in obedience to orders conceived as a measure of reprisal. At the same time it must be borne in mind that members of the armed forces are bound to obey only lawful orders。①

根据上述规定，如果根据军事的或者平民的上级当局的命令而实施违法行为，就不能排除该行为的战争罪性质，在被告人被审时也不能构成一个辩护理由，除非他不知道并且也不能合理地期待其知道所命令的行为违法。在任何情况下，执行上级命令都不能构成对一项战争罪指控的辩护理由，但是，个人执行上级命令的事实可以在减轻刑罚时予以考虑。

三、国际刑事法院关于"执行上级命令不免责"的规定

对于"服从命令"这一点，《美国军事法庭手册》1998 年版、2002 年版、2005 年版都作了相同的规定，即"被告人服从命令而实施任何罪行，其服从命令的情况属于一种合法辩护，除非被告人知道该命令是非法的，或者按照通常观念和理解，一个人应当知道该命令是非法的"②。该手册还指出，命令的合法性问题应当由军事法官来决定。

---

① U. S. Department of the Army, Law of Land Warfare, 509 (Field Manual 27-10, 1956).

② R. C. M. 916 (d).

然而，在联合国安理会就设立前南国际刑事法庭的决议进行协商时，时任美国国务卿的美国代表奥尔布赖特（Albright）根据其国内立法，认为只有当命令的违法性非常明显时，才应当排除“执行上级命令免责”的辩护理由：“如果被告人根据命令行事，而其不知道命令的非法性，而且按照通常人的观念和理解不能得知命令是非法的，那么，这当然可以成为一种辩护理由。”①

然而，美国的这一观点没有被接受，《前南国际刑事法庭规约》第 7 条第 4 款和《卢旺达国际刑事法庭规约》第 6 条第 4 款规定：The fact that an accused person acted pursuant to an order of a Government or of a superior shall not relieve him of criminal responsibility，but may be considered in mitigation of punishment if the International Tribunal determines that justice so requires。

前南、卢旺达国际刑事法庭在“执行上级命令不免责”方面完全继承了《纽伦堡国际军事法庭宪章》所确立的原则，它们都明确规定：被告人因为执行上级命令而犯罪就不得免除其刑事责任，但如果国际法庭为实现公正可以考虑减刑。尽管如此，美国关于“命令违法性明显”的条件要求在成立国际刑事法院时又被提了出来。

在 1998 年成立国际刑事法院的罗马外交会议上，以德国代表团为首的许多国家支持绝对责任原则。美国代表团则提倡条件责任原则，认为第二次世界大战后的国内判例已经取代了纽伦堡模式。

美国代表团于 1998 年 6 月 16 日提出的提案中建议规定：“除了本规约允许排除刑事责任的其他理由之外，实施行为时处于以下状况的个人不负刑事责任……（c）该人是奉政府或军事指挥官的命令行事的部队成员，除非该人已知道该命令为非法的或该命令显然为非法的。”②

国际刑事法院《罗马规约》最后通过的第 33 条对“上级命令和法律规定”（superior orders and prescription of law）作了如下规定：

1. The fact that a crime within the jurisdiction of the Court has been committed by a person pursuant to an order of a Government or of a superior，whether military or civilian，shall not relieve that person of criminal responsibility unless：

(a) The person was under a legal obligation to obey orders of the Government or the superior in question；

(b) The person did not know that the order was unlawful；and

(c) The order was not manifestly unlawful.

2. For the purposes of this article，orders to commit genocide or crimes against humanity are manifestly unlawful。

根据上述规定，因为服从政府或部队命令行事而犯下罪行就不免除该人的刑事责任。然而，如果行为人有服从有关政府或上级命令的法律义务，或者行为人不知道命令为违法，或者命令的违法性不明显等，行为人就不必承担刑事责任。换句话说，即使执行命令者不知道命令违法，但只要命令本身明显违法，那就构成战争罪。所以，违法性认识不属于故意的成立要

---

① Provisional Verbatim Record of the 3217 th Meeting，held at UN Headquarters in New York，on Tuesday，25 May 1993，Security Council，p. 16.

② Proposal by the United States of America for Single Provision Covering Issues Currently Governed by Articles 31，32，33 and 34. A/CONF. 183/C. 1/WGGP/L. 2，16 June 1998.

件。另外，它特别规定了种族灭绝罪和反人道罪等不适用执行上级命令这种辩护理由。

《罗马规约》第 33 条是绝对责任原则和条件责任原则相结合的条款；对于种族灭绝罪和反人道罪适用绝对责任原则，而对于战争罪及侵略罪则采用条件责任原则。

CASE STUDY

前南国际刑事法庭关于“执行上级命令不免责”的典型案例

The Prosecutor v. Drazen Erdermovic①

(The ICTY)

Drazen Erdermovic was a member of the 10th Sabotage Detachment of the Bosnian Serb army. On 16 July 1995, he was sent with other members of his unit to the Branjevo collective farm near Pilica. Once there, they were informed that later that day Muslim men from 17 to 60 years of age would be brought to the farm in buses. The men were unarmed civilians who had surrendered to the members of the Bosnian Serb army or police after the fall of the United Nations "safe area" at Srebrenica. Members of the military police took the civilians off the buses in groups of ten and escorted them to a field next to the farm buildings, where they were lined up with their backs to a firing squad. The men were then killed by Erdermovic and other members of his unit with the help of soldiers from another brigade.

On 31 May 1996, Erdemovic appeared for the first time before the Trial Chamber of the ICTY. At the hearing, he pleaded guilty to Count No. 1, "Crime against humanity", of the Indictment. However, he added the following:

"Your Honour, I had to do this. If I had refused, I would have been killed together with the victims. When I refused, they told me: If you're sorry for them, stand up, line up with them. But I have a son who then had nine months, and I could not refuse because then they would have killed me."②

In determining an individual sentence, the Trial Chamber took into account factors such as the gravity of the offence, the individual circumstances of the convicted person and the existence of aggravating or mitigating circumstances, including substantial co-operation with the Prosecutor.

As to the Gravity of the Crime, the Prosecutor underscored the gravity of the crime: The killing of approximately 1,200 unarmed civilians during a five-hour period on 16 July 1995 was a crime of enormous proportions. Mr. Erdermovic, depending on which of his numerous accounts is accurate, is responsible for killing between 10 and 100 people. His rule in this mass execution was significant. The Trial Chamber considers that the extreme gravity of the crime committed under

---

① The Prosecutor v. Drazen Erdermovic, Sentence Judgment, ICTY, UN Doc. IT-96-22-T, 29 November 1996, para. 1.

② Transcript, initial appearance hearing, 31 May 1996, p. 9 (IT-96-22-T, D241); The Prosecutor v. Drazen Erdermovic, Sentence Judgment, ICTY, UN Doc. IT-96-22-T, 29 November 1996, para. 10.

the conditions related has been characterized.

However, the Trial Chamber considered that it is appropriate to grant to Drazen Erdermovic the benefit of mitigating circumstances based on the following element:

—his age at the time of the events and his subordinate level in the military hierarchy;

—the remorse he has shown, his desire to surrender to the International Tribunal, his guilty plea and his co-operation with the Office of the Prosecutor;

—the fact that he now does not constitute a danger and the corrigible character of his personality; and the fact that the sentence will be served in a prison far from his own country.

After taking into consideration all the factors relating to the existence of aggravating or mitigating circumstances, the Trial Chamber sentenced Drazen Erdermovic to 10 years' imprisonment.

思考题

1. 绝对责任原则的基本概念是什么?

2. 国家在绝对责任原则方面有何立法?

3. 国际刑事法院在“执行上级命令不免责”方面是如何规定的?

4. 你对“执行上级命令不免责”问题如何理解?

本章小结

1. 执行上级命令从来是一项不容置疑的普遍规则。服从权威或服从领导是维护社会秩序的一个基本条件，也是统治者维护和巩固其统治一个不可或缺的重要因素。根据不少国家的国内法，如果下级不服从上级的命令，就会被视为违法犯罪行为。相反，如果服从上级命令，即使造成严重后果，也不承担刑事责任。

2. 由于国际法的发展，也由于惩治国际犯罪的需要，国际法开始主张一个人只应该服从合法的命令，而不应该服从违法的、犯罪的命令。如果他因服从命令而违反了明显的、无可否认的战争规则，他便应该负不可逃避的责任。执行上级命令本身不能作为一个独立的辩护理由，但考虑到下级在执行命令时的无奈，它可能会作为一个导致减轻刑罚的因素。

3. 根据绝对责任原则，执行上级命令在任何情况下都不能构成免除刑事责任的辩护理由，它仅仅可以作为量刑时减轻处罚的考虑情节。该原则的理论基础是：每个士兵都是理性人，能够评价其所受命令的性质。如果命令是非法的，他就有义务不执行。如果他仍然选择执行该非法命令，那么他就应当同其上级一起受到刑罚处罚。

4. 根据《罗马规约》的规定，因为服从政府或部队命令行事而犯下罪行就不免除该人的刑事责任。然而，如果行为人有服从有关政府或上级命令的法律义务，或者行为人不知道命令为违法，或者命令的违法性不明显等，行为人就不必承担刑事责任。换句话说，即使执行命令者不知道命令违法，但只要命令本身明显违法，那就构成战争罪。所以，违法性认识不属于故意的成立要件。另外，其中还特别规定了种族灭绝罪和反人道罪等不适用执行上级命令这种辩护理由。

QUESTIONS AND COMMENTS

1. The Nuremberg Military Tribunal did not accept superior orders as grounds for lessening the penalty for any of the senior commanders and emphasized, in the case of Keitel, that "superior orders, even to a soldier, cannot be considered in mitigation where crimes so shocking and extensive have been committed consciously, ruthlessly and without military excuse or justification", and in the case of the accused Alfred Jodl stated that "participation in such crimes as these has never been required of any soldier and he cannot now shield himself behind a mythical requirement of soldierly obedience at all costs as his excuse for commission of these crimes" .
2. However, the rejection by the Nuremberg Tribunal of the defence of superior orders, raised in order to obtain a reduction of the penalty imposed on the accused, is explained by their position of superior authority and that, consequently, the precedent judgment in this respect is diminished for low ranking accused.
3. The individual circumstances of the accused may, in general, be characterized or affected by his behaviour at the time the offence was committed or shortly afterward and, more specifically, by his age, physical and mental condition, degree of intent, purposes, motives, state of mind, personality, previous conduct, remorse or contrition which he may have demonstrated since the time the crime was committed.
4. In practice, the International Criminal Tribunal accepts to consider orders from superiors as valid grounds for a reduction of penalty. This general assertion must be qualified, however, to the extent that tribunals have tended to show more leniency in cases where the accused arguing a defence of superior orders held a low rank in the military or civilian hierarchy. It should be emphasized, however, that a subordinate defending himself on the grounds of superior orders may be subject to a less severe sentence only in cases where the order of the superior effectively reduces the degree of his guilt. If the order had no influence on the unlawful behaviour because the accused was already prepared to carry it out, no such mitigating circumstances can be said to exist.

第八章 不予赦免问题

引言

"赦免"是一个在理论上和实践中都比较复杂、不太好处理的问题。国际法作为一个法律体系，需要与政治现实相结合。国家有时具有过渡性质或重建性质的司法，还负有寻求对违法犯罪行为进行审判以及保证民主秩序、保障基本人权的使命。如果不对有限制的赦免加以承认，维护和平或促进和解的程序就会变得极其困难。

重点问题

- ❑ 赦免的基本概念
- ❑ 国际法关于赦免的规定
- ❑ 赦免的法律拘束力
- ❑ 赦免对第三国的效力

第一节 赦免与惩治国际犯罪

赦免与惩治国际犯罪之间存在矛盾。从国际刑法的发展趋势来看，国际犯罪行为人不受法律制裁的历史将一去不复返，国际社会以不同方式将严重国际犯罪的责任者绳之以法。但国家有时出于维护本国社会秩序或促进和平进程的需要对战争罪实施有限的赦免。赦免是为了达成和平协议，或是为了恢复社会秩序。当然，在国际刑法的发展过程中，围绕赦免的国际法规则本身也发生了变化。

一、关于赦免的基本概念和规定

"赦免"（amnesty）这个词源于希腊语"amnestia"，意思是"遗忘"或者"不记住"；字典里一般是指"忽略，遗忘，国际上的忽视"①，英语上是"forgetfulness"，"an overlooking"，或"an act of sovereign power granting oblivion，or a general pardon for a past offence"等。② 从法律上说，赦免就是指对于过去的犯罪不再予以刑事起诉和追究。从法律的操作层面上讲，是否使国际犯罪嫌疑者受到不起诉的赦免，一般都是由一国所制定的法律或政策来决定。

不少国家通过立法对该国特定历史时期内的一些罪行，如战争罪和反人类罪等，准予赦免。这些法律一旦通过，原来被认为是犯罪的行为就不再被追究或被起诉。所以，这样的法律就会产生以下两方面效果：（1）检察指控机关丧失对这些罪行进行调查或提起刑事诉讼的权力；（2）所有因为犯有这些罪行而要被起诉的案子都被取消，嫌疑人不再被考虑追究个人刑事责任。

惩罚犯有国际罪行的人，通过法律方法来恢复受害人的权利或让他们获得赔偿，是对实现正义的一般理解。对犯有严重国际罪行的人予以惩治，也已成为国际法上的一个基本原则。但国家必须惩治战争罪的义务并不妨碍它对战争罪实施有限的赦免。从某种意义上讲，赦免能够帮助达成和平协议、恢复社会秩序并促进一国国内的和平进程。

"赦免"在国际法中是怎么规定和解释的呢？国际法能否对犯有严重国际罪行的人也予以赦免呢？

国际法不存在对"赦免"绝对禁止或完全同意的规定。所有国际法文件中，对"赦免"问题作出规定的只有1977年第二议定书。该议定书第6条第5款规定：At the end of hostilities，the authorities in power shall endeavour to grant the broadest possible amnesty to persons who have participated in the armed conflict，or those deprived of their liberty for reasons related to the armed conflict，whether they are interned or detained。

这一规定似乎可以用来证明给予战争罪赦免的合法性问题，因为它要求当局在敌对行动结束时对于参加武装冲突的人应当给予尽可能广泛的赦免。然而，对这一条款也存在有不同的解释。

认为对战争罪不能给予赦免的人认为：1969年《维也纳条约法公约》第31条规定了对条约进行解释的根本原则，即缔约国应当根据条约的用语按照其上下文并参照条约的目的和宗旨所具有的通常意义，善意地解释条约。虽然1977年第二议定书第6条有关于赦免的规定，但还需从整个公约的宗旨和目的来理解。1977年第二议定书的制定目的是通过发展和补充日内瓦公约共同第3条，向非国际性武装冲突中的受害人提供更多保护。正如该议定书第1条规定：This Protocol，which develops and supplements Article 3 common to the Geneva Conventions of 12 August 1949 without modifying its existing conditions of application，shall apply to all armed conflicts which are not covered by Article 1 of the Protocol Additional to the Geneva Conventions of 12 August 1949，and relating to the Protection of Victims of International Armed Conflicts（Protocol I）

---

① 《牛津英语词典》，2版，1989。

② Webstars New Collegiate Dictionary of the English Language.

and which take place in the territory of a High Contracting Party between its armed forces and dissident armed forces or other organized armed groups...1977 年第二议定书是关于非国际性武装冲突的法律文件，里面关于赦免的规定也只能适用于国内战争。制定议定书是为了保护在非国际性武装冲突中的受难者。如果第 6 条第 5 款允许给予在武装冲突中严重侵犯人权者以可以阻止起诉的赦免，它就会背离制定该附加议定书的主要目的。所以，“应当给予尽可能广泛的赦免”应解释为：只有当执行该条款不至于违反其他具有拘束力的国际条约或者国际习惯法的时候，才能适用这一条款。

红十字国际委员会（International Committee of the Red Cross）认为：Article 6（5）of Protocl II is the only and very limited equivalent in the law of non-international armed conflict of what is known in the law of international armed conflict as “combatant immunity”，i. e.，the fact that a combatant may not be punished for acts of hostility，including killing enemy combatants，as long as he respected international humanitarian law，and that he has to be repatriated at the end of active hostilities. In non-international armed conflicts，no such principle exists，and those who fight may be punished，under national legislation，for the mere fact of having fought，even if they respected international humanitarian law. The “travaux préparatoires” of Article 6（5）indicate that this provision aims at encouraging amnesty，i. e.，a sort of release at the end of hostilities，for those detained or punished for the mere fact of having participated in hostilities. It does not aim at an amnesty for those having violated international humanitarian law。①

根据红十字国际委员会这一解释，战斗员不能仅仅因为参加敌对行动而受到惩罚，即便他杀死敌人，但只要他尊重国际人道法就不应受到惩罚。第 6 条第 5 款是旨在鼓励赦免，即在结束敌对状态时释放那些仅仅因为参加敌对行动而受到拘禁或者惩罚的人，而并不是为了赦免那些违反国际人道法的人。因此，“赦免”只是涉及战争中的合法行为。一旦会妨碍追究战争罪行，就不能适用这条规定。

红十字国际委员会的这个解释随后被前南国际刑事法庭在 Furundzija 案中进一步肯定。该法庭认为：“任何以授权的立法、行政或者司法实施酷刑的行为，在国际上都是非法的。如果一方面认为，由于禁止酷刑具有强行法性质，因而含有酷刑规定的条约或者习惯规则是无效的，并且自始就无效；而另一方面却认为，国家完全可以不理会它而采取各种国内措施如授权或者宽恕酷刑罪、通过赦免法律赦免实施酷刑的人。这样就毫无意义。因为如果真的发生这种情形，国家所采用的某些措施由于违反了条约的一般性原则和相关的条约规定，就会产生上面已经讨论过的法律效果，并且也不会得到国际上的承认。”②

红十字国际委员会还认为：措施的目的在于通过免予追究个人刑事责任来帮助实现民族和解和恢复社会秩序，不能被解释为对犯有战争罪的人也要予以赦免。③

---

① Letter from Dr. Toni Pfanner，Head of the Legal Division，ICRC Headquarters，Geneva to Douglass Cassel，quoted from Bruce Broomhall，*International Justice and the Internatinal Criminal Court*，Oxford University Press，2003，p. 97.

② The Prosecutor v. Anto Furundzija，Judgment，IT-95-17/1-T，10 December 1998，para. 155.

③ Offcial Records of the Diplomatic Conference on the Reaffirmation and Development of International Humanitarian Law Applicable in Armed Conflicts，Geneva，1974—1977，vol. 9，Federal Political Department，Berne，1978，p. 319；红十字国际委员会法律部 1995 年 11 月 24 日致前国际刑事法庭检察官的书信，以及 1997 年 4 月 15 日致加利福尼亚大学的书信。

二、惩治国际犯罪的义务

国家通过国内立法颁布赦免法令，属于一国主权范围内的事务，他国不得干涉。然而，国家通过国际法上的公约或国际习惯法又承担了追究并惩治国际法上严重罪行的义务。赦免是否会违反国家在国际法上的义务呢？

1. 赦免属一国主权行为

对于赦免属于一国主权范围内的问题，红十字国际委员会在评论 1977 年第二议定书时曾发表声明说：Amnesty is a matter within the competence of the authorities. It is an act by the legislative power which eliminates the consequences of certain punishable offences, stops prosecutions and quashed convictions。①

在国际关系实践中，有的国家相互之间达成一些对战争罪、酷刑或反人道罪予以赦免的协议。1962 年法国和阿尔及利亚之间签订的《伊唯（Evian）协定》，里面就规定对一些国际罪行实施赦免。国家相互之间达成这些协议，其法律根据就是国际法上的主权原则。根据这一原则，决定是否要对谁予以惩治或者如何予以惩治，都属于各国主权范围之内的事务，应由国家自己决定。

第二次世界大战结束时，法国和意大利就曾通过立法，赦免那些在战争中因为打击德国纳粹而被当时政府定为有罪的国民。1966 年 6 月 18 日阿尔及利亚战争结束时，法国国会也曾通过法律，对于在这场战争和在印度支那战争中犯有罪行的人都给予赦免。在南美，智利和阿根廷也曾通过法律实行大赦。其他国家如秘鲁和乌拉圭，也曾制定过关于赦免的相似法律，其赦免范围也很广泛，涵盖了如酷刑、战争罪和反人道罪等其他罪行。

赦免是出于一国国内政治方面的需要。每次战争、武装冲突、民族斗争或骚动之后都会给社会带来严重的创伤，遗忘仇恨、化解矛盾，往往被认为是痊愈社会创伤的最好办法。因此，把任何一方实施的刑事犯罪行为从法律上非罪化，就可以使人们更快地停止互相仇视和憎恨，从而达到国家和社会的安定祥和。另外，新上任的军事和政治领导有时也想通过赦免法律来安抚人心，巩固自己的统治地位。

对于赦免与惩治国际犯罪之间的关系问题，Cherif Bassiouni 教授认为：Amnesties...are essentially a form of forgiveness, granted by governments, for crimes committed against a public interest. While amnesty is a deliberate positive action, impunity is an act of exemption—an exemption from punishment, or from injury or loss. Amnesty can occur after a person or a group of persons have been convicted, not beforehand. The recurrence of pre-prosecution amnesty is, therefore, an anomalous phenomenon which reflects a policy of impunity。②

国内制定的赦免法令与国家在国际法上所应承担的调查、追究并惩治国际法上严重罪行的义务，是不相容的，因为不少被普遍接受的国际公约都规定，国家有追究并惩治国际法上严重罪行的义务。联合国人权委员会认为：对严重侵犯人权的行为予以赦免，这与国际法上不少人权法律文件的规定不相符合（incompatible）。

---

① Yves Sandoz et. Al. , eds. , *Commentary on the Additional Protocols of* 8 *August* 1949, *Geneva*, *ICRC*, Martinus Nijhoff, 1987, at 1402.

② Cherif Bassiouni, *Introduction to International Criminal Law*, Transnational Publishers, Inc. , Ardsley, New York, 2003, p. 705.

1993年在维也纳召开的世界人权大会上，联合国人权委员会在通过的《维也纳宣言和行动指南简介》中明确呼吁所有国家“废除那些导致犯有诸如酷刑等严重侵犯人权罪行的人免受惩治的法令，由此从法律规则方面，为惩治罪犯提供一个坚实的基础”[①]。联合国人权委员会在1978年就针对智利的赦免法采取了相关的行动，自此之后还对黎巴嫩、萨尔瓦多、海地、秘鲁、乌拉圭、法国、也门、克罗地亚以及阿根廷等国的赦免发表了评论。[②]

美洲人权法院在Barrios Altos案中认为：给予那些实施严重侵犯人权行为的人，如犯有酷刑、任意害人、非经司法程序执行的犯罪人赦免，有违国际人权法中的规定。有些规定是“绝对不能违反的”（non-derogable），如1948年《种族灭绝罪公约》和1949年四个日内瓦公约中关于要求缔约国履行起诉和处罚义务的规定，所以，对犯有战争罪的人不能适用赦免法律。[③]

2. 对国际犯罪不予赦免的趋势

联合国人权委员会在关于《公民权利和政治权利国际公约》第7条禁止酷刑的一般评论中认为：“赦免，总的来说，与国家对这些行为应该进行调查的义务以及与国家在其管辖权范围之内保证自由不受这些行为侵犯的义务是相违背的，更是与国家保证这些行为在未来不出现的义务相违背的。国家不能剥夺个人寻求包括要求尽可能得到赔偿和尽可能复原在内的有效救济的权利。”[④]

国际刑法的发展使得一些具有条约性质的文件或声明也涉及关于赦免的问题。1999年，联合国与塞拉利昂就设立塞拉利昂特别法庭签订的协议规定：The Security Council, in its resolution 1315 (2000) of 14 August 2000, expressed deep concern at the very serious crimes committed within the territory of Sierra Leone against the people of Sierra Leone and United Nations and associated personnel and at the prevailing situation of impunity。

1999年7月7日，联合国秘书长指示其特别代表，签署塞拉利昂和平协议时必须有一个关于赦免的规定。所以，当秘书长特别代表在塞拉利昂政府和反政府的革命联合阵线组织之间达成和平协议时就加上了一项条款，即“和平协议包括了一个附加性条款，即联合国认为在该协议第9条下的任何赦免以及宽宥均不得适用于种族灭绝罪、反人道罪、战争罪以及任何其他严重违反国际人道法的罪行”[⑤]。

联合国秘书长由此肯定了这样一条原则，即国内法上的赦免在国际法层面是不具有法律拘束力的。这一原则在联合国安理会授权联合国秘书长为塞拉利昂特别法庭起草规约[⑥]的决议中也得到了肯定。《塞拉利昂特别法庭规约》第10条明确规定：An amnesty granted to any person falling within the jurisdiction of the Special Court in respect of the crimes referred to in articles 2 to 4 of the present Statute shall not be a bar to prosecution。

塞拉利昂特别法庭明确了那些严重的国际罪行尽管被国内当局予以赦免，但不排除被国际法庭起诉的可能性。国家具有惩治严重违反国际罪行的责任和义务，因此，一国国内法律所颁布的赦免不能违背国际法上的义务，也不能给予犯有战争罪行的人以赦免。

---

① 1993年6月14日至25日世界人权大会通过的《维也纳宣言和行动纲领》第三章第二节第60段。联合国文件：A/CONF. 157/24 (Part 1)。

② 参见联合国人权委员会第20号文件，1992。

③ Incited from Antonio Cassese, *International Criminal Law*, Oxford University Press, 2003, p. 314.

④ 联合国人权委员会第20号文件，第7条第44节第15段，1992。

⑤ 联合国秘书长关于联合国在塞拉利昂的行动的第七次报告。联合国文件：S/1999/836，第7段，1999-07-30。

⑥ UN Doc. S/RES1315，序言第5段。

然而，之所以要对战争罪或其他罪行给予赦免，经常是因为一个国家处于转型时期，确有这个需要。例如，当战争刚结束要恢复和平的时候，或一个国家在政治上急剧动荡后要将国家政权从一方手中转向另一方时，由于这时社会动荡、政治敏感，国家需要摆脱过去、谋求发展。在这种时候，追究国际犯罪者的刑事责任的考虑，就会让位于国家政治稳定和恢复社会秩序的需要。可见，赦免还有个实际效果考量问题。

CASE STUDY

The Truth Commission of South Africa

As a general rule, violation of international crimes should always be subject to prosecution. However, in deciding whether to prosecute at the international or domestic level, other considerations should be weighed.

Actually, not every conflict situation requires the prosecution of every possible accused. South Africa opted for a truth commission to provide accountability for past human rights violations. This decision was made not to allow de facto impunity for the prior regime, but rather based on the people's determination that this was the best manner in which to put its past behind it. Secretary-General Kofi Annan, speaking on the International Criminal Court in the context of the South African experience, stated:

"No one should imagine that [the clause which allows the Court to intervene where the state is unwilling or unable to exercise jurisdiction] would apply in a case like South Africa's, where the regime and the conflict which caused the crimes have come to an end, and the victims have inherited power. It is inconceivable that, in such a case, the Court would seek to substitute its judgment for that of a whole nation which is seeking the best way to put a traumatic past behind it and build a better future."①

The above factors should serve as a guide in selecting the most appropriate accountability for international humanitarian and human rights law violations.

思考题

1. "赦免"的基本概念是什么？
2. 赦免与惩治国际犯罪之间是否存在矛盾？
3. 国际法是否禁止"赦免"？
4. 国际法文件是是否订立有赦免方面的规定？

---

① Cherif Bassiouni, *Introduction to International Criminal Law*, Transnational Publishers, Inc., Ardsley, New York, p. 726. Quoted by Kofi Annan in a speech delivered at Witwatersrand University Graduation Ceremony, 1 September 1998.

第二节 敕免的法律拘束力

惩治国际罪行不仅是一个国家的事，它还涉及国际社会的整体利益。同样，对某些国际罪行予以赦免也涉及整个国际社会的利益。因此，赦免是否对第三国具有法律上的拘束力？对这个问题既可以从国家之间的协议来看，也可以从国际组织本身的规定的角度来分析。

一、赦免与国家的条约义务

根据国际法上国家主权独立的原则，国家没有义务赋予另一个国家国内法以法律效力，因为那样会侵犯其本国的主权独立。所以一个国家只受其国内法、本国签订的条约以及国际习惯法的拘束。①

赦免，如果从国家主权原则来讲，纯粹属于一国国内的事情。为了结束内战，政府与叛乱团体之间以及各叛乱团体相互之间达成的协议中可能会规定有关赦免的条款；或者在政权交替时期，新旧政权之间所签订的协定中可能规定有关“赦免”的条款，这些条款都不能对其他国家产生拘束力。两个或者两个以上的国家经过协商而签订的赦免协议，例如为了结束国际武装冲突而签订的和平协定，也只是作为一个条约在缔约国相互之间有拘束力，于第三国无效力。②

国家与国家在司法协助、刑事合作程序方面，如果某人在一个缔约国已得到宽恕或者赦免，那么根据“一事不二审”(non bis in idem) 的原则，其他缔约国就有义务不再对这个人进行起诉，因为该原则就是为了防止出现一个人因为同一行为受到不同主权国家的起诉，从而可能受到双重损害的可能性而制定的。③ 不过，在《罗马规约》的谈判过程中，赦免和宽恕都没有被接受为根据“一事不二审”原则而成立的辩护理由，因而没有出现在国际刑事法院《罗马规约》之中。④

成立国际刑事法院的目的是为了将犯罪者绳之以法。正如 Cherif Bassiouni 教授所说：Ac-

---

① 布朗利 (I. Brownlie) 认为：“……一个国家必须独立于另一个国家的法律命令，这类法律命令或者国际组织所施加的任何干涉都必须以国际法的名义作出。”(I. Brownlie，*Principles of Public International Law*，5 th ed.，Clarendon Press，Oxford，1998，p. 72.)

② 参见 1969 年 3 月 23 日《维也纳条约法公约》第 31 条。

③ 1966 年 12 月 16 日《公民权利和政治权利国际公约》第 14 条第 7 款重申了“一事不二审”原则，但它并没有禁止在另一个国家起诉已经在犯罪行为发生国被赦免的人，因为赦免的程序在该条文中的意思并不是指一个“无罪判决”。

④ 参见《建立国际刑事法院的筹备委员会报告》，第 1 期，40 页，第 174 段第 19 条（筹备委员会 1996 年 3 月至 4 月及 8 月两次届会)，文件号：UN Doc. A/51/22；UN Doc. A/CONF. /283/2/Add. 1 (1998)。

countability is the antithesis of impunity, which occurs either de jure through the granting of amnesties or de facto through the failure of a state to enforce legal norms either intentionally or as a result of an inadequate legal system。①

严重违反国际法的罪行一般都属于违反强行法的行为。根据国际法，如果发生严重违反强行法规则的行为，国家在两方面负有责任：第一，该国在法律上必须予以合作，以结束该严重违法行为；第二，该国不得承认由该严重违反强行法规则的行为所导致结果的合法性，也不得提供任何帮助以维持这种不法状态。

国际法上因此就产生了一个原则：一国不能赦免一个被指控犯有国际罪行并应当对此承担个人刑事责任的人，也不能阻止另一国家法院或国际性法院起诉这个人。这一原则得到不少国际法律文件的肯定与支持。例如，战争发起者责任与刑罚委员会（the Commission on the Responsibility of the Authors of the War and on Enforcement and Penalties）早在 1919 年就采用"战败国国内法院的判决并不妨碍军事法庭或者盟国国内法院所进行的定罪量刑"的原则。

第二次世界大战后纽伦堡宪章及审判原则认为，即使国内法院"不对一个根据国际法构成犯罪的行为判刑，也并不减轻根据国际法而应当对该犯罪承担的刑事责任"。1946 年"同盟国管制委员会第 10 号法案"作了同样的规定，即：纳粹政权的任何法律，宽恕、免予刑事处罚或者赦免等，都不能妨碍对战争罪犯进行审判和惩罚。②

1968 年，联合国大会指出，任何国内立法所作的限制也都不适用于战争罪、反人道罪和种族灭绝罪。③ 此外，根据 1949 年日内瓦四公约及其 1977 年第一议定书的规定，如果对于涉嫌实施战争罪的罪犯进行赦免，因而不履行要对被指控实施严重犯罪行为的人"起诉或者引渡"的义务，还可能构成对国际法的违反。所以，赦免如果不符合国际法的基本原则，它在原则上是不会被外国法院或者国际性法院承认的。

二、赦免与联合国安理会决议

在目前国际法框架内，要一个第三国在法律上接受一个关于赦免的决定，也不是说完全不可能。譬如，联合国安理会就可能出于维护世界和平与安全目的来进行调停，并同意对某些人实施赦免。由于联合国会员国必须服从安理会的决定，一个国家如果不承认安理会关于赦免的决定，就会违反《联合国宪章》，因为该宪章第 103 条规定：In the event of a conflict between the obligations of the Members of the United Nations under the present Charter and their obligations under any other international agreement, their obligations under the present Charter shall prevail。

根据该条确立的原则，《联合国宪章》下的义务应居优先地位，所以，如果联合国安理会作出关于赦免的决议，联合国成员国有义务承认这类赦免的法律效力。当然，联合国安理会决定的前提必须是和维护或恢复世界和平与安全有关联。

《罗马规约》第 16 条关于"deferral of investigation or prosecution"的条款规定：No investigation or prosecution may be commenced or proceeded with under this Statute for a period of 12 months after the Security Council, in a resolution adopted under Chapter VII of the Charter of the Uni-

---

① Cherif Bassiouni, *Introduction to International Criminal Law*, Transnational Publishers, Inc., Ardsley, New York, p. 705.

② 参见 1946 年 1 月 31 日"同盟国管制委员会第 10 号法案"第 11.5 条。

③ 参见《战争罪及反人道罪不适用法定时效公约》，联合国大会第 2391 号决议，1968-11-26。

ted Nations, has requested the Court to that effect; that request may be renewed by the Council under the same conditions。

联合国安理会可以引用《联合国宪章》第七章的规定来通过决议，要求国际刑事法院在12个月内（该期限可以延长）推迟启动调查起诉的程序。这表明，缔约国承认联合国安理会的权威性，也表明和平与正义并不总是完全一致的，当它们出现冲突的时候，寻求维持和平的目标将占上风。

在国际刑事法院于2002年7月1日刚成立时，美国就施加压力促使联合国安理会通过第1422号决议，要求国际刑事法院对于《罗马规约》非缔约国从事维和任务的公民不启动该法院的调查和起诉程序，同意给予《罗马规约》非缔约国维和人员一年的管辖豁免权。这一个决议起到了阻止国际刑事法院以战争罪（和其他严重的国际犯罪）起诉从事维和行动的美国公民以及《罗马规约》其他非缔约国国家的公民的作用。2003年6月12日，联合国安理会通过了另外一个决议，即第1487号决议，决定给予《罗马规约》非缔约国从事维和任务国家的公民又一年豁免权，使得刚成立不久的国际刑事法院的权威再次受到伤害。

在联合国安理会另外一个关于介入利比里亚冲突以执行2003年6月27日的停火协议的决议中，也含有关于国际刑事法院非缔约国管辖豁免权的内容。[①] 此外，美国还与53个国家签订了双边协定（即所谓"第98条协定"），保证不将被指控犯有战争罪行的美国公民和这些国家的国民移送到国际刑事法院受审。[②]

联合国安理会通过的第1422号、1487号决议规定，国际刑事法院在非缔约国人员涉嫌《罗马规约》中所规定的罪行时不能行使管辖权。这表明联合国安理会根据《罗马规约》第16条的规定，享有推迟国际刑事法院调查、起诉的权力。由于国际刑事法院根据"补充管辖原则"来行使管辖权，即只有当国家"不能够"或者"不愿意"起诉罪犯时国际刑事法院才行使其管辖权。所以国家对战争罪的赦免是否属于"不能够"或者"不愿意"的情形，存有争议。但如果发生这种情况，联合国安理会可以根据《罗马规约》第16条的规定，通过决议来推迟调查和起诉。

需要强调的是，尽管联合国安理会在选择采用何种方式发挥其功能的问题上有相当广泛的自由裁量权，而且可以自己决定如何来解释《联合国宪章》所赋予的权力，但它自己也要受到《联合国宪章》的宗旨和原则的约束[③]，同时还受到国际法基本原则，特别是国际法的强行性规则的约束。任何国际法主体，包括联合国安理会，均不被允许贬损这些原则。[④] 此外，从程序上来说，判断"和平之威胁、和平之破坏或者侵略行为"是否存在，是安理会采取《联合国宪章》第七章授权行动的前提条件。因此，在要求国际刑事法院根据《罗马规约》第16条推

---

① 联合国安理会2003年第1497号决议，文件号：UN Doc. S/RES/1497，2003年8月1日。其中第7段规定，"不是国际刑事法院《罗马规约》缔约国的一个参与国的现任或者前任官员或人员，如被指控因驻利比里亚多国部队或者联合国维和部队而产生或与其有关的作为或者不作为，应受该参与国的专属管辖，除非该参与国明确放弃此种专属管辖权"。

② 关于同美国签署双边豁免协定的国家名单，参见国际刑事法院联盟的网站：http: //www. iccnow. org/documents/otherissuesimpunityagreem. html。

③ 参见《联合国宪章》第24条第2款。

④ 参见1969年《维也纳条约法公约》第53条；D. Schweigmann, "The Authority of the Security Council under Chapter VII of the UN Charter: Legal Limits and the Role of the International Court of Justice", *Kluwer Law International*, The Hague, 2001, p. 197。

迟调查起诉之前，联合国安理会应首先确定确实存在着这种情形。①

安理会在通过有关豁免决议时，需要考虑和顾及国际形势的现实与要求。到了2004年，由于驻伊拉克美军虐俘事件在国际上产生了很大影响，美国代表团没有再像前两年一样提出豁免问题。其实，在联合国安理会是否应通过有关豁免决议的问题上，从来都是有争议的。联合国前秘书长安南曾在纽约联合国总部公开呼吁，不要给予参加联合国维和行动的美国人员以不受国际刑事法院起诉的豁免权。驻伊拉克美军虐俘事件发生后，他又明确说："两年来，我一直反对这样的豁免。鉴于美军虐待伊拉克战俘，如果此时再给美国士兵豁免权，将是不幸的，也是不明智的。因为这将损害安理会的形象和联合国维和行动的合法性。"②

外国法院或者国际性法院在一般情况下不受战争罪赦免的拘束，但在某些特殊情况下可以有例外。比如，由联合国安理会出面调停，并将之作为和平协议的一部分而对某个人进行赦免的情况，因为如果对其起诉将危及世界和平与安全。不过，即使在这种特殊的情况下，赦免也必须符合国际法的基本原则，这样才能有效地得到国际承认。

三、对赦免的承认

对于一国作出的关于赦免的决定，其他国家是否应予承认？在什么样条件下予以承认？这涉及国际条约关于国际罪行的有关条款的规定。

1949年日内瓦四公约在其第50、51、130、147条分别界定了"严重违反公约的行为"，这些行为包括故意杀害、酷刑和非人道待遇、故意使身体及健康遭受重大痛苦或严重伤害等。1977年第一议定书第85条，扩展了关于严重违反公约的行为，它包括严重违反战争法和战争习惯法，故意违反并造成死亡或者对身体健康造成严重伤害。国际条约法对于这些"严重违法行为"，还特地设立了"普遍管辖"机制。

红十字国际委员会在《日内瓦公约评注》中指出：The universality of jurisdiction for grave breaches is some basis for the hope that they will not remain unpunished and the obligation to extradite ensures the universality of punishment。③

对于"严重违反公约的行为"实行普遍管辖，是为了不让国际罪犯逍遥法外；引渡的义务则在机制上保证了惩罚的普遍性。因此，缔约国不能免除自身和其他缔约国由于严重违反日内瓦公约的行为而引起的责任。

1949年日内瓦第四公约第148条规定，任何缔约国不得自行推卸，或允许任何其他缔约国推卸其本身或其他缔约国破坏公约行为的责任。对此，红十字国际委员会认为：In our opinion, Article 148 is intended to prevent the vanquished from being compelled in an armistice agreement or a peace treaty to renounce all compensation due for breaches committed by persons in the service of the victor. As regards material compensation for breaches of the Convention，it is inconceivable，at least as the law stands today，that claimants should be able to bring a direct action for damages against the State in whose service the person committing the breach was working. Only a State can

---

① 参见《联合国宪章》第39条。

② 美国常驻联合国副代表詹姆斯·坎宁安宣布："美国决定放弃要国际刑事法院延长对美军豁免权的决议草案。"（何洪泽：《美国兵没有豁免权了》，载《环球时报》，2004-06-25。）

③ J. Pictet：《1949年8月12日日内瓦公约评注：第四日内瓦公约》，587页，日内瓦，红十字国际委员会，1960。

make such claims on another State, and they from part, in general, of what is called "war reparations". It would seem unjust for individuals to be punished while the State in whose name or on whose instructions they acted was released from all liability。①

对犯有国际罪行的嫌疑人进行审理或在审理后确定其有罪的情况下对他们予以惩治，会有以下几种效果：(1) 通过公开的审理和判决，能让人们真切地意识到违反国际法的行为所应承担的个人刑事责任。(2) 有助于驱散世人诉诸报复的心理。对不法行为予以报复以实现正义是人们通常的心理。但如果司法机构对行为人作出惩罚，受害者关于相应报偿的要求得到实现，自然就没有报复的要求，有助于实现正义。(3) 通过司法公正的实施，社会一方的受害者才会愿意和实施犯罪的另一方进行和解，因为他们知道后者已经因自己的行为受到了惩罚。这有利于实现社会的和谐。

如果一个人涉嫌严重违反日内瓦公约，无论其犯罪行为发生在什么地方，也无论行为人的国籍是哪个国家，只要是日内瓦公约及其第一议定书的缔约国，或只是其中一个公约的缔约国，就有起诉或引渡这个人的义务。这是1949年日内瓦四公约的规定。由于世界上几乎所有的国家都批准加入了日内瓦公约，不少缔约国还制定了国内的实施细则②，可以认为：起诉日内瓦公约所列举的"严重罪行"，或者引渡该罪犯的规定，已成为国际习惯法意义上的义务。

1899年和1907年的海牙公约及其规则，本身并不包含如何处理作出违反其条款规定的行为者的个人责任方面的内容，也没有任何明确缔约国关于对这些实施违反公约行为者，即使是实施最严重违反公约行为者负有起诉的责任的规定。然而，纽伦堡国际军事法庭在1945年指出：1907年海牙第四公约附则所包含的人道法规则，"为文明国家所承认并被视为正式的战争法与战争习惯法"。《前南国际刑事法庭规约》规定，对于"违反战争法和战争习惯法的行为"行使管辖权。

联合国一些决议也确认了起诉严重国际犯罪的一般义务。例如，联合国人权委员会2002年第79号《关于不惩罚问题的决议》就明确承认，"对那些违反国际人道法和人权法而构成严重犯罪的人不可以予以赦免，并呼吁各国采取行动履行其义务"。此外，"诸如战争罪之类的犯罪……是对国际法的违反……实施这些犯罪的罪犯应当被国家起诉或者引渡……所有国家都要采取有效措施履行其义务，起诉或者引渡这类罪犯"③。

国际法上关于追究战争罪责任的发展趋势，并不意味着就不能对所有这些实施赦免。国际社会抵制的是对战争犯罪的不惩罚，因为它被视为对和平的妨碍并与所有正义观念背道而驰。但在某些情况下如果都不赦免，反倒会对和平与安全构成威胁，可能会损害和平协议或会导致颠覆新近成立的民选政府。

但一个国家如果对战争罪犯予以赦免，就有可能被认为违反了条约和国际习惯法关于必须惩治战争罪的一般性国际义务。例如，1949年日内瓦四公约共同第1条规定，缔约国"undertake to respect and to ensure to respect"公约里的规定，因此，"尊重并保证尊重"就成了一项

---

① J. Pictet：《1949年8月12日日内瓦公约评注：第四日内瓦公约》，604页，日内瓦，红十字国际委员会，1960。

② 红十字国际委员会咨询服务处关于各国执行国际人道法国内实施细则汇编，载 http：//www.gva.icrc.org/ihl-nat。

③ UN Commission on Human Rights，Res. 2002/79，2002，para. 2.

义务。公约还订立有关于“严重违反”条款①，规定缔约国“under the obligation to search for persons alleged to have committed，or to have ordered to be committed，such grave breaches”。

这些规定表明，任何日内瓦公约的缔约国对于实施“严重违反”条款行为的人都有权力进行搜查和逮捕，并有义务要将其送交该国法庭审判；或者在另一缔约国提出要求并且提供足够初步证据的前提下将其引渡到该国。显然，如果对“严重违反”行为予以赦免，显然是与日内瓦公约的宗旨相违背的。

另外，联合国《反对酷刑公约》第5条规定：缔约国“shall take such measures as may be necessary to establish its jurisdiction over the offences where the alleged offender is present in any territory under its jurisdiction and it does not extradite him...”《反对酷刑公约》里面明确规定了缔约国“或起诉、或引渡”的原则，从而没有为赦免留下任何操作的可能性。

CASE STUDY

Velasquez Rodriquez Case
(Inter-American Court of Human Rights)②

International human rights law instruments contain a general provision that States parties are under an obligation to secure or ensure the respect of the rights embodied in the respective instruments.

The Velasquez Rodriquez case is the one conducted before the Inter-American Court of Human Rights. The case is concerned with the unresolved disappearance of Velasquez Rodriquez in Honduras in violation of Article 7 of the Inter-American Convention，which，according to the findings of the Inter-American Commission，was committed by persons connected to or acting in pursuance of orders from the armed forces. The Court interpreted Article 1 (1) in conjunction with Article 7 to mean that...States must prevent，investigate，and punish any violation of the rights recognized by the Convention and...if possible to restore the right violated and provide compensation as warranted for damages resulting from the violation. The Court furthermore indicated that：

“The State has a legal duty to take reasonable steps to prevent human rights violations and to use the means at its disposal to carry out a serious investigation of violations committed within its jurisdiction，to identify those responsible，to impose the appropriate punishment and to ensure the victim adequate compensation.”

According to the Court，the obligation not only entails “to effectively ensure...human rights”，but also requires that investigations be conducted “in a serious manner and not as a mere formality preordained to be ineffective.”

---

① 1949年日内瓦第一公约第49条第2款，第二公约第49条第2款，第三公约第129条第2款，第四公约第146条第2款。

② Judgment of 29 July 1988，Inter-Am. Ct. H. R. (ser. C) No. 4 (1988)。Cited from Cherif Bassiouni，*Introduction to International Criminal Law*，Transnational Publishers，Inc.，Ardsley，New York，pp. 732-733.

思考题

1. 赦免是否对第三国具有法律上的拘束力？
2. 如何理解对赦免的承认问题？
3. 国际法上是否存在对国际犯罪不予赦免的趋势？
4. 联合国安理会是否有权决定对国际犯罪的赦免？

第三节 国际刑事司法机构与赦免问题

国际刑事司法机构成立是为了惩治国际犯罪行为，因此，从逻辑上讲，通常都会拒绝对国际罪行予以赦免。然而，不同的国际刑事司法机构有不同的机制，在禁止承认对其管辖范围内之罪行进行赦免，以及如何起诉国际犯罪上的原则方面各不相同。

一、《罗马规约》与赦免

国际法上将严重违反战争法和战争习惯法的行为规定为犯罪是一回事，对于违反这些规定者是否必须起诉则是另外一回事。《罗马规约》前言规定，the International Criminal Court established under this Statute shall be complementary to national criminal jurisdictions. 另外，《罗马规约》第 17 条第 1 款第 1 项还规定，国际刑事法院将没有管辖权，如果 the case is being investigated or prosecuted by a State which has jurisdiction over it, unless the State is unwilling or unable genuinely to carry out the investigation or prosecution。

国际刑事法院的补充管辖原则表明，国家在起诉国际刑事法院所管辖罪行方面负有明确的责任和义务。只有国家不能够或者不愿意承担这一义务时，国际刑事法院才行使管辖权。

国际刑事法院表现出尊重国家司法管辖权的原则，某种意义上似乎承认对某些犯罪可以给予赦免。比如，《罗马规约》第 17 条第 1 款第 2 项规定，国际刑事法院也不具有管辖权，如果 the case has been investigated by a State which has jurisdiction over it and the State has decided not to prosecute the person concerned, unless the decision resulted from the unwillingness or inability of the State genuinely to prosecute。所以，如果有管辖权的国家已经对该案件进行调查并决定不对有关人员进行起诉，而且作出这一决定也不是因为不愿意（unwillingness）或者不能够（inability），国际刑事法院就不应对该案件行使管辖权。

此外，《罗马规约》第 53 条第 2 款第 3 项规定，If, upon investigation, the Prosecutor concludes that there is not a sufficient basis for a prosecution because...a prosecution is not in the interests of justice, taking into account all the circumstances, including the gravity of the crime, the interests of victims and the age or infirmity of the alleged perpetrator, and his or her role in the alleged crime。

如果“考虑到所有情况，起诉无助于实现司法利益”，检察官就可以拒绝起诉，这从某种意义上讲，就是予以赦免。

《罗马规约》第 16 条赋予了联合国安理会推迟调查或者起诉的权力：No investigation or prosecution may be commenced or proceeded with under this Statute for a period of 12 months after the Security Council，in a resolution adopted under Chapter VII of the Charter of the United Nations，has requested the Court to that effect；that request may be renewed by the Council under the same conditions。

《罗马规约》第 15 条第 4 款则自动地（proprio motu）赋予检察官拒绝起诉的自由裁量权：The Prosecutor may initiate investigations proprio motu on the basis of information on crimes within the jurisdiction of the Court。

仅仅根据补充管辖原则来确定国家根据国际习惯法必须起诉国际罪行，显然还不够。《罗马规约》的缔约国如果要享有规约中规定的权利，还必须制定必要的刑事法律，并积极主动地起诉在其领土上犯有相关罪行的行为人。

从规则另一面来理解，《罗马规约》之所以有“补充管辖原则”的规定，是因为一个国家可能会有“不能够”（unwilling）或者“不愿意”（unable）的情况。

《罗马规约》第 17 条第 2 款规定：In order to determine unwillingness in a particular case，the Court shall consider，having regard to the principles of due process recognized by international law，whether one or more of the following exist，as applicable：（a）The proceedings were or are being undertaken or the national decision was made for the purpose of shielding the person concerned from criminal responsibility for crimes within the jurisdiction of the Court referred to in article 5；（b）There has been an unjustified delay in the proceedings which in the circumstances is inconsistent with an intent to bring the person concerned to justice；（c）The proceedings were not or are not being conducted independently or impartially，and they were or are being conducted in a manner which，in the circumstances，is inconsistent with an intent to bring the person concerned to justice。

为了确定国家是否“不愿意”，国际刑事法院就要酌情考虑是否存在一国所作决定是为了包庇相关人员、诉讼程序是否有不当延误以及诉讼程序是否以独立或公正方式进行等问题。

《罗马规约》第 17 条第 3 款规定：In order to determine inability in a particular case，the Court shall consider whether，due to a total or substantial collapse or unavailability of its national judicial system，the State is unable to obtain the accused or the necessary evidence and testimony or otherwise unable to carry out its proceedings。

为了确定国家是否“不能够”，国际刑事法院就要确定一国的司法系统是否完全瓦解或者实际上瓦解，因而无法拘捕被告人或者不能进行本国的诉讼程序等问题。

所以，“不能够”或者“不愿意”在国际刑事法院《罗马规约》里还是有较为具体、客观的规定。同时，它还认为国家应该是“能够”并且“愿意”追究国际犯罪，从而表明国际刑事法院只是在例外的情况下行使管辖权。另外，“补充管辖原则”是为了确定哪个法院有能力审判某个案件而制定的，因此间接承认了国际法上不存在对国际刑事法院管辖的所有国际犯罪都必须起诉的绝对性义务。

《罗马规约》在赦免问题上具有重大意义，因为在该规约谈判过程中有一个普遍性的、指导性的原则，那就是其中战争罪的定义应反映国际习惯法的内容。《罗马规约》列举了国际刑事法院管辖的具体战争罪罪行，其中绝大多数都是对于战争法和战争习惯法的违反。

《罗马规约》在其序言部分明确声明：The most serious crimes of concern to the international community as a whole must not go unpunished and that their effective prosecution must be ensured by taking measures at the national level and by enhancing international cooperation；而且，国际社会 determined to put an end to impunity for the perpetrators of these crimes and thus to contribute to the prevention of such crimes。

既然所有国家都决心对犯有国际罪行的人行使刑事管辖权，那么国家有根据国际习惯法起诉所有严重国际犯罪的义务。《罗马规约》在序言中规定：

Conscious that all peoples are united by common bonds，their cultures pieced together in a shared heritage，and concerned that this delicate mosaic may be shattered at any time；Mindful that during this century millions of children，women and men have been victims of unimaginable atrocities that deeply shock the conscience of humanity；Recognizing that such grave crimes threaten the peace，security and well-being of the world。

通过“conscious”、“mindful”、“recognizing”、“determined”等词语，表达出各国负有在法律上确保根据国际习惯法起诉严重国际犯罪的义务。这样理解就意味着所有国家都有根据国际习惯法起诉严重国际犯罪的积极义务。

二、特设及混合国际刑事法庭与赦免

《前南国际刑事法庭规约》和《卢旺达国际刑事法庭规约》对于它们是否可以承认赦免没有作出任何规定，但鉴于这两个法庭都是由联合国安理会通过决议的方式而成立的，决议中又明确地规定，起诉严重国际犯罪的目的是在这些地区重建和平、维持和平。所以，实施赦免或对战争犯罪不予起诉，就会与设立该法庭的宗旨相违背。

国际社会为处理战争罪和其他国际犯罪而专门设立的一些法庭，通常拒绝对国际罪行进行赦免的可能性。例如，塞拉利昂特别法庭就明确禁止承认对其管辖范围之内罪行进行任何赦免。

而 1999 年 7 月 7 日，革命联合阵线与塞拉利昂政府在多哥城市洛美签署了《洛美和平协议》。该协议第 9 条 made broad concessions to the Revolutionary United Front including，among other things，a blanket amnesty in order to calm the decade-long civil war。[①] 因此，塞拉利昂国内战争中的交战双方人员根据《洛美和平协议》的规定获得赦免。

然而，the United Nations Special Representative of the Secretary-General for Sierra Leone appended a disclaimer to the agreement，stating that the amnesty provision therein would not apply to international crime of genocide，crimes against humanity，war crimes and other serious violations of international humanitarian law。[②]

2004 年 3 月 13 日，塞拉利昂特别法庭作出了一个关于赦免是否合法的重要裁定。[③] 该法

① Statute of the Special Court for Sierra Leone，enclosed to the Report of the Secretary-General on the Establishment of a Special Court for Sierra Leone，UN Doc. S/2000/915，4 October 2000，Article 11.

② Seventh Report of the Secretary-General on the United Nations Mission in Sierra Leone，UN Doc. S/1999/836，30 July 1999，para. 7.

③ The Prosecutor v. Morris Kallon and Brima Buzzy Kamara，Special Court for Sierra Leone，SCSL-2004-15-AR72（E）and SCSL-2004-16-AR72（E），Decision on Challenge to Jurisdiction：Lomé Accord Amnesty（Appeals Chamber，13 March 2004）.

庭的上诉庭认为，塞拉利昂国内战争中的交战双方人员根据《洛美和平协议》的规定所获得的赦免，将不妨碍特别法庭对这些人员进行起诉。

塞拉利昂特别法庭的属事管辖权包括“反人道罪”，“严重违反日内瓦公约共同第 3 条和第二议定书的行为”，“其他严重违反国际人道法的罪行”，以及塞拉利昂国内法中的罪行，如塞拉利昂国内法里所含有的严重虐待女童与肆意毁损财产的行为。① 因为联合国秘书长特别代表的声明，《塞拉利昂特别法庭规约》第 10 条规定：An amnesty granted to any person falling within the jurisdiction of the Special Court in respect of the crimes referred to in articles 2 to 4 of the present Statute shall not be a bar to prosecution。

东帝汶成立“接收、真相与和解委员会”（Commission for Reception，Truth and Reconciliation）的法律规则和成立柬埔寨特别法庭之法律当中，也都含有与塞拉利昂特别法庭同样的规定。柬埔寨特别法庭关于审判红色高棉的法律第 40 条规定：The Royal Government of Cambodia shall not request an amnesty or pardon for any persons who may be investigated for or convicted of crimes referred to in Articles 3，4，5，6，7 and 8 of this law，也即明确拒绝对战争罪、反人道罪及种族灭绝罪行进行赦免。

国际刑事法律中规定的犯罪，如杀人、殴打、强奸、抢劫、盗窃等，都给行为的对象留下了明显的损害，如某人被杀害、被攻击、受到性侵犯，财产被暴力或者在暴力的威胁下夺走，或者私人住宅被他人以实施重罪的意图侵入。尽管每个特定的犯罪行为只是损害了一个特定的个人，但是这些行为，侵犯并扰乱了国际社会的整体利益。所以，“刑罚”本身就是国际社会公共权力的一种体现。

概括地讲，国际罪行构成对整个国际社会普遍价值观念的侵害。对于这种犯罪行为，国家不能仅仅因为自身利益就不去惩治。然而，由于国际法上的主权原则，要求国家必须惩治战争犯罪还尚未成为国际习惯法规则。也正因为如此，国际法实践在赦免问题上存在着多样性和不一致的地方。如果一个国家立法对某些战争罪实行有限的赦免，并不违反国际习惯法。反之，如果另一个国家决定对国际罪行予以坚决的打击，并通过法律对于实施国际犯罪的人予以起诉或提交给国际刑事法院审理，那也没有违背国际法。当然，从国际法发展的趋势来看，国际社会倾向于惩治战争罪行，并要求对犯有战争罪行的个人追究其刑事责任。

CASE STUDY

卢旺达“Gacaca”（咖卡卡）民间传统司法解决办法②

按照国际法上主权原则，国家可以根据犯罪的性质决定是否或如何起诉犯有不法行为的人。一国在大规模违反战争法的行为发生之后，如果对所有罪犯都毫无例外予以起诉，会极大动摇整个社会结构，同时也向司法系统提出了不可能办到的要求。另外，在过渡政权时期司法机构本身力量也比较弱。

卢旺达是一个有着八百万左右人口的国家，其中 85％是胡图族，14％是图西族，1％是图

① 参见《塞拉利昂特别法庭规约》第 2 条至第 5 条。

② The United Nations and Rwanda-1993—1996，*The United Nations Blue Books Series*，Volume X，Department of Public Information，United Nations，New York.

瓦族。1994 年 4 月 6 日，卢旺达的胡图族总统哈比亚利马纳与布隆迪的胡图族总统在赴坦桑尼亚出席关于地区和平的首脑会议后同机返回卢旺达首都基加利时，其飞机被两枚火箭弹击落，机上人员全部遇难。事发后，卢旺达国内局势迅速恶化，并开始了胡图人针对图西人的大屠杀。从 1994 年 4 月到 7 月短短 3 个月的时间里，被屠杀的卢旺达人总共达到了 80 万～100 万人。这一事件在国际社会上引起了非常大的震动。卢旺达政府在武装冲突停止、社会秩序恢复后致信联合国秘书长，要求成立国际刑事法庭，通过惩治罪犯来达到民族和解的目的。

如果 1994 年卢旺达有 80 万～100 万人受到屠杀，攻击者也会有成千上万人。在种族屠杀停止、社会秩序恢复以后，全国有 13 万以上的人因为种族灭绝罪行而被羁押。如果要全部审判这些人，卢旺达国内法院和卢旺达国际刑事法庭需要至少好几十年的时间。卢旺达引用了一种民间传统的司法解决办法，即“咖卡卡”（gacaca）。咖卡卡在卢旺达语（Kinyarwanda）中指草坪，传统乡间集会通常就在草坪上举行，实际上它的意思是指民间团体成员充当“人民法官”。2000 年 12 月 12 日过渡政府国民会议通过了《民间传统司法法》，来处理参与 1994 年种族灭绝行动的人以及等待在卢旺达国际刑事法庭受审的人，以此将起诉与其他责任承担方式结合起来，达到能迅速处理轻微刑事罪犯、实现社会和解的目的。

思考题

1. 赦免与实现社会和解之间是什么样的关系？
2. 国家能否仅仅因为自身利益就可决定对国际犯罪实施赦免？
3. 如何理解国际法主权原则与赦免之间的关系？
4. 国际社会是否应对赦免制定统一的规定？

本章小结

1. 根据国际法上国家主权独立的原则，国家只受其国内法、本国签订的条约以及国际习惯法规则的拘束。在不违反国际协议的前提下，是否要给予本国某些人赦免，本质上属于一国主权范围内的事。

2. 惩治国际罪行涉及国际社会的整体利益，不仅是一个国家的事。所以，在逻辑上，对某些国际罪行予以赦免也涉及整个国际社会的利益。

3. 赦免是否会对第三国具有法律上的拘束力？这既可以从国家之间的协议来看，也可以从国际组织的角度来看。严重违反国际法的罪行一般都属于违反强行法的行为，而根据国际法，如果发生严重违反强行法规则的行为，国家负有合作的义务，以便结束该严重违法行为；另外，也不得承认由该严重违反强行法规则的行为所导致结果的合法性，也不得提供任何帮助以维持这种不法状态。

4. 外国法院或者国际组织在一般情况下不受战争罪赦免的拘束，但在某些特殊情况下可以有例外。如果由联合国安理会出面调停，并将之作为和平协议的一部分而对某个人进行赦免的情况，因为如果对其起诉将危及世界和平与安全。不过，即使在特殊的情况下的赦免也必须符合国际法的基本原则。

QUESTIONS AND COMMENTS

1. States do not have the rights to provide blanket amnesty to transgressors of serious international crimes. Instead, they have the obligation to see to it that all the legal consequences pertaining to these crimes are carried out in good faith.
2. The dichotomy of peace versus justice is still debated, as are the merits of amnesty when they can achieve an immediate and certain result of bringing an ongoing conflict to an end, thus sparing many lives.
3. International human rights law instruments have set up general principles, according to which states parties are under an obligation to secure or ensure the respect of the rights embodied in the international conventions.
4. Some rules of international law are interpreted to require that some violations, such as torture, extra-judicial executions and forced disappearances, must be investigated and those responsible for them brought to justice.

第八章

指挥官责任问题

引言

根据国际法中关于指挥官责任的理论，一个上级（指挥官）在其部下实施了战争罪、反人道罪或种族灭绝罪等国际犯罪行为时，如果知道或者应当知道正在或将要实施这些犯罪行为而没有采取合理、必要措施来阻止或惩罚该犯罪者，则不能免除该上级（指挥官）的刑事责任。国际刑事司法机构在迄今为止审判的不少案件中有好多个是依据指挥官责任作出决定的。

重点问题

- ❑ 指挥官责任的基本概念
- ❑ 国际法律文件中关于指挥官责任的规定
- ❑ 国际刑法实践中追究指挥官责任的案例
- ❑ 国际刑事法院关于指挥官责任的有关规定

第一节

指挥官责任的概念

国际法中之所以有指挥官责任这样的理论，是因为在像军队这样等级严格的组织中，指挥官因为其地位而具有法律上的责任。如果军队行为没有受到指挥官的命令限制，就一定会有违法犯罪行为。国际人道法的目的是保护平民和战俘不受残酷的对待，要实现这个目的就需要指挥官尽责。

一、指挥官“不行为”的犯罪性质

在国际刑法的理论和实践中，“指挥官责任”（command responsibility）已成为一个常用术语，也是追究高级军事指挥官和社会高层官员个人刑事责任的一个重要理论依据。

在法律的基本概念方面，指挥官责任是指以下两种情况：第一，指挥官命令下属或其他人员实施犯罪；第二，指挥官知道或者应当知道其下属将要实施犯罪而没有采取必要、合理的措施来阻止犯罪，或是在行为发生后知道但没有采取必要、合理的措施来惩罚罪犯。

指挥官责任的内容不仅包括指挥官发出违法命令的责任，也包括当下级执行违法命令时，自己是否也要因此承担刑事责任问题。指挥官命令其下属实施犯罪行为，当然要被追究个人刑事责任，这是不言而喻的。所以，国际法中的“指挥官责任”主要是指第二种情况，其实也是“指挥官不作为”（commander's failure）的情况。这种“不作为”其中有以下四个基本要素：（1）没能阻止犯罪行为的发生；（2）没能采取措施来预防犯罪行为的实施；（3）没能对犯罪行为实施调查；（4）没能在犯罪行为发生后对行为人进行起诉和惩治。

1949 年日内瓦四公约 1977 年第一议定书，是规范国际性武装冲突的一个重要法律文件。该议定书第一次明确规定了“指挥官原则”，其中第 86 条第 2 款关于“不作为”（failure to act）规定：The fact that a breach of the Conventions or of this Protocol was committed by a subordinate does not absolve his superiors from penal or disciplinary responsibility, as the case may be, if they knew, or had information which should have enabled them to conclude in the the circumstances at the time, that he was committing or was going to commit such a breach and if they did not take all feasible measures within their power to prevent or repress the breach。

第一议定书第 87 条是关于“司令官的职责”（duty of commanders）的规定：

5. The High Contracting Parties and the Parties to the conflict shall require military commanders, with respect to members of the armed forces under their command and other persons under their control, to prevent and, where necessary, to suppress and report to competent authorities breaches of the Conventions and of this Protocol.

6. In order to prevent and suppress breaches, High Contracting Parties and Parties to the conflict shall require that, commensurate with their level of responsibility, commanders ensure that members of the armed forces under their command are aware of their obligations under the Conventions and this Protocol.

7. The High Contracting Parties and Parties to the conflict shall require any commander who is aware that subordinates or other persons under his control are going to commit or have committed a breach of the Conventions or of this Protocol, to initiate such steps as are necessary to prevent such violations of the Conventions or this Protocol, and, where appropriate, to initiate disciplinary or penal action against violators thereof。

上述规定表明，日内瓦公约及其附加议定书的缔约各方具有惩治破坏公约行为的义务。部下如犯有破坏公约或附加议定书的行为，上级（指挥官）知情或根据手中掌握的情况能知道其属下正在或将要从事违约行为，但没有采取措施来预防或制止该行为的，那么也要因此为其属下的行为负责。

另外，从司令官（指挥官）职责的内涵来理解，军事指挥官自然具有防止其属下犯有违反各公约或议定书规定的行为的义务；为了防止和阻止这种违反行为，军事指挥官得保证其部队了解各公约和议定书所给予的义务；军事指挥官了解其部下将从事或已从事违反公约或议定书的行为时，就得采取防止措施，并对各公约或议定书的违反者予以必要的惩治。

二、指挥官责任概念的演变

指挥官责任的概念经历了一个较长的发展过程。指挥官的责任最初是从其义务来确定的：只要是指挥官，就一定会有责任和义务。从这一概念出发，有的国外学者认为公元前500年左右的《孙子兵法》是关于指挥官责任的最早规定：When troops flee，are insubordinate，distressed，collapse in disorder，or are routed，it is the fault of the general. None of these disorders can be attributed to natural cause。①

Cherif Bassiouni 教授以上谈的，是指《孙子兵法》“地形第十”篇所讲的“凡兵有走者、有驰者、有陷者、有崩者、有乱者、有北者。凡此六者，非天地之灾，将之过也”。就是说军队打败仗计有“走”、“驰”、“陷”、“崩”、“乱”、“北”6种情况。而这些情况发生不是由于天时地理的灾害，而是因为将帅自身的过错。可见，这里强调指挥官责任的重要性。

指挥官责任理论在国际法上也可以说由来已久。国际法鼻祖格劳秀斯（Grotius）就认为：Rulers “may be held responsible for the crime of a subject if they knew it and do not prevent it when they could and should prevent it. Kings and public officials are liable for neglect if they do not employ the remedies which they can and ought to employ for the prevention of robbery and piracy”②。

按照格劳秀斯的观点，一个社会统治者如果知道要发生某种犯罪，他在能够且应该阻止时却没有去阻止，那么就要对该犯罪承担刑事责任。

1621年，King Gustavus Adolphus（瑞典国王）制定了 *Articles of Military Laws to Be Observed in the Wars*，其中第46条规定：No Colonel or Captain shall command his soldiers to do any unlawful thing which who so does，shall be punished according to the discretion of the Judges...③

文中的“上校”（Colonel）或“上尉”（Captain）应作泛意上的理解，是部队军官的总称。也就是说，部队军官不能命令其士兵做任何违法的行为，不然，他将根据法官的量刑受到惩罚。

1775年6月，美国在制定的《马萨诸塞军法条例》（*the Articles of War*）中规定：Every Officer commanding，in quarters，or on a march，shall keep good order，and to the utmost of his power，redress all such abused or disorders which may be committed by any Officer or Soldier under his command；if upon complain made to him of Officers or Soldiers beating or otherwise ill-treating any person，or committing any kind of riots to the disquieting of the inhabitants of this Continent，he，the

---

① Cherif Bassiouni，*Crimes against Humanity in International Criminal Law*，Martinus Nijhoff Publishers，1992，p. 372.

② H. Grotius，*De Jure Belli ac Pacis Libri Tres*，bk II，ch. XVII，pt. Xx (1)（Camegie ed.，F. Kelsey trans.，1925）；Cherif Bassiouni，*Crimes against Humanity in International Criminal Law*，Martinus Nijhoff Publishers，1992，p. 373.

③ Quoted in Cherif Bassiouni，*Crimes against Humanity in International Criminal Law*，Martinus Nijhoff Publishers，1992，p. 373.

said commander, who shall refuse or omit to see Justice done to this offender or offenders, and reparation made to the party or parties injured, as soon as the offender's wages shall enable him or them, upon due proof thereof, be punished, as ordered by General Court-Martial, in such manner as if he himself had committed the crimes or disorders complained。①

1863 年，美国制定于其内战时期的《利伯法典》第 71 条规定：Whoever intentionally inflicts additional wounds on an enemy already wholly disabled, or kills such an enemy, or who orders or encourages soldiers to do so, shall suffer death, if duly convicted, whether he belongs to the Army of the United States, or is an enemy captured after having committed his misdeed。可见，根据美国颁布的《利伯法典》的规定，如果命令或鼓励士兵将已经丧失作战能力的敌人予以杀害，就将被处死。

战争法在其编纂之初，对指挥员的特有地位和责任也给予了关注和规定。按照《陆战法规和惯例公约》的规定，有权参加军事行动的只能是武装部队成员，其中不包括军事医务人员和军事神职人员等非战争人员。但"民兵和自愿军"在满足一些条件后，也可具备战斗员的资格。根据该章程第 1 条的规定，有关战争的权利和义务适用于军队，也适用于民兵和志愿兵，只要他们具备以下这几个条件，即：(1) 由一个对部下行为负责的人指挥；(2) 有可从一定距离加以识别的固定明显的标志；(3) 公开携带武器；(4) 在作战中遵守战争法规和惯例。

在这些条件中，第一个就是要由对部下行为负责的人指挥，这从另外一个方面肯定了指挥官的责任。

第一次世界大战结束后，为审判德皇威廉二世等人而制定了《凡尔赛和约》，其第 227 条规定：The Allied and Associated Powers publicly arraign William II of Hohenzollen, formerly German Emperor, for a supreme offence against international morality and the sancity of treaties... 第 228 条还规定：The German Government recognizes the right of the Allied and Associated Powers to bring before military tribunals persons accused of having committed acts in violation of the laws and custom of war. Such persons shall, if found guilty, be sentenced to punishments laid down by law。

上述规定表明，协约国不仅公开谴责前德国皇帝威廉二世所犯的严重罪行，而且决定成立一个军事法庭来审判他；德国承认协约国审判战争罪犯的权利，并要将这些罪犯移交给军事法庭受审。《凡尔赛和约》这些规定在确定指挥官责任方面发挥了积极作用。

三、追究军事指挥官责任的国际司法实践

第二次世界大战结束后，国际社会为了惩治德国和日本罪大恶极的战犯 (major war criminals)，通过制定《纽伦堡国际军事法庭宪章》和《远东国际军事法庭宪章》成立了两个国际军事法庭。虽然在这两个法律文件中没有规定指挥官责任问题，但其中有与指挥官责任相联系的"官方身份无关性"的原则。根据这一原则，被告曾任的官职不能用来免除其被指控罪行的责任。所以，处于指挥官位置的军事或国家领导人都不能因为是其下级人员实施了战争罪而被免除刑事责任。

尽管纽伦堡和远东国际军事法庭在各自的宪章中没有关于指挥官责任的规定，但这两个法

---

① Lieber Code. Quoted in Cherif Bassiouni, *Crimes against Humanity in International Criminal Law*, Martinus Nijhoff Publishers, 1992, p. 373.

庭审判的实际案例中有不少涉及指挥官责任问题，其中最有代表性的案例有“山下奉文案”、“上级命令案”。

1. Tomoyuki Yamashita Case（山下奉文案）

Tomoyuki Yamashita（山下奉文）是日军在菲律宾的最高司令（commanding general of the Japanese forces in the Philippines），被称为“马来之虎”。1945 年 10 月 2 日，就在日本无条件投降后一个月，山下奉文被起诉并被指控犯有如下罪行：Tomoyuki Yamashita，General Imperial Japanese Army，between 9 October 1944 and 2 September 1945，at Manila and at other places in the Philippine Islands，while commander of armed forces of Japan at war with the United States of America and its allies，unlawfully disregarded and failed to discharge his duty as commander to control the operations of the members of his command，permitting them to commit brutal atrocities and other high crimes against people of the United States and its allies and dependencies，particularly，the Philippines；and he，General Tomoyuki Yamashita，thereby violated the law of war。①

与一般的起诉不同，山下奉文被起诉并不是因为他亲自杀了多少人，或亲自对多少人造成伤害，他被起诉是因为其部队在实施大规模地屠杀美国及其盟国和属国人民，尤其是菲律宾人民，犯有残酷暴行时，他作为一个指挥官听之任之，unlawfully disregarded and failed to discharge his duty as commander to control the operations of the members of his command，permitting them to commit brutal atrocities and other high crimes。所以，山下奉文被指控触犯了战争法，不是因为自己做了什么违法之事，而是因为他没有尽到一个指挥官应尽的职责和义务。

山下奉文案从 1945 年 10 月 19 日开始审理。法庭听取了 286 位证人的证词，并接受了 423 件文件作为物证。所有这些出庭的证人、证词和证据表明，共有五百多名妇女遭到强奸，三万两千多名菲律宾平民和被俘的美国军人受到虐待或杀害。② 庭审于 1945 年 12 月 7 日结束，山下奉文被法庭判处绞刑，理由是其未能履行一个军事指挥官的职责以控制其下属成员的行为，未能阻止他们实施残酷的暴行和其他犯罪。

然而，山下奉文在审判中辩称他不知道其部下实施的大规模屠杀行为，其不知道的理由是美国对日本军队持续不断的进攻，以及通信的落后并时常中断等。检察官在庭审和整个过程中也确实没能证明他下达了屠杀的命令，也没能证明他对屠杀是知晓的。那么，对于其部下实施的残酷的暴行，山下奉文是否属于“应该知道”（must have known）的呢？

一位对法庭审判一直进行跟踪的记者曾经评论说：Of the hundreds of witnesses produced by Kerr and his colleagues [the Prosecutions]，almost all emphasized the actual commission of atrocities and war crimes rather than any evidence linking them to high-ranking Japanese officers. By proving the commission of the numerous murders and rapes，the prosecution hoped to convince the court that there was no way for Yamashita not to have known，unless he had made a determined effort not to know. In either case，he was guilty of failure to control his men，guilty of failing to exercise his

---

① U. N. War Crimes Commission，4 *Law Reports of Trials of War Criminals* 3-4 (1948) .

② The record of the trial is found in the United States of America v. Tomoyuki Yamashita，a Military Commission appointed by General Douglas McArthur by Special Order 110，para. 24 Headquarters United States Army Forces，Western Pacific，dated 1 October 1945，at 23. Quoted in Cherif Bassiouni，*Crimes against Humanity in International Criminal Law*，Martinus Nijhoff Publishers，1992，p. 373.

command responsibility。[①]

军事法庭的判决书最后将山下奉文定为有罪，根据就是“指挥官责任”原则。就是因为山下奉文没有能够阻止其部下实施的犯罪行为，而且没有对其部下的犯罪行为予以惩治。所以，军事法庭裁决山下奉文有罪。

军事法庭关于将山下奉文定罪的判决书清楚地说明：一个军队指挥官被赋予了权力和责任。如果仅仅因为其下属只是实施了一件谋杀或者一个强奸案，就将其上司也定为谋杀者或强奸犯，这显然是荒唐的。然而，如果杀人、强奸等邪恶的犯罪行为是如此广泛之，而指挥官却没能发现，也没能制止，那么，这个指挥官就也要承担责任。

山下奉文被军事法庭定罪后还是不服，因此上诉到美国最高法院请求人身保护令（a writ of certiorari）。但美国最高法院将山下奉文的上诉驳回，认为：如果军队行为没有受到指挥官的限制，就一定会有违法犯罪行为。国际人道法的目的是保护平民和战俘不受残酷地对待，因此就需要指挥官尽责。由于山下奉文没有尽责，美国最高法院就拒绝了山下的上诉请求。最后，经过麦克阿瑟将军的核准，山下奉文于 1946 年 2 月 23 日被执行绞刑。

2. The High Command Case（上级命令案）

The United States v. Wilhelm von Leeb 案有时又被称为“上级命令案”（the High Command Case）。该案共有 13 名被告，全都是前德国军队高级军官，其中一个是陆军元帅冯·李伯（Von Leeb）将军，他是德国 1941 年 6 月至 1942 年 1 月东部战线三股德军之一的司令官，官职很高，所以该案又被称为“冯·李伯案”。

军事法庭对冯·李伯的指控共有 6 项，其中第一、三项是关于执行两个非法命令，从而导致了严重战争罪行的实施。第一个是由陆军元帅威廉·凯特尔（Wilhelm Keitel）将军发布的巴巴罗萨（Barbarlosa）命令，他命令清洗涉嫌反对德国军队的游击队队员，并规定不能惩罚针对平民实施犯罪的德国士兵。这个命令致使许多平民和游击队员被处死。第二个是由希特勒于 1941 年 6 月 6 日发布的“人民委员命令”，它要求东部战线的德军将其逮捕的苏联政要官员处死。大概有几百名苏联官员由于这个命令而被处死。

冯·李伯在审判中辩解说：除了发生在科夫诺（Kovno）的犯罪之外，他并不知道其他地方在发生暴行。而且他在知道科夫诺的犯罪之后，就立即采取行动防止其再次发生。关于第二个命令，他解释自己曾试图让希特勒改变这个命令，而且发布了一个纪律条例来减轻该命令的效力。在法庭审理后，军事法庭认定冯·李伯在执行“人民委员命令”方面无罪，因为他只有执行义务而无权超越该命令。但对于第一个命令，军事法庭则认为冯·李伯有罪，因为他将其传达给下属执行。

冯·李伯案与山下奉文案不同。在山下奉文案中，法庭主要强调指挥官与其下属之间的联系；但在冯·李伯案中，法庭认为要追究刑事责任，除了要求有上下级纽带关系外，还应要求指挥官有玩忽职守的行为：Military subordination is a comprehensive but not conclusive factoring fixing criminal responsibility. The authority, both administrative and military, of a commander and his criminal responsibility are related but by no means coextensive. Modern war such as the last war entails a large measure of decentralization. A high commander cannot keep completely informed of the details of military operations of subordinates and most assuredly not of every administrative meas-

---

① R. Lael, The Yamashita Precedent: War Crimes and Command Responsibility (1982), p. 86. Quoted in Cherif Bassiouni, *Crimes against Humanity in International Criminal Law*, Martinus Nijhoff Publishers, 1992, p. 379.

ure. He has the right to assume that details entrusted to responsible subordinates will be legally executed. The President of the United States is Commander in Chief of its military forces. Criminal acts committed by those forces cannot in themselves be charged to him on the theory of subordination. The same is true of other high commanders chain of command from that fact alone. There must be a personal dereliction that can occur only where the act is directly traceable to him or where his failure to properly supervise his subordinates constitutes criminal negligence on his part. In the latter case, it must be a personal neglect amounting to a wanton, immoral disregard of the action of his subordinates amounting to acquiescence. Any other interpretation of international law would go far beyond the basic principles of criminal law as known to civilized nations。①

对法庭来说，指挥官的权力与其责任是有关联的，不能仅仅因为上下级链条而追究每一级指挥官的责任。要追究责任就必须要有指挥官的玩忽职守行为，这种玩忽职守应当是恣意的，故意忽视其下属的犯罪行为，从而达到默示的程度。具体到对冯·李伯的指控，法庭认为：

It is not considered under the situation outlined that criminal responsibility attaches to him merely on the theory of subordination and over-all command. He must be shown both to have had knowledge and to have been connected to such criminal acts, either by way of participation or criminal acquiescence。②

法庭上述判决表明，一个指挥官不能因为其下属的犯罪行为而承担刑事责任，除非其下属的犯罪行为是非常明显的，或者指挥官由于亲自参与、默示而知道其实际在发生，或者他构成了玩忽职守的罪行。

冯·李伯最后被判处3年监禁。

上述案例表明：不仅命令下属实施犯罪，指挥官要承担责任；而且明知部下正在或将要实施犯罪而不阻止，或在知道部下已经实施了犯罪后不予以惩罚，指挥官也要承担共犯责任；甚至指挥官对于下属的犯罪只是应当知道而没有采取措施阻止或者惩罚，他也要承担责任。

指挥官命令下属实施犯罪要承担责任，这种情况容易理解，没什么疑问。指挥官在下属实施国际犯罪后故意不惩罚，也可能构成滥用职权罪或者其他罪。最复杂的是所谓“应当知道”这一因素。“应当知道”其实就是事实上并不知道，只不过根据各种情况可以断定他只要尽到注意义务就能够知道。这其实就是一种“疏忽”（recklessness），大致属于无认识的过失。根据指挥官责任原则，这种疏忽就是一种失职。将一方的过失行为与另一方的故意行为结合起来，是指挥官责任在国际刑法理论中的一个要点。

CASE STUDY

“My Lai 大屠杀案”③

My Lai（米莱）屠杀是美军在越战期间对平民的一次屠杀事件。

米莱是越南广义省（Quang Ngai Province）一个小村庄。1968年3月，由于怀疑该村庄有

①② United States v. von Leeb，10 *Trials of the War Criminals*，1. 11 T. W. C. 543-544 (1948).

③ http：//www. law. umkc. edu/faculty/projects/ftrials/mylai/mylaichron. html.

数百名越共士兵，美军梅迪纳（Medina）上尉被命令攻占该村庄。然而，当梅迪纳部队空降到该村庄时，没有遇到任何敌军的攻击和反抗。但美军对村民施行惨无人道的屠杀，使得至少175人到400人被杀。梅迪纳的直接下属威廉·卡利（William J. Calley）中尉被军事法庭指控直接指挥并参与屠杀，梅迪纳则被指控对米莱屠杀应负指挥官责任，因为他通过无线电与其部队联系，知道其下属在屠杀，但却没有命令停止。梅迪纳则辩解说，他以为妇女和儿童都去集市了，而且他后来在知道屠杀行为后就立即命令停火。

肯尼思·霍华德（Colonel Kenneth Howard）上校主审了该案，他认为：After taking action or issuing an order，a commander must remain alert and make timely adjustments as required by a changing situation. Furthermore，a commander is also responsible if he has actual knowledge that troops or other persons subject to his control are in the process of committing or are about to commit a war crime and he wrongfully fails to take the necessary and reasonable steps to insure compliance with the law of war. You will observe that these legal requirements placed upon a commander require actual knowledge plus a wrongful failure to act. Thus mere presence at the scene without knowledge will not suffice. That is，the commander subordinate relationship alone will not allow an inference of knowledge. While it is not necessary that a commander actually see an atrocity being committed，it is essential that he know that his subordinates are in the process of committing atrocities or are about to commit atrocities。①

在这个案例中，法官认为：如果指挥官实际上知道其下属正在实施战争罪却未能采取必要的措施确保战争法的遵守，那么他应当对此负责任。所以，指挥官如果要负有责任，除了“实际知道”以外，还要加上“未能阻止”这一因素。仅凭具有上下级关系不能推断指挥官对下级犯罪的明知。“指挥官责任”的法律构成要件包括指挥官实际上知道犯罪的发生，并且非法地不采取行动。这个标准比较高，不太容易达到。正是在这一标准下，梅迪纳最终被宣告无罪。

思考题

1. 指挥官在什么情况下要承担刑事责任？
2. 指挥官责任的理论意义是什么？
3. 山下奉文案从法律上说明了什么问题？
4. 指挥官责任于国际刑法的发展有什么意义？

第二节 国际刑事司法机构与追究指挥官责任

指挥官责任理论和实践的发展表明，这一原则已被世界各国军事法律接受；指挥官责任原

---

① United States v. Medina，CM 427162 ACMR（1971）.

则通过国际公约和国际法律实践，已成为国际习惯法的一部分。

一、特设国际刑事法庭

指挥官责任原则在国际刑事法律的实践中得到了较大的发展。1993 年 5 月 25 日，联合国安理会通过第 827 号决议，成立了前南斯拉夫国际刑事法庭。该法庭规约第 7 条第 3 款就明确规定了指挥官责任：The fact that any of the acts referred to in articles 2 to 5 of the present Statute was committed by a subordinate does not relieve his superior of criminal responsibility if he knew or had reason to know that the subordinate was about to commit such acts or had done so and the superior failed to take the necessary and reasonable measures to prevent such acts or to punish the perpetrators thereof。

1994 年 11 月 8 日联合国安理会又通过第 955 号决议，成立了卢旺达国际刑事法庭。该法庭规约第 6 条第 3 款也是关于指挥官责任的规定，其用语与《前南国际刑事法庭规约》的一样。

根据两个特设国际刑事法庭规约关于指挥官责任的规定，一个上级（指挥官）在其部下实施了战争罪、反人道罪或种族灭绝罪等犯罪行为时，如果知道或者应当知道正在或将要实施这些犯罪行为而没有采取合理、必要措施来阻止或惩罚该犯罪者，则不能免除该上级（指挥官）的刑事责任。

联合国两个特设法庭成立后审判了许多案件，其中不乏依据指挥官责任作出决定的案例。前南国际刑事法庭在其颁布第一份起诉书的 Nikolic 案件中，曾审议了被告在指挥官责任原则下所应承担的个人刑事责任问题。法庭认为：

The relevant part of the record provides reasonable grounds for believing that Dragan Nikolic held the position of camp commander st Susica Camp. The witnesses based their conclusion upon an analysis of the distribution of tasks within the camp. The guards were subjugated to Dragan Nikolic's orders; nothing, apparently, could be carried out without his consent. The witnesses also referred to declarations by Dragan Nikolic himself proclaiming his sovereign power within the camp. According to corroborated testimony, he would publicly state, "I am here, the commander, God, the stick and the law".

The indictment and supporting material show that Dragan Nikolic's responsibility for the crimes against identified persons could arise not only from his direct participation in such crimes, but also by virtue of his position of authority where the evidence suggests not direct involvement, but a failure to prevent such crimes...This latter principle of individual responsibility for omission, long recognized under international criminal law, is reaffirmed by Article 7 (3) ...①

除了前南国际刑事法庭以外，卢旺达国际刑事法庭也审理了不少案件，其中一些案件，如 Kambanda、Serushago、Akayesu、Kayishema 等案例里，在如何确定非军事指挥官（国家高级官员）责任方面，有较为系统的论述。

在 the Prosecutor v. Kayishema 一案中，被告 Kayishema 在 1994 年卢旺达种族屠杀中任

---

① Review of the Indictment Pursuant to Rule 61 in the Prosecutor v. Dragan Nikolic Case (IT-95-2-R61), ICTY, 20 October 1995, para. 24.

Kibuye省的省长（Prefect）。所以，在对他的审判中，检察官提出：规约第6条第3款关于指挥官责任的规定不仅适用于军事指挥官，同时也适用于国家的高级官员。对此，法庭表示完全同意：

The construction of the Statute itself is clear. It makes no limited reference to the responsibility to be incurred by military commanders alone. Rather, the more generic term of "superior" is used...

The jurisprudence also supports this interpretation. Before Trial Chamber 1 of this Tribunal, the former Prime Minister, Jean Kambanda, pleaded guilty to crimes against humanity and genocide by virtue, inter alia, of Article 6 (3) . Similarly, Omar Serushago, a prominent local civilian and leader of the members of the Interahamwe in Gisenyi Prefecture, also pleaded guilty to crimes against humanity and genocide and acknowledged responsibility for these crimes pursuant to Article 6 (3) ...

Article 6 of this Tribunal Statute is formulated in a broad manner. By including responsibility of all government officials, all superiors and all those acting pursuant to orders, it is clearly designed to ensure that those who are culpable for the commission of a crime under Article 2 to 4 of the Statute cannot escape responsibility through legalistic formalities. ①

卢旺达国际刑事法庭对政府官员的这些判决都清楚地表明：指挥官责任要追究的不仅是军事指挥官的个人责任，而且追究国家高级官员由于不行为而引起的个人刑事责任问题。

二、军事指挥官与上级指挥官刑事责任

国际法上的指挥官刑事责任，既包括军事指挥官的刑事责任，也包括其他上级（平民指挥官）因为下级实施了犯罪而应当承担的刑事责任。然而，军事指挥官责任为command responsibility，而上级指挥官责任为superior responsibility，词语上不同，它所反映出来的罪行构成要件也有所不同。

第二次世界大战后成立的两个国际军事法庭在其各自的法律上没有确定指挥官刑事责任的概念，但在法庭审理的实际案例中有很多涉及指挥官刑事责任。因此，指挥官刑事责任理论在第二次世界大战后的纽伦堡国际军事法庭和远东国际军事法庭的审判中得到了充分的发展，其中不同的是，远东国际军事法庭审判的日本战犯既包括军事指挥官也包括非军事人员，而纽伦堡国际军事法庭只限于追究军事指挥官的刑事责任。

指挥官责任概念刚形成时，是作为能够追究军事指挥官个人刑事责任的一种法律依据。但第二次世界大战后远东国际军事法庭对日本战犯的审判突破了这一限制。例如，在按照指挥官刑事责任理论被判决有罪并被执行死刑的日本战犯中就有一个是非军事指挥官，这就是广田弘毅。

广田弘毅被远东国际军事法庭审判并认定其有罪的案例表明，指挥官责任不仅包括军事指挥官责任，而且还包括政府高级官员责任。

指挥官责任的概念不仅体现在前南与卢旺达国际刑事法庭的规约里，而且在国际刑事法院成立时，又进一步被清楚地体现在《罗马规约》里。

《罗马规约》第28条规定了指挥官责任（responsibility of commanders and other superiors）原则，具体条文为：

---

① The Prosecutor v. Clement Kayishema and Obed Ruzindana, Judgment, ICTR, 21 May 1999, Case No. ICTR-95-1-T, paras. 214, 215 and 222.

In addition to other grounds of criminal responsibility under this Statute for crimes within the jurisdiction of the Court：

(a) A military commander or person effectively acting as a military commander shall be criminally responsible for crimes within the jurisdiction of the Court committed by forces under his or her effective command and control, or effective authority and control as the case may be, as a result of his or her failure to exercise control properly over such forces, where：

(ⅰ) That military commander or person either knew or, owing to the circumstances at the time, should have known that the forces were committing or about to commit such crimes；and

(ⅱ) That military commander or person failed to take all necessary and reasonable measures within his or her power to prevent or repress their commission or to submit the matter to the competent authorities for investigation and prosecution.

(b) With respect to superior and subordinate relationships not described in paragraph (a), a superior shall be criminally responsible for crimes within the jurisdiction of the Court committed by subordinates under his or her effective authority and control, as a result of his or her failure to exercise control properly over such subordinates, where：

(ⅰ) The superior either knew, or consciously disregarded information which clearly indicated, that the subordinates were committing or about to commit such crimes；

(ⅱ) The crimes concerned activities that were within the effective responsibility and control of the superior；and

(ⅲ) The superior failed to take all necessary and reasonable measures within his or her power to prevent or repress their commission or to submit the matter to the competent authorities for investigation and prosecution.

从上述规定可以看到，国际刑事法院《罗马规约》不但对指挥官刑事责任作了详细的规定，而且就军事指挥官与其他上级对下属所犯罪行应当承担刑事责任的条件作了不同的规定。所以，《罗马规约》对指挥官责任概念的规定代表了指挥官责任理论的最新发展。

根据《罗马规约》这一规定，军事指挥官如果“知道或者由于当时的情况理应知道”其部队正在实施或即将实施犯罪行为，以及该军事指挥官没有采取在其权力范围内的“必要而合理的措施”以防止或制止这些犯罪行为的实施，那他（她）也应对这些犯罪行为负刑事责任。

对于非军事指挥官，也就是政府官员或上级，如果在下级人员正在实施或即将实施这些犯罪时，“故意不理会”明确反映这一情况的情报，或者没有“采取在其权力范围内的一切必要而合理的措施”，以防止或制止这些犯罪的实施，或者也没有“报请主管当局就此事进行调查和起诉”，那他（她）也应对这些犯罪行为负刑事责任。

《罗马规约》也采用了这种概念，但它比两个联合国特设国际刑事法庭规约规定得更加详细。前南国际刑事法庭和卢旺达国际刑事法庭规约中明确规定了可以依据该原则追究处于国家一定领导地位的非军队人员的责任，但规定得很原则；国际刑事法院《罗马规约》则规定得非常详细，它区分了军事指挥官与其他上级对下属犯罪的刑事责任，并且对它们的成立要件作了不同的规定。在实践中，尤其是在肯尼亚一案中，国际刑事法院比较严格地坚持这其中的规定。

在 2007 年 12 月 27 日肯尼亚的总统选举结果公布之后，该国爆发了严重的种族驱动的暴力事件。两个月之内，多达 1 220 名肯尼亚人被杀害，超过 3 560 人受伤，约三十五万人流离失所，九百多个强奸行为被记录在案。

2009 年 11 月 26 日，国际刑事法院检察长向该法院提出申请，要求对肯尼亚大选后发生的暴行展开调查。该法院的预审分庭在对检察长提起的案子开庭后，于 2012 年 1 月 23 日同意了检察长的要求，认为有实质性理由相信肯尼亚在 2007 年和 2008 年国内大选后发生的骚乱和暴行中存在反人道罪的行为，并有理由认为如多（Ruto）和 Kenyatta（肯雅塔）等对这些行为负有责任。2013 年 3 月 30 日，肯尼亚最高法院作出判决，裁定该国于 2007 年 3 月 4 日举行的总统选举有效。这样，已成为总统和副总统的肯雅塔和如多同时也是国际刑事法院起诉并要予以审理的被告。

CASE STUDY

广田弘毅案
(美国军事法庭)[①]

国际法上的指挥官刑事责任，既包括军事指挥官的刑事责任，也包括其他上级（文官）因为下级实施了犯罪而应当承担的刑事责任。这方面比较典型的案例，就是第二次世界大战后在远东国际军事法庭被判决有罪并被执行死刑的日本前首相广田弘毅。

广田弘毅曾经是日本第 31 届首相，在日军侵华期间任日本外相，不属于一般意义上的军事指挥官，不负责，也不指挥侵华日军。但他在南京大屠杀期间担任日本外务大臣，由于职务上的原因，当日本军队进入南京城后，于 1937 年 12 月至 1938 年 2 月在南京施行震惊世界的、骇人听闻的暴行时，他作为外务大臣立即接到关于这类暴行的报告。由于这些犯罪行为施行的范围是如此之广，发生时间是如此之长，广田弘毅本人认为报告是可信的，也曾将这项问题咨照陆军省。他从陆军省得到保证，说这种暴行将停止。但在保证以后的至少一个月中仍有关于暴行的报告。正是在这一背景下，远东国际军事法庭起诉他犯有罪状第 55 项，即“故意或者怠忽职责而未能采取足够的措施以阻止暴行”。远东国际军事法庭根据审判中所展示的证据，最后认为：“根据本法庭的意见，广田没有在内阁会议上主张立即采取措施以便停止暴行，以及他未采取其他可能的任何措施来停止暴行，这是他对本身义务的怠忽。他明知上述保证没有实行，每天都进行着成千的杀人、强奸妇女以及其他暴行，却以此种保证为满足。他的怠忽已达到了犯罪的程度。”

远东国际军事法庭根据指挥官刑事责任原则认定广田弘毅有罪，并根据其成立的 3 项罪状判处其绞刑。

思考题

1. 军事指挥官责任与上级（文官）指挥官责任在概念上有何不同？
2. 前南、卢旺达国际刑事法庭在指挥官责任方面有何规定？
3. 国际刑事法院在指挥官责任方面有何规定？

---

① 参见 http：//www. nationmaster. com/encyclopedia/Koki-Hirota。

4. 特设国际刑事法庭与国际刑事法院关于指挥官责任的规定有何不同?

第三节 指挥官刑事责任的成立条件

认定指挥官刑事责任的成立，需要哪些条件呢？对此有不同的观点。一种观点认为需要四个条件，但对于具体是哪四个要件又有不同的主张。前南国际刑事法庭在 Celebici 案中主要归纳为三个要件，即：上下级关系、知悉（知道或者应当知道）、必要且合理的措施。①

一、具有上下级关系

上下级关系（superior-subordinate relationship）可以说是指挥官责任原则的基础。指挥官（或上级）如果要对将要实施或正在实施的犯罪行为采取必要的、合理的措施，首先是因为这是他（她）的部下，受其控制。而由“不作为”（omission）所产生的责任也是基于这一上下级的关系。正如卢旺达国际刑事法庭在 Kayishema and Ruzinndana 案中所声明的：This superior-subordinate relationship lies at the heart of the concept of command responsibility. The basis upon which he assumes responsibility is that, if he knew or had reason to know that a crime may or had been committed, then he must take all measures necessary to prevent the crime or punish the perpetrators. If he does not take such actions that are within his power then, accordingly, he is culpable for those crimes committed. The Trial Chamber in Celebici set out the guiding principle in this respect, when it stated that, “the doctrine of command responsibility is ultimately predicated upon the power of the superior to control the acts of his subordinates”②。

上级对下级的关系有法律上（de jure）或事实上（de facto）之分。这是因为指挥官（上级）地位的确定既可以基于法律上的规定，也可能是缘于事实上的状态。前者是指经过法律的授权和有关当局的任命，某个指挥官有法律上的权力控制其下属。后者是指行为人在事实上拥有指挥、控制士兵的权力。通常情况下，在法律上拥有控制士兵权力的人也就在事实上有这种权力，但是，也不能排除某些未经任命的人或者已经离休的人对军队士兵的这种权力。当然，也有人反对确立指挥官地位的这种“事实上”的标准。不管是法律上还是事实上，重要的是上级对下级的“影响力”或“控制力”。

如前所述，with respect to superior and subordinate relationships not described in paragraph (a), a superior shall be criminally responsible for crimes within the jurisdiction of the Court committed by subordinates under his or her effective authority and control。在这个问题上，国际刑事法院《罗

① The Prosecutor v. Delalic et., Judgment, Case No. IT-96-21-T, 16 Nov. 1998, pp. 121-149.

② The Prosecutor v. Clement Kayishema and Obed Ruzinndana, Judgment, ICTR, 21 May 1999, Case No. ICTR-95-1-T, para. 217.

马规约》对军事指挥官和非军事指挥官上下级关系的确立规定了不同的标准。就军事指挥官而言，“有效指挥和控制”或者“有效管辖和控制”两个标准只要满足一个就可以了；而在其他上级即非军事指挥官的情况下，只有一个标准那就是“有效管辖和控制”，即：a superior shall be criminally responsible for crimes within the jurisdiction of the Court committed by subordinates under his or her effective authority and control。所以，对非军事指挥官的要求更加严格。然而，不管是哪一种指挥官，关键仍是“有效指挥和控制”，也就是法律上或者事实上处于指挥官链条的一环并能够直接发布命令。

二、知道或者应当知道

“知道或者应当知道”是追究指挥官责任的另一不可缺少的要素。其道理也很明了：如果指挥官要对正在实施或将要实施的犯罪行为进行阻止，或要对部下已经实施了的犯罪行为进行惩治，就必须首先要“知道”这些犯罪行为。如果他（她）不知道，当然也就不会产生刑事责任问题。

卢旺达国际刑事法庭在 Kayishema and Ruzinndana 案中将“知道或者应当知道”与刑法原则上要求的“犯意”（mens rea）要件联系在一起。也就是说，如果指挥官被证明“知道或者应当知道”，但没有采取任何行动，就表明他（她）自己就有违法行为的“犯意”：The mens rea in Article 6（3）requires that for a superior to be held criminally responsible for the conduct of his subordinates he must have known，or had reason to know，of their criminal activities. If it can be proven beyond a reasonable doubt that the superior knew of the crimes that were being committed by those over whom he exercised control then the requisite mens rea is clearly established。①

如果能够证明指挥官对于下级实施严重犯罪是明知的，就可以根据不作为犯罪的理论毫无争议地追究其相应犯罪的刑事责任。但在有些武装冲突或大屠杀的背景中，有时要证明被告人“实际知道”，不是一件容易的事。行为人往往辩称自己实际上并不知道。以往对战争罪犯审判的实践也清楚地显示，只要是根据指挥官责任理论来定罪的案件，被告人无一例外地都会提出这种辩护理由。所以，在指挥官刑事责任的确定问题上，“应当知道”（should have know）有着极其重要的意义。

“知道或者应当知道”一语有以下几个要点：

■ The mens rea requirement for superior responsibility that the accused either “knew” or “had reason to know” that a subordinate was about to commit a crime or had done so；

■ The term “knew” implies actual knowledge；

■ Actual knowledge can be established through direct or circumstantial evidence；

■ The “had reason to know concept” has been more controversial。

从理论上讲，“应当知道”有多种可能性，可以有好几种不同的标准，例如，只要有“知道”的义务就可视为应当知道；或行为人辩称不知道，但通过一定的证据可以推断出他（她）事实上是知道的；或行为人的确不知道，但他（她）的领导地位使他（她）拥有一些报告和信息，这些报告和信息足以使一个诚实和尽职的指挥官通过分析能得出下属正在犯罪或者已经犯

① The Prosecutor v. Clement Kayishema and Obed Ruzinndana，Judgment，ICTR，21 May 1999，Case No. ICTR-95-1-T，para. 225.

罪的结论，但该指挥官或者对这样的信息故意视而不见，或者放任、草率地不去履行自己的职责，最终导致自己对下属的罪行不知道。有时这些情形也被称为“有理由知道”。

前南国际刑事法庭上诉庭关于“有理由知道”的裁决的案件是 the Prosecutor v. Kordic & Cerkez Case。在这个案子里，法庭认为：It appears clearly from the Appeals Chamber's findings that superior may be regarded as having "reason to know" if he is in possession of sufficient information to be on notice of the likelihood of subordinate illegal acts，i. e.，if the information available is sufficient to justify further inquiry. The level of training，or the character traits or habits of the subordinates，are referred to by way of example as general factors which may put a superior on notice that subordinate crimes may be committed. The indicia listed in the United Nations Commission of Experts Report，referred to in the context of actual knowledge，could also be used in this context to determine whether knowledge of the underlying offences alleged could be imputed to an accused。①

考虑到实际可能出现的不同情况，《罗马规约》要求军事指挥官对其部下的犯罪行为 either knew or，owing to the circumstances at the time，should have known；而对于非军事指挥官的政府官员（superior)，要求其对部下的犯罪行为 either knew，or consciously disregarded information which clearly indicated。在这里，军事指挥官“知道”或“由于当时的情况理应知道”这一标准，以及与上级“知道”或“故意不理会明确反映这一情况的情报”标准之间反映出来的不同，本身就考虑到了军事指挥官与平民指挥官在监督下级行为方面的“应当知道”标准上的不同。

此外，国际刑事法院《罗马规约》第 30 条对其管辖的罪行进行了主观方面的规定，即：Unless otherwise provided，a person shall be criminally responsible and liable for punishment for a crime within the jurisdiction of the Court only if the material elements are committed with intent and knowledge，即“除另有规定外，只有当某人在故意和明知的情况下实施了犯罪的物质要件，该人才对本法院管辖权内的犯罪负刑事责任，并受到处罚”。按照这一条的规定，战争罪等犯罪只能在“故意”（with intent）或者“明知”（with knowledge）的情况下实施。可是，《罗马规约》又作了一个例外的规定：“除另有规定外”（unless otherwise provided）。这种例外其实就是《罗马规约》有关指挥官责任的规定，它可以由“疏忽”或者“轻率”构成。所以，国际刑事法院管辖的犯罪行为，既可以由故意构成，在特殊情况下也可以由过失构成。

三、未能采取合理、必要的措施来阻止或惩罚犯罪行为

“一个指挥官未能采取合理、必要的措施加以阻止或惩罚犯罪行为”主要有以下几个要素：

■ This requirement overlaps with the requirement of "effective control"；

■ As a general rule a superior is required to take measures in his or her power；

■ Reasonable measures implies that，under some circumstances，a commander may discharge his obligation to prevent or punish by reporting the matter to competent authorities；

■ There is no rigid catalogue of all necessary measures a superior could take；

■ Punishing perpetrators after crimes have been committed offers no excuse in case the superior is at fault by not preventing the commission of crimes in the first place。

---

① Kordic & Cerkez Judgment，para. 437.

所有国际刑事司法机构中关于指挥官责任的规定，即一个指挥官对于受其控制的部下将要或正在实施的犯罪要采取必要的、合理的措施加以阻止或予以惩罚的规定，事实上是将指挥官“防止下属犯罪和惩罚已犯罪的下属”规定成一项法律义务。如果指挥官未能履行这种义务，就可能承担刑事责任。但是，法律不会强人所难，非要让人去做不可能的事。因此，这些规约都加上了“合理、必要”（reasonable and necessary）的限制。这从另一方面也客观地要求审视指挥官的“控制能力程度”（degree of effective control）。正如前南国际刑事法庭在Celebici案中所声明的：...it is a commander's degree of effective control，his material ability，which will guide the Trial Chamber in determining whether he reasonably took the measures required either to prevent the crime or to punish the perpetrator...this implied that，under some circumstances，a commander may discharge his obligation to prevent or punish by reporting the matter to the competent authorities。①

对于什么是“合理的、必要的措施”，客观地讲，不管能列出多少措施，都不可能穷尽。不过，在前南国际刑事法庭Blaskic案中，检察官方面在其向法庭提出的诉讼状（legal brief）中，曾就什么是“合理的、必要的措施”提出较为详细的意见，即：Measures which can be taken by a commander to “prevent” the commission of crimes by subordinates include：ensuring that members of the armed forces...are aware of their obligations under “international humanitarian law”，remaining constantly informed of the way in which their subordinates carry out the tasks entrusted to them，and to take the necessary measures for this purpose；imposing discipline to a sufficient degree to enforce compliance with international humanitarian law；and at any level，informing superior officers of what is taking place...drawing up a report in the case of a breach，or intervening with a view to preventing a breach from being committed，proposing a sanction to a superior who has disciplinary power，or in the case of someone who holds such power himself exercising it，within the limits of his competence，and finally，remitting the case to the judicial authority where necessary with such factual evidence as it was possible to find. The duty to “punish” after an offence has been committed consists of a threefold obligation (1) to establish the facts，(2) to put an end to violations，and (3) to repress. The responsibility of the commander does not end with the transfer of the perpetrator to a competent judicial organ，but continues until all three of these obligations have been properly discharged. However，the commander is only required to take such measures as are “necessary and reasonable”. “Necessary” measures are those which are required to discharge the obligation to prevent or punish，in the circumstances prevailing at the time. “Reasonable” measures are those which the commander was in a position to take in the circumstances prevailing at the time. International law cannot oblige a superior to perform the impossible. There is no closed category of the types of measures which can be taken by a military commander to prevent or punish。

当然，由于不同的指挥官处于指挥链条中的不同位置，他们各自可能采取的措施也不同。但一般来说，当下属将要实施犯罪时，指挥官不仅为了防止犯罪行为的发生要预先采取发布命令这样的措施，而且还要确保措施（如命令）得到落实或遵守，必要时得采取如解除下级职务等纪律性的措施等；如果犯罪正在发生，则指挥官应当发布停止犯罪的命令并确保该命令得到

---

① Celebici Judgment，para. 302.

遵守；如果部下已经实施完毕犯罪，则指挥官应当向其上级指挥官报告，或者召集成立军事法庭进行调查、起诉和审判。

CASE STUDY

Celebici 案
(前南国际刑事法庭)①

前南国际刑事法庭审理的 Celebici 案，是一个广泛考察了指挥官责任原则的案例。

Celebici 是一个村庄的名字。1992 年，波斯尼亚穆斯林和克罗地亚武装力量控制了波斯尼亚塞族人占绝大多数的波黑城市 Konjic 以后，就在 Celebici 建了一个集中营。在该集中营，被关押的塞族人被"杀害、折磨、强暴"，还受到"残酷的、非人道的待遇"。Celebici 案就是关于这些犯罪行为的案子，其中有 4 个人为被告。

经过审理，国际刑事法庭根据指挥官责任最后认定集中营的指挥官 Zdravko Mucic 构成犯罪，认为："Mucic 事实上是 Celebici 集中营的指挥官。他对集中营、副指挥官和看守行使着事实上的指挥权。因此，根据上级责任原则，Mucic 应对发生在 Celebici 集中营的犯罪行为承担个人刑事责任。"

思考题

1. 确定指挥官责任的要素是哪几个？
2. 为什么说"上下级关系的确定"是基本的要件？
3. "should have known"在实践中不太好把握，为什么？
4. 指挥官的"控制能力程度"应如何理解才合适？

本章小结

1. 根据指挥官责任的有关规定，军事指挥官如果"知道或者由于当时的情况理应知道"其部队正在实施或即将实施犯罪行为，以及该军事指挥官没有采取在其权力范围内的"必要而合理的措施"以防止或制止这些犯罪行为的实施，那么他（她）也应对这些犯罪行为负刑事责任。

2. 对于非军事指挥官，也就是政府官员或上级，如果下级人员正在实施或即将实施这些犯罪时，"故意不理会"明确反映这一情况的情报，或者没有"采取在其权力范围内的一切必要而合理的措施"，防止或制止这些犯罪的实施，或者也没有"报请主管当局就此事进行调查

---

① The Prosecutor v. Delalic, Judgment of ICTY, Case No. IT-96-21-T (16 Nov., 1998), para. 775.

和起诉”，那么他（她）也应对这些犯罪行为负刑事责任。

3. 第二次世界大战后军事法庭将山下奉文定罪的判决书清楚地说明：一个军队指挥官被赋予了权力和责任。如果仅仅因为其下属实施了一件谋杀或者一个强奸案，就将其上司也定为谋杀者或强奸犯，这显然荒唐。但如果杀人、强奸等邪恶的犯罪行为是如此广泛之，指挥官却没能发现，也没能制止，那么，这个指挥官就要承担责任。

4. 所有国际刑事司法机构中关于指挥官责任的规定，即一个指挥官对受其控制的部下将要或正在实施的犯罪而采取必要的、合理的措施加以阻止或予以惩罚的规定，事实上是将指挥官“防止下属犯罪和惩罚已犯罪的下属”规定成一项法律义务。如果指挥官未能履行这种义务，就可能承担刑事责任。

QUESTIONS AND COMMENTS

1. The doctrine of command responsibility originated in national military law and gradually become a basis of international criminal responsibility.
2. Command responsibility is the legal and logical concomitant to the defense of “obedience to superior orders” . Indeed, if a subordinate is to be exonerated from criminal responsibility for carrying out a superior's order, that superior should be accountable for the issuance of an order which violates international law.
3. A subordinate actor's responsibility for a violative act does not necessarily eliminate command responsibility because the latter includes failure to act, failure to prevent, and failure to punish upon discovery of the violation. But failure to act depends on knowledge and opportunity to act: 1) in the prevention of the criminal act; 2) subsequent to the act if the superior failed to supervise, discover, and take remedial action as needed under the circumstances; and 3) prosecute and, if found guilty, punish the violator.
4. A subordinate actor's exoneration under the defense of “obedience to superior orders” does not necessarily imply that the immediate superior officer and those in the chain of command above him are criminally responsible if the order was wrongly understood or applied by the the subordinate.

第十章 普遍管辖问题

引言

国际法关于追究个人刑事责任以及在惩治国际罪行方面的发展，对传统国际法的一些原则形成了冲击和影响，如前面章节中提到的关于对国家元首及政府首脑予以豁免原则以及对国际罪行能否予以赦免问题等。之所以会有冲击和影响，是因为国际法另一些原则和基本理论得到了发展和发生了变化，其中之一就是国际法普遍管辖权原则。

重点问题

- 传统国际法上的管辖原则
- 普遍管辖原则的基本概念
- 普遍管辖原则的实践与发展
- 普遍管辖原则与维护国际社会利益之间的关系

第一节 国际法管辖原则类别

国际法上对国家的管辖分为好几类。国家具有主权的属性，所以国家对其领土内发生的事进行管辖，或对属于其臣民的人进行管辖，都是理所当然的。然而，由于国际刑法的发展，出现了关于普遍管辖的可能性。其理论根据是：某些国际罪行的性质是如此严重，侵犯了整个国际社会的利益，因而任何国家都可以基于普遍管辖原则对其实施管辖。

一、“属地管辖权”原则

根据传统国际法，国家对其领土范围内的一切人、物和所发生的事件，以及对于在其领域外的本国人都具有行使管辖的权力。前者被称为属地管辖原则（the principle of territoriality），后者则为属人管辖原则（the principle of nationality）。

属地管辖原则是国家在行使管辖权方面最基本的原则。早在1927年，常设国际法院在Lotus案中就已指出：In all systems of law the principle of the territorial character of criminal law is fundamental...（although）the territoriality of criminal law...is not an absolute principle of international law and by no means coincides with territorial sovereignty。①

加拿大最高法院在the United States v. Burns案中认为，individuals who choose to leave Canada leave behind Canadian law and procedures must generally accept the local law，procedures and punishments which the foreign state applies to its own residents。美国法院在Rivard v. the United States案中也认为，all the nations of the world recognize the principle that a man who outside of a country willfully puts in motion a force to take effect in it is answerable at the place where the evil is done。根据美国法院的这个判决，即便行为发生在国家领土外，但如果行为效果波及这一国家领土以内，该国也就具有管辖权。例如，如果一个人站在境外向境内开枪，从而伤及境内人员，就会因为涉及管辖领地而使该国具有管辖权。

1948年制定的《种族灭绝罪公约》中有关于属地管辖原则的规定。该公约在对种族灭绝罪进行界定以后规定：Persons who commit genocide...shall be punished，为此，该公约缔约国“undertake to prevent and punish”种族灭绝行为。这个公约在管辖权方面only refers to trial before the tribunals of the State within the territory of which the acts of genocide occur or before an international criminal court，and does not provide for universal jurisdiction or the duty to extradite or prosecute。

属地管辖原则之所以是国家在行使管辖权方面最主要的原则，是因为它与国家主权原则紧紧联系在一起。因为国家主权原则对内是最高的，所以，它自然对于自己境内发生的一切都具有管辖权。我国法律当中也有关于属地管辖权的规定。在1997年3月修订的《中华人民共和国刑法》第6条第1款明确规定，“凡在中华人民共和国领域内犯罪的，除法律另有特别规定的以外，都适用本法”。

从刑法角度上讲，属地管辖原则有它的优越性，但也有不足之处：由于犯罪行为发生在本国境内，所以在传唤证人、取证、审理和执行等方面都有其优越的条件。然而，如果一国发生严重违反国际法的罪行，如反人道罪或种族灭绝罪，由于这样的罪行往往会有国家高级领导人卷入，具体执行的可能还会是政府工作人员，在这种情况下，本国司法机构不愿意或不可能开展调查和起诉工作。

---

① 本案有关案审资料引自Antonio Cassese，*International Criminal Law*，Oxford University Press，2003，pp. 277-278。

二、属人管辖原则

正如上面常设国际法院所指出的那样，属地管辖原则是国家行使管辖权方面最基本的原则，但不是国际法上的“绝对原则”（absolute principle）。除了属地原则以外，国际法还有属人管辖原则等。

属人管辖原则是国家基于本国公民国籍因素而行使的管辖权。属人管辖原则本身又可以分为两种：一种是积极属人原则（principle of active nationality），The national courts have jurisdiction over certain criminal offences committed by their nationals abroad，whether or not those offences are criminal under the law of the territorial State。另一种是被动属人原则（principle of passive nationality），即：States may exercise jurisdiction over crimes committed abroad against their own nationals。

属人管辖原则的“积极”和“被动”原则之间是有差别的。“积极属人原则”强调国家对于本国公民在国外的犯罪行为具有管辖权。根据这一原则，只要是本国公民有违法行为，即便是依当地国法律不予起诉，该公民所属国也要追究和惩治；“被动属人原则”则注重国家对国外针对本国公民的犯罪行为具有管辖权：只要是本国公民受到伤害，不管行为在什么地方发生，受伤害公民所属国都要对行为人进行追究和惩治。制定这两个原则的动机很清楚：积极属人管辖显示了国家要求本国公民守法的意愿，要求国民不仅在本国而且在其他国家也要遵守法律；被动属人管辖则表明了国家保护本国公民的决心，任何人只要有伤害本国公民的行为，就应受到起诉和惩治。

1997 年《中华人民共和国刑法》第 7 条，是关于属人管辖权的规定。根据这一规定，“中华人民共和国公民在中华人民共和国领域外犯本法规定之罪的，适用本法，但是按本法规定的最高刑为三年以下有期徒刑的，可以不予追究。中华人民共和国国家工作人员和军人在中华人民共和国领域外犯本法规定之罪的，适用本法”。

根据国际条约和习惯，国家不得对其领土内的外国国家元首、政府首脑、外交部长及外交代表机关等行使属地管辖权，此即为外交豁免。例如，我国刑法第 11 条规定：“享有外交特权和豁免权的外国人的刑事责任，通过外交途径解决。”我国的这一规定，符合国际法上关于行使国家管辖权方面的特殊情况。但为了保护国家及其公民的重大利益，国家有权对外国人在该国领域之外所犯罪行实行管辖，此为国际法保护性管辖。所以，我国刑法第 8 条还明确规定：“外国人在中华人民共和国领域外对中华人民共和国国家或者公民犯罪……可以适用本法……”

三、普遍管辖原则的基本概念和规定

在传统国际法上，国家倾向于将国际法上保护人权的责任和义务限定在本国领土范围以内。换句话说，它们将人权保障的义务与领土范围联系起来。正因为如此，国际人权法最重要的法律文件之一 1966 年《公民权利和政治权利国际公约》第 2 条规定：Each State Party to the present Covenant undertakes to respect and to ensure to all individuals within its territory and subject to its jurisdiction the rights recognized in the present Covenant...

公约在序言中承认：The ideal of free human being enjoying civil and political freedom and freedom from fear and war can only be achieved if conditions are created whereby everyone may enjoy his civil and political rights，as well as his economic，social and cultural rights。公约从而要求缔约国承

担和保证在其领土内和受其管辖的一切个人享有公约承认的权利。

在国际法发展的很长的一段时间里，对国际性犯罪行为的惩处，主要是通过国家的国内司法机构来操作。一国的国内法院行使管辖权的基础，可能是出于领土原因的“属地管辖权”，也可能是出于国籍原因的“属人管辖权”。这里有被迫采取行为的要素。另外，行使管辖权不是针对国家，而是针对被指控实施犯罪的个人（其中包括以私人身份实施犯罪的国家领导人）。当然，某一国国内发生严重违反国际法的行为，也有可能导致该国政府在国际社会里受到谴责和制裁。

随着国际人权法的发展，国际法有一种倾向，认为国际公约不仅要求国家在本国保障公民的基本人权，就是在他国也不能有侵犯人权的行为。因为国家既然受国际人权义务的束缚，其政府官员在本国领土内应该履行尊重人权的义务，在国外也同样应履行这种义务。国际法的发展使得国际社会达成一个共识，即尊重人权是每一个国家义不容辞、不可推诿的一项国际义务和责任。在这一背景下，当在一国发生大规模侵犯人权行为时，或当一国政府当局对发生侵犯人权行为无动于衷或听之任之时，就会招致整个国际社会的谴责和批评。

在国际法上，有些国际罪行的性质和危害是如此的严重，以致破坏了国际社会整体的共同利益和根本利益。因此，每个国家对国际社会整体都负有防止和惩治这些罪行的义务，对这些罪行也都有权管辖，而不论这些犯罪行为发生在哪个国家，也不论罪犯的国籍属于哪个国家。这就是国际法上关于普遍管辖原则的基本定义。[①]

普遍管辖权的目的，是不让那些犯有极其严重罪行的人寻找到可以躲避的安全的地方，以便逃脱惩罚。对严重罪行不予惩治，自然会构成对国际社会整体的藐视，尤其是对种族灭绝罪、战争罪、反人道罪、酷刑罪以及侵略罪这些罪行。

国际法上要追究国际罪行的这些理念，从时间上看还是比较新近的。国际刑法在传统上比较强调一国国内司法的重要性，它在很长一段时期内，为各国法院具有司法管辖权来审判国际犯罪提供法律依据，要求所有国家的司法体制在打击国际犯罪中发挥作用。为了预防和惩罚跨国界的刑事犯罪活动，它要求国家相互之间进行司法合作（包括引渡）。所以在谈到国际刑法的基本定义和作用时，一般也会考虑各国国内法院在预防和惩罚国际罪行方面的作用。

CASE STUDY

Linz Airport v. United States（林兹机场诉美国案）
（奥地利最高法院，2003）[②]

Linz Airport v. United States 案是美国空军使用奥地利林兹机场引起的一个案例。

为了履行 1995 年的巴尔干和约，保持该地区的稳定，北约实施了 IFOR/SFOR 人道主义救援项目。在实施这一项目过程中，美国空军使用了奥地利林兹机场作为其中继站。但是在 2000 年 4 月至 2001 年 4 月对机场使用期间，美国未给付停留费及机场使用费。最后，机场的运营公司起诉美国，要求给付上述费用。机场运营方诉称，无论美国飞机在机场的停留属何种

---

① 参见王铁崖主编：《国际法》，125 页，北京，法律出版社，1995。

② Linz Airport v. United States, in *American Journal of International Law*, vol. 99, 2005.

性质，航空公司或者其他的飞机使用方都要给付停留费和机场使用费。

原告最先诉诸地方法院（Bezirksgericht Linz），后又上诉至林兹地区法院（Landesgericht Linz），最后，该诉讼在奥地利最高法院（Oberster Herichtshof）结案。

地方法院首先以法院缺乏管辖权为由驳回了原告的请求。该法院认为，在国际法上，如果外国国家的行为是一种主权行为，则外国国家是不受国内法院管辖的。被诉方在林兹机场的停留行为是整个北约项目的一部分，因此它属于一种国家行为，从而免受国内法院的管辖。

原告在地方法院败诉后，上诉到林兹地区法院。原告主张：美国空军飞机从事的是人道援助而非军事行为，因此，其飞行行为应被认为是私法行为而不是一个国家主权行为，不能享有国家豁免权。但上诉法院在审查该案时查找了这一行为的国际法依据，其中包括联合国 1995 年 12 月通过的决议。上诉法院认为，根据这些文件，北约被授权为实施和平协议采取维和行动，那么雇用美国空军飞机来实施 IFOR/SFOR 项目也应被认为获得了联合国的授权，从而该行为无论是从性质上还是从其国际法依据上来看，都应被认定为国家的主权行为。据此，上诉法院拒绝了原告的请求。上诉法院还指出，和任何按照国际条约实施的行为一样，任何军事行为先天具有主权行为的特征。

本案最后诉至奥地利最高法院。奥地利最高法院认为：根据国际法，美国的被诉行为享有国家豁免权。美国空军的中继停留属于其整个人道救援的一部分，属于其政府或主权行为的一部分，因此，美国对于该行为享有国家豁免权。最高法院进一步指出：在任何情况下，一个国家军用飞机的使用都是一种主权行为。在国际条约约定的范围内实施的行为和在联合国安理会决议授权下实施的行为一样，都具有主权行为的特征。既然这些飞行行动是根据适当的安理会决议进行的，那么就可以被认为是一种主权行为。进而可以推断，美军飞机的飞行是一种主权行为，飞机及机载的货物，无论它们属何性质，都应享有管辖豁免。飞机的所有者及使用者，即美国政府，也应该享有豁免权。

思考题

1. 属地管辖权的基本概念是什么？
2. 属人管辖权的基本概念是什么？
3. 普遍管辖权在国际法上有何新的要点？
4. 在林兹机场诉美国案中，为什么奥地利各级法院都认为自己没有管辖权？

第二节 普遍管辖原则的演变

国际刑法实践中并不是对所有国际罪行都进行起诉和惩治。什么行为被视为不法行为，或什么罪行要被起诉和惩治，主要由各国法律或各个国际刑事司法机构来具体确定。国际法上“普遍管辖权”所要惩治的犯罪行为，一般都是那些严重损害国际社会共同利益的国际罪行。

一、海盗罪

提到普遍管辖原则，经常会有人将它与海盗罪联系起来。因为在传统国际法上，早已确立了任何国家都可以对犯有海盗罪行的人予以惩罚的原则。然而如果稍加分析就可看到，海盗罪与今天国际法上强调要惩治的罪行在性质上有不同之处，它们对国家主权的冲击和影响也不一样。

海盗行为通常都是发生在公海上。为了方便行事，海盗船只一般不悬挂国旗。由于不悬挂国旗，就可被认为放弃了其所属国籍，从而处于一种无国籍的状态，于是它在法律上就与任何国家都没有联系。另外，虽然海盗行为发生在公海，公海是各国管辖权涉及不到的地方，但海盗行为的受害者是具体国家的国民，所以为了保护本国国民的利益，同时也是为了保护整个国际社会的利益，国家就对犯有海盗罪的人行使普遍管辖权。

国际法学家奥本海认为：“依照国际习惯法规则，每一个海洋国家都有权惩罚海盗。国家的一切船舶，不论是军舰、其他公船或商船，都可以在公海上追逐、攻击和逮捕海盗，并且把他带回本国，由本国的法院审理和惩罚。”① 美国在1878年至1940年间订立的一些公约，如1878年《建立国际私法统一规则的利马条约》（*Lima Treaty to Establish Uniform Rules for Private International Law*）就规定了对海盗罪可以实行普遍管辖。1958年订于日内瓦的《公海公约》确认了这一习惯国际法规则，其第19条规定：“在公海上或在任何国家管辖范围以外的任何其他地方，每一国家均可扣押海盗船舶或航空器，或为海盗所夺取并在海盗控制之下的船舶，和逮捕船员或航空器上人员并扣押船上或航空器上的财物。扣押国的法院可判定应处的刑罚，并可决定对该船舶、航空器或财物所应采取的行动，但不得影响善意的第三者的权利。”1982年《联合国海洋法公约》进一步重申了普遍管辖权原则，其第100条规定：“所有国家应尽最大可能合作，以制止在公海上或在任何国家管辖范围以外的任何其他地方的海盗行为。”

二、国际罪行与国家共同义务

在第二次世界大战后的国际形势下，国际法上开始强调对所有人（erga omnes）的国际罪行及国际社会的“共同义务”（common responsibility）问题。“所有人”的概念，其实就是国际法传统意义上强行法的概念。“所有人”的义务和强行法的概念通常作为同一事物的两个方面出现。“所有人”一词是指“对于所有的人”，源于强行法（jus cogen）的义务就是针对所有的人，所以法律逻辑也支持“强制性”（compelling）必须产生“面向全面”义务的观点。

整个国际社会应采取行为的义务经常被称为“共同义务”，该“共同义务”有两个特征：第一，国际社会的每一个成员都负有责任，并且每一个成员对所有其他成员也负有责任；第二，国际社会任何一个其他成员在其权利遭受损害时，都有相关权利要求对方履行其应有的义务，并且可以采取相应对策。

国际社会对国际罪行所应作出的回应，其实就是要遵守这种“共同义务”的行为。一个国

① Oppenheim (ed.), *International Law*, vol. Ⅰ, 1905, p. 330.

家对这些违法行为作出的强烈反应，本身就说明这里客观存在着共同体利益，它需要其他国家也出面来纠正和扑灭这些违法行为。另外，把某些行为从国际法上定为“国际罪行”，是国际法发展的结果，是要实现国际社会的一个共同愿望的结果，其本身是一个过程。

1945年纽伦堡国际军事法庭的审判实践，从某种意义上讲，就已经开始国际法上对侵略罪、战争罪和反人道罪适用普遍管辖原则的实践。当时“同盟国委员会10号管制法案”规定：纽伦堡国际军事法庭对犯有这些罪行的人具有管辖权，不管他们身在何处，都要将其抓获。以后，这一原则又为联合国大会95号决议通过，形成了国际法上的“纽伦堡原则”。根据“纽伦堡原则”的规定，任何犯有国际法上严重罪行的人都必须承担个人刑事责任。国内法对其罪行不予惩治、其作为国家元首的地位和作为政府官员的地位、根据政府和其上级的命令从事这些罪行均不能作为罪犯免责的理由。① 这些原则，确立了现代国际法在惩治严重国际罪行方面的基本原则。

在纽伦堡国际军事法庭和远东国际军事法庭审判结束不久，国际社会于1949年进一步编纂和发展了关于保护战争受难者的日内瓦公约，当中有关于普遍管辖的规定。1949年日内瓦四公约共同第1条规定：The High Contacting Parties undertake to respect and to ensure to respect for the present Convention in all circumstances。在这里，缔约国 do not merely to respect the Convention，but also to ensure respect for it，“尊重并保证尊重” were intended to emphasize and strengthen the responsibility of the Contracting Parties。

1949年日内瓦四公约还订立有关于“严重违反”的规定。② 例如，第一公约第50条规定：Grave breaches to which the preceeding Article relates shall be those involving any of the following acts，if committed against persons or property protected by the Convention：wilful killing，torture or inhuman treatment，including biological experiments，willfully causing great suffering or serious injury to body or health，and extensive destructions and appropriation of property，not justified by military necessity and carried out unlawfully and wantonly。

为了对以上这些严重违反公约的行为进行有效的追究和惩治，该公约第49条规定了缔约国可以采取包括普遍管辖权在内的措施，其规定如下：Each High Contracting Party shall be under the obligation to search for persons alleged to have committed，or to have ordered to be committed，such grave breaches，and shall bring such persons，regardless of their nationality，before its own courts. It may also，if it prefers，and in accordance with the provisions of its own legislation，hand such persons over for trial to another High Contracting Party concerned，provided such High Contracting Party has made out a prima facie case。

根据这一规定，任何日内瓦公约的缔约国都有权利和义务搜捕被指控为严重违反公约的个人，并将其送交该国法庭审判，不论其国籍是哪个国家；或者在另一缔约国提出要求并且提供足够初步证据的前提下将其引渡到该国。以后，国际社会于1949年日内瓦四公约1977年第一议定书里，更是明确规定：国家在对严重破坏日内瓦公约以及1977年第一议定书的行为提起刑事诉讼方面，应提供最大限度的合作。③

---

① 参见国际法委员会《由纽伦堡宪章及审判确认的国际法原则》第1～4条。

② 参见1949年日内瓦第一公约第49条第2款，第二公约第49条第2款，第三公约第129条第2款，第四公约第146条第2款。

③ 参见1977年第一议定书第88条第1款。

有些国际公约更是明确地提到要适用普遍管辖原则。例如，联合国大会于 1984 年通过了《反对酷刑公约》第 4 条规定：Each State Party shall ensure that all acts of torture are offences under its criminal law。

《反对酷刑公约》第 5 条接着规定：1. Each State Party shall take such measures as may be necessary to establish its jurisdiction over the offences referred to in Article 4 in the following cases：(a) When the offences are committed in any territory under its jurisdiction or on board a ship or aircraft registered in that State；(b) When the alleged offender is a national of that State；(c) When the victim is a national of that State if that State considers it appropriate. 2. Each State Party shall likewise take such measures as may be necessary to establish its jurisdiction over such offences in cases where the alleged offender is present in any territory under its jurisdiction and it does not extradite him...3. This Convention does not exclude any criminal jurisdiction exercised in accordance with internal law。

联系 1949 年日内瓦四公约共同第 1 条中关于"国家有义务在任何情况下尊重并保证尊重"日内瓦公约的规定，可以说对"或引渡或起诉"义务（obligation of aut dedere，aut judicare）的遵守，是日内瓦公约规定的缔约国的绝对义务。可见，1949 年日内瓦四公约及其 1977 年第一议定书[①]、《反对酷刑公约》[②] 等国际法律文件，都为加入这些国际法律文件的缔约国行使强制性的普遍管辖权提供了法律依据。

三、普遍管辖原则与国家主权

从国际法上看，国际社会还未要求对所有国际罪行都进行起诉和惩治，具体什么行为或罪行要被起诉和惩治，主要是通过各个国际刑事司法机构的管辖范围来具体的体现。对于国际刑法为什么要惩治某些罪行，为什么要将某些罪行认定为国际法上的"核心罪行"，与国际法上普遍管辖原则的发展有一定的联系。

如果对以上有关国际犯罪的条约进行分析，就可以揭示在国际刑法方面以下几个共同的特征：(1) 国际法明确规定为一种犯罪；(2) 通过明确认可的抑制、预防、起诉、惩罚或类似方法对行为的刑罚性；(3) 国际社会成员起诉、惩治及合作的权利与义务。

以上这些特征，是使得国际法上某些禁止性的行为成为国际社会需要予以惩治的国际罪行的法律基础。

在惩治海盗方面适用普遍管辖原则，已是国际习惯法的一部分。然而，现在国际刑法上要追究、惩治的战争罪、反人道罪、种族灭绝罪和侵略罪，与海盗罪在涉及国家管辖权方面都不同。这些罪行基本上都是发生在一国的领土之内，属于一个国家特定的管辖范围，所以它与犯罪发生地国有着紧密的联系。正因为这样，要对这些罪行予以打击，就意味着要进行一定的行使国家主权的行为，如起诉、调查取证、传唤证人、逮捕、审判，等。所以如果一国认为本属于自己管辖的事宜被他国介入，就容易将他国的这一行为看作是对本国主权的冒犯或挑战。[③]

---

① 参见 1949 年日内瓦第一公约第 49 条第 2 款，第二公约第 50 条第 2 款，第三公约第 129 条第 2 款，第四公约第 146 条第 2 款，以及 1977 年第一议定书第 86 条第 1 款。

② 参见《反对酷刑公约》第 5 条。

③ 参见［英］詹宁斯、瓦茨修订：《奥本海国际法》，9 版，第 1 分册，332 页，北京，中国大百科全书出版社，1995。

根据传统国际法，国家刑事审判制度虽然具有多样性，但都是以通过立法对个人和私有团体某些行为进行约束作为前提，并依赖于国家的强制手段来执行法律的禁止性规定。所以，有的国家主张：国家的管辖权主要在国家领域内实施，在本国领域外则非常有限地予以适用。1995年美国向联合国人权委员会提交的一份人权报告认为：联合国在1966年订立的《公民权利和政治权利国际公约》在任何情况下都没有域外效力（extra territorial reach)。但联合国人权委员会对此明确表示不能同意：The UN Human Rights Committee，in commenting on the report submitted by the USA，noted that it could not share the view of the US Government that the UN Covenant on Civil and Political Rights lacked extraterritorial reach under all circumstances. Such a view，it went on to point out，is "contrary to the consistent interpretation of the Committee on this subject that，in special circumstances，persons may fall under the subject matter jurisdiction of a State party even when outside that State territory"①。

所以，根据联合国人权委员会的观点，国家在某些情况下也可以对处于本国领土范围以外的人员具有实体管辖权。

"美洲人权委员会"曾有一个涉及人权保护与国家管辖关系问题的案例：美国及加勒比海一些国家和卡洛宾的武装力量于1983年10月入侵格林纳达岛。他们在废黜了该国的"革命政府"后，监禁了17名格林纳达人。这一行为是否违反了于1948年制定的《美洲人权宣言》中的规定呢？"美洲人权委员会"在1999年9月29日所作的报告中认为，美国及加勒比海一些国家的行为违反了《美洲人权宣言》中关于人权保障的有关规定。理由是："每个人都自然地享有基本的权利。美洲所有国家都有义务和责任保护其司法管辖范围内所有个人的权利。尽管这一保护通常是指对本国领土内所有人的保护，但在特殊情况下也涉及对他国领土内个人人权的保护。原则上这种保护由行为人的国籍或当时所处的地理特殊区所决定，关键是即便在特殊环境下，国家在其实际控制的区域内是否也同样履行了它对人权保护的义务。"②

"美洲人权委员会"的这个裁决符合国际人权法的根本目的。国际人权法规定的目的就是保护个人不受权力滥用的侵犯，国家对个人基本权利的保障，当然不应有地域之分。

以上判例表明：国家不仅应在自己的领土范围内尊重人权，在国外也应如此。在国外行使某种程度上的权力时，它们也必须尊重和保障人权。这里的"权力"包括主权的行使，如立法权、执法权以及行政权力等，同时也包括在与他国进行的武装冲突中对国际人道法的尊重，如保护平民及人道地对待战俘等。这是国际人权法最基本的要求和规定。

有些国家已经根据普遍管辖原则立法，对犯有国际罪行的人进行了审判。③ 不少国家的司法机构对于在第三国发生的战争罪和犯有其他严重国际罪行的罪犯（既不是根据属人管辖来审判本国公民，也不是根据属地管辖来审判在本国发生的犯罪）也进行了起诉，其中比较著名的有霍尔曼（Adolf Eichmann）案。

霍尔曼案发生以后，世界上一些国家，如西班牙、比利时和德国，当对国际罪行有管辖权的地区或国家未能行使司法权时，开始取代那些国家完成审判职责。他们对于那些发生在国外

① UN Doc. CCPR/C/79/Add 50 (1995)，para. 19.

② Case No. 10. 951，Report No. 109/99，29 September 1999，para. 37.

③ 例如，加拿大《反人道罪和战争罪法典》(2000)，德国《国际犯罪法典》(2002)，瑞士1968年《军事法典》；尼加拉瓜1974年《刑法典》。

的由外国人对另外一些外国人犯的罪行行使了刑事管辖，比较突出的有皮诺切特案件。正是根据这些国际公约及《反对酷刑公约》，英国法院认为，英国对于到该国来治病的犯罪嫌疑人、智利前总统皮诺切特所犯罪行享有司法管辖权，因而具有把皮诺切特引渡到西班牙进行审判的权力。

法国高等法院在Barbie案中同意并引用了上诉法院的以下说法："（……）由于它们的性质，危害人类罪（……）不单单在法国国内法管辖范畴内而且也受制于国际刑法秩序，对于该秩序来说，边界的概念和边界概念产生的引渡的原则是完全无关的。"[①]

关于国家主权与国际社会的共同利益关系问题，前南国际刑事法庭在Tadic案里也曾有比较鲜明的立场。法庭认为：Before leaving this question relating to the violation of the sovereignty of States, it should be noted that the crimes which the International Tribunal has been called upon to try are not crimes of a purely domestic nature. They are really crimes which are universal in nature, well recognized in international law as serious breaches of international humanitarian law, and transcending the interest of any one State. The Trial Chamber agrees that in such circumstances, the sovereign rights of States cannot and should not take precedence over the right of international community to act appropriately as they affect the whole of mankind and shock the conscience of all nations of the world. There can therefore be no objection to an international tribunal properly constituted trying these crimes on behalf of the international community。[②]

前南国际刑事法庭的这一论点，清楚地说明了国家主权与国际社会利益之间的关系。国际法庭审判的不是纯国内性质的罪行而是严重的国际罪行，这些罪行影响着全人类并震撼世界所有国家的良心，所以，对它的审理超越了任何一国的利益，国家主权也不能作为阻挡对这些罪行予以惩治的理由。

CASE STUDY

Adolf Eichmann Case（霍尔曼案）
（以色列国家法院）[③]

Adolf Eichmann（阿道夫·霍尔曼）为德国人，曾在第二次世界大战中担任德国"国家秘密警察"犹太科首领，是德国"最后解决政策"的执行者之一。"最后解决政策"的执行，使得成千上万的犹太人被杀害。霍尔曼本人曾在奥地利和波兰等国家大量杀害犹太人。为躲避惩罚，他在战后潜逃到阿根廷，但在1960年被以色列保安人员发现后被劫持回以色列接受审判。为此，阿根廷对于以色列侵犯其国家主权表示了强烈的抗议，后来以色列为绑架行为向阿根廷道歉，但坚持其对霍尔曼拥有管辖权。

在1962年5月29日的审判中，霍尔曼声称，以色列法院对他所犯的罪行没有管辖权，因

① Federation Nationale de deportes et Internes Resistants et patriots and Others v. Barbie, 78 *International Law Reports* 125, 130 (Cass. Crim., 1983).

② Decision on the Defence Motion on Jurisdiction in the Trial Chamber of the International Tribunal, 10 August 1995, Case No. IT-94-1-T, para. 59.

③ Isreal v. Eichmann, 36 *International Law Reports* 277, 291-293 (Isr. S. Ct., 1962).

为这些犯罪既不发生在以色列境内，又没有以色列人参与。针对他的这一辩解，以色列高等法院认为：

These crimes constitute acts which damage vital international interests; they impair the foundations and security of the international community; they violate the universal moral values and humanitarian principles that lie hidden in the criminal law systems adopted by civilized nations. The underlying principle in international law regarding such crimes is that the individual who has committed any of them and who, when doing so, may be presumed to have fully comprehended the heinous nature of his act, must account for his conduct....

Those crimes entail individual criminal responsibility because they challenge the foundations of international society and affront the conscience of civilized nations.

以色列高等法院认为霍尔曼所参与的犯罪，不仅具有国际性质，而且它们所造成的不良影响非常深远而且广泛，以致深深地动摇了整个国际社会的基础和侮辱了文明国家的良心，因此，在该案件中，当犯罪行为发生时以色列政府是否存在并不重要。以色列政府为了捍卫国际法尊严，有权根据普遍管辖原则对反人道罪行进行审判。

思考题

1. 国际社会将普遍管辖原则适用于海盗行为的基本考虑是什么？
2. 如何理解国际罪行与国家共同义务之间的关系？
3. 如何理解国际公约中关于普遍管辖权的规定？
4. 如何理解国家主权与普遍管辖权之间的关系？

第三节 普遍管辖原则与国内立法

国际刑法的目的，是通过惩治国际罪行来对国际犯罪活动产生威慑的作用。然而，惩治还有一个途径问题，即通过什么样的方式能对国际犯罪进行惩治。在这方面，国际法上的“普遍管辖权”是一个途径。普遍管辖原则在国际刑法的实践中不断发展。

一、国内立法是适用普遍管辖原则的前提

在实践中，第三国要行使普遍管辖权必须先要满足一个最基本的前提条件，即要有相应的国内立法。因为除非国内立法授予了他们这样做的权力，否则，国内法院的法官在行使“普遍管辖权”方面就没有根据。

就在皮诺切特案作出裁决之后不到一年的时间，2000 年 2 月，塞内加尔的一个法院以酷

刑罪起诉了乍得前总统赫沁·哈巴（Hissene Habre），并且将其软禁起来。[①] 对乍得前总统赫沁·哈巴的起诉是由乍得人权组织和国际人权组织提起并由达喀尔地区法院采取的，这一举措被认为是非洲首例基于侵犯人权而行使普遍管辖权的案件。[②]

尽管这个案件本身对非洲的国际刑法发展具有一定的意义，但在2000年7月，上诉法院撤销了对哈巴的指控。因为该法院裁定：由于塞内加尔没有制定执行1984年《反对酷刑公约》的相关国内立法，加之其所指控的罪行没有发生在塞内加尔，所以该国的国内法院对该罪行没有管辖权。2001年3月，塞内加尔最高法院肯定了上诉法院的这一裁定。[③] 从法律上讲，哈巴案典型地说明了国内立法对于执行国际条约的重要性：只有通过国内立法，把国际条约的规定转化为国内法，一国的国内法院才具有行使"普遍管辖权"的法律基础。但需要强调的是，国家在加入了某个在普遍管辖权方面有具体规定的公约后，就承担了国际义务。

把乍得前总统赫沁·哈巴起诉到法院的事实本身说明了传统国际法上"不予豁免"原则发生了深刻变化。这方面的典型案例，就是2012年7月20日国际法院在比利时诉塞内加尔案中作出的判决。[④]

二、国内立法与普遍管辖权

除了一国国内司法机构惩治国际犯罪行为以外，另一个途径是成立国际性质的刑事司法机构，来对犯有国际法上严重罪行的人进行起诉和审判。在"冷战"结束以后，联合国安理会于1993年5月通过决议，成立了前南国际刑事法庭，以便对自1991年以来在前南斯拉夫国家领土范围内犯有严重违反国际人道法行为的人进行起诉和惩治。1994年，联合国安理会又因为卢旺达发生的种族灭绝大屠杀成立了另一个国际刑事法庭，即卢旺达国际刑事法庭。

前南、卢旺达两个国际刑事法庭的成立，极大地推动了国际刑法的发展。以前，在不少国际公约中，例如在1949年日内瓦四公约中，也制定了对有些国际犯罪行为要进行惩治的规定，但由于缺少机制，这些规定基本上形同虚设。联合国两个国际刑事法庭的设立和运作，有力地推动了在国际公约中所建立起来的惩治和预防机制的落实，比如在1949年日内瓦四公约中所建立起来的对战争犯罪进行惩罚的制度和措施的落实。

经过国际社会的努力，国际刑事法院已于2002年7月1日正式成立。迄今为止，国际刑法追究的都是国际法上非常严重的国际罪行，如战争罪、反人道罪和种族灭绝罪。国际社会普遍地认为，这些罪行不只是与某一特定国家的利益有关，也属于那种能"震撼人类良心"（shock the conscience of mankind）的罪行。[⑤]

关于国际刑事法院成立的目的和宗旨，正如《罗马规约》序言第2～5段中所说，该法院缔约国：

Mindful that during this century millions of children, women and men have been victims of uni-

---

① See Frederic Kirgis, "The Indictment in Senegal of the Former Chad Head of State", ASIL Insights, February 2000, at http://www.asil.org/insights/insigh41.htm.

② See International Law Association Report, p. 27.

③ 参见塞内加尔共和国达喀尔地区上诉法院起诉庭第135号命令，2000年4月；《人权观察》，载 http://www.hrw.org/justice/habre/intro-web2.htm。

④ 参见前面第六章对本章的叙述。

⑤ Decision on the Defence Motion for Interlocutory Appeal on Jurisdiction, Appeals Chamber Decision on the Tadic Jurisdictional Motion, Case No. IT-94-1-AR72, 2 October 1995, para. 57.

maginable atrocities that deeply shock the conscience of humanity,

Recognizing that such grave crimes threaten the peace, security and well-being of the world,

Affirming that the most serious crimes of concern to the international community as a whole must not go unpunished and that their effective prosecution must be ensured by taking measures at the national level and by enhancing international cooperation,

Determined to put an end to impunity for the perpetrators of these crimes and thus to contribute to the prevention of such crimes。

成立国际刑事法院是为了能够对国际社会最关切、国际法上最严重的罪行进行惩治。国家一旦批准《罗马规约》，就得为执行和落实该规约的规定而在国内立法，以便国内法律与该规约保持一致。从这个意义上讲，《罗马规约》为通过国内立法的修正案来允许国家行使普遍管辖权提供了一个很好的机会。对于世界上有些国家在《罗马规约》通过后在国内涉及普遍管辖原则的立法情况，Bruce Broomhall 有一概括性的介绍：

Canada was the first country to pass legislation implementing the Rome Statute. Its Crimes Against Humanity and War Crimes Act of 2000 established the jurisdiction of its national courts over genocide, crimes against humanity, and war crimes defined by customary or conventional international law, declaring the definitions of the Rome Statute to constitute custom as of at least 17 July 1998. With regard to acts committed outside of Canada, the legislation applies to conduct prior to its entry into force, to the extent that international law allows [section 6 (1)]. The jurisdiction is limited by the requirements of section 8:

A person who is alleged to have committed an offence under section 6 or 7 [offences outside Canada] may be prosecuted for that offence if

(a) at the time the offences is alleged to have been committed,

(ⅰ) the person was a Canadian citizen or was employed by Canada in a civilian or military capacity,

(ⅱ) the person was a citizen of a state that was engaged in an armed conflict against Canada, or was employed in a civilian or military capacity by such a state,

(ⅲ) the victim of the alleged offence was a Canadian citizen, or

(ⅳ) the victim of the alleged offence was a citizen of a state that was allied with Canada in an armed conflict; or

(b) after the time the offence is alleged to have been committed, the person is present in Canada.

New Zealand has legislation more broadly in some respects giving its courts, through section 8 (1) (c) of its legislation, jurisdiction to try Rome Statute crimes:

Regardless of

(ⅰ) the nationality or citizenship of the person accused; or

(ⅱ) whether or not any act forming part of the offence occurred in New Zealand; or

(ⅲ) whether or not the person accused was in New Zealand at the time that the act constituting the offence occurred or at the time a decision was made to charge the person with an offence.

Belgium which amended its legislation even before ratification of the Rome State, provided for similar jurisdiction. Germany has adopted legislation, while South Africa and others have expressed intention to follow suit, albeit with a requirement that the accused be present. On the other hand, the United Kingdom, a third example among members of the Commonwealth, declaimed to include such jurisdiction in its own legislation。[①]

具体到我国在普遍管辖权方面的立法情况，由于国际法的规定，现在对于某些特定的国际罪行，如战争犯罪、海盗、贩奴等，因为其危害国际和平与安全以及全人类的利益，所以不论犯罪行为发生于何地和罪犯国籍如何，各国均有权对其实行管辖，在这一形势下，我国于1987年《中华人民共和国对于其缔结或者参加的国际条约所规定的罪行行使刑事管辖权的决定》以及1997年《刑法》中规定：对于中华人民共和国缔结或者参加的国际条约所规定的罪行，中华人民共和国在所承担条约义务的范围内依照我国法律行使管辖权。

我国批准加入的一些国际条约，如1949年日内瓦四公约及其1977年两个附加议定书以及联合国《反对酷刑公约》等，其中也有关于普遍管辖原则的规定，所以，我国关于行使刑事管辖权的决定和刑法中的规定，从某种意义上讲，也可以作为我国行使普遍管辖权的依据。

CASE STUDY

比利时关于普遍管辖原则的司法实践[②]

“普遍管辖权”是指每个国家都有权根据国际法，对于违反国际法的罪行，特别是构成危害人类共同利益的少数特定的国际犯罪，行使管辖权和予以惩罚。比利时国内法院曾运用国际法上的这一原则，来审判4个卢旺达公民，在国际上引起了很大的反响。

这是比利时一国国内法院在2001年6月18日作出的一个判决，然而案件里的四个被告人是卢旺达人，其被指控于1994年在卢旺达国内的大屠杀中犯下战争罪行，受害者也是卢旺达人。另外，该案所适用的法律是比利时于1993年通过的国内法律。因此在这一案件中，不管是罪行的发生地还是罪行的行为人以及受害人，都与比利时没有一点关系。比利时的这一案例，其理论根据就是国际法上的“普遍管辖权”，与传统的国家管辖不一样。

比利时国内法院能受理这样的案件，是因为该国在1993年6月16日通过的《关于惩处违反1949年8月12日日内瓦公约和1977年6月8日其附加的第一、第二议定书的法律》[③]（*Concerning the Punishment of Grave Breaches of the International Geneva Conventions of 12 August 1949 and of Protocols* Ⅰ *and* Ⅱ *of 8 June 1977 Additional Thereto*）和1999年2月19日修正的《惩处严重违反国际人道法的法律》（*Concerning the Punishment of Serious Violations of International Humanitarian Law*）[④]，这两项法律明确规定：“比利时法院对于本法规定的罪行有管辖权，无论该行为发生于何处”，以及“因官方身份而享有的豁免权不妨碍本法的适

---

① Bruce Broomhall, *International Justice and the International Criminal Court*, Oxford University Press, 2003, pp. 116-118.

② 关于这一案例及其法律根据，参见《比利时观察报》，1999-03-23。

③ 参见《比利时观察报》，1993-08-05。

④ 参见《比利时观察报》，1999-03-23。

用”。所以，比利时国内法院对种族灭绝罪、战争罪（不论是在国际性武装冲突中发生的还是在非国际性武装冲突中发生的）以及反人道罪都可以行使管辖权，即使犯罪嫌疑人当时并不在比利时的领土范围之内。这一法案明确不允许援引政府官员的豁免特权来规避该法案规定措施的实施。

在比利时法院依该法案作出第一个审判后，全世界的受害者都纷纷将相关的案件带到比利时的法院，这些案件包括对世界各地一系列前任或者现任高官的指控，其中涉及以色列总理沙龙和巴勒斯坦领导人阿拉法特。① 并且，比利时关于普遍管辖原则的法案和实践，在国际法学界引起了激烈的讨论。

比利时本国法院实践普遍管辖原则，用自己本国的法律审理与自己国家或国民没有任何联系的案子，这在国际法和国际关系史上还是第一次。当然，比利时接受和审理这一案件本身，是和国际刑法的发展以及联合国国际刑事法庭的影响的大环境分不开的。它说明国际刑法不仅在通过前南国际刑事法庭和卢旺达国际刑事法庭等的国际方面，就是在类似比利时本国法院实践的国内方面，都有了实质性的发展。

思考题

1. 如何理解“国际共同利益”？
2. 国内立法对普遍管辖权的适用有何重要性？
3. 我国在普遍管辖权方面有何规定？
4. 如何评价比利时关于适用普遍管辖原则的案例？

本章小结

1. 普遍管辖原则与刑法上传统的领土管辖、保护管辖或国籍管辖原则，在性质上有很大的区别。普遍管辖原则的出现，是为了鼓励国家对于违反国际法的罪行，特别是危害人类共同利益的少数特定的国际犯罪，行使管辖权来予以惩罚。

2. 整个国际社会都有这么一种共识：尽管有些危机是发生在一国的境内，但这些危机在性质及实际效果上会危及世界和平与安全。所以，国际社会在制止某些国际犯罪方面有着共同的利益和要求，因此希望通过普遍管辖原则来有力地惩治国际犯罪行为。

3. 主权国家通过制定国际条约来加强各国打击国际罪行的能力。到目前为止，国际社会在战争罪、酷刑和反对恐怖主义活动等方面，都已经制定了不少国际公约。它们在加强各国司法管辖和打击国际犯罪方面，发挥了很大的作用。有不少国际条约要求国家通过立法来对国际罪行行使管辖，甚至还规定了国际法上的普遍管辖原则。

---

① See “Suit against Sharon Defended”, in *International Herald Tribunae*, November 29, 2001, p. 5.

4. 国际刑法上的实践也清楚地表明，任何国家都有权惩治犯有严重国际罪行的人。换句话说，犯有严重国际罪行的人，都可以不受所犯罪行地域或其国籍上的限制，而被任何国家起诉和惩治。所以在第二次世界大战以后，包括中国在内的世界各国都对战争罪犯进行了审判，这些审判反映了国家对惩治战争罪行态度的变化，同时也推动普遍管辖原则的发展和落实。

QUESTIONS AND COMMENTS

1. Jurisdiction may be defined as "the authority of states to prescribe their law, to subject persons and things to adjudication in their courts and other tribunals, and to enforce their law, both judicially and non-judicially."
2. There are five basic theories of jurisdiction recognized by international law as giving rise to a state's rule-making and rule-enforcing power, namely:
   1) Territorial, which is based on the place where the offense was committed;
   2) Active Personality or Nationality, which is based on the nationality of the accused;
   3) Passive Personality, which is based on the nationality of the victim;
   4) Protective, which is based on the national interest affected; and
   5) Universality, which is based on the international character of the offense.

   While the first four jurisdictional theories require some connection or nexus between the state desiring to assert jurisdiction and the offense, the universality theory rests upon different ground.
3. The rationale for universal jurisdiction, in general or with regard to specific statutes, is that there exist certain offenses, which due their very nature, affect the interests of all states, even when committed in another state or against another state, victim or interest.
4. There is an implied recognition of the protection, by international law, of the fundamental rights of the individual in so far as it prohibits and penalizes crimes such as crimes of genocide, the crimes against humanity and war crimes, which are conceived as offences of the gravest character against the life and liberty of the individual, irrespective of whether acts of that nature have been perpetrated in obedience to the law of the state or not.

第十一章
司法公正原则

引言

司法公正可以说是刑法中最重要的原则之一。司法公正主要是通过法官来具体体现，因为法官具有“对公民的生命、自由、权利、义务与财产作出最终决定”的权力，一般被认为是刑事审判活动中的关键。法官的公正性对于一个司法机构能否真正地实现正义及保障人权的目的，无疑是至关重要的。然而，法官是否能做到公正，除了法官的个人品质与自身素质以外，还需辅以必要的选举和监督制度。

重点问题

- 司法公正原则的基本概念
- 法官在保证司法公正方面的重要作用
- 法官当选的必要条件
- 法官在选举过程中的公正性

第一节 法官的司法公正性

法官的司法公正性可以说是任何刑事审判机构所必不可少的因素，它关系到诉讼当事者的合法权益，也关系着整个司法体系的权威与信誉。

一、司法公正理念

司法公正被看作是刑事法律中的一个最重要原则，国际刑法实践尤为强调这一原则。在现代社会中，司法的公正与独立对于社会稳定发挥着极其重要的作用，国际社会自然也重视并强调司法的公正性与独立性。

联合国大会于 1948 年通过的《世界人权宣言》第 10 条明确指出：Everyone is entitled in full equality to a fair and public hearing by an independent and impartial tribunal，in the determination of his rights and obligations and of any criminal charge against him。

《公民权利和政治权利国际公约》第 14 条规定："在判定对任何人提出的任何刑事指控或确定他在一件诉讼案中的权利和义务时，人人有资格由一个依法设立的合格的、独立的无偏倚的法庭进行公正的和公开的审讯。"①

《前南国际刑事法庭规约》第 21 条规定：All persons shall be equal before the International Tribunal，以及 In the determination of charges against him，the accused shall be entitled to a fair and public hearing，subject to article 22 of the Statute。②《卢旺达国际刑事法庭规约》第 20 条也作了相同的规定。所以，即便是被国际刑事司法机构起诉，被告在国际法庭诉讼过程中也享有平等的权利，同时也有得到公平和公开审判的权利。

司法公正性原则特别强调"人人有资格由一个依法设立的合格的"法庭来进行审判。法律规则是通过法官来适用的，法官在审判中具有举足轻重的作用。国际刑事法庭法官的选举产生、法官的资格以及法官的独立性的保障等因素，对于司法公正原则能否在实践中得到落实，就显得至关重要。

法律所有规则可以分为实体性和程序性两种规则。实体性规则明确规定了那些应当受到惩罚的各种犯罪。如果某人犯了罪，这一犯罪就应当已经明确地规定在刑法实体性规则之中。

然而，有罪是一回事，被追诉和被惩罚是另一回事。一个被怀疑犯下某一罪行的人是否会被认定对一项特定的罪行承担责任，将取决于程序性规则。这些程序上的规则决定着司法机关如何通过证明犯罪的发生、认定行为人有罪和惩罚那些应当对这个犯罪负责的人来执行刑法。

从刑事庭审和确定被告是否有罪的整个程序来看，实体性规则确立的是"在原则上有罪"，程序性规则决定的是行为人是否"在事实上有罪"。"在原则上有罪"是否能最后被定为"在事实上有罪"，将取决于许多因素：掌握的证据，引入和评价证据的规则，以及那些负责作出有罪判决的人的人品和才干，即法官的公正性、独立性和专业水平。

二、法官资格

法官的资格（qualification）问题似乎是一个人能否当选为法官的问题，实际上，它不仅是法官个人问题，而且是法庭能否具有公正性与独立性的一个极其重要的问题。

法庭必须司法公正的原则已深嵌于所有法律体系中，已毫无争议地成为法律最重要的原则之一。从国际法角度来讲，如何提出候选人或者推荐谁为候选人，本应是一个国家主权范围内

---

① 《联合国条约集》第 999 卷，171 页。

② 联合国安理会文件 S/RES/827（1993）附件。

的事情，他人或他国无权干涉。然而，由于这问题涉及法庭的公正性原则，所以不管是联合国特设国际刑事法庭还是国际刑事法院，为了能真正实现司法公正，对法官的资格和选举程序都有具体、明确的规定。

《前南国际刑事法庭规约》第13条规定：The permanent and ad litem judges shall be persons of high moral character，impartiality and integrity who possess the qualifications required in their respective countries for appointment to the highest judicial offices. In the overall composition of the Chambers and sections of the Trial Chambers，due account shall be taken of the experience of the judges in criminal law，international law，including international humanitarian law and human rights law。《卢旺达国际刑事法庭规约》第12条也作了基本同样的规定。根据这些规定，这两个特设国际刑事法庭的常设与专案法官都应是“品德高尚、公正、正直”，并且在其自己国家具有“担任最高司法职务所需的资格”的人。考虑到国际刑事法庭审理案件的特点，特设法庭规约还规定法庭的组成要考虑法官在刑法、国际法包括国际人道法和人权法方面的经验。

国际刑事法院《罗马规约》于1998年在罗马通过时，前南、卢旺达国际刑事法庭已经运作了好几年。因此，国际刑事法院《罗马规约》在不少方面借鉴了这两个特设法庭的经验，其中也包括关于法官资格的选举产生。

国际刑事法院《罗马规约》第36条关于“法官资格”规定：

1. Subject to the provisions of paragraph 2，there shall be 18 judges of the Court；

…… ……

3. (a) The judges shall be chosen from among persons of high moral character，impartiality and integrity who possess the qualifications required in their respective States for appointment to the highest judicial offices.

(b) Every candidate for election to the Court shall：

(ⅰ) Have established competence in criminal law and procedure，and the necessary relevant experience，whether as judge，prosecutor，advocate or in other similar capacity，in criminal proceedings；or

(ⅱ) Have established competence in relevant areas of international law such as international humanitarian law and the law of human rights，and extensive experience in a professional legal capacity which is of relevance to the judicial work of the Court；

(c) Every candidate for election to the Court shall have an excellent knowledge of and be fluent in at least one of the working languages of the Court。

国际刑事法院法官共有18名。在法官所应具备的个人条件方面，国际刑事法院与联合国特设法庭一样，都要求法官由“品格高尚，清正廉明，具有本国最高司法职位的任职资格的人”担任，而且也都要求法官“精通并能流畅使用法院的至少一种工作语言，即英语或法语”[①]。如果仔细对照，就可发现：在对法官的专业要求方面，国际刑事法院《罗马规约》提出了更为具体的标准，它要求法官候选人必须具有：“1. 在刑法和刑事诉讼领域具有公认能力，并因曾担任法官、检察官、律师或其他同类职务，而具有刑事诉讼方面的必要相关经验；或2. 在相关的国际法领域，例如国际人道法和人权法等领域，具有公认能力，并且具有与本

① 《罗马规约》第36条第3款第2、3项，联合国设立国际刑事法院全权代表外交大会文件：A/C conf. 193/9。

法院司法工作相关的丰富法律专业经验”。

国际刑事法院《罗马规约》对法官的要求强调“实践经验”，从制度上将具有国际公法背景与刑法的背景结合起来。其第 36 条第 5 款规定：

For the purposes of the election, there shall be two lists of candidates: List A containing the names of candidates with the qualifications specified in paragraph 3 (b) (i); and List B containing the names of candidates with the qualifications specified in paragraph 3 (b) (ii).

A candidate with sufficient qualifications for both lists may choose on which list to appear. At the first election to the Court, at least nine judges shall be elected from list A and at least five judges from list B. Subsequent elections shall be so organized as to maintain the equivalent proportion on the Court of judges qualified on the two lists。

根据上述规定，当国际刑事法院选举法官时就得准备具有刑法背景的 A 名单和具有国际公法背景的 B 名单这两份名单。国际刑事法院“第一次选举，应从 A 名单中选出至少九名法官，从 B 名单中选出至少五名法官”，并要求其后的选举“应适当安排，使有资格列入上述两份名单的法官在本法院中保持相当的比例”。这个具体要求是联合国两个特设法庭规约里所没有的，但要求本身又是借鉴特设法庭实践的结果。

前南国际刑事法庭的法官是由各国政府推荐后，由联合国安理会和联合国大会选举产生的。选举在政府间国际组织中进行。一个国家在联合国组织里的投票意向，与维护本国的国家利益紧密相关，即便如此，前南国际刑事法庭的法官里有极其优秀、世界著名的法律专家，法官的组成还是较为完美地结合了刑法和国际法这两个方面的要求。

在当选的第一届前南国际刑事法庭法官中，美国法官 Gabrille Kirk McDonald 在来海牙之前，已在美国得克萨斯州任法官 30 年，是一个刑事审判经验非常丰富的法官；巴基斯坦法官 Rustam S. Sidhwa 是其本国最高法院法官，刑法功底非常深厚；出任前南国际刑事法庭第一任庭长的意大利法官 Antonio Cassese 曾经担任联合国反对酷刑委员会的主席和欧洲国际法学院的教授；来自埃及的 Georges Michel Abi-Saab 则是国际学术界著名的国际人道法专家。我国当选的李浩培法官和继任的王铁崖法官，则是我国最负盛名、法律造诣极其深厚的国际法专家。

国际刑事司法机构除了在法官的品质和个人素质方面有原则性的规定以外，还有一个具体要求，即每个法官都必须精通英语或法语。这是因为，尽管联合国或其他有些国际机构的工作语言有包括汉语在内的 6 种语言，但就国际刑事司法机构具体而言，都是将其工作语言仅限制在英语和法语这两种。在国际法院是这种情况，在国际刑事法院和国际刑事法庭也是如此。由于法庭（法院）工作语言是英语和法语，法官就必须“至少熟练地”掌握其中一种，以便能无障碍地进行审判和讨论。事实上，在国际刑事司法机构中有不少法官都能熟练地同时运用英语和法语，这样工作上的空间和余地就更大，更自如。

国际刑事法庭（法院）的工作具有持续性和连贯性。为了能体现这种持续性和连贯性，国际刑事法院《罗马规约》第 36 条第 9 款（B）项就首次产生法官的任期问题上规定：At the first election, one third of the judges elected shall be selected by lot to serve for a term of three years; one third of the judges elected shall be selected by lot to serve for a term of six years; and the remainder shall serve for a term of nine years。

国际刑事法院法官的任期一般为 9 年。第一次选举后，得在当选法官中抽签决定 1/3 的法官任期为 3 年、1/3 为 6 年，还有 1/3 为 9 年。任期 3 年的法官可连选连任一次，再任 9 年。

任期 6 年与任期 9 年的法官不得连选连任。这样，所有法官任期的届满时间就不一致，始终是新老配合。缔约国大会每 3 年选举一次法官，以保障法院整个司法审判的连续性。

法官因为这样或那样原因提出辞职，在司法活动中也是允许的。对于辞职或其他原因所造成的法官的空缺，《前南国际刑事法庭规约》第 13 条第 2 款规定：In the event of a vacancy in the Chambers amongst the permanent judges elected or appointed in accordance with this article, after consultation with the Presidents of the Security Council and of the General Assembly, the Secretary-General shall appoint a person meeting the qualifications of article 13 of the Statute, for the remainder of the term of office concerned。

法官辞职是法官按照有关法律规定所享有的权利，所以都会被批准。在程序上，法官如果因为个人健康或其他原因提出辞职，须向自己所在法庭的庭长提交书面辞呈。庭长在接到辞呈后将它转交联合国秘书长，联合国秘书长在与安理会主席和联合国大会主席协商以后，就会按照《罗马规约》的条件再任命一名法官接替辞职法官的剩余任期。从联合国两个特设刑事法庭的实践来看，接替辞职法官的人选一般都是来自辞职法官国籍所属的国家，迄今为止辞职的意大利、巴基斯坦、中国、美国、埃及、英国等国的法官都属于这一情况。

国际刑事法院在"法官职位的空缺"（judicial vacancies）方面也有规定。《罗马规约》第 37 条规定：In the event of a vacancy, an election shall be held in accordance with article 36 to fill the vacancy. 2. A judge elected to fill a vacancy shall serve for the remainder of the predecessor's term and, if that period is three years or less, shall be eligible for re-election for a full term under article 36.

根据上述规定，当国际刑事法院有法官职位空缺时，就要按照《罗马规约》所规定的选举法官的程序进行补选，但由于该法院法官的任期比较长，所以，如果当选补缺的法官应完成的其前任的剩余任期只有 3 年或不满 3 年，那他（她）就有连选连任一次的权利。

CASE STUDY

关于质疑 Karibi-Whyte 法官公正审理问题
（前南国际刑事法庭）①

关于司法公正与法官在案审过程中的具体表现之间的联系，国际刑事法庭的实践中曾有过许多讨论。在 Celebici 案中，被告律师就曾在上诉阶段针对主审法官 Karibi-Whyte 法官在初审过程中有时"睡觉"而提起上诉，认为这损害了"公平审判"原则，并要求上诉庭同意重新审理此案。作为证据，被告律师向上诉庭出示了审判时的录像带，录像带显示，"在（审理的）某些时间内，Karibi-Whyte 法官并不是非常清醒，有时进入睡眠状态达 30 分钟左右，有时还能听到打呼噜的声音"②。

从审判公正原则来看，正如前南国际刑事法庭的上诉庭所判定的，"诉讼双方有权得到审理

---

① The Prosecutor v. Delalic and Others, ICTY, Appeals Chamber, Judgment of 20 February 2001 (Case No. IT-96-21-A).

② Ibid., para. 228.

此案的法官的充分注意”，“Karibi-Whyte 法官的行为显然不是一个法官可以被接受的行为。如果他身体不好，就应该去看病；如果看病还不能解决问题，就应根据法庭的有关规定提出辞职”①。

然而，对于被告律师提出的上诉请求，关键是要确定被告的基本权利是否因此受到实质性的损害，如果有损害，它是否对被告造成了不可弥补的损失。

前南国际刑事法庭的上诉庭在这一重要的问题上认为，主审法官“睡觉”的问题是在案审过程中发生的，由于被告律师在案审过程中具有随时都可以提出“动议”（motions）的权利，因而完全可以将法官“睡觉”问题在案审阶段就提出来。然而被告律师并没有这种做，被告律师是在判决书下来后，看到判决结果对自己不利的情况下才在上诉时将这一问题提出。因此，从被告在审判阶段没有提出该问题的情况看，法官的“睡觉”并没有对被告的权利造成实质性的损害。另外，根据前南国际刑事法庭“程序与证据规则”的规定，3 名法官中如果有一名法官在短时间内缺席，不会影响整个案件的审判。从法庭整个判决的情况来看，并没有对被告作出极不公平的定罪与量刑。所以，前南国际刑事法庭上诉庭，鉴于被告没有表明被告的权利得到了实质性损害的证据，就驳回了被告律师在法官“睡觉”问题上所提出的上诉。②

被告律师的上诉没有成功。但被告律师就“睡觉”这一非常具体问题进行上诉并且其上诉被接受清楚地表明：法官在法庭上的所有表现都与司法公正原则能否实现有关，并受到诉讼方的监督。如果法官被怀疑有不公正的地方，就可以构成当事方上诉的理由。

思考题

1. 为什么法官的品质和个人素质与司法公正有联系？
2. 国际刑事法庭对法官的基本要求是什么？
3. 国际刑事法庭为什么要将国际法与刑法相结合？
4. 国际刑事法庭如何保证能选拔世界最优秀的法律专家？

第二节 法官公正性的制度保障

一、当选法官的公平地域分配制度

在联合国安理会成立的前南国际刑事法庭和卢旺达国际刑事法庭这两个国际刑事司法机构中，在法官的选举制度方面，都明确规定要“顾及世界各主要法系均有足够代表性，并铭记必

① The Prosecutor v. Delalic and Others，ICTY，Appeals Chamber，Judgment of 20 February 2001 (Case No. IT-96-21-A)，para. 229.

② Ibid.，para. 231.

须有公平的地域分配”。不同的国际刑事司法机构在法官的资格方面的规定基本相同，但在法官产生的方式上有不同规定。

1. 国际军事法庭

纽伦堡国际军事法庭和远东国际军事法庭由第二次世界大战的战胜国建立，法官由战胜国任命，因此在《纽伦堡国际军事法庭宪章》与《远东国际军事法庭宪章》中均没有对法官的资格作出具体的规定，法官的资格主要是由任命的国家自行掌握。

国际刑事司法机构法官的产生主要有任命与选举两种形式。纽伦堡国际军事法庭由4名法官组成，由《纽伦堡国际军事法庭宪章》的4个签字国美国、英国、法国和苏联指派。《远东国际军事法庭宪章》第2条规定：“本法庭应有6人以上11人以下之法官，由盟军最高统帅就日本投降书各签字国、印度及菲律宾共和国所提之人选名单中任命之。”而后，盟军的最高统帅、美国五星上将麦克阿瑟，任命了来自曾抵抗日本侵略战争的11个国家的11个法官，这11个国家是美国、中国、苏联、澳大利亚、法国、英国、荷兰、新西兰和加拿大以及菲律宾与印度，同样数量的检察官也分别来自这11个国家。

纽伦堡和远东这两个国际军事法庭的法官是由第二次世界大战的战胜国或盟军最高统帅个人任命的，虽然对其管辖权的普遍效力不产生任何问题，但由于法官都来自战胜国，其公正性与独立性一直在国际社会中受到质疑。

2. 前南、卢旺达国际刑事法庭

这两个特设法庭法官产生的过程有点复杂，但却清楚地体现了法律上所要求的普遍性、公正性及透明度。以前南国际刑事法庭为例，根据该法庭规约第13条第1款的规定，该国际刑事法庭的法官共有14位（刚成立时为11位），他们由联合国大会从联合国安理会所提出的名单中选出，其选举方式是：

1. Fourteen of the permanent judges of the International Tribunal shall be elected by the General Assembly from a list submitted by the Security Council, in the following manner:

(a) The Secretary-General shall invite nominations for judges of the International Tribunal from States Members of the United Nations and non-member States maintaining permanent observer missions at United Nations Headquarters;

(b) Within sixty days of the date of the invitation of the Secretary-General, each State may nominate up to two candidates meeting the qualifications set out in article 13 of the Statute, no two of whom shall be of the same nationality and neither of whom shall be of the same nationality as any judge who is a member of the Appeals Chamber and who was elected or appointed a permanent judge of the International Criminal Tribunal for the Prosecution of Persons Responsible for Genocide and Other Serious Violations of International Humanitarian Law Committed in the Territory of Rwanda and Rwandan Citizens Responsible for Genocide and Other Such Violations Committed in the Territory of Neighbouring States, between 1 January 1994 and 31 December 1994 (hereinafter referred to as “The International Tribunal for Rwanda”) in accordance with article 12 bis of the Statute of that Tribunal;

(c) The Secretary-General shall forward the nominations received to the Security Council. From the nominations received the Security Council shall establish a list of not less than twenty-eight and not more than forty-two candidates, taking due account of the adequate representation of the principal legal systems of the world;

（d）The President of the Security Council shall transmit the list of candidates to the President of the General Assembly. From that list the General Assembly shall elect fourteen permanent judges of the International Tribunal. The candidates who receive an absolute majority of the votes of the States Members of the United Nations and of the non-member States maintaining permanent observer missions at United Nations Headquarters，shall be declared elected. Should two candidates of the same nationality obtain the required majority vote，the one who received the higher number of votes shall be considered elected。

上述规定表明，联合国前南国际刑事法庭法官的选举程序分这么几步走：第一，由联合国秘书长邀请所有联合国会员国和在联合国总部派驻常驻观察员代表团的非会员国提名法官候选人。第二，在联合国秘书长发出邀请书的 60 天之内，每一国家都可以提出符合规约所规定法官资格的不同国籍的至多两名候选人。第三，联合国秘书长应将所收到的提名人选送交安全理事会。联合国安理会将依照秘书长所送交的提名人选，在里面选定不少于 28 人但不多于 42 人的候选人名单。第四，安全理事会主席应将候选人名单送交大会主席。大会应依照该名单选出国际法庭的 14 名法官。获得联合国会员国和在联合国总部派驻常驻观察员代表团的国家表决时绝对多数赞成票的候选人应宣布为当选人。如果已获所需多数赞成票的人选中有两名具有同一国籍，则其中已获赞成票较多者当选。

前南国际刑事法庭关于法官选举产生的这个规定中，有两点值得注意：第一，联合国是世界上最具广泛性和普遍性的一个国际组织，目前会员国数目为 193 个。要求联合国秘书长邀请所有联合国会员国和在联合国总部派驻常驻观察员的国家提名法官候选人，等于是说，世界上几乎所有国家都有提名候选人的资格。这从形式上保证了前南国际刑事法庭法官的普遍代表性。第二，由于规约明确规定，“在选定名单时要顾及世界各主要法系都有足够代表性的候选人名单”，使来自不同主要法律体系的法官都有机会参与国际刑事审判机构的工作，从而使得前南国际刑事法庭在代表世界上各主要法系方面，有了法律上的保证。

为了能够做到公平的地域分配，the Secretary-General shall forward the nominations received to the Security Council. From the nominations received the Security Council shall establish a list of not less than twenty-eight and not more than forty-two candidates，taking due account of the adequate representation of the principal legal systems of the world。

国际刑事司法机构当然应具有“国际”性质，在法官组成方面，应该考虑世界上各大法律体系和文化体系的代表性，以便使国际刑事司法机构能具有最广泛的普遍性。如果来自某一法系的候选人过多，联合国安理会自然有权将一些候选人排除在外，以保障世界各主要法系中均有法官候选。这就是国际刑事司法机构的规约中规定了较为严格的推荐与选举程序的原因。从制度上保证法官的普遍性，这在国际社会中已形成了共识。

相较于特设法庭关于组成方面的规定，国际刑事法院《罗马规约》第 36 条第 8 款规定得更为具体，它不仅在法院组成方面规定应具有世界各主要法系的代表性和公平地域代表性的特点，而且规定应需要“适当数目的男女法官”。另外，考虑到法院开庭审理案件后的实际情况，《罗马规约》还要求考虑法官应具有对妇女的暴力或对儿童的暴力等专门问题的知识：(a) The States Parties shall，in the selection of judges，take into account the need，within the membership of the Court，for：（ⅰ）The representation of the principal legal systems of the world；（ⅱ）Equitable geographical representation；and（ⅲ）A fair representation of female and male judges. （b）States

Parties shall also take into account the need to include judges with legal expertise on specific issues, including, but not limited to, violence against women or children。

二、对法官的监督制度

国际刑事司法机构法官的公正性与独立性问题，关系到国际刑事司法机构的信誉与职能。国际社会对国际刑事司法机构的法官寄予较高的期望，并提出了较高的要求，同时也建立了对法官的监督机制。

国际刑事司法机构的规约和“程序与证据规则”是对法官公正性与独立性的法律保障。规约主要是在实体法上明确规定罪刑法定原则，防止法官滥用自由裁量权。“程序与证据规则”则在程序法上明确规定法官主持审判的程序，以保护被告人在诉讼中的合法权益。规约和“程序与证据规则”具有自身的权威性，主要表现为在法庭上活动的所有人都必须遵守与服从法律的规定，按法律的规定行事。

法官中立是司法公正的一种特殊表现和要求。从法律最基本的要求来讲，法官绝对不能在与自身有关的案件中担任法官，以避免出现支持或反对某一方的偏见。因此，公正性要求司法机构及其法官在审判活动中除了作为国家法律的代言人和适用者外，不得充当任何其他国家机关的利益、地方利益、部门利益以及公民和社会组织个体利益的代表。如果法官不能做到这一点，就有可能在认定事实和评定证据方面产生武断，形成偏执，以致作出错误的裁判。

为了保证法官的公正性，国际刑事法庭在制度上有一些具体规定。比如，卢旺达国际刑事法庭“程序与证据规则”第 14 条第 1 款规定，法官在履行职责前要宣誓：(A) Before taking up his duties each Judge shall make the following solemn declaration：“I solemnly declare that I will perform my duties and exercise my powers as a judge of the International Criminal Tribunal for the Prosecution of Persons Responsible for Genocide and Other Serious Violations of International Humanitarian Law Committed in the Territory of Rwanda and Rwandan Citizens Responsible for Genocide and Other Such Violations Committed in the Territory of Neighbouring States, between 1 January 1994 and 31 December 1994, honourably, faithfully, impartially and conscientiously.” (B) The text of the declaration, signed by the Judge and witnessed by the Secretary-General of the United Nations or his representative, shall be kept in the records of the Tribunal。

可见，按照法庭“程序与证据规则”的规定，法官在履行职责前要宣誓，宣誓其作为国际法庭的法官，“将正直、忠诚、公正和认真地履行职责和行使权力”。这份由法官签署并由联合国秘书长证明的宣誓还将保存在法庭的档案中。

法官不得参加与他有个人利害关系或与他有关、会影响其公正性的任何案件的审判或上诉。[①] 另外，法庭还规定，如果一个法官是认定（confirm）被告起诉书的法官，那么他就“不应作为该初审庭的成员参加对该被告的审判”[②]，以保持法官的独立和公正。

国际刑事法庭审判过程的透明度，对于国际刑法基本原则的保障和实施起一种促进和保证作用。尽管法官在解释与适用规约与“程序与证据规则”时，具有较大的自由裁量权，但由于审判的过程和所有裁定，除非在特殊情况下另有规定，原则上都是公开的，所以，不仅诉讼双

① 参见前南国际刑事法庭“程序与证据规则”第 15 条。

② 同上。

方有权提出异议和上诉，就是公众、新闻媒体和学术界也都可以就法官的决定发表意见。这样法官在作出任何决定时，就必须反复进行论证和考虑，力求能合理、合法。

申请法官回避的问题是国际刑法实践中经常会碰到的问题。第二次世界大战后成立的远东国际军事法庭刚刚开庭时，被告律师就要求该法庭卫勃法官（庭长）回避，理由是卫勃法官在此之前曾参加调查日军在新几内亚战争中的行为，因此已经丧失“公正、客观”的立场。然而，法官们自己是无权决定他们之中任何人的任免或是回避问题的。

《纽伦堡国际军事法庭宪章》第 3 条规定：Neither the Tribunal, its members nor their alternates can be challenged by the prosecution, or by the Defendants or their Counsel. Each Signatory may replace its member of the Tribunal or his alternate for reasons of health or for other good reasons, except that no replacement may take place during a trial, other than by an alternate。《远东国际军事法庭宪章》也有类似的规定。所以，在纽伦堡和远东国际军事法庭的司法实践中，即便法官可能因为某种事实关系与庭审有这样或那样的联系，检察官或被告的辩护人都没有权利申请法官予以回避。所以，纽伦堡和远东国际军事法庭的诉讼当事双方对法官的监督是比较有限的。

在第二次世界大战以后，随着国际人权法的发展和对被告合法权益的重视，对于法官在审判过程中也应被置于诉讼双方的监督之下，国际社会达成基本共识，即：如果根据公正和独立原则发现法官具有明显的偏向和不公时，诉讼双方都有权根据“程序与证据规则”的规定，要求法官回避对某一案件的审理。

前南国际刑事法庭“程序与证据规则”第 15 条规定：

(A) A Judge may not sit on a trial or appeal in any case in which the Judge has a personal interest or concerning which the Judge has or has had any association which might affect his or her impartiality. The Judge shall in any such circumstance withdraw, and the President shall assign another Judge to the case.

(B) (ⅰ) Any party may apply to the Presiding Judge of a Chamber for the disqualification and withdrawal of a Judge of that Chamber from a trial or appeal upon the above grounds. The Presiding Judge shall confer with the Judge in question and report to the President. (Revised 30 Jan 1995)

(ⅱ) Following the report of the Presiding Judge, the President shall, if necessary, appoint a panel of three Judges drawn from other Chambers to report to him its decision on the merits of the application. If the decision is to uphold the application, the President shall assign another Judge to sit in the place of the Judge in question.

(ⅲ) The decision of the panel of three Judges shall not be subject to interlocutory appeal.

(ⅳ) If the Judge in question is the President, the responsibility of the President in accordance with this paragraph shall be assumed by the Vice-President or, if he or she is not able to act in the application, by the permanent Judge most senior in precedence who is able to act. (Amended 21 July 2005)。

这是关于法官回避较为具体的规定。根据这条规定，当一个法官在案件中有个人利益或与案件有任何联系，从而可能影响到其公正性时，该法官就不能出任审理该案的法官。他（她）就应退出，由庭长另外任命一名法官。

当事人任何一方均可基于上述理由向审判庭主审法官请求取消或撤销某法官担任审判庭或上诉庭法官的资格。主审法官将与该有关法官商议后报告给法庭庭长，庭长则会指定来自其他法庭的3个法官进行审议并作出决定。如果被请求取消资格的是法庭庭长，那庭长这方面的职能就由副庭长代理；如果是被请求取消资格的副庭长，就由法官中最年长的法官来代理。

国际刑事法庭的上述规定，在对被告合法权益予以保障的同时，将法官的公正性也置于诉讼双方的监督之下，这对于在刑事诉讼中实现公正无疑是相当重要的。

CASE STUDY

关于申请 Mumba 法官回避的案例（前南国际刑事法庭）①

在前南国际刑事法庭上诉庭所处理的所有案件中，第一个提出法官公正性问题的案例是 Furundzija。在该案中，被告 Furundzija 被控犯有战争罪和反人道罪②，并在经过审理后被定有罪。被告不服，提出上诉。其理由（grounds）共有5个，除了对初审庭判决中的一些事实和法律问题提出上诉外，第四个理由就是关于初审庭主审法官 Mumba 法官的公正性问题。

Mumba 法官来自非洲赞比亚，于1997年被选为前南国际刑事法庭法官。但在担任法官之前，Mumba 法官曾受赞比亚政府的委派，担任过联合国妇女地位委员会（UN Commission on the Status of Women）的委员。联合国妇女地位委员会是联合国经社理事会于1946年6月成立的，其主要职能是"向联合国经社理事会提交报告，以促进妇女在经济、社会和教育方面的权利保障，并向联合国经社理事会就妇女权利的紧急问题（urgent problem）提出处理建议（recommendations）"③。这一委员会的委员都是以"个人资格"（personal capacity）参加。Mumba 法官在担任前南国际刑事法庭法官时，已经辞去联合国妇女地位委员会委员一职，但该委员会组织的目的是保护妇女的地位与权利，Furundzija 案的案情主要涉及强奸罪和性暴力等，它们与战争罪和反人道罪有联系，因此，Furundzija 的辩护律师认为：Mumba 法官在目前这一案件上的决定，与她以前在委员会的工作性质在利益上有共同之处，即都是为了维护妇女的基本权利，所以 Mumba 法官在案审中就不可能执法公正，就不可能不带有偏见，也就不可能不侵犯被告得到公平审判的权利。④

关于 Mumba 法官于1992年—1995年担任过联合国妇女地位委员会委员这一事实，检察官方面不予否认，但它指出：Mumba 法官在联合国担任该职务，是作为她本国政府的代表，其言行都是代表一个国家和政府所为，里面没有个人成分。另外，Mumba 法官在审理案件的过程中，完全按照法庭程序，没有任何不公的地方。对此，被告方表示完全同意，认为 Mumba 法官在整个案审过程中执法公正，无可挑剔。但被告方同时又指出：仅仅实体上的公正还不够，还需要形式上的公正。被告在他的上诉状中明确指出：一个法庭除了执法公正以外，还要避免给人以"不公正的印象"（avoid the appearance of bias）⑤。恰恰在这一点上，被告方认为有问题。所以双方争辩的要点是：Mumba 法官的经历在表象上是否会有损法律程序的公正性？

---

① Judgement the Prosecutor v. Anto Furundzija，IT-95-17/1-A，21 July 2000.

② Amended Indictment the Prosecutor v. Anto Furundzija，IT-95-17/1-PT，2 June 1998.

③ UN Economic and Social Council Resolution 11 (II)，on 21 June 1946.

④⑤ Defendant's Amended Appellate Brief，IT-95-17/1-PT，14 September，1999.

在国际法尤其在国际人权法方面，关于法官公正性已有很多原则性的规定。然而，如何将这些原则性的规定适用于具体的案件，上诉庭需要作出决定。Furundzija 案事实上给了国际刑事法庭一个难得的机会，来阐述围绕“法官公正性”的一些原则以及在实践中如何来落实这些原则的实际操作问题。

前南国际刑事法庭上诉庭同意被告方意见，认为“公正”不仅应在实体方面得到实现，而且应在形式上得到实现。为了清楚地说明在哪些情况下法官会具有“偏见”，上诉庭列出以下两点：1）当一个法官属于当事者其中一方，或该案最终裁决与法官的金钱或财物利益有关，或法官在该案的判决与促进他（她）本人所从事的事业有关，如果有以上这种情况，法官不具备审理该案资格就是自然的。2）如果存在一些对案情了解并有理性的人（reasonable observer）一般都认为法官不会公正裁决的因素。①

前南国际刑事法庭首先审议了法官公正性的举证责任问题。法庭认为：由于国际刑事法庭的法官是经过严格的法定程序选举产生的。在这种情况下，法官秉公执法的推定应该成立，诉讼一方如果认为法官执法不公，必须提出充足的证据予以证明。所以上诉庭认为，法官如此选举产生后，自然通过宣誓假定他们能在任何一个案子的审理中担任法官。因此，如果某一当事方认为法官不能在案审中公正地进行审理，就必须向法庭提出“充足的”（sufficient）证据，以证明这一点。关于“不公正推定”而设定的标准很严格：“只有合理地认为（法官）由于存在事先判定（prejudgement）的可能性，并能‘肯定地确立’（firmly established）这一因素，才能使法官回避（disqualification）该案件。”②

具体到 Mumba 法官的公正性问题，被告的主要上诉理由为：由于 Mumba 法官曾是联合国妇女地位委员会的委员，该委员会的委员都是以“个人资格”参加，所以 Mumba 法官就有可能通过她本人在 Furundzija 案的审理（personal involved）来继续推动联合国妇女地位委员会的事业。

但在这一点上，上诉庭同意检察官的意见，认为 Mumba 法官任联合国妇女地位委员会委员一职，是代表其政府。联合国经社理事会为成立妇女地位委员会而通过第 11（II）号决议时明确规定：“妇女地位委员会 15 名委员，将从经社理事会成员国提名的候选人中选举产生。”③所以该委员会的委员是由国家推荐并由国家选举产生的，这些委员在委员会里根据其各自政府的指示而工作，他们的言行自然也是他们所属国家的政策和立场的反映。从这个意义上讲，Mumba 法官在联合国妇女地位委员会的观点和立场都不是她个人的，而是赞比亚政府的。而且，即便 Mumba 法官是为了实现妇女地位委员会的任务和使命，这一任务和使命与联合国安理会成立前南国际刑事法庭的目的也是完全一致的。按照被告方的上诉理由，Mumba 法官在国际上致力于保护妇女基本权益的事业，但联合国安理会设立国际刑事法庭的目的之一就是惩治包括系统地或大规模强奸妇女等行为在内的国际犯罪行为。所以，上诉庭并不认为 Mumba 法官致力于实现国际刑事法庭的目标就意味着她在审理 Furundzija 案时就当然存在着偏向指控方的结论。④

从理论上讲，为了实现公正，法官必须或应该是中立的。但如何才算是实现了“中立”？

---

① Judgement the Prosecutor v. Anto Furundzija，IT-95-17/1-A，21 July 2000，para. 189.

② Ibid.，para. 197.

③ Resolution adopted 21 June 1946，Section 2（a）.

④ Judgement the Prosecutor v. Anto Furundzija，IT-95-17/1-A，21 July 2000，para. 202.

是不是当了法官就再不能有自己的政治观点或倾向呢?

上诉庭认为法官也有自己的政治信仰和理念，但这并不一定就会影响法官公正地审理案件。为此，上诉庭引用了南非最高法院和欧洲委员会的立场与观点。南非最高法院在南非橄榄球联合会案中认为：“司法官员要做到完全的中立（absolute neutrality），即便是可能、那也是非常难的。”[①] 欧洲委员会认为：“如果（法官）具有某种程度上的政治同情（political sympathies），这一点本身并不意味着对案件当事者就一定会丧失公正性。”[②]

被告方认为Mumba法官不能做到“公正”，是因为她来国际刑事法庭前任联合国妇女地位委员会的委员。被告方上诉的法律根据是《前南国际刑事法庭规约》第13条的规定，它要求国际刑事法庭的法官应是“品德高尚、公正、正直”。然而，正是由于该委员会的使命是致力于保护妇女基本权益和权利，上诉庭认为，Mumba法官的这段经历恰好是前南国际刑事法庭对法官资历的要求。被告方上诉的法律根据引用了规约第13条，但他仅仅把重点放在该条款的上半部分，这一条款的后半部分是“各分庭的整体组成应适当顾及法官在刑法、国际法，包括国际人道法和人权方面的经验”。因此，Mumba法官在当选前南国际刑事法庭法官前的经历，有助于她积累有关国际人道法和人权法律方面的经验，这也恰恰是《前南国际刑事法庭规约》对法官资格的要求之一。[③]

另外，被告在上诉阶段对初审庭主审法官的资格问题提出上诉，如果从国际刑事审判的程序上看，本身就不公正。联合国国际刑事法庭的所有法官的履历，都是联合国对外公开的资料。前南国际刑事法庭成立以后，每年都出版关于法庭综合情况的年刊，里面载有法庭每一个法官的履历，任何人都能轻易地查到。但在审判庭审理该案的整个阶段，被告的律师都没有向审判庭提出这一问题。如果适用刑事法律的“正当程序”规则，被告本已丧失了在上诉阶段提出该问题的权利。现在，被告在等到审判庭作出对自己不利的一审判决后提出法官“公正性”问题，这对法庭和对另一当事方来说是不公正的。

根据Furundzija案的具体情况、法官在人权领域中的专门经验并不当然构成偏向与执法不公的结果以及被告方缺乏能证明法官执法不公的证据等，Furundzija的这一上诉被前南国际刑事法庭上诉庭驳回。[④]

思考题

1. 法官为什么不得参加与他（她）有关的任何案件的审判或上诉?
2. 国际刑事法庭关于法官回避有哪些规定?
3. 法官回避与司法公正之间有什么联系?
4. Furundzija案就法官回避的决定说明了什么?

---

① South African Rugby Football Union Case, para. 42, incited in Judgement the Prosecutor v. Anto Furundzija, Case No. IT-95-17/1-A, 21 July 2000, para. 203.

② Crociani et al. v. Italy, Decisions and Reports, European Commission of Human Rights, vol. 22 (1981) 147, 222, incited in Judgement the Prosecutor v. Anto Furundzija, Case No. IT-95-17/1-A, 21 July 2000, para. 203.

③ Judgement the Prosecutor v. Anto Furundzija, Case No IT-95-17/1-A, 21 July 2000, para. 205.

④ Ibid..

本章小结

1. 司法公正与法官资格紧密相关。法官是否能做到公正或者独立，除了法官的个人品质与自身的素质以外，还要有必要的选举和监督制度予以保证。

2. 与其他国际刑事机构相比，联合国前南、卢旺达国际刑事法庭法官的普遍性要更明显一些，原因是：它们都是联合国安理会通过决议成立的，是联合国安理会的下属机构。因此，法庭法官是在联合国制度的框架中采用选举方式产生的。法官产生的过程有点复杂，但却清楚地体现了法律上所要求的普遍性、公正性及透明度。

3. 国际刑事法庭审判程序的透明度将对国际刑法基本原则的保障和实施起一种促进和保证作用。法官在解释和适用规约、"程序与证据规则"时具有较大的自由裁量权。随着国际人权法规则的发展，程序原则上都要求公开，除非在特殊情况下法庭另有裁定。

4. 公正原则要求：当一个法官在案件中有个人利益或与案件有任何联系，从而可能影响到其公正性时，该法官就不能出任审理该案的法官。他（她）就应退出，由庭长另外任命一名法官。

QUESTIONS AND COMMENTS

1. It is no doubt that the capacity and experience of the judges of the International Criminal Tribunal will be essential for the success of the international justice. In order to have a very qualified judge, it has established a very elaborate and detailed system of qualifications, nomination and election of judges。
2. All the international judicial organs lay down the basic requirement that the judges must be persons of high moral character, impartiality and integrity who possess the qualifications required in their respective States for appointment to the highest judicial offices。
3. It is essential to devise the method for selecting the judges so as to make sure that the best possible candidates are elected。
4. In order to have success achieved, all the international criminal institutes try to make an appropriate balance between two needs of criminal law and international law. For that purpose, two lists of candidates are requested to be presented for election.

第十二章
司法独立原则

引言

司法独立性是国际刑法中一项重要原则，这一原则已被国际法律文件普遍认可。司法独立原则不仅规定了司法独立的国际标准，而且就如何保障司法独立原则的实现作了明确、具体的规定，确立了一系列保障措施和规则。迄今为止所设立的所有国际刑事法庭（法院）里，都有一个平衡机制：立案侦查、审查起诉和审判是刑事诉讼中相对独立的阶段，分别由检察长办公室和法官来行使；在侦查阶段，由检察长办公室独立承担案件事实的证明责任；在审查起诉或审判阶段，由检察长办公室和法官分别独立地承担对案件事实的证明责任；至于书记长官处，则是一个为法庭服务的中立和独立的行政机构。

重点问题

- ❑ 司法独立原则的基本概念
- ❑ 司法独立原则在司法公正方面的重要作用
- ❑ 国际刑事司法机构保证独立性的机制
- ❑ 控审分离的平衡机制

第一节 司法独立性的基本理念和规定

司法独立性就是指司法审判机关及其法官根据宪法和法律的规定独立行使审判权，在不受外界任何组织和个人的干预下独立自主地审判案件，公正地作出裁判。司法独立原则，对于任何一个国际性的刑事司法机构来说无疑都是非常重要的一个原则。

一、司法独立原则的内涵

司法上的独立性，说到底是为确保程序自治性的实现。程序自治，是指法官通过独立的裁判过程形成裁决结果。司法独立要求程序上的中立性和对等性，它们都要求裁判者对各方程序参与者一视同仁，平等对待。中立性是指裁判者应在发生争端的各方参与者之间保持一种超然和无偏袒的态度与地位，而不得对任何一方存在偏见和歧视。程序对等性则要求在刑事审判过程中给予各方参与者以平等参与的机会，对各方的主张、意见和证据予以同等的尊重和关注。

只有在法官独立、审判权统一的情形下，当事人在法庭上举证、质证、辩论等活动才能对法官产生引导力，法官的裁判也才能真正建立在庭审过程的基础上。所以，司法独立在很大程度上取决于法官的公正。联合国防止歧视和保护少数委员会的报告指出："法官必须公正独立，不受任何直接的或间接的限制、利诱、压力、威胁和干预。法官应具备良知、平衡、勇气、客观、理解、人道和尚学等品质，这些都是作出公正审判和作出可信可靠的裁决的先决条件。"①

国际刑事法院《罗马规约》第 40 条就法官独立性问题作了如下的规定：1. The judges shall be independent in the performance of their functions. 2. Judges shall not engage in any activity which is likely to interfere with their judicial functions or to affect confidence in their independence. 3. Judges required to serve on a full-time basis at the seat of the Court shall not engage in any other occupation of a professional nature. 4. Any question regarding the application of paragraphs 2 and 3 shall be decided by an absolute majority of the judges. Where any such question concerns an individual judge, that judge shall not take part in the decision。

《罗马规约》第 41 条第 2 款第 1 项还规定：A judge shall not participate in any case in which his or her impartiality might reasonably be doubted on any ground. A judge shall be disqualified from a case in accordance with this paragraph if, inter alia, that judge has previously been involved in any capacity in that case before the Court or in a related criminal case at the national level involving the person being investigated or prosecuted. A judge shall also be disqualified on such other grounds as

① 联合国人权委员会文件：E/CN. 4SUB. 2/1985/18Add. 1，76 页，1985-07-22。

may be provided for in the Rules of Procedure and Evidence。

根据以上规定，法官应独立履行职责，不得从事任何使其独立性受到怀疑的活动，不得参加审理公正性可能受到合理怀疑的案件。如果在来国际刑事法院之前曾参与该法院要审理的某一案件，该法官就应回避对该案件的审理。

对于法官的独立性，检察官和其他人也有监督的权利。《罗马规约》第41条第2款规定：The Prosecutor or the person being investigated or prosecuted may request the disqualification of a judge under this paragraph。

独立原则作为一项重要的国际性的司法原则，已为众多的国际性文件所认可。这些国际性的有关司法独立的文件，不仅仅规定了司法独立的国际标准，它们还就如何保障司法独立原则的实现作了明确而具体的规定，确立了一系列保障措施和规则，建立了一套行之有效的保障机制。有了这些保障机制，司法独立就不会成为一句空洞的口号，就能够得以真正地、充分地实现。

在迄今为止所设立的所有国际刑事法庭（法院）里，立案侦查、审查起诉和审判是刑事诉讼中相对独立的阶段，分别由检察长办公室和法官来行使。所以，国际刑事法庭刑事诉讼中各个阶段的证明责任具有独立性。在侦查阶段，由检察长办公室独立地承担案件事实的证明责任；而在审查起诉或审判阶段，则由检察长办公室和法官分别独立地承担对案件事实的证明责任；至于书记长官处，则是一个为法庭服务的中立和独立的行政机构。

二、司法独立原则的规定及保障

为了能够使法庭的审判程序独立进行，在制度上就要有所规定和保障。国际刑事司法机构中关于法官资格及其他的一些规定，就为法庭的审判程序的独立进行提供了最基本的保证。

前南国际刑事法庭在Furundzija案中指出："由一个独立、公正的法庭来进行审理，是被告能得到公正审判的最主要的构成要素，也是被告的基本人权能得到实现的最基本的保证。"①法庭在这一原则基础上还制定了一些其他的规则。

毫无疑问，要保证法官的独立性和公正性，就必须设置一些合理的制度。而在制度设置方面，有几点是至关重要的：（1）在选举制度上，不仅要保证法官具有很高的法律专业能力和高尚的道德水平，而且还要保证法官独立于任何政治力量或政府势力以外；（2）在关于法庭的制度上，杜绝任何任法官寻求或接受法庭外来机构的指示或以任何可能方式卷入与某一党派有利害关系的管理机构；（3）在法庭审理案件的程序上，建立一套能防止法官产生偏见的监察制度。换句话说，当有了这个制度，一旦某个法官被发现不公正或有偏袒现象时，从程序上就能将其从某个案件或者从法庭排除出去。

《前南国际刑事法庭规约》第12条规定：

The Chambers shall be composed of sixteen permanent independent judges, no two of whom may be nationals of the same State...

Three permanent judges and a maximum at any one time of six ad litem judges shall be members of each Trial Chamber...

---

① 前南国际刑事法庭的上诉庭还认为，根据国际上国内司法和立法中所存在的一般性原则，"一位法官不仅应主观上不存在任何偏见，而且还应该……具有没有任何能够客观上会造成偏见出现的周边环境"［The Prosecutor v. Furundzija (appeal), ICTY, Appeals Chamber, Judgement of 21 July 2000 (Case No. IT-95-17/1-A), para. 177］。

Seven of the permanent judges shall be members of the Appeals Chamber. The Appeals Chamber shall, for each appeal, be composed of five of its members....

在国际刑事司法机构，一般都实行二审制：初审和上诉。据此，所有法官被分配在初审庭或上诉庭工作。在联合国特设国际刑事法庭，初审庭由 3 名法官组成，上诉庭有 7 个法官。在审判中，法官完全独立，不接受任何人、任何组织的任何指示。国际刑事法庭的庭长、副庭长与各审判庭的主审法官组成庭长会议（presidency），负责和处理有关法庭职能的所有重大问题，包括司法行政、财务和司法改革等大政方针。然而，庭长会议并不涉及和讨论每个案件的具体审判。不管是在理论上还是在实际情况中，只有审判庭对其审理的案件才具有完全的自主性与独立性。

国际刑事法院于 2002 年 7 月成立后，按照《罗马规约》的规定，设立 3 个法庭：上诉庭、审判庭和预审庭。上诉庭由院长和 4 名法官组成，审判庭由至少 6 名法官组成，预审庭也应由至少 6 名法官组成。按照《罗马规约》的规定，国际刑事法院在“指派各庭的法官时，应以各庭所需履行的职能的性质，以及本法院当选法官的资格和经验为根据，使各庭在刑法和刑事诉讼以及在国际法方面的专长搭配得当。审判庭和预审庭应主要由具有刑事审判经验的法官组成”①。

被选法官的任职期限有多长，与法院的稳定性、独立性、公正性是有紧密联系的。当纽伦堡国际军事法庭与远东国际军事法庭成立时，它们对法官的年龄与任期都没有限制。这两个法庭本身是临时性质，审判一结束，法官的任期也就结束了。由于这两个国际军事法庭的案审时间分别是十个多月和两年半左右，所以，任期问题在当时不是一个重要问题。但如果法庭存在时间长，就会不同。

前南国际刑事法庭与卢旺达国际刑事法庭也是临时性质，法官的任期是 4 年，可连选连任。所有法官同时就任，同时任期届满。如果正在审理的案件还没有结束，而主审法官没能连任，联合国安理会就可以专门通过决议来延长法官的任期，直到案子审理完毕。在前南国际刑事法庭审理的 Celebici 案中就出现过这种情况。1997 年 8 月 27 日，联合国安理会通过 1126 号决议，决定延长该案审判庭 3 位法官的任期，直至该案审理结束为止。② 另外，在卢旺达国际刑事法庭也出现过同样的情况。③

国际刑事司法机构中法官、检察官与其他人员的待遇与特权，也是保障法庭的独立性以及能够秉公执法的一个重要条件。《前南国际刑事法庭规约》第 30 条规定：1. The Convention on the Privileges and Immunities of the United Nations of 13 February 1946 shall apply to the International Tribunal, the judges, the Prosecutor and his staff, and the Registrar and his staff. 2. The judges, the Prosecutor and the Registrar shall enjoy the privileges and immunities, exemptions and facilities accorded to diplomatic envoys, in accordance with international law. 3. The staff of the Prosecutor and of the Registrar shall enjoy the privileges and immunities accorded to officials of the United Nations under articles V and VII of the Convention referred to in paragraph 1 of this article. 4. Other persons, including the accused, required at the seat of the International Tribunal shall be accorded such treatment as is necessary for the proper functioning of the International Tribunal。

---

① 《罗马规约》第 39 条第 1 款的规定。

② 参见联合国安理会文件：安理会第 1126 号决议，1997 年 8 月 27 日通过。S/BES/1126。

③ 参见联合国安理会文件：安理会第 1241 号决议，1999 年 11 月 30 日通过。S/BES/1241。

前南国际刑事法庭的法官、检察官和书记官长享有按照国际法给予外交使节的特权与豁免，也就是享有与一国驻法庭东道国（荷兰）大使一样的特权与豁免。《前南国际刑事法庭规约》第13条规定该法庭法官的服务条件比照国际法院法官：The permanent judges elected in accordance with this article shall be elected for a term of four years. The terms and conditions of service shall be those of the judges of the International Court of Justice。

国际刑事法院成立后，根据《罗马规约》的规定，法官不但在其任期内，而且就是“在其任期结束后，应继续享有豁免，与其公务有关的言行、文书和行为，不受任何形式的法律诉讼”。当然，在另一方面，正如《罗马规约》第40条关于“法官独立”（independence of the judges）规定的那样，国际刑事法院从司法独立的重要原则出发，全时任职的法官就不得从事任何其他专业性职业，而非常任法官可以从事其他专业性职业，但不得从事任何可能妨碍其司法职责，或者使其独立性或公正性受到合理怀疑的活动。

上述规定的目的是保证国际刑事法庭（法院）的司法独立性，确保法官能够通过独立的裁判来形成公正和客观的裁决结果。

CASE STUDY

关于请求 McDonal 法官回避的决定
（前南国际刑事法庭）①

前南国际刑事法庭在它的司法实践中，出现好几例关于要求法官回避的请求。在 Blaskic 案中，McDonal 法官出于确定事实、弄清被告是有罪还是无罪的需要，分别向克罗地亚国防部长和克罗地亚政府发出传票。

克罗地亚政府在接到传票后对此提出异议，认为前南国际刑事法庭没有这个权利。它除了基于国际法上的主权原则要求法庭撤销该传票以外，还对于 McDonal 法官是否具有审理该案的资格提出了反对意见。基于 McDonal 法官是发出传票的法官，在她的思维中可能已有定式，克罗地亚认为：“尽管我们对您（McDonal 法官）个人的品质没有任何怀疑，但我们仍然认为，表面上与实质上的公平合理与正当程序要求您回避关于传票案的听审或不参与对本案的裁决。”

在克罗地亚提出这一问题后，McDonal 法官作为该初审法庭的主审法官，自然不能自己裁决，所以就将它提交法庭的庭长会议决定。

在 Mcdonal 法官缺席会议的情况下，庭长会议作出决定认为，作为一位专职法官，法官完全可以公正地和独立地审理此案。因而驳回了克罗地亚提出的请求。

思考题

1. 司法独立的基本概念是什么？
2. “法官必须公正独立”该如何理解？
3. 公正审判的先决条件主要有哪些？
4. 为什么说法官的豁免权是保证其独立办案的条件之一？

① The Prosecutor v. Blaskic, Case No. IT-94-1-T.

第二节

控审分离的平衡机制

控审分离是国际刑事司法机构辩护职能得以产生的前提。检察起诉方和辩护之间的平等使得法官能保持中立，同时也使得起诉、辩护以及审理这三个方面能得到合理的分工和平衡，形成解决诉讼的一个合理结构。

一、平衡机制的基本考虑

出于公正和保障人权的需要，不管是前南国际刑事法庭、卢旺达国际刑事法庭、塞拉利昂特别法庭，还是国际刑事法院，所有这些国际刑事司法机构在法官、检察官以及为法庭服务的书记长官处之间，都为实现司法公正而设立了一种平衡机制，以便在司法审判中起到相互制约的作用，从而实现司法独立。

国际刑事司法机构的组织结构，体现了在刑事法律方面通过区分诉讼职能而要实现的控审分离原则。在刑事诉讼过程中，由于诉讼主体所代表的利益不同，因而在诉讼程序中担任不同的角色，承担不同的诉讼职能。公诉机关是代表国家（社会）利益的控诉机关，它与代表个人利益的嫌疑人、被告人得以分开。为了司法公正的实现，控诉和审判职能的区分当然也是自然的：由检察机关代表国家对犯罪行使追诉权，由法院代表社会审查追诉是否合法、正当。前者的目的是维护社会安全和秩序，后者则着重维护法治和正义。

控审分离的具体体现为：(1) 无控诉便无审判。审判程序的启动必须以控诉机关提出正式控诉请求为前提，审判机关不得行使追诉职能进行侦查、起诉活动。同时，审判范围仅限于控诉提出的范围，即起诉书载明的对象和范围。(2) 控诉机关的意见和结论不具有预决性，换言之，法庭的裁判结果须建立在法庭审判的基础上，只有审判机关才有权对案件作出权威结论。(3) 在法庭审判中法官须保持中立，独立地对案件作出裁决，不得进行以追诉为内容的司法调查活动。

鉴于前南国际刑事法庭是联合国安理会成立的第一个司法机构，下面就以此为例，通过论述该法庭里面设置的三大机构及它们各自的独立作用，来看国际刑事司法机构是如何达到司法公正和人权保障这一目的的。

《前南国际刑事法庭规约》第 11 条规定：该法庭 shall consist of the following organs：(a) the Chambers，comprising three Trial Chambers and an Appeals Chamber； (b) the Prosecutor；and (c) a Registry，servicing both the Chambers and the Prosecutor。

前南国际刑事法庭的组成部分有三个机构：法官处；检察长办公室；书记长官处。所有其他国际刑事司法机构的组成部分都规定是这三个机构，形式上可能会稍微不同。例如，国际刑事法院《罗马规约》第 34 条规定：The Court shall be composed of the following organs：(a) The

Presidency; (b) An Appeals Division, a Trial Division and a Pre-Trial Division; (c) The Office of the Prosecutor; (d) The Registry。这里，“院长会议”（the Presidency）其实还是法官，因为根据第38条的规定，“院长会议”由 the President and the First and Second Vice-presidents 组成，他们都是法官。所以，国际刑事法院仍是由法官处、检察长办公室和书记长官处三部分组成。

从法庭活动的实际运作和诉讼程序上看，辩护方（the defence）也是诉讼活动中的一个重要方面。辩护方包括被告和辩护律师（the defence counsel），他们的地位和作用与检察方一样地重要。没有他们，刑事诉讼便不可能进行，刑事审判也不会完整。

在国际刑事法庭的活动中，经常能听到引用 Lord Hewart 的一句名言，即：It is of “fundamental importance that justice should not only be done, but should manifestly and undoubtedly be seen to be done”①，意思是正义不仅应得到实现，而且还应被清楚地、毫不怀疑地被看见实现。事实上，法庭所有机构的司法活动，在其运作程序中都非常注意让正义能得到真正的实现。在荷兰海牙前南国际刑事法庭或在坦桑尼亚阿鲁沙（Arusa）卢旺达国际刑事法庭的办公楼里，都专门有属于辩护律师的办公区域和办公用品，便于其进行诉讼的准备工作。对于前南国际刑事法庭的其他设施，如图书馆、法庭案审档案和文件等，辩护律师与法庭其他法律专家一样有权使用。

二、平衡机制的设立

从国际组织法角度看，国际刑事机构的组成比较特殊。因为一般国际组织只有一个明确的行政长官，如联合国秘书处的秘书长、国际卫生组织的总干事以及世界贸易组织的总干事，等等，这些行政长官领导或负责协调本组织内的所有行政事务。

但在国际刑事司法机构，虽然名义上也有庭长（院长），但其领导权并不涉及该国际刑事司法机构的所有部门。规约明确规定要尊重各个机构的独立性和职权范围。事实上，由于司法公正的要求，法官、检察长和书记长官相互之间是独立的。尤其在检察起诉方面，检察长的独立性就更为明显。

下面分别介绍一下法庭里各机构的情况。由于这些机构涉及方方面面的规定，介绍不可能全面，只能将其中一些要点作一述评。

1. 法官处（Chambers）

法官处就是国际刑事法庭（院）内以法官为中心并配有辅助人员的机构。由于法官具有对案件审理的最后裁决权，所以，法官处一般被认为是刑事审判活动的中心。

当然，国际刑事法庭（院）的法官人数各不相同，并可以根据实际情况再作出调整。前南国际刑事法庭于1993年成立时共设三个庭：一个上诉庭、两个初审庭。法庭有11名法官：5名法官在上诉庭，另外6名在两个初审庭。而国际刑事法院则有18名法官。

在前南国际刑事法庭1993年5月成立后的一段时间里，由于没有被告，使得对国际刑事法庭能否成功普遍产生忧虑。但没想到从1995年下半年开始，国家移送的移送，北约抓的抓，再加上有些被起诉的被告自己来法庭自首，使得法庭的案件一下子增加不少。在前南国际刑事法庭的请求下，联合国安理会于1999年修改了规约（第12条），增加了3位法官，使得初审

---

① R. v. Sussex Justices ex parte McCarthy [1924] 1 KB 256 at p. 259. Incited by the ICTY Appeals Chamber in Judgement the Prosecutor v. Anto Furundzija, Case No. IT-95-17/1-A, 21 July 2000, para. 195.

庭由 2 个增加到 3 个，上诉庭的法官也由原来的 5 位增加到 7 位，从使得法庭常设法官的人数增加到 16 位。另外，2001 年，联合国安理会又同意法庭庭长可以在 27 位候选人名单中，任命 9 位专案法官，以加速案件的审理工作。

Three permanent judges and a maximum at any one time of six ad litem judges shall be members of each Trial Chamber. Each Trial Chamber to which ad litem judges are assigned may be divided into sections of three judges each, composed of both permanent and ad litem judges. A section of a Trial Chamber shall have the same powers and responsibilities as a Trial Chamber under the Statute and shall render judgement in accordance with the same rules.

Seven of the permanent judges shall be members of the Appeals Chamber. The Appeals Chamber shall, for each appeal, be composed of five of its members.

前南国际刑事法庭和卢旺达国际刑事法庭同属于联合国，是联合国安理会的附属机构，但它们又是分别相对独立的两个国际组织。譬如，这两个国际刑事法庭每年都有自己的、由联合国拨给的财政预算，都有自己的规约和“程序与证据规则”，而且每个法庭也都由检察长办公室、法官处和书记长官处所组成。然而，由联合国安理会通过的卢旺达国际刑事法庭规约里明确规定，这两个法庭共同享有同一个上诉庭。联合国安理会如此安排，自有它的道理。

前南与卢旺达国际刑事法庭同享一个上诉庭，是因为这两个法庭在属事管辖权方面有相似之处。它们管辖的罪行都是种族灭绝罪、反人道罪和战争罪（唯一不同的是，前南国际刑事法庭管辖的战争罪，既适用于国际性的武装冲突，也适用于国内性的武装冲突；而卢旺达国际刑事法庭管辖的战争罪，只适用于发生于卢旺达国内的武装冲突），这些罪行都是国际法上的罪行，理论上不管是发生在前南还是发生在卢旺达，或发生在世界上其他国家，其罪行的构成要素或适用标准应该是一致的。

前南国际刑事法庭有 4 个初审庭，卢旺达国际刑事法庭也有 4 个初审庭。初审庭的法官由于其原来所属国家的法律制度和法律文化背景不同，对同一问题的看法不尽相同。例如在证据被接受标准（admissibility of evidence）问题上，来自普通法系国家的法官与来自大陆法系国家的法官，就会有非常不同的意见。法律上，初审庭相互之间是平等关系，一个初审庭的裁决，即便是非常具有说服力（persuasive），对另一个初审庭只是起参考作用。而上诉庭裁决的效力则不同，它一旦作出，就对初审庭具有拘束力（binding force）。所以，在两个法庭存在相当长的时间里只设一个共同上诉庭，就容易保持国际法律适用上的统一性。因为不管下面初审庭在同一问题上有什么分歧意见，只要到了上诉庭，就能归口，就能避免在一个问题上出现不同意见或多重标准的现象。

刑法和国际法之间如何平衡也是一个敏感的话题。有人认为国际刑庭在性质上是个刑事司法机构，为了保证案件审理的质量，强调法官必须具有丰富的诉讼经验。在联合国关于成立国际刑事法院预备会的讨论中，这也是各国代表团争论的一个焦点。

一个具有丰富诉讼经验的法官，不管是在控制法庭复杂的程序方面还是在决定某当事方提交的证据是否能被接受方面，都如鱼得水，非常自如。但同时也要看到，国际刑事法庭管辖的案件和一国国内法院管辖的刑事案件在罪行的构成要件上有很大的不同。

在一国国内法院管辖的刑事案上，如谋杀罪，需要弄清的主要是“谁”（who）这一点，即：在这一谋杀案件里，谁被害了，谁是嫌疑犯，谁看见了，谁可以来法庭作证，等等。而在国际刑事法庭（法院）管辖的案件里，除了这些要素需要考虑以外，还有行为发生时的大的环境需要考虑，譬如，定战争罪时，就必须考虑是否有武装冲突的存在以及武装冲突的性质；定反人道罪时，就要首先审查“大规模的或有系统的屠杀”的因素是否已经具备；而定种族灭绝罪行时，就绝对不能忽视被告人的“特别动机”（special intend）这一极其关键的要素。这些都是属于国际法的部分。因此，国际刑事法庭（法院）里也肯定需要国际法背景的法官。①

国际刑事法庭（法院）的法官，不仅有司法职能，而且从某种意义上讲，还具有“立法”的实际功能。联合国安理会在成立前南国际刑事法庭时，仅仅通过了该法庭的规约，对法庭的基本结构、法庭的根本任务及法庭管辖权内的国际罪行作了规定。关于前南国际刑事法庭具体操作和运行所依据的“程序与证据规则”，联合国安理会决定让前南国际刑事法庭的法官去制定。

《前南国际刑事法庭规约》第 15 条规定：The judges of the International Tribunal shall adopt rules of procedure and evidence for the conduct of the pre-trial phase of the proceedings, trials and appeals, the admission of evidence, the protection of victims and witnesses and other appropriate matters。

联合国安理会授权前南国际刑事法庭法官起草和制定关于审判和证据采用等方面的规则，所以该法庭法官一经联合国选出后，第一件事就是着手制定该法庭的“程序与证据规则”。前南国际刑事法庭的法官在世界各团体组织和个人所提建议的基础上，认真充分地讨论和进行细致的斟酌，最后，在 1994 年 3 月 14 日的全体法官代表会上制定和通过了前南国际刑事法庭的“程序与证据规则”。

前南国际刑事法庭“程序与证据规则”是由该法庭的法官订立的，但它的效力来自联合国安理会的授权。“程序与证据规则”对前南国际刑事法庭的整个诉讼程序都具有指导性和权威性。

前南国际刑事法庭是联合国在其历史上由自己成立的第一个司法机构，其中不少实践在国际刑法上属于创新性质，因此在其成立之初所订立的规则不可能预见和设想到以后案件审理中会碰到的所有复杂问题。因此从逻辑上讲，随着法庭审理中所碰到的实际情况不断增多，法庭就有必要对规则进行适当的和必要的修改。迄今为止“程序与证据规则”已历经二十多次修订。

尽管“程序与证据规则”到目前为止已作了很多次的修改，但它的基本结构还是保持最初的构架。“程序与证据规则”共分 10 章，有一百三十多条，其中包括通则、法庭的优越地位、法庭的组成、调查和嫌疑犯的权利、预审程序、初审分庭的审判程序、上诉程序、复核诉讼和减免刑罚、时效等内容。② 有关证据制度的内容主要包含在预审程序和初审分庭的审判程序中，由于国际刑事审判的特殊性，“程序与证据规则”对证据的规定十分详细，以便使法庭在审判和采证过程中有法可依、有规可循，以保证审判的公正和顺利进行。

2. 检察长办公室（the Office of the Prosecutor）

检察长办公室其实是一个机构，它是国际刑事法庭里以检察长为最高负责人的一个单独的

① See Zhu Wenqi, “Artilce 35, Service of Judges” and “Article 36, Qualifications, nomination and election of judges”, in Otto Triffterer (ed.), *Commentary on the Rome Statute of the International Criminal Court*, Nomos Verlagsgesellschaft, Baden-Baden, 1999, pp. 595-608.

② 参见联合国安理会文件：IT/32/Rev. 18，2000-08-02。

机构。在前南国际刑事法庭，检察长的职责就是调查和起诉在前南斯拉夫境内被怀疑犯有严重违反国际人道法罪行的人。

和一国国家司法制度一样，国际刑事法庭对审查起诉权和审判权作了明确的规定。根据国际刑事法庭规约和程序与证据规则，只有检察长办公室和法庭的审判庭才能分别进行侦查、起诉活动和审判活动，其他任何机关、团体、个人都无权进行这些活动。侦查、起诉活动和审判活动的目的，是收集、审查判断证据，运用证据证明案件事实，确定是否追究犯罪嫌疑人、被告人的刑事责任。所以，立案侦查的过程就是证明的过程，是侦查机关收集、运用证据证明案件事实的过程，证明是否将案件移送到法官方面审查起诉。同样，审判的过程也是证明的过程，是法庭通过审理过程中展示的证据确定被告人是否犯罪、是否应受刑罚处罚的过程。

《前南国际刑事法庭规约》第 16 条第 2 款规定：The Prosecutor shall act independently as a separate organ of the International Tribunal. He or she shall not seek or receive instructions from any Government or from any other source。

一提到法庭，人们就自然而然地想到法官。因为在案件的审理中，法官起主导的作用，法官的裁决对审案结果具有最后的、决定性的作用。这点在前南国际刑事法庭和卢旺达国际刑事法庭当然也是如此。被告有罪或无罪，如果有罪该判多少年，都由法官最后决定。然而，国际刑事法庭作为一部机器在它的启动和运作方面，法庭的检察长发挥着领先、关键和主要的作用。

检察长办公室负责接受和审查提交的情势以及关于本法院管辖权内的犯罪的任何有事实根据的资料，进行调查并在本法院进行起诉。检察长办公室成员不得寻求任何外来指示，或按任何外来指示行事。

基于起诉工作的独立性，国际刑事法院《罗马规约》第 42 条第 7 款规定：Neither the Prosecutor nor a Deputy Prosecutor shall participate in any matter in which their impartiality might reasonably be doubted on any ground. They shall be disqualified from a case in accordance with this paragraph if，inter alia，they have previously been involved in any capacity in that case before the Court or in a related criminal case at the national level involving the person being investigated or prosecuted。

可见，不仅对法官有回避制度，就是检察长或副检察长因为独立性原则也不得参加处理其公正性可能会受到合理怀疑的事项，如果涉及过去曾参与的案件，也应当予以回避。

在国际刑事法庭中，“检察长”不一定是指检察长这个人，它往往是指检察长办公室这个机构，或调查、起诉这一机制。从法庭的机制设计上看，前南国际刑事法庭的检察长不仅负责案子的起诉，而且负责立案前的调查取证工作。这和一国国内司法体制有很大不同，因为在一国国内的司法制度上，公安（警察）与检察（起诉）隶属于两个不同的部门，而前南国际刑事法庭把这两个职能集中在检察长办公室。该法庭规约第 18 条第 1 款规定：The Prosecutor shall initiate investigations ex-officio or on the basis of information obtained from any source，particularly from Governments，United Nations organs，intergovernmental and non-governmental organizations. The Prosecutor shall assess the information received or obtained and decide whether there is sufficient basis to proceed。

前南国际刑事法庭如此安排，是为了保持调查和起诉工作的承上启下性。但这自然也带来了消极的影响，就是在调查取证和起诉方面少了一个相互制约的因素，赋予了检察长极大的权力。在前南国际刑事法庭的三个机构中，检察长办公室是最大的，法庭有一半以上的法律专家集中在检察长办公室里。

在联合国成立的两个特设性质的国际刑事法庭，立案侦查、审查起诉和审判是刑事诉讼中相对独立的三个阶段，分别由检察长办公室和法官行使。所以，国际刑事法庭刑事诉讼中各个阶段的证明责任具有独立性。在侦查阶段，由检察长办公室独立地承担案件事实的证明责任；而在审查起诉或审判阶段，由检察长办公室和法官分别独立地承担对案件事实的证明责任。

《前南国际刑事法庭规约》第18条第2款规定：The Prosecutor shall have the power to question suspects，victims and witnesses，to collect evidence and to conduct on-site investigations. In carrying out these tasks，the Prosecutor may，as appropriate，seek the assistance of the State authorities concerned。

在国内刑法一般的概念中，刑事诉讼中的证明责任和举证责任是既相互联系又相互区别的两个概念。公诉案件从立案侦查阶段、审查起诉阶段到审判阶段其证明责任和举证责任的主体都有所不同。在公诉案件的立案、侦查阶段，检察机关负有证明责任。辩护方是犯罪嫌疑人，不负举证责任。如果检察机关认为犯罪事实清楚，证据确实、充分，应当审查决定提起公诉，检察机关成为控方，负有举证责任，应当向审查起诉的法官提出证明犯罪事实的确实、充分的证据。所以在国内司法制度下，各自责任范围的设定是比较清楚的。

在国际刑事法庭（法院）案件的审判阶段，代表国际社会出庭支持起诉的是检察长办公室负责该案件的检察官，他（她）对于追究被告人刑事责任的主张负举证责任，证明责任的重要内容之一是收集并提出证据。公诉人在法庭上可以对证人（专家证人和事实证人）发问，向法庭出示有关证据，以证明被告人有罪。如果公诉人不举证，或者举证达不到证据确实、充分的要求，法庭就可能对被告人作出无罪判决。被害人在审判中属于控方，应对其诉讼主张负举证责任。被告人及其辩护人在审判中不负举证责任，但有举证权利，这一权利仍是源于辩护权的。审理案件的法庭通过听取控辩双方的举证、质证、辩论等，最后作出认定被告人属于有罪还是无罪的判决。

在任何一个国际刑事法庭（院）里，检察长都享有完全的独立性。起诉谁或不起诉谁，由检察长自己根据已搜集的证据独立决定；对于已经起诉但还未被法官确定或还未开审的案件检察长单方面就可决定撤诉，理论上不受任何国家、组织或个人的影响。所以，国际刑事司法机构检察长独立的起诉权，是一项极其重要的权力。如前南国际刑事法庭刚成立时，武装冲突还未结束。在法庭成立以后，各种各样的证据（文件、报告、会议记录、谈话纪要、录音带、录像带等）像雪片一样不断地被送到位于海牙的前南国际刑事法庭的检察长办公室。所有这些证据都由检察长（办公室）独立判断并作出是否起诉的决定，别人不得干涉。

虽然国际刑事法庭（法院）检察长的权力是独立的，但国际刑事司法机构在情报获取与掌控方面的情况和国家不同。主权国家都有自己的情报机构，如美国有“中央情报局”，中国有“国家安全部”等。这些机构在维护本国的民族和国家利益方面发挥着很大的作用。国际刑事法庭（法院）是一个国际组织，没有自己的专门情报机构，在收集证据方面必然要依靠国家和其他国际组织，所以，检察长办公室的独立性在客观上受到一定的限制。

3. 书记长官处（the Registry）

所有国际刑事法庭（院）都设有一个书记长官处，负责法庭（院）非司法方面的行政管理和服务（the non-judicial aspects of the administration and service）。书记长官处通常由一名负责人负责该机构的所有活动，一般被称为书记长官（Registrar）。该长官被任命后在国际刑事法庭（院）的领导下工作。

《罗马规约》第 43 条第 2 款规定：The Registry shall be headed by the Registrar，who shall be the principal administrative officer of the Court. The Registrar shall exercise his or her functions under the authority of the President of the Court。

《前南国际刑事法庭规约》第 17 条规定：The Registry shall be responsible for the administration and servicing of the International Tribunal。

国际刑事司法机构的书记长官工作性质基本相同，但由于法庭（法院）成立途径不一样，任命书记长官的方式可能也会不同。例如，前南国际刑事法庭书记长官的任命，须经联合国秘书长与前南国际刑事法庭的庭长共同协商后才能产生；国际刑事法院书记长官的任命就不需要这道任命程序。

The differences between the position of the Registry in the ICC and with the ad hoc Tribunals stem，in part，from the juridical basis of the institutions. As organs of the UN Security Council，the ad hoc Tribunals are a part of the UN system and are subject to the rules and regulations applicable in that system，as well as oversight and funding by the Security Council and General Assembly respectively. Thus，Registry of the ad hoc Tribunals are appointed by the Secretary-General and provide administrative service to both the Chambers and to the Prosecutor. Under the Rome Statute，the Registrar is in the more classical position of being the servant of the judges. Moreover，the Registrar's relationship with the Prosecutor is very limited in scope，and the Prosecutor has full authority over the administration of his or her own staff and resources，unlike the arrangements in the ad hoc Tribunals.

在书记长官资格问题上一般都有规定。例如，国际刑事法院就要求书记长官以及副书记长官 shall be persons of high moral character，be highly competent and have an excellent knowledge of and be fluent in at least one of the working languages of the Court（《罗马规约》第 43 条第 3 款）。

书记长官处的职责是负责法庭行政事务和向法庭提供服务，其管理范围比较宽，包括人事处（Personnel Section）、财政处（Financial Section）和新闻处（Information Office），等等。当然，书记长官及其下属部门与法官处或检察长办公室一样，是以中立或独立的方式、不代表案审中的任何一方来履行司法管理的职责。

书记长官要保持其独立性。书记长官在其就任时还要因此在法庭庭长面前宣誓。前南国际刑事法庭“程序与证据规则”第 32 条规定：Before taking up duties，the Registrar shall make the following declaration before the President：“I solemnly declare that I will perform the duties incumbent upon me as Registrar of the International Tribunal for the Prosecution of Persons Responsible for Serious Violations of International Humanitarian Law Committed in the Territory of the Former Yugoslavia since 1991 in all loyalty，discretion and good conscience and that I will faithfully observe all the provisions of the Statute and the Rules of Procedure and Evidence of the Tribunal.”（Revised 12 Nov. 1997）

书记长官处是一个为法庭审理案件服务的机构。前南国际刑事法庭“程序与证据规则”第 33 条规定：The Registrar shall assist the Chambers，the plenary meetings of the Tribunal，the Judges and the Prosecutor in the performance of their functions. Under the authority of the President，the Registrar shall be responsible for the administration and servicing of the Tribunal and shall serve as its channel of communication。(Revised 12 Nov. 1997)

在前南国际刑事庭的书记长官处成立了“证人及受害者保护处”(Witness and Victim Protection Unit)。该法庭“程序与证据规则”第34条规定:(A) There shall be set up under the authority of the Registrar a Victims and Witnesses Section consisting of qualified staff to: (ⅰ) recommend protective measures for victims and witnesses in accordance with Article 22 of the Statute; and (ⅱ) provide counselling and support for them, in particular in cases of rape and sexual assault. (B) Due consideration shall be given, in the appointment of staff, to the employment of qualified women.

在书记长官处特别设立“证人及受害者保护处”,目的是向证人、出庭作证的被害人提供帮助。由于证人在法庭作证时会面临危险,所以法庭得向他们提供保护办法和安全措施、辅导咨询和其他适当援助。考虑到不少受害人和证人都是女性,法庭尤其考虑要起用合格的妇女人选,根据情况提出保护她们所应采取的措施和建议,对她们提供心理上的帮助和支持,帮助她们消除紧张心理和情绪,从而使她们能出庭作证,以帮助案审能顺利进行。

与各国国内司法制度非常不一样的是,前南国际刑事法庭的书记长官处还负责法庭在押人员的管理工作。[①] 前南国际刑事法庭在联合国安理会通过决议成立以后,就设立了一个拘留所(Detention Unit):它在荷兰海牙的监狱里单独开辟出一个地方,属于联合国单独管理。外界称它为“监狱”,但在严格意义上讲,它只是一个拘押所。因为它里面所监禁的只是已被起诉、逮捕或移送到海牙,要接受法庭审理的嫌疑犯。而被告一旦经过审理被认定有罪,将被送到同意接受其关押的国家监狱里去服刑。原来拘留所刚建成时,最多只能关25人,后来由于被送到海牙的被告增多而不够用,就向隔壁的荷兰监狱租用了一些。这个前南国际刑事法庭的拘留所,就由书记长官处负责管理。

书记长官处是一个既为法官处服务又为检察长办公室服务的中立机构,但实际操作中不太好掌握。譬如,书记长官处属下有一个新闻处,它以法庭的名义每星期负责对外发布消息。然而检察长是独立的,关于调查或起诉的信息,理论上书记长官处或法庭其他部门都不应该知道。所以后来作了调整,给检察长专门配了一个新闻官。每星期向外公布消息时,法庭的新闻官和检察长的新闻官同时出席,以便能各自回答关于法庭全局和检察起诉方面的问题。

另外不太好办的还有翻译问题。整个法庭的翻译工作都由书记长官处负责。但人这么多,事情又这么多,有时在翻译人员有限的情况下,当法官处和检察长办公室都急需翻译有关文件时,就会出现一个如何处理先后的问题。对于书记长官处来讲,这也是一个不太好平衡但又很敏感的问题。另外在前南刑事法庭,有关辩护律师行政管理方面的事情,也都由书记长官处负责。

从以上可以看到,国际刑事司法机构里的法官处、检察长办公室和书记长官处相互之间形成了一个制约机制。该机制体现了法律上“独立性”原则要求,对于保障司法公正当然是必要的。被告辩护律师也是这一制约机制中的一个重要方面,但其作用在规约中规定得少,实践中比较多,所以在下面有关实践的章节中会予以介绍。

---

① 在各国国内的司法制度里,比如在中国,这项工作由司法部来负责。

CASE STUDY

关于申请 Elizabeth Odio Benito 法官回避的案例
(前南国际刑事法庭)①

在 Celebici 一案中，被告对于来自哥斯达黎加的 Elizabeth Odio Benito 法官的资格问题提出了质疑，认为基于刑法上公正审判及独立性原则，她应该回避。

申请 Odio Benito 法官回避的具体理由是：Odio Benito 法官于 1993 年 9 月当选为前南国际刑事法庭法官，任期 4 年，从 1993 年到 1997 年。但在联合国 1997 年任期届满时举行的选举中，Odio Benito 法官没能当选连任。另外，Celebici 案还没结束。本着案审经济原则（principle of economy）和连续性（continuance）原则，联合国安理会于 1997 年 8 月通过第 1126 号决议，决定延长其任期 1 年。但就在此后不久，哥斯达黎加进行政府选举，Odio Benito 法官当选为该国的第一副总统。在这一背景下，被告的辩护律师向法庭提出了关于司法独立性的动议，认为 Odio Benito 法官已接受担任哥斯达黎加的副总统，根据法官独立性原则就不宜再担任她本国的法官，也不宜再担任前南国际刑事法庭的法官。

在接到被告的辩护律师的请求后，前南国际刑事法庭庭长会议进行了讨论。庭长会议认为，根据司法独立的原则，Odio Benito 法官虽然由于当选为副总统不再具备担任她本国最高司法机构官员的资格，然而，这并不妨碍她继续担任前南国际刑事法庭的法官。前南国际刑事法庭的上诉庭在被告不服而提出上诉后认为：Odio Benito 法官的资格并不是来源于前南国际刑事法庭的规约，而是来源于联合国安理会通过的第 1126 号决议。如果联合国安理会的决议与规约存在有不一致的地方，应以联合国安理会决议为准，因为《前南国际刑事法庭规约》是作为联合国安理会的附件形式而通过的。这一事实表明，联合国安理会有权通过有关决议修改规约中的某些规定。

另外，前南国际刑事法庭上诉庭还认为：在审理此案过程中，并没有任何事实的证据表明 Odio Benito 法官对案审当事者具有任何的偏向。而且，Odio Benito 法官在竞选哥斯达黎加副总统以前，已用书面的形式向法庭的庭长表明，如果当选，她也将在结束 Celebici 案的审判以后，才回国担任副总统的职务。所以，由于 Odio Benito 法官当选哥斯达黎加副总统这一事实与案审没有任何直接的关系和影响，被告的辩护律师提出的申请没被法庭接受。

该案例表明，由于国际人权法的发展，当事者在案审中具有提出法官回避请求的权利。当然，指控法官在审理过程中具有偏向并要求回避的请求要具有充分的证据和理由。但具有要求法官回避的权利本身，就为“司法公正”原则的落实提供了一个重要的保障措施。

思考题

1. 司法独立性的基本概念是什么？
2. 在司法制度上如何能保证司法独立？
3. 你对国际刑事司法机构中的平衡机制如何评价？

---

① The Prosecutor v. Delalic and Others (appeal), ICTY, Appeals Chamber, Judgment of 20 February 2001, Case No. IT-96-21-A.

4. 你对 Odio Benito 法官独立性一案的裁决有何意见?

本章小结

1. 为了使国际刑事法庭(院)审判程序能独立进行,就必须在制度上有所规定和保障。国际刑事司法机构中关于法官资格及其他一些关于外交豁免、待遇等方面的规定,为法庭(院)审判程序的独立进行提供了最基本的保证。

2. 为了实现司法公正和保障人权,所有国际刑事司法机构在法官处、检察长办公室以及为法庭服务的书记长官处相互之间设立了平衡机制,为在司法审判中相互制约实现司法独立的目的发挥了积极的作用。

3. 在国际刑事法庭(院)里,立案侦查、审查起诉和审判是刑事诉讼中相对独立的三个阶段,分别由检察长办公室和法官负责。所以,国际刑事法庭(院)刑事诉讼中各个阶段的证明责任具有独立性。在侦查阶段,由检察长办公室独立地承担案件事实的证明责任;在审查起诉或审判阶段,由检察长办公室和法官分别独立地承担对案件事实的证明责任。

4. 在国际刑法的实践中,当事者在案审的任何阶段都具有提出法官回避请求的权利。要求回避的请求要具有充分的证据和理由,提出的请求不一定为法庭所接受。但依规定所具有的权利本身,为司法公正原则的落实提供了一个重要的保障措施。

QUESTIONS AND COMMENTS

1. The independence of each of the organs of the international criminal tribunals, namely: the Chambers, the Office of the Prosecutor and the Registry, is one essential interest protected by international criminal law。
2. The exercise of powers by the international court's organs naturally depends on whether the tribunal has jurisdiction。
3. Whilst the UN Security Council removed the need for further authorization for the Prosecutor of the two ad hoc Tribunals to start investigation, it is the Pre-Trial Chamber of the ICC which must authorize that the ICC Prosecutor proceeds with full investigation。
4. The ICC follows the example of the ad hoc Tribunals for the Former Yugoslavia and Rwanda in not catering for a standing office of Defence Counsel. Defence Counsel to the international criminal institute must be (and seen to be) independent. Such independence is, of course, a pre-request to international criminal justice。

第十三章 人权保障原则

引言

惩治国际犯罪是为了实现公正，而实现公正意味着不仅要将犯有严重国际罪行的人绳之以法，而且还要保证犯罪嫌疑人和被告人在刑事程序中的权利得到充分尊重。对于被指控犯有国际罪行和其他严重罪行的人的审判过程，一定要有公正的程序保证，否则，正义就不能得到伸张，正义的伸张也不可能被世人看到。因此，国际刑事司法机构在案审过程中，也应保障被告的基本权利。

重点问题

- 程序正义的重要意义
- 被告的基本权利
- 无罪推定原则的基本概念
- 被告与起诉方的平等诉讼权

第一节 程序正义基本理念

法律制度的基本价值在于实现正义。正义一般有两种表现形式，即实体正义和程序正义。

实体正义主要体现在实体法之中，贯彻于司法裁判的结论中，构成一种对法官的实体性道德限制。但法律价值中还有一些内容，它们与裁判的结果或结论可能没有直接的关系，但却体现于法律程序的设计以及司法审理过程中，具有明确、具体且可操作的道德标准。刑事审判中的一些规定和原则常被称为“看得见的正义”（justice to be seen），“看得见的正义”也就是“程序正义”。

从刑法的基本要求上讲，一个案件不仅在实体上要判得正确、公平，而且要完全符合程序法的规定和精神，使人感受到判决过程的公平性和合理性。

从被告被移送到法庭等待审讯这一刻起，他（她）根据法律享有不少权利，如：控辩双方平等的权利、反对强迫自证其罪的权利（沉默权）、迅速审理的权利和辩护权等。这些权利都已构成国际人权法的基本原则和内容，是不可贬损的。如果从国际法的发展以及从国际公法与国际刑法之间联系的角度来看，所有这些原则又都是刑法上无罪推定原则在国际刑法实践中的延伸与落实。

一、无罪推定原则

在所有关于刑事诉讼方面的原则中，最重要的莫过于无罪推定原则，其他一些关于保障人权的原则，如沉默权、反对强迫自证其罪的权利、享有律师帮助的权利、公开受审的权利、迅速审判的权利以及控辩双方在审理中平等的权利等，都是从无罪推定原则引申出来的。

所谓“无罪推定”（presumption of innocence），是说某人虽然已经被起诉、被逮捕和被指控，但在法律意义上仍然是无罪的。

无罪推定原则在刑事诉讼程序条文中表现为具体的程序规则，这些规则经过时间的演变已逐渐成为稳定的，由更详尽、细致的程序规则构成的核心规则。

无罪推定在普通法系国家司法制度上通常被认为：“任何人在被证明为有罪之前应当被推定为无罪。”在大陆法系国家的理论或立法中一般被表述为：“任何人在被宣判为犯罪者之前，均应推定为无罪。”这两种表述方式说明，普通法系的刑事审判制度强调“证明”在无罪推定中的重要作用，而大陆法系的表述方法强调法院审判的权威。但这仅仅是侧重点稍有不同，其基本含义是一致的。

无罪推定是在刑事法律领域内为保障人权而制定的一个重要的刑法原则，这一原则的制定已有相当长的历史。1789年法国《人权和公民权利宣言》第9条规定：“任何人在其未被宣告为罪犯以前应被推定为无罪。”第一次从法律上确定了一些人权在刑事诉讼中的保障。联合国1966年订立的《公民权利和政治权利国际公约》第14条第2款规定：Everyone charged with a criminal offence shall have the right to be presumed innocent until proved guilty according to law。所以，虽然受刑事控告，犯罪嫌疑人在没有依法被证实有罪之前就有被视为无罪的权利，从而赋予了任何被告拒绝自证其罪的权利。

由于国际人权法的发展和保障人权意识的提高，世界上几乎所有主要法系国家的刑事法律都规定无罪推定的原则。任何一个被告在最终被定有罪之前，都被假定无辜。这一原则也被引进了国际刑法的实践。联合国《前南国际刑事法庭规约》（第21条第3款）规定：The accused shall be presumed innocent until proved guilty according to the provisions of the present Statute。

联合国《卢旺达国际刑事法庭规约》（第20条第3款）作了同样的规定。另外，国际刑事法院《罗马规约》第66条也明确规定：

Article 66 Presumption of innocence

1. Everyone shall be presumed innocent until proved guilty before the Court in accordance with the applicable law.

2. The onus is on the Prosecutor to prove the guilt of the accused.

3. In order to convict the accused, the Court must be convinced of the guilt of the accused beyond reasonable doubt。

从以上规定可以归纳出无罪推定原则的基本要点：第一，法庭判决是确定任何人是否真正有罪的唯一依据，在没有被法庭判定有罪以前，任何人都被视为无罪。第二，因为是无罪，所以被告人在整个诉讼程序过程中依法享有与其他公民同样的基本权利，这些基本权利不能在法律上被限制或剥夺。第三，又因为任何人在未被证明有罪之前在法律上应被视作无罪的人，所以他不需要承担证明自己无罪的责任。证明他有罪的责任理应由检察方承担。

尽管无罪推定原则确立了被告在最终被认定有罪之前被假定为无辜，但该原则在国内和国际层面执行上的表现形式有所不同。国际刑事司法机构审理的案件，是国际社会关注的重大案件，都涉及国际法上的严重罪行，如战争罪、反人道罪或种族灭绝罪。被国际刑事司法机构起诉、逮捕并审判的人中间，往往会有国家政治体制中著名的人物。对这些重要人物（政治家）的审理不仅为其本国的人民所关注，同时也为世界其他国家的人民所关注，所以会引起世界媒体的关注，从而进行大量的报道，客观上会对被告造成不利影响。由于被指控犯有的都是国际法上骇人听闻的罪名，和罪名联系在一起的又都是极其残酷的暴力行为，媒体会自觉或不自觉地倾向于将被告描绘成“恶魔”或“屠夫”。这样，在定罪之前可能就会给公众一个被告已经有罪的印象。

尽管无罪推定在国内层面与国际层面上给人的印象会有所不同，但该原则的内涵是相同的。无罪推定不仅是公民的一项基本权利，而且从一开始就是刑事诉讼活动的基本原则，其含义超越了无罪推定表象的本身。南联盟前总统米洛舍维奇虽然作为被告在前南国际刑事法庭受审，但他于 2006 年 3 月案审还未结束时在荷兰海牙去世。因此，不管历史研究者将如何对他进行评价，但从法律上讲，根据无罪推定原则他就是一个无罪之人。

二、羁押期间的保障措施

刑事诉讼如果从阶段上来划分，主要有调查（investigation）、起诉（prosecution）、审理（trial）和执行（execution）四个阶段，其中，审判阶段最为重要，而羁押是审判得以进行的必要条件和前提之一。

羁押是一种概述性的用语，具体是指审判前和审判中的羁押。既然任何人在依法被证实有罪之前都有权被视为无罪，那么被告人在羁押期间根据有关规定所享有的权利也应得到切实的保障。

刑事审判的目的是通过惩治犯罪行为来保护社会公共利益。为刑事审判而进行的调查和起诉是要寻找犯罪嫌疑人，并在一定条件下根据法律规定对其人身自由予以限制。因此，限制（“羁押”）的目的有两个：一是防止具有人身危险性的犯罪嫌疑人继续危害社会；二是对其犯罪事实进行调查，以判断是否应对嫌疑犯起诉。因此，羁押是为审判做准备，是刑事审理的一个必要的阶段。

审前羁押作为一种非常严厉的强制措施，一旦予以采用嫌疑人就无法从事任何社会活动，并且会使其社会评价、声誉、地位、经济收入等受到不利的影响。正是由于羁押措施的影响深远，羁押应作为一种不能轻易采用的例外措施。联合国《公民权利和政治权利国际公约》第9条第3款指出，“等待审判的人们被拘禁不应该是一般的规则……”所以审前羁押应被视为是一种对人身自由保护的例外。

禁止任意和非法的羁押是所有嫌疑人享有的权利中最基本的权利，也是1948年联合国《世界人权宣言》的基本要求之一。该宣言的第9条规定：No one shall be subjected to arbitrary arrest, detention or exile。在这里，不受任意的逮捕和羁押中的“任意”，不仅包括“违背法律”的意思，而且包括不恰当、不公正和缺乏预测性，也就是说它要求羁押不仅是合法的，而且是合理的。

1987年联合国《保护被羁押和监禁人的原则》规定：“羁押不仅要严格按照法律的规定，而且只能由有资格的官员或授权的人执行。”按照这一要求，即便羁押的理由合法、充分，也必须由具有羁押、逮捕权力的官员依照程序进行，否则，视为非法羁押与逮捕。

在人权基本规则发展的背景下，嫌疑人享有不受任意和非法羁押的权利可以说是国际法上一项普遍的共识，它要求在实施逮捕、羁押措施时，必须有合法的理由和经过合法的程序。在通常情况下，国家在规定逮捕、羁押时，都制定了有“实质性要件”和“程序性要件”。一般而言，“实质性要件”包括罪疑要件、刑罚要件和必要性要件。所谓罪疑要件，是指要有相当的理由怀疑犯罪，或有强烈的迹象显示嫌疑人故意实施犯罪。“程序性要件”则是指实施羁押、逮捕必须履行一定的手续，符合一定的程序。

在现代法治国家的司法制度中，基本上都在开庭审判前的程序中规定了关于司法裁判机制在逮捕和羁押方面的规则，以抑制在调查和起诉活动中可能发生的对被告或嫌疑人人身权利的侵犯。世界各大法系国家审前程序的一个主要特征是：无论是调查还是审查起诉活动，都要受到法院或其他司法机构的授权和审查。由于羁押本身涉及对人身自由的剥夺，对其采用了更为严格的司法审查机制：警察或检察官将公民逮捕或拘留，必须在法定的最短时间内，将该公民提交给法官按照法定程序进行审查。法官为此将举行专门的听审或聆讯，在控辩双方同时参与下审查对嫌疑人进行羁押是否符合法定条件，然后作出诸如实施羁押、保释或其他强制措施的裁决。所有这些国内刑事法律制度中围绕羁押的规定和保障措施，在国际刑法中都已有充分的体现和规定。

前南国际刑事法庭“程序与证据规则”第54条规定：At the request of either party or proprio motu, a Judge or a Trial Chamber may issue such orders, summonses, subpoenas, warrants and transfer orders as may be necessary for the purposes of an investigation or for the preparation or conduct of the trial。

上述规定表明，法官或初审庭可以应当事方一方请求或者在没有请求的情况下为调查或起诉颁发命令。在通常情况下，国际刑事法庭的逮捕令由一名法官签署，里面包括一经逮捕迅速将被告移送法庭的命令。

前南国际刑事法庭“程序与证据规则”第55条规定：A warrant of arrest shall be signed by a permanent Judge. It shall include an order for the prompt transfer of the accused to the Tribunal upon the arrest of the accused。

当然，被告或嫌疑人在这个阶段也有他（她）的权利。从被告或嫌疑人的角度而言，只有他（她）才明白对他（她）实施羁押的原因，才能去考虑羁押是否合法、是否与客观事实相符合，最后才能作出是否要对羁押提出异议的结论。而对于检察起诉机关而言，告知是一项“法律义务”，也就是说，要在实施逮捕、羁押措施的同时告知被告或嫌疑人逮捕、羁押的理由以及他（她）应该享有的权利，即使是在情况紧急即对现行犯实施逮捕的情况下，也应该在逮捕结束后，在合理的时间内不迟疑地履行“告知义务”。

“被告或嫌疑人享有被告知羁押理由的权利”是无罪推定原则的自然结果，也是国际人权公约和各国法律中所明确给予的一项权利。在1966年《公民权利和政治权利国际公约》以及《保护被羁押和监禁人的原则》等有关国际法律文件中，几乎都规定任何被逮捕或羁押的人都有权在逮捕或羁押后的短时间内被告知理由。并且，不但必须告知理由，而且必须使用被逮捕者或被羁押者能够理解的语言。国际刑事法庭自然也有被逮捕或羁押的人被告知理由的规定。

为了保障被告或嫌疑人的权利，“程序与证据规则”第55条还明确规定：The Registrar shall instruct the person or authorities to which a warrant is transmitted that at the time of arrest the indictment and the statement of the rights of the accused be read to the accused in a language that he or she understands and that the accused be cautioned in that language that the accused has the right to remain silent，and that any statement he or she makes shall be recorded and may be used in evidence。意即，当法庭书记长官指示逮捕令送交给的人或当局在逮捕时，他（她）有义务向被告“以他或她所理解的语言”宣读起诉书和被告权利的说明，被告则有权保持沉默，他（她）所说的将被记录并可被用作证据。

而且在同一条中还规定：When an arrest warrant issued by the Tribunal is executed by the authorities of a State，or an appropriate authority or international body，a member of the Office of the Prosecutor may be present as from the time of the arrest。

国际刑事法庭还明确地规定，除了那些已被法庭宣告为有罪的人外，在判定为有罪前，所有被拘者被推定为无罪，并始终被如此对待。① 如果没有法庭的法官或分庭正式发出的逮捕令，拘留所不应接纳任何人。法庭在拘留所接纳以后应尽快向每个被拘者通知他能向之求助的法律的、外交的和领事的代表。此时应给被拘者机会在合理范围内将他（她）在何处通知他（她）的家属、他（她）的律师、适当的外交或领事代表，以及拘留所所长决定的其他人，费用由法庭承担。②

三、获得律师帮助权

国际法尤其是国际人权法的发展，使得国际社会在人权保障方面发生了很大变化，社会对其个体成员的人身自由权利和人格尊严的保障逐渐被重视起来。当一个人作为犯罪嫌疑人或被告人被动地进入刑事诉讼程序时，他（她）的人身自由权利和人格尊严自然就会因此受到极大的限制和威胁。如果起诉的行为在其实施中因为这样或那样的原因有失误，被起诉人受到的损害将是难以弥补和挽回的。因此，在刑事诉讼中加强对犯罪嫌疑人或被告人各项权利的保护就显得尤为重要，这些权利之一就是享有律师帮助的权利。

被告或嫌疑人获得律师帮助的权利，是无罪推定原则的自然结果，也是被告或嫌疑人的一项重要权利。由于国际刑事法庭的规则和国际刑法的内容属于非常技术性和专门性的学科，一

---

① 参见前南国际刑事法庭文件：《关于拘留等候法庭审判或上诉的人或法庭命令因其他原因拘留的人的规则》（1994年5月5日通过）第5条。

② 参见《关于拘留等候法庭审判或上诉的人或法庭命令因其他原因拘留的人的规则》，第6条至第8条。

般人不可能对它有了解，所以被告或嫌疑人享有这项权利就显得至关重要。

享有律师帮助权是与辩护权紧密相连的。在刑法上，辩护权是被告人享有的一项根本性的权利，基于此项权利，被告人针对对他（她）的指控有进行申明、辩解和反驳的权利。在司法制度和律师制度比较完善的国家，协助被告人行使辩护权的就是律师。因为刑事诉讼是公诉机关对公民进行最严厉的否定性评价的过程，其严厉性决定了在此过程中存在起诉方面的强制力可能被误用或滥用的危险性和危害性。从这方面讲，赋予被告人辩护权以对抗公诉方的追诉权是非常必要的。与强大的资源充足的公诉机关相比，被告的力量显然不够，需要帮助。而且，法律是错综复杂的专门性学科，一般人都不熟谙法律，对复杂的刑事诉讼程序更是知之甚少。在国际刑法上更是如此，所以一旦被国际刑事法庭起诉，不管是谁都需要帮助。即使是通晓国际刑法的人，也需要在财力和精力等方面的帮助。因此，允许具有专业水平的人员作为律师来帮助被告一起行使辩护权，对于司法公正和保障被告人的权利来说是至关重要的。

在1990年召开的联合国第八届犯罪预防和罪犯待遇大会上通过的《关于律师作用的基本原则》第1条规定："每个人都有权按照他们的选择与一个律师联系，并在刑事程序的所有阶段保护他们和确立他们的权利，并为他们辩护。"第7条规定："任何被逮捕或羁押的人无论是否受到刑事指控，都应当迅速接触律师，在任何案件中，从逮捕或羁押进行时起不得晚于48小时。"根据这些规定可以看出，被告在被捕后，只要他表示要见自己的律师，警察将不得对他继续审讯。

享有律师帮助权，就意味着每一个受到刑事指控的嫌疑人都应由他自由挑选的辩护人为他辩护。该权利在实现对嫌疑人权利的保障方面，主要有以下两个作用：（1）通过律师提供的专业法律帮助，可以克服大多数嫌疑人因缺乏对法律的了解而产生的弱点和不足，使辩护权的行使更为有效和积极；（2）通过律师的帮助，可以有效地增加羁押程序的透明度，成为一种制约侦控机关滥用逮捕、羁押权的重要力量，使羁押的公正性得到保障。

在所有已经成立的国际刑事司法机构，都建立了保障被告人行使律师帮助权的程序和机制。例如，根据联合国成立的前南国际刑事法庭、卢旺达国际刑事法庭、塞拉利昂特别法庭和国际刑事法院"证据与程序规则"的规定，被告有权聘用律师帮助自己在法庭抗辩。前南国际刑事法庭就为被告和嫌疑人订立了两个专门规则，即 *Directive on Assignment of Defence Counsel* 和 *Rules Governing the Detention of Persons Awaiting Trial or Appeal before the Tribunal or Otherwise Detained on the Authority of the Tribunal*，对于被告或嫌疑人如何获得这一权利在程序上作了非常详细的规定。

前南国际刑事法庭对于被告在国际法上享有的这一权利作了明确的肯定，每个被告都有得到律师帮助的权利。*Rules Governing the Detention of Persons Awaiting Trial or Appeal before the Tribunal or Otherwise Detained on the Authority of the Tribunal* 第12条规定：As soon as practicable after admission, each detainee shall be provided with information concerning legal, diplomatic and consular representation available to him。

只要被告自己没有明确地表示放弃聘请律师的权利，他（她）在被逮捕或在起诉书被送达时就有权得到律师的帮助。

Directive on Assignment of Defence Counsel 第16条规定：（A）A suspect or accused shall be entitled to have one counsel assigned to him and that counsel shall handle all stages of the procedure and all matters arising out of the conduct of the suspect's or accused's defence, including where two or more crimes are jointed in one indictment。

如果在一个案子中有一个以上的被告，那么该案中的每个被告都有权请求指定各自的律师。如果因为公正原则的需要，一个被告可以配有两个律师：(B) Where persons accused of the same or different crimes are jointly charged or tried, each accused shall be entitled to request assignment of separate counsel. (C) In the interests of justice and at the request of the person assigned as counsel, the Registrar may, in accordance with Article 14 above, assign a second counsel to assist the lead counsel. The counsel first assigned shall be called the lead counsel。

其实，不仅是被告，就是嫌疑人在调查中受国际刑事法庭检察长询问时也享有律师帮助的权利。*Directive on Assignment of Defence Counsel* 第 5 条规定：Without prejudice to the right of an accused to conduct his own defence:（i）a suspect who is to be questioned by the Prosecutor during an investigation。

国际刑事法庭起诉的被告的经济情况不尽相同，有的好些，有的差些，但作为一个原则，只要嫌疑人或被告是贫穷、担负不起国际刑事法庭诉讼费用的，都能享有国际刑事法庭为其指定律师帮助的权利。希望得到指定律师的嫌疑人或被告，将以国际法庭确认的一种特殊表格的形式向法庭书记长官提出免费享受这一权利的请求。*Directive on Assignment of Defence Counsel* 第 8 条规定：A suspect or accused who requests the assignment of counsel must produce evidence that he is unable to remunerate counsel。

国际刑事法庭的书记长官在接到申请后，自然要决定是否同意。在决定的过程中，法庭书记长官就必须考虑申请人的财政状况。在这里要考虑的仅仅是财力状况，所有其他的因素，如被告被起诉罪行的性质、被告的年龄或资历等，都与该申请能否得到批准无关。因此，为了认定该申请人（嫌疑人或被告）是否贫穷，法庭就要考虑他直接或间接享有的或自由处理的所有种类的财产，其中包括直接收入、银行账户、不动产或个人财产、股票、证券或拥有的其他资产。在评估这些财产时，嫌疑人或被告的配偶以及与他（她）惯常一起居住的人的财产也应被考虑。①

根据前南国际刑事法庭的有关规定，法庭书记长官为了确定嫌疑人或被告是否满足指定律师的先决条件，可要求收集相关的资料，听取嫌疑犯或被告的任何陈述，或要求提供可支持其请求的文件。当然，嫌疑人或被告的请求可能被通过，也可能被拒绝。如果被拒绝，法庭还规定了补救程序。*Directive on Assignment of Defence Counsel* 第 13 条规定：(A) The suspect whose request for assignment of counsel has been denied may, within fifteen days of the date of notification to him, seek the President's review of the decision of the Registrar. The President may either confirm the Registrar's decision or decide that a counsel should be assigned. (B) The Accused whose request for assignment of counsel has been denied, may, within two weeks of the date of notification to him, make a motion to the Chamber before which he is due to appear for immediate review of the Registrar's decision. The Chamber may (i) confirm the Registrar's decision; or (ii) rule that the suspect or accused has means to partially remunerate counsel, in which case it shall refer the matter again to the Registrar for determination of which parts shall be borne by the Tribunal; or (iii) rule that a counsel should be assigned。

---

① 参见 *Directive on Assignment of Defence Counsel* 第 8 条。

按照这一规定，指定律师的请求被拒绝的嫌疑人或被告可寻求庭长复核书记长官的决定。庭长可作出认可书记长官或应指定一律师的决定。当然，如果能证明嫌疑人或被告人确实属于不能担负案审所需费用的情况，国际刑事法庭就必须为他指定专业水平的律师提供帮助。这里“专业律师”一词，是想强调：要成为国际刑事法庭的辩护律师，必须符合一定的条件。这样既是为了司法公正的利益，也是为了保障被告权利的真正实现。

四、被告辩护人申请条件

因为是国际刑事司法机构，被告的辩护律师来自世界各国，原则上只要符合条件就都能报名。按照 *Directive on Assignment of Defence Counsel* 第 14 条的规定，(C) Any person may be assigned as counsel if the Registrar is satisfied that he is admitted to the list of counsel envisaged in Rule 45 (B) of the Rules. A person is eligible for admission to the list if: (ⅰ) he is admitted to the practice of law in a State, or is a university professor of law; (ⅱ) he has not been found guilty in relevant disciplinary proceedings against him where he is admitted to the practice of law or a university professor, and has not been found guilty in relevant criminal proceedings against him; (ⅲ) he speaks one of the two working languages of the Tribunal, except if the interests of justice do not require this; (ⅳ) he possesses reasonable experience in criminal and/or international law.

也即任何愿意在前南国际刑事法庭担任辩护律师的人只要符合上述条件都可以报名。

从规定上看，国际刑事法庭的辩护律师主要是两个来源：在本国从事实践的刑法律师和大学法律教授，法庭要求其实践经验一般至少在 10 年以上。语言要求对中国律师来说有点难，它要求能流利地运用英语或法语，这是国际刑事法庭的工作语言。但在特殊情况下，法庭可以根据被告的请求，授权书记长官指定使用被告的语言（英语或法语以外）的人来担任辩护律师。

由于国际刑事法庭在程序上保证了能够在法庭担任律师的主要是各国在刑法领域已有实践经验的律师或精通刑事法律的大学教授，也由于国际刑事法庭在机制上保证这些律师是能灵活运用其所精通的包括实体法和程序法在内的刑事法律的专门人才，所以被告的辩护权能够得到切实的保障。

事实上，这些律师因为具有经验，都具备从刑法角度进行思考和分析的能力，在帮助嫌疑人或被告时能在收集和掌握有关证据的基础上通过法律推理，形成具有说服力的辩护意见。国际刑事法庭的很多律师除了拥有刑法方面丰富的诉讼经验以外，还熟悉这些法律在国际上实际运作和发展的情况。实事求是地说，他们与国际法庭一起，为国际刑法的发展作出了很大的贡献。

在律师被指定以后，嫌疑人或被告的法律代表产生的费用，都将根据联合国的预算规定、规则、规章和实践，由国际刑事法庭支付。在实践中，法庭支付费用的范围很广，包括为了提供帮助或支持嫌疑人或被告的证据而采取的调查和诉讼程序的措施、办法的费用，以及为查明事实、咨询专家意见产生的费用，证人的交通食宿、邮费、注册费和各种税或类似的关税等。

为了能切实保障嫌疑人或被告获得律师帮助的权利，国际刑事法庭对一些细节也作了具体和明确的规定，如关于指定律师的报酬和差旅费、每日津贴、工时费、临时给付，等等。国际刑事法庭甚至为了解决在计算给付报酬或差旅费时可能出现的问题或产生的争议，还特地规定成立关于解决争议的咨询小组及解决争议的程序。[1] 在法庭所在地，指定律师可使用法庭的法官使用的图书馆和资料中心。

CASE STUDY

在 Danzing（但泽）的波兰国民问题案
（常设国际法院）

常设国际法院 1935 年在 Danzing（但泽）的波兰国民问题案中发表的咨询意见中裁定："对犯罪进行惩治这一问题可以从个人和社会两个角度来看。如果从个人角度看，基于'无法律就不可以加以惩罚'（nulla poena sine lege）格言的原则，惩治犯罪的目的是为了保护个人不受国家的随意性地处置；如果从社会角度看，基于'任何犯罪都要受到处罚'（nullum crimen sine poena）格言的原则，惩治犯罪的目的是为了保护社会免受犯罪的扰乱……作为个人，重要的是要懂得：什么行为是法律允许的，什么行为是要被法律惩治的。"[2]

常设国际法院的这一论述，简明扼要地提示了刑法或国际刑法目的的两重性，即：它在保护社会的正常秩序并免受犯罪的扰乱的同时，还保障相对国家或国际社会而言是弱者的个人的一些基本权利，使他们在司法过程中不受侵害。

思考题

1. 如何理解"看得见的正义"?
2. 为什么羁押、逮捕必须符合一定的程序?
3. 被告为什么一定要有获得律师帮助的权利?
4. 在国际刑事法庭担任辩护律师的人必须符合哪些条件?

第二节　被告受审期间的基本权利

随着国际人权法的发展，没人能够否认被告在案审中享有一些最基本的权利，例如，被告人享有辩护权，他（她）可以为自己作无罪辩护；被告人还有享有公平和公开审判的权利、在

---

① See *Directive on Assignment of Defence Counsel*, *Rules Governing the Detention of Persons Awaiting Trial or Appeal before the Tribunal or Otherwise Detained on the Authority of the Tribunal*.

② Consistency of Certain Danzing Legislative Decrees with the Constitution of the Free City, PCIJ Rep. (1935), Series A/B, No. 65, 3 at 514.

合理的时间内受到审判或释放的权利、与起诉检察机关相同的诉讼权利，以及反对强迫自证其罪的权利，等等。

一、公开受审与出庭的权利

无罪推定原则假定任何人在被确定为有罪前都是无罪的，所以被告在整个审理过程中享有一些最基本的权利。《前南国际刑事法庭规约》第 21 条规定：All persons shall be equal before the International Tribunal. 另外，In the determination of charges against him，the accused shall be entitled to a fair and public hearing，subject to article 22 of the Statute。

国际刑事法院《罗马规约》第 67 条第 1 款也明确规定：In the determination of any charge，the accused shall be entitled to a public hearing，having regard to the provisions of this Statute，to a fair hearing conducted impartially。

从逻辑上分析，公开审判的目的是防止利用司法程序对被告进行迫害。另外，公开审判的结果会使整个审判过程直接受到公众舆论的监督，从而有效地限制司法人员可能会滥用权力。

法庭审判是刑事诉讼的关键阶段。它之所以关键，是因为：(1) 刑事诉讼法规定的权利和义务，在庭审中要体现出来；(2) 证据，尤其是作为定案的证据，必须在法庭上陈述或出示或宣读，并经过公诉人、被害人及其诉讼代理人和被告人、辩护人双方讯问、质证，得到确认和证实；(3) 被告人可以充分行使辩护权，为自己作无罪辩护。

国际刑法还给予被告以出庭受审的权利。所谓出庭受审的权利，就是被告有权要求在审判的整个过程中出现在法庭上。

公开审判是被告的一项重要的权利，也是国际刑事司法机构必须遵循和予以保障的一项诉讼原则。在国际刑事司法实践中，除了出于保护证人和受害人隐私的需要并经法官同意才能对该原则减免以外，所有审判中出示的证据、庭审记录、法庭作出的决定等，都向社会和公众公开。法庭外的任何人只要他（她）愿意，也都可以向国际刑事司法机构索取。

公开审判的权利并不是绝对的。《前南国际刑事法庭规约》第 21 条是关于被告的权利的规定，该条在规定被告享有公开受审权利的同时，规定，这一权利的行使不得妨碍第 22 条中关于保护受害人和证人的规定。第 22 条规定：The International Tribunal shall provide in its rules of procedure and evidence for the protection of victims and witnesses. Such protection measures shall include，but shall not be limited to，the conduct of in camera proceedings and the protection of the victim's identity。

根据这一规定，国际刑事司法机构在一些特殊的情况下，为了保护受害者的利益也可以让某些审判程序闭庭进行。例如，在某些与性犯罪相关的战争罪、反人道罪或种族灭绝罪的审判中，当受害者出庭作证时，为了保护受害者的尊严和名誉，法庭可以举行闭庭（in camera）听证，禁止公众旁听，所以审判时，有些证人出来作证就不直播。只有在这些证人（受害者）作证完毕时，庭审才重新对公众开放。为了保护证人的人身安全，防止其身份的暴露，法庭在其认为必要的情况下也可以闭庭审理案件。

另外，如果被告在法庭上扰乱法庭秩序，他（她）可能会失去“出庭受审”这一权利。

二、被告知被指控罪行及迅速受审的权利

任何人在被逮捕或拘禁时有获知逮捕理由和指控罪名的权利。《公民权利和政治权利国际

公约》第9条第2款规定：Everyone who is arrested shall be informed，at the time of arrest，of the reasons for his arrest and shall be promptly informed of any charges against him。根据这一规定，被逮捕人在被逮捕之时，有权知道为什么被逮捕；而在被指控之时，也有权被迅速告知指控的内容。

当然，被告人也享有在合理时间内受审判或被释放的权利。《公民权利和政治权利国际公约》第9条第3款规定：Anyone arrested or detained on a criminal charge shall be brought promptly before a judge or other officer authorized by law to exercise judicial power and shall be entitled to trial within a reasonable time or to release. It shall not be the general rule that persons awaiting trial shall be detained in custody，but release may be subject to guarantees to appear for trial，at any other stage of the judicial proceedings，and，should occasion arise，for execution of the judgement。

上述规定表明，任何因刑事指控被逮捕或拘禁的人，都应享有被迅速带见审判官并要求在合理的时间内受到审判或被释放的权利。等候审判的人也不一定非要受到监禁，只要能保证在司法程序的任何阶段出席审判，并在必要时报到听候判决，就可以被释放。

被告的这一权利包含三项内容：（1）凡被采用强制措施而限制人身自由的人，刑事诉讼必须及时进行；（2）被限制人身自由的时间应依法受到限制，并在合理的期限内，接受审判或获得释放；（3）如果释放时能够保证出席审判并随时能够听候执行判决，则不应适用监禁。

《公民权利和政治权利国际公约》第9条第4款规定：Anyone who is deprived of his liberty by arrest or detention shall be entitled to take proceedings before a court，in order that court may decide without delay on the lawfulness of his detention and order his release if the detention is not lawful。

根据上述规定，任何因逮捕或拘禁被剥夺自由的人都有权利向法庭提起诉讼，以便法庭就逮捕或拘禁他是否合法能马上进行审议；如果逮捕或拘禁不合法，就应予以释放。所以，任何被告受到逮捕或拘禁时的权利主要包含以下两项内容：第一，由法庭决定是否应当采取逮捕或者拘禁措施；第二，在法庭制作决定的过程中，被逮捕或拘禁的人有权陈述自己的意见。

任何被告都享有“迅速审判”的权利，这已成为国际刑法中的一个原则。所谓“迅速审判”，就是尽可能在最短的时间内结束诉讼程序。《前南国际刑事法庭规约》第21条明确规定，被告“在没有不适当拖延的情况下受到审判”（to be tried without undue delay），而且这被认为是被告所应享受权利的“最低限度的保障”（minimum guarantees）。

尽管国际刑法和国际人权法在“迅速审判”方面有原则性的规定，但关于“迅速审判”具体应从哪一天算起，又应持续多长时间，并没有明确的规定。由于各个案件的情况不同，如何具体来落实这条原则就由审判庭来掌握。

由于迅速审判是从认罪算起，所以国际刑事司法机构对认罪程序在时间上也作出了相应的规定。前南国际刑事法庭“程序与证据规则”第62条规定：Upon transfer of an accused to the seat of the Tribunal，the President shall forthwith assign the case to a Trial Chamber. The accused shall be brought before that Trial Chamber or a Judge thereof without delay，and shall be formally charged。

在被告被逮捕并移送到法庭后要迅速地开始进行审理，并正式被起诉（formally charged），是法官的一项义务。如果法官在被告被移送到法庭后没有马上开始审判，而又没有正当理由，那么被告的“迅速审判”权利就被非法剥夺了。

“迅速审判”的权利可以由被告自愿放弃，发生这种情况一般是由于被告律师认为有必要延长调查时间以取得充分证据，或由于其他原因没有做好开庭的准备。在国际刑事司法机构的实践中，检察官必须证明被告有罪，而被告无须证明自己无罪，也就是说，证明的责任在检察长方面。因此，压力也自然在检察官方面，但被告因为各种各样的原因经常采取拖延的方式，这实际上就是自动放弃“迅速审判”的权利。

国际刑事司法机构与一国国内法院在审理刑事案件的程序方面有些不同。在国际刑事司法机构，往往案件已经开始审理时，调查还没有结束。另外，案件的准备本身也是千头万绪。因此，会经常出现检察长以正当理由要求更多时间准备的情况。所谓正当理由成立与否，要视情况而定。一般来说，法庭会考虑拖延时间的长短、拖延的原因、被告是否要求迅速审判以及拖延对被告是否会造成不利影响等因素。一般来说，法庭会给予延期，有时还会给予多次延期，而这也常常成为被告在被判有罪后上诉的主要依据之一，其理由就是法庭违反了国际刑法上迅速审判的原则。

三、平等诉讼权

根据无罪推定原则，任何人在被确定为有罪前都应视为无罪的人，所以被告在整个审理过程中享有与起诉检察机构相同的诉讼权利。给起诉方与被告方平等对抗的机会，其实也是由国际刑事司法案审的性质决定的。

控辩双方之间平等的原则，是国际人权法发展的结果，是一个已得到普遍认可的刑法原则。根据这个原则，相对于起诉方，被告在诉讼程序中不能处于不利的地位。所以，这一原则在很大程度上是为被告而制定。另外，诉讼权平等也是普通法系中抗辩式法律制度的自然产物，因为在抗辩式的法律制度下，诉讼双方应首先是法庭案件审理中的平等当事者。

法庭审理阶段，是展示和审查证据的阶段，也是对于确定被告是否有罪最具有实质内容的阶段。从国际刑法的实践来看，所有国际刑事司法机构在审理阶段方面的程序大同小异。

以前南国际刑事法庭为例，其“程序与证据规则”第 85 条规定：(A) Each party is entitled to call witnesses and present evidence. Unless otherwise directed by the Trial Chamber in the interests of justice，evidence at the trial shall be presented in the following sequence：(ⅰ) evidence for the prosecution；(ⅱ) evidence for the defence；(ⅲ) prosecution evidence in rebuttal；(ⅳ) defence evidence in rejoinder；(ⅴ) evidence ordered by the Trial Chamber pursuant to Rule 98；and (ⅵ) any relevant information that may assist the Trial Chamber in determining an appropriate sentence if the accused is found guilty on one or more of the charges in the indictment. (B) Examination-in-chief，cross-examination and re-examination shall be allowed in each case. It shall be for the party calling a witness to examine such witness in chief，but a Judge may at any stage put any question to the witness. (C) If the accused so desires，the accused may appear as a witness in his or her own defence。

根据上述规定，控辩双方在审理阶段都有权传唤证人提出证据，顺序是控方提出证据，辩方提出证据，控方反驳证据，辩方再反驳证据。当然在这个过程中，法庭自己也可以根据“程序与证据规则”第 98 条的规定提出补充证据，或传唤证人：A Trial Chamber may order either party to produce additional evidence. It may proprio motu summon witnesses and order their attendance。

控辩双方当事人在诉讼中的法律地位完全平等，不存在一方地位高于他方的情形。从诉讼结构的角度来看，普通法系国家刑事诉讼中的控辩双方与审判官的距离相等，呈等腰三角形的外观，其中，审判官处于等腰三角形的顶点，居中立的裁决地位，控辩双方分别排在等腰三角形底边与两腰的交点之上，呈对抗的姿态。在法官眼中，即便是代表社会利益的公诉人（检察长），也和被告一样，是当事人之一，两者地位平等，双方的差异只是在于对案件事实和法律适用的主张不一致。所以在前南国际刑事法庭的组成结构上，检察长办公室是一个独立的机构，但在法庭审理的过程中，它又是一个当事者，作为控方而享有与辩方同等的诉讼权利。

前南国际刑事法庭与卢旺达国际刑事法庭的审理程序，基本上是属于普通法系的对抗式的，又不完全是普通法系的。在普通法系国家的对抗式审判中，法官原则上是一个相对消极、被动、中立的仲裁者角色，审判中由控辩双方各自向法庭出示证据，并以控辩双方为主进行法庭调查。然而，与普通法系国家中的法官“消极、被动”相反，前南国际刑事法庭的法官可以在审理案件时采取积极、主动的姿态，如果需要，法官在案审的任何环节都可以主动地向任一当事方澄清任何被忽略的或不清楚的问题。

除了提问题以外，法官可以提醒控方或辩方遵守法庭的规则，制止任何与案情无关的问题和回答，还可以随时随地亲自询问证人。法官为查清案件事实，还可以“程序与证据规则”第98条为依据，在起诉主张和证据范围之内，积极主动地搜集、评判控诉方未提出的证据材料，而不会受到普通法系里的法官所受到的限制。

四、反对强迫自证其罪的权利

反对强迫自证其罪原则是从无罪推定原则引申过来的。根据这一原则，调查或起诉人员在讯问犯罪嫌疑人时，必须首先告诉他（她）有保持沉默的权利。如果没有这样做，讯问的内容和结果就不能作为证据用在审判中。它是犯罪嫌疑人或被告的一项最基本权利。

《公民权利和政治权利国际公约》第14条第3款规定被告人一律有权平等享有下列最低限度之保障，其中第7项规定：被告 not to be compelled to testify against himself or to confess guilt。所以，保持沉默、不被强迫作不利于他自己的证言或不被强迫承认犯罪是一项权利，只要被告不愿作证，不愿向法庭主动陈述任何事情，起诉方或法庭都不得强迫他（她）作证。

一般情况下，嫌疑人被逮捕、羁押后，侦控机关都可以对其进行讯问，这种讯问不仅可以印证已有的证据，而且，还可以作为线索引导侦控机关找出新的证据。但这一过程也是嫌疑人的权利最易受到侵犯的过程。因此，很多国家和地区的法律中都规定嫌疑人有反对自证其罪的特权。

美国宪法修正案第5条规定：“任何人不得被强迫在任何刑事诉讼中作为反对他自己的证人。”这一规则被视为嫌疑人、被告人和证人的特免权，其目的是预防一种危险，即“一个人所说的话会被用作刑事起诉或者作为刑罚或罚金的诉讼中的证据”。美国在1966年著名的米兰达诉亚利桑那州案中，又确立了“米兰达规则”，使嫌疑人“在被捕之后或接受米兰达忠告之后的沉默不得在审判中用来给其申明无罪的证言投上疑点”。

在大陆法系的国家里，德国《刑事诉讼法典》第136条第1款规定了嫌疑人、被告人在接受讯问和审判时均享有陈述自由的权利。意大利《刑事诉讼法典》第64条第3款，以及日本《刑事诉讼法典》第311条第1项也作了类似规定。

国际刑事司法机构在羁押、逮捕被告时，也适用了世界上不少国家的司法制度中的"沉默权"，即"你有权保持沉默，你所说的话有可能在审判中用作不利于你的证据；你有会见律师的权利，如果你经济上无力请律师，政府可以免费为你提供一名律师"。在普通法系国家的司法制度下，侦查人员在羁押、逮捕嫌疑人之后必须马上告诉他（她）的权利，即在上法庭之前，他（她）可以不回答任何问题，保持沉默并可以随时聘请律师为其提供法律帮助。

反对强迫自证其罪原则，就是反对利用强制程序来迫使被讯问者承认自己有罪的原则。这一原则的哲学基础，在于"任何人无义务控告自己"。因此，它与沉默权具有相同的基础和意义。某种意义上讲，反对强迫自证其罪的权利与沉默权两者之间存在着一致性。

沉默权的内容包括以下两个方面：(1) 程序上的告知义务。讯问人员在讯问嫌疑人或被告人之前必须告知其享有回答和不回答讯问的权利，未履行此项义务属程序违法。(2) 实体上的沉默。嫌疑人、被告人对讯问可以不予回答，使讯问不产生任何实质意义上的法律后果，并且不得以其沉默对抗其在审判中的陈述。

沉默权的完整含义除了包括程序上的告知义务和实体上的沉默外，它还包括：(1) 侵害沉默权所获取的嫌疑人、被告人的供述不具有证据效力。(2) 在认定犯罪事实时，不得以嫌疑人、被告人的沉默作为定罪的依据。

在所有国际刑事司法机构的"程序与证据规则"中都明确给予被告以沉默权。例如，前南国际刑事法庭"程序与证据规则"第 42 条是关于调查过程中嫌疑人权利的规定，按照这一规定，the Prosecutor shall inform the suspect prior to questioning, in a language the suspect understands...the right to remain silent, and to be cautioned that any statement the suspect makes shall be recorded and may be used in evidence。

另外，questioning of a suspect shall not proceed without the presence of counsel unless the suspect has voluntarily waived the right to counsel. In case of waiver, if the suspect subsequently expresses a desire to have counsel, questioning shall thereupon cease, and shall only resume when the suspect has obtained or has been assigned counsel。

任何受法庭检察官讯问的嫌疑人都有保持沉默的权利，并被提醒他（她）作的任何陈述都可能被用作证据。没有律师在场不应讯问嫌疑人，除非该嫌疑人自愿放弃他（她）有律师的权利。在前南国际刑事法庭的实践中，检察长办公室的法律顾问或调查员在每个被告被抓获时，都会告知他（她）有沉默权。

从实践来看，关于沉默权的警告对于文化程度不高、对法律知识了解甚少的人尤为有利，因为他们往往根本不知道自己有哪些权利，很容易就会供出对自己不利的证词。由于国际刑事法庭的规则本身就是一个法律体系，对一般人来说很复杂，不可能有什么深入的了解，所以，当国际刑事法庭被起诉人在被捕时，一般都会说"我要和我的律师谈话"或者"在同我的律师谈话之前我不想谈任何东西"。

既然是权利，被告自己要选择放弃也不是不可以的。换句话说，检察官无权强迫被告作证，但被告可以要求出庭为自己作证。不过他（她）如果愿意出来作证，检察官就有了质询他的权利。卢旺达前总理 Kambanda 选择认罪后，为了配合检察长办公室的调查就自动放弃这一权利，愿意在律师不在场的情况下向检察长讲述有关 1994 年卢旺达种族灭绝屠杀中的内情。不过，从国际刑事法庭的司法实践来看，在大部分的案例中，被告的律师一般都劝说被告不要出庭为自己作证，以免陷入被动。

CASE STUDY

“米兰达忠告”的由来①

“米兰达忠告”是从1966年美国联邦法院所判的米兰达诉亚利桑那州案来的。

这是一起强奸案，在该案中，警察根据受害人的描述，将名叫米兰达的人予以逮捕，并将他与其他人进行了“排队”。受害人当场认出米兰达就是罪犯，米兰达本人也承认。他按警察要求写了一份供认书，并在上面签了名。于是，这份供认书在审判中被用作证据，从而使得米兰达被判犯有劫持罪和强奸罪。但米兰达不服，认为刑事法律中的正当程序（due process）没有得到遵守，于是上诉。在经历了多次上诉以后，他最后在美国联邦最高法院终于上诉成功。这就是著名的米兰达诉亚利桑那州案。“米兰达忠告”是美国刑事司法制度的一个重要原则，也成了国际刑法保障被告在逮捕和审讯阶段的权利的一个原则。

米兰达诉亚利桑那州案的焦点，是被告在被逮捕和审讯阶段所作的招供是否应该作为证据被法庭接受。被告在该案中认为：他在当时那样场合下招供是被迫的。虽然被告并没有从肉体上受到强迫，甚至也没有人直接告诉他必须招供，但心理上的强迫是存在的。因为被迫，所以警方违反了美国宪法修正案第5条关于不得强迫犯人对自己作证的规定。美国联邦最高法院同意米兰达的观点，认为警方对被告单独的审讯给后者造成了巨大的心理压力，而在这样的场合下所作的供认可信度很低，是不应作为合法证据的。因此，美国联邦最高法院裁决：为了保障被告方的权利，警察在审讯前必须明确无误地告诉被捕者他（她）所享有的权利，即：(1) 他（她）有权保持沉默；(2) 他（她）如果选择回答，那么他（她）所说的一切都可能会被用作对他（她）不利的证据；(3) 他（她）有权在审讯时由律师在场陪同；(4) 如果他（她）没有钱请律师，法庭有义务为他（她）指定律师。

如果警方在审讯时没有预先作出以上4条警告，那么被告的供词一律不得作为证据进入司法程序。

“米兰达忠告”确立了两个保护性原则：第一，被审查的人请求律师帮助的权利不受任何限制；第二，在审讯过程中，被受讯者可以充分利用法律上允许的权利对指控予以反驳。

思考题

1. 被告为什么在刑事案件中享有公平和公开审判的权利？
2. 如何理解控辩双方之间的平等原则？
3. 为什么要规定嫌疑人或被告有保持沉默的权利？

---

① See Steven L. Emanuel, *Criminal Procedure*, Citic Publishing House, Aspen Law & Business, New York, 2003, pp. 9, 140, 173, 196, 201-206.

第三节 上诉权

上诉是一种权利。在现代国际刑法实践中，检察官和被告针对初审庭在法律或事实方面的严重错误即“使判决无效的法律问题上的错误”或“造成判决的事实错误”，都可以提出上诉。上诉请求能否被同意，取决于前提条件是否被满足，但只要符合条件，都应被接受。另外，国际刑法在发展，关于上诉权的规定根据新的情况也在发展。前南国际刑事法庭在其第一个案例——Tadic 案中就对关于管辖权的“中间上诉”作出了贡献。

一、上诉权的内涵与相关规定

由于国际人权法的发展，无论是在一国国内的刑事案件还是在国际刑法实践中，被告被判有罪后都至少有一次上诉的权利，英文叫 appeal。这是通过法律明确给予被判有罪的人的一种权利，这种权利在任何情况下都不得被剥夺。

在一国国内的司法制度中，关于审判的等级有具体的规定。譬如在美国，不是所有的案件都是在高级法院进行初审，只有重罪案件，即可判刑 1 年以上的案件，方可在高级法院初审，而轻罪案件一般由高级法院以下的地区法院初审。因此，第一次上诉的受理法院也因初审法院的不同而不同。如果初审法院为地区法院，那么第一次上诉就必须到高级法院；如果初审法院为高级法院，第一次上诉就必须到上诉法院。有的国家的司法制度还规定了三审。现在成立的国际刑事司法机构都规定了上诉程序，其实践普遍采用的是两审制。

《公民权利和政治权利国际公约》第 14 条第 5 款明确规定：Everyone convicted of a crime shall have the right to his conviction and sentence being reviewed by a higher tribunal according to law。①

根据这一规定，凡是被判定有罪者，都享有向一个较高级法庭对其定罪及刑罚要求依法进行复审的权利。所以，这里强调被定有罪的被告的权利。事实上，在世界不少国家的国内立法中，并未规定检察官方面也有上诉权利，但国际刑法与此有所不同：在国际刑法实践中，为了维护受害人和国际社会的共同利益，也是为了更有利于澄清国际法层面上的问题，检察官也被赋予上诉的权利。

在国际刑法的司法实践中，前南国际刑事法庭是第一个设立上诉庭的国际刑事司法机构，该法庭规约第 11 条规定：The International Tribunal shall consist of the following organs：the Chambers，comprising three Trial Chambers and an Appeals Chamber...

① 《联合国条约集》，第 999 卷，171 页。

规约第 25 条还规定：The Appeals Chamber shall hear appeals from persons convicted by the Trial Chambers or from the Prosecutor... The Appeals Chamber may affirm, reverse or revise the decisions taken by the Trial Chambers。

前南国际刑事法庭设立了上诉庭并允许被告与检察官上诉，这是对国际刑事审判制度的重大发展，是国际刑事司法体系的一大进步。第二次世界大战后成立的纽伦堡国际军事法庭与远东国际军事法庭，它们在诉讼程序上都只设立了一审程序，没有上诉程序，从而剥夺了被告上诉的权利。如果用今天国际法发展的标准来评判，显然有悖于国际人权法上已普遍承认的最低标准。

允许被告与检察方上诉已成为国际刑法实践不可或缺的程序规则的一部分。国际刑事法院《罗马规约》第 81 条规定：A decision under article 74 may be appealed in accordance with the Rules of Procedure and Evidence... The convicted person, or the Prosecutor on that person's behalf, may make an appeal... A sentence may be appealed, in accordance with the Rules of Procedure and Evidence, by the Prosecutor or the convicted person...

上诉庭在开庭及裁决过程中，用来推翻初审法院的判决的理由很多，但总起来就是两个方面，就是基于法律和事实。

《前南国际刑事法庭规约》第 25 条规定：1. The Appeals Chamber shall hear appeals from persons convicted by the Trial Chambers or from the Prosecutor on the following grounds：(a) an error on a question of law invalidating the decision；or (b) an error of fact which has occasioned a miscarriage of justice. 2. The Appeals Chamber may affirm, reverse or revise the decisions taken by the Trial Chambers.

根据这条规定，上诉庭具有维持、撤销或修正初审庭判决的权力。被初审庭定罪的被告或检察官都可以因为初审庭的法律问题或事实方面的错误而提出上诉。

举例说，前南国际刑事法庭管辖范围内关于“严重违反 1949 年日内瓦四公约情势”的罪行只能适用于国际性的武装冲突，在初审中，检察官对被告在武装冲突中的罪行提起诉讼，关于行为都没问题，被告被证明在武装冲突中犯有该罪行中所规定的行为。然而，初审庭认为武装冲突的性质属于国内性武装冲突，而不是国际性武装冲突，从而认为检察官起诉的这一罪行并不成立。检察官对此不服，在上诉时就通过法律和事实上的理由，说明初审法官误判而导致了被告没有被判有罪。为了确定当时法官是否误判，上诉庭的法官需要查看当时在审判中到底发生了什么情况，检察方是怎么询问的，被告的律师是怎样反对的，他们各自提出了什么理由，法官怎么看这些理由、最后是如何判决的，等等，只有搞清了所有这些情况，上诉庭的法官才能断定初审法官是否真的作了误判。

在程序上，在初审庭作出判决后，要求上诉的被告或检察官方面就得自初审庭判决宣告之日起 30 日内向法庭的书记长官提出，并向对方送达经签署的上诉通知。前南国际刑事法庭“程序与证据规则”第 108 条规定：A party seeking to appeal a judgement shall, not more than thirty days from the date on which the judgement was pronounced, file a notice of appeal, setting forth the grounds. The Appellant should also identify the order, decision or ruling challenged with specific reference to the date of its filing, and/or the transcript page, and indicate the substance of the alleged errors and the relief sought. The Appeals Chamber may, on good cause being shown by motion, authorise a variation of the grounds of appeal。

根据前南国际刑事法庭“程序与证据规则”第 112 条和第 113 条的规定，应诉方的辩论书及其根据应在上诉辩论书提出后 30 天之内送达另一方，并向书记长官提出；上诉方还可在应诉方提出辩论书后 15 天内再提出对辩论书的答辩。

当上诉陈辩书、答复陈辩书以及反驳书在规定的时间内都已上交，上诉庭就会确定口头陈辩的开庭听证日期。届时检察官与被告及被告的上诉律师将在上诉庭出庭并进行庭辩。根据规则，在宣布开庭后，由提出上诉的一方进行口头陈辩，然后由另一方进行答复，提出上诉的一方还有一次反驳机会。前南国际刑事法庭“程序与证据规则”第 107 条规定，原来适用于初审诉讼过程的程序和证据规则也将适用于上诉庭的诉讼程序：The rules of procedure and evidence that govern proceedings in the Trial Chambers shall apply mutatis mutandis to proceedings in the Appeals Chamber。

口头陈辩结束后，上诉庭会尽快作出决定。原则上，上诉庭根据案情可以作出以下三种决定：（1）推翻原判。如上诉庭认为有必要进行重新审理，可以将案件退回另一初审庭重审。（2）维持原判。（3）对原判进行某种修正。

上诉庭的决定都需形成书面文件，文件名称叫上诉庭决定（Appeals Decision）。因为上诉庭是国际刑事法庭的终审法庭，又因为前南国际刑事法庭上诉庭同时也是卢旺达国际刑事法庭的上诉庭，所以，前南国际刑事法庭上诉庭的决定，对联合国安理会下属的这两个国际刑事法庭的初审法庭，都有约束力。

二、国际刑法在上诉权方面的新发展

国际刑法在发展，关于上诉权的规定也根据新的情况在发展。

Tadic 案是前南国际刑事法庭于 1993 年成立后审理的第一个案件。在该案件中，关于联合国安理会设立前南国际刑事法庭的合法性问题作为一个法律上极其重要的问题自然而然地提了出来。

Tadic 关于国际刑事法庭没有管辖权的请求意见，主要集中在以下三个方面：（1）关于联合国安理会成立前南国际刑事法庭的合法性问题；（2）规定前南国际刑事法庭的管辖权优先于国内法院管辖权是违反国际法的；（3）前南国际刑事法庭对其规约中的国际罪行不具有实质性的管辖权。

他首先将这些问题向审判庭提了出来，但审判庭在听取了双方意见后，驳回了被告的请求。那么，被告在关于前南国际刑事法庭管辖权问题上的所有请求都被初审庭驳回以后，能不能马上就上诉呢？也就是说，在审判正式开始之前，被告是否有资格就国际刑事法庭的管辖权问题提出中间上诉呢？

中间上诉（interlocutory appeal）就是指在终审裁决作出之前发生的上诉。在一国国内刑事案件中，管辖权问题一般不是对于案件争议解决具有决定性的问题。但管辖权问题在联合国前南国际刑事法庭和卢旺达国际刑事法庭是涉及法庭是否有资格受理案件的根本问题，因此，中间上诉在联合国国际刑事法庭就成了对案件的实质结果能产生重大影响的上诉。

前南国际刑事法庭“程序与证据规则”第 73 条给予被告提出“初步申请”（preliminary motions）的权利，具体规定如下：

(A) Preliminary motions, being motions which

(ⅰ) challenge jurisdiction;

…… ……

shall be in writing and be brought not later than thirty days after disclosure by the Prosecutor to the defence of all material and statements referred to in Rule 66 (A) (i) and shall be disposed of not later than sixty days after they were filed and before the commencement of the opening statements provided for in Rule 84.

(B) Decisions on preliminary motions are without interlocutory appeal save

(ⅰ) in the case of motions challenging jurisdiction...

在前南国际刑事法庭，初步申请可以包括对管辖权（jurisdiction）问题向初审法庭提出反对，如果被拒绝或败诉，就可以根据第 73 条（B）款规则的规定向该法庭的上诉庭提出“中间上诉”。但单从理论上讲，法官制定的第 73 条（B）款与该法庭的规约之间是有矛盾的。

《前南国际刑事法庭规约》第 25 条是关于上诉程序的规定，该条规定：1. The Appeals Chamber shall hear appeals from persons convicted by the Trial Chambers or from the Prosecutor on the following grounds：(a) an error on a question of law invalidating the decision；or (b) an error of fact which has occasioned a miscarriage of justice. 2. The Appeals Chamber may affirm，reverse or revise the decisions taken by the Trial Chambers。

前南国际刑事法庭上诉庭应受理根据“使判决无效的法律问题”或“造成判决的事实错误”问题所引起的上诉一语清楚表明，被告与检察方都有上诉权，但其上诉范围是能使判决无效的“法律问题”，也包括造成判决的“事实错误”。由于这些错误都明确无误地指初审庭判决中的错误，时间上只能是在初审庭作出判决以后，所以，上诉应该是在初审以后的事，因为，如果没有判决，又何来错误。

在国际刑事法庭管辖权问题上，被告究竟是否应享有中间上诉的权利呢？根据前南国际刑事法庭“程序与证据规则”，被告应具有上诉权。然而，检察方把国际刑事法庭管辖权问题与法庭成立的合法性问题分开，认为被告方无权挑战国际刑事法庭成立的合法性问题，因为这涉及联合国安理会的权威问题。这一观点得到初审庭的认同，认为：“国际刑事法庭需要裁决的关于该法庭的管辖权问题涉及很多方面，如国际法庭需要确定的犯罪的时间、地点和性质。这些都可称为管辖权问题。而国际法庭建立的有效性不是真正的管辖权问题而是它建立的合法性问题……”①

但上诉庭明确地表示不同意，认为“检察官对管辖权概念的解释与现代司法公正的理念不相符合”②。

成立国际刑事法庭是为了实现正义，因此，如果要对《前南国际刑事法庭规约》或“程序与证据规则”进行解释，主要是考虑如何才能有利于实现正义。从逻辑上讲，“程序与证据规则”第 73 条是有道理的，它是有助于实现正义的条款，因为国际刑事法庭的管辖权是个事关根本的问题。假设，国际刑事法庭对 Tadic 案确实不具有管辖权，但由于根据规定被告没有任何上诉的权利和机会，就案情的实质问题就只能继续进行下去。这样，几个月、一年、两年或更长时间以后，国际刑事法庭在听取了大量的证人证言以及接受大量证据的基础上，考量并作了裁决。到了那个时候，也只是到了那个时候，被告根据规约第 25 条享有上诉的权利，才把国际刑事法庭缺乏管辖权的问题再提了出来。如果到了那时，国际刑事法庭的上诉庭确认，国际刑事法庭对该案没有管辖权，整个审判原本就不该进行的，就已经晚了，因为整个法庭为审理此案已经花费大量的人力、物力，被告由于审理时待在法庭拘留所，也失去自由，付出了更为沉重和没有必要的代价。

---

① The Prosecutor v. Tadic (Opinion and Judgment)，ICTY，Trial Chamber II，Judgment of 7 May 1997，para. 4.

② Decision on the Defence Motion for Interlocutory Appeal on Jurisdiction，2 October 1995，Case No. IT-94-1-AR72，para. 6.

所以，“程序与证据规则”第73条尽管与规约的规定有冲突，但它是一条有用的规则。它有用，对双方都公平，尤其是有利于保障被告的权利，因为它能避免法庭在没有资格的情况下去受理其原本没有权力受理的案件。

在这样的逻辑思维下，前南国际刑事法庭的上诉庭最后认定：All the grounds of contestation relied upon by Appellant result，in final analysis，in an assessment of the legal capability of the International Tribunal to try his case. What is this，if not in the end a question of jurisdiction? And what body is legally authorized to pass on that issue，if not the Appeals Chamber of the International Tribunal? Indeed this is by no means conclusive，but interesting nevertheless：where not those question to be dealt with in limine litis，they could obviously be raised on an appeal on the merits. Would the higher interest of justice be served by a decision in favour of the accused，after the latter had undergone what would then have to be branded as an unwarranted trial? After all，in a court of law，common sense ought to be honoured not only when facts are weighed，but equally when laws are surveyed and the proper rule is selected. In the present case，the jurisdiction of the Chamber to hear and dispose of Appellant's interlocutory appeal is indisputable。①

上诉庭认为在法律的范围内权衡事实时应尊重常识（common sense），在评述法律和选择适当的规则时也应这样。因此，对于案件初审期间处理上诉人关于管辖权的中间上诉是无争议的（indisputable）。

卢旺达国际刑事法庭后来也作出了与前南国际刑事法庭同样的实践，允许被告就管辖权问题行使“中间上诉”的权利；国际刑事法院成立时也参考了这一实践，并在《罗马规约》第82条第1款明确规定：Either party may appeal any of the following decisions in accordance with the Rules of Procedure and Evidence：(a) A decision with respect to jurisdiction or admissibility；(b) A decision granting or denying release of the person being investigated or prosecuted；(c) A decision of the Pre-Trial Chamber to act on its own initiative under article 56，paragraph 3；(d) A decision that involves an issue that would significantly affect the fair and expeditious conduct of the proceedings or the outcome of the trial，and for which，in the opinion of the Pre-Trial or Trial Chamber，an immediate resolution by the Appeals Chamber may materially advance the proceedings.

国际刑事法庭的实践，不但肯定了被告具有上诉权，而且通过对国际法基本原则的逻辑分析，还肯定被告具有中间上诉权。这是国际刑法原理和国际刑法实践的一个很重要的发展。

CASE STUDY

The Prosecutor v. Anto Furundzija
(Appeals Case in the ICTY) ②

On 10 December 1998，Trial Chamber II rendered its Judgement，finding Anto Furundzija

① Decision on the Defence Motion for Interlocutory Appeal on Jurisdiction，2 October 1995，Case No. IT-94-1-AR72，para. 6.

② The Prosecutor v. Anto Furundzija，Judgement，Internatinal Criminal Tribunal for Rwanda，Case No. IT-95-17 / 1-A，21 July 2000，paras. 13-26.

guilty on Count 13, as a co-perpetrator of torture as a violation of the laws or customs of war, and guilty on Count 14, as an aider and abettor of outrages upon personal dignity, including rape, as a violation of the laws or customs of war. The Trial Chamber sentenced Anto Furundzija ten years' imprisonment for the conviction under Count 13 and 8 years' imprisonment for the conviction under Count 14. Consistent with the Trial Chamber's disposition, the Appellant is serving the sentences concurrently, inter se.

Anto Furundzija filed the "Defendant's Notice of Appeal Pursuant to Rule 108", in which he submits the following grounds of appeal against the Judgement of 10 December 1998:

Ground 1: That the Appellant was denied the right to a fair trial in violation of the Statute;

Ground 2: That the evidence was insufficient to convict him on either count;

Ground 3: That the defence was prejudiced by the Trial Chamber's improper reliance on evidence of acts that were not charged in the indictment and which the Prosecutor never identified prior to the trial as part of the charges against the Appellant;

Ground 4: That presiding Judge Mumba should have been disqualified; and

Ground 5: That the sentence imposed upon him was excessive.

By his appeal, the Appellant seeks the following relief:

(1) That the Appellant be acquitted or, in the alternative, that his convictions be reversed or that he be granted a new trial.

(2) That, in the alternative, if the Appeals Chamber affirms the conviction imposed by the Trial Chamber, the Appeals Chamber reduce the sentence to a term that does not exceed six years, including time served since the date of his original incarceration (18 December 1997).

思考题

1. 为什么被告的上诉权是一项基本权利?
2. 什么叫"中间上诉"?
3. 被告的上诉权在国际刑法实践中是否是从来就有的?
4. 为什么说"中间上诉"的规定是对国际刑法的贡献?

本章小结

1. 联合国两个特设国际刑事法庭的审理程序，基本上是属于对抗式的，与普通法系国家相似。诉讼的对抗性造成控辩双方在诉讼程序中的平等，并使得公诉活动能在被告方挑剔性的质疑之下受到充分的监督和审查，以此来保证公诉的质量。

2. 国际刑事司法机构在羁押、逮捕被告时，适用被告或嫌疑人享有"沉默权"的原则，即“你有权保持沉默，你所说的话有可能在审判中用作不利于你的证据；你有会见律师的权利，如果你经济上无力请律师，政府可以免费为你提供一名律师”。在开庭之前，被告或嫌疑人也可以保持沉默并可以随时聘请律师为其提供法律帮助。

3. 反对强迫自证其罪原则的哲学基础在于，任何人无义务控告自己。因此，它与沉默权具有相同的基础和意义。某种意义上讲，反对强迫自证其罪的权利与沉默权两者之间存在着一致性，是被告或嫌疑人所享有的最基本权利之一。

4. 现代国际刑事司法机构都设立上诉庭并允许被告与检察方上诉，这是国际刑事审判制度的重大发展，是国际刑事司法体系的一大进步。被告的上诉权利体现了国际人权法上已普遍承认的最基本的受保护权利。

QUESTIONS AND COMMENTS

1. With the development of international human rights law, it is well recognized today in international criminal law that the basic rights of the suspects and the accused be guaranteed. Actually, the rights of the accused would have little meaning in the absence of respect for the rights of the suspect during the investigation, for example, the right not to be compelled to confess to a crime.
2. The rules of law in international criminal institutions protect the rights of persons during investigation and the trial, directly or indirectly, including the principle of presumption of innocence, protection of the victims and witnesses and their participation in the proceedings, and exclusion of evidence obtained in violation of the rules of human rights.
3. Since the rules of law in the international criminal institutions will be directly applicable to States Parties conducting questioning of suspects and accused, such rules will inevitably have an impact on national law and practices involving crimes in their respective countries.
4. With the development of international criminal law, States Parties as well as other States coo perating with the international tribunals will be under pressure from their citizens to revise their national laws and practices for persons suspected of committing crimes in order to ensure the treatment up to the standard of well-recognized human rights law.

第十四章 国际诉讼程序和规则

引言

刑法上的公正包括实体公正和程序公正。实体公正主要是从刑法角度来讲，是指定罪准确、量刑适当以及罚当其罪；程序公正则要求在查明事实、适用法律的过程中必须公正、一视同仁地对待当事方，其中自然包括被告。如果把普通法系和大陆法系相比较就不难发现，大陆法系侧重实体公正的实现，普通法系则强调程序公正的重要性。从迄今为止的国际刑法实践来看，国际刑事法庭（法院）的“程序与证据规则”基本上是在普通法系规则基础上制定的，加上其本身是国际性质的刑事法庭（法院），因此尤其强调和重视程序与证据上的公正问题。

重点问题

- ❑ 控辩方的诉讼平等地位
- ❑ 公诉人（检察方）举证责任
- ❑ “辩诉交易”的基本概念
- ❑ “超越了任何合理怀疑”的定罪标准

第一节 检控方的责任和义务

控辩双方在诉讼中的平等地位，形成了在法庭审判中由控（检察）、辩（被告）、审（法官）三方共同审查证据的局面。应该说，这是对证据质量审查的最科学的方式。检控方在起诉前根据法律的要求收集证据并对它的真实可靠性进行审查，但出于职业的习惯及法律职责，很可能在某些地方有所松懈；轮值法官在检察长送交起诉书时对证据也作审查，但这仅由个别法官进行，且没有被告的反论，认识上难免有其局限性。所以，开庭审判时由控、辩、审三方形成的审理格局，通过控诉和反诘，可以充分地展示公诉人所提供的证据可靠或不可靠、具有证明力或缺乏证明力等，以最大限度地达到与案件事实靠近的目的。

一、举证责任及证明标准

案件的审理阶段，举证责任完全由公诉人（检察方）承担。在前南国际刑事法庭，被告被认定有罪的标准规定得非常高，即检察、起诉的证明必须达到“排除任何合理怀疑”（beyond any reasonable doubt）的程度。所谓起诉的证明必须达到“排除任何合理怀疑”的程度，是指检察机关的证明活动必须能够排除一个正常人在该具体情况下所可能产生的任何怀疑。在审判过程中，被告人及其辩护人从事实和法律两个不同的角度，对检察官的指控进行有力的反驳，并提出和论证对被告人有利的辩护证据。检察官必须在法庭上以法律为根据，毫无保留地出示其所掌握的全部证据。如果不这样，其所指控被告人的犯罪事实就有不被审判法庭认可的可能。换句话讲，起诉方如果不能出示具有说服力的证据，来证明被告所被指控的罪行已经清楚地具备了（不是“可能具备”，也不是“不太确切地具备”）其所有的构成要件，法庭就不能认可指控的相应的犯罪事实。

定罪证据必须经法庭审查，作为证据的物证必须在法庭上出示。法庭在规则上和实践中强调，一切定罪证据均应经过法庭出示、审查，只有被法庭认可、采纳的证据才能作为对被告人定罪的依据。前南国际刑事法庭“程序和证据规则”第 85 条规定：Each party is entitled to call witnesses and present evidence. Unless otherwise directed by the Trial Chamber in the interests of justice，evidence at the trial shall be presented in the following sequence：（ⅰ）evidence for the prosecution；（ⅱ）evidence for the defence；（ⅲ）prosecution evidence in rebuttal；（ⅳ）defence evidence in rejoinder；（ⅴ）evidence ordered by the Trial Chamber pursuant to Rule 98；and（ⅵ）any relevant information that may assist the Trial Chamber in determining an appropriate sentence if the accused is found guilty on one or more of the charges in the indictment。

每个案件的审理阶段分为主讯（examination-in-chief）、反诘（cross-examination）和再主

讯（re-examination）等；任何有用的信息都可以在审理时向法庭提交；当然，证人证言都必须经过质证。

实质意义的控辩平等，是指调查和起诉阶段中的平等，其具体要求是：（1）检察机关行使追诉权也要尊重法律上保障人权的规定，并负有维护嫌疑人、被告人权益和保障司法公正的义务；（2）嫌疑人或被告人享有以辩护权为核心的一系列诉讼权利，尤其包括判决前随时得到律师帮助的权利，在诉讼中享有与检察官平等的提证权、问证权。（3）法官在庭审中对控辩双方的意见和证据材料应予以平等的重视，对各方的利益予以同等尊重和关注。

除了控辩双方平等以外，作为国家或国际社会刑事追诉者的检察官，在刑事诉讼中还负有一项特殊的义务，即它要始终承担证明被告人有罪的责任，并要达到最高的证明标准。换句话说，控诉方承担证明嫌疑人、被告人有罪的责任。证明责任由控诉方承担的直接依据在于“他必须反驳无罪推定……被告人没有为自己申辩无罪的责任”。

一方面，控诉方提出指控的目的在于推翻嫌疑人、被告人被推定无罪的原始地位，因而必须承担证明嫌疑人、被告人有罪的责任；另一方面，任何人都不太容易或不太可能提出证据来证明自己无罪，更何况处于受追诉地位的嫌疑人、被告人。处于弱势地位的嫌疑人、被告人，在诉讼中无须承担证明自己无罪的责任，对自己诉讼主张的证明，只需达到较低的证明标准；对于可能使自己陷入刑事控罪之中的事项，嫌疑人、被告人拥有拒绝陈述的权利，等等。这样，作为强者的检察官与作为弱者的嫌疑人、被告人，经过法律程序的矫正，就大体上在对抗手段、对抗能力和对抗机会方面拥有平等的地位。

证明责任是指控诉方承担的证明嫌疑人、被告人构成犯罪所必需的全部事实或基本事实的责任，具体内容包括：（1）控诉方应向法庭出示据以指控的所有证据材料，如书证、物证、鉴定结论、视听资料等并证明证据的合法性。（2）控诉方应向法庭陈述嫌疑人、被告人的犯罪事实，并运用足够的证据进行充分论证，达到足以推翻嫌疑人、被告人无罪的推定。（3）对于嫌疑人、被告人提出的辩护理由，控诉方“有责任来驳斥它，而不是由被告方有责任来证明它”。

关于指控犯罪成立的证明责任是不能转移的，所以在整个审理过程中，由检控方承担证明嫌疑人、被告人有罪的责任和义务。但是，当被告人作出“不在场”（alibi）的辩护时，他就要承担举证责任（burden of producing evidence）。具体来说，被告人应提出证据对此进行证明或解释，使该辩护理由成为法庭审理的争议事项，法官有义务告知此项责任。未履行或未充分举证的后果是使法庭认为对被告人有利的争议事项不成立，即辩护理由不成立，因而被告人只需达到引起控诉方必须进行“驳斥”的举证要求，而其证明责任的证明标准为达到“无合理怀疑”或“确凿、充分”。

二、检察方传讯与“排除合理怀疑”标准

根据无罪推定的原则，被告被证明有罪之前是被假定无罪的，所以检察官必须出示足够的证据来证明被告有罪。在国际刑事司法机构，证明的标准很高，如前所述，要达到“排除任何合理怀疑”（beyond any reasonable doubt）的程度。所谓排除任何合理怀疑，就是说，如果一个正常而不带偏见的人在听完了检察官方面的所有证人的作证，看完了检察官方面出示的所有实物证据后，对于被告是否就是罪犯这点不存在任何的“合理怀疑”，那么被告就可被判有罪。那么什么是“合理怀疑”呢？这本身是一个不太容易界定的概念，只能用比较的方法来确定。

“排除任何合理怀疑”的概念，来自普通法系国家的司法制度。在美国法律中，证明可分三

个层次。最低程度的证明叫作“合理性证明”(reasonable basis),意思是说,一个正常的人把所有的证据不带偏见地审查一遍,如果他认为从向法庭展示的证据来看,被告“很可能”(a significant possibility)实施了其被指控的违法行为,那么这个证明就是成功的。也就是说,只要证据的天平往一边倾斜,重的一边就算是完成了证明。这种证明大多用于民事案件。

中间程度的证明叫作“明确、可信证明”(probable cause)。这一级的要求比合理性证明要高,但到底要高出多少,才算是明确、可信,也是一个无法解答的问题。但不管怎么样,它也算是给了裁判者一个比较大的尺度。一般在欺诈等民事案件的证明中,要求必须达到这一证明程度。

最高程度的证明就是“排除合理怀疑”。排除合理怀疑是从反面看问题,着眼点不是证明者证明了多少,而是他还有多少没有证明,如果这些没有证明的地方构成了合理怀疑(reasonable doubt),那么证明就算失败。

当案审开始,检察官和被告的律师各自作完开庭声明以后(或者检察官作完开庭声明而被告的律师选择把开庭声明留到后面来做),接下来的一步叫作“检察方传讯”(examination in chief)。所谓检察方传讯,具体地说就是检察官逐个传讯检察方的证人,逐一出示实物证据,以证明被告确为罪犯。

前南国际刑事法庭“程序与证据规则”第 87 条第 1 款涉及“排除合理怀疑”定罪标准,该条款规定:When both parties have completed their presentation of the case, the Presiding Judge shall declare the hearing closed, and the Trial Chamber shall deliberate in private. A finding of guilt may be reached only when a majority of the Trial Chamber is satisfied that guilt has been proved beyond reasonable doubt。

国际刑事法院《罗马规约》第 66 条第 3 款规定:In order to convict the accused, the Court must be convinced of the guilt of the accused beyond reasonable doubt。

在刑事诉讼中,定罪的证明要求应当达到以下几个方面的要求:

(1)据以定案的证据具有关联性,即对案件真实具有证明作用。不具有关联性的证据不能作为定案的依据,如被告人的前科、相似事件、品格等,不能作为证据使用。

(2)据以定案的证据必须是控辩双方在法庭上出示的证据,并且其真实性、可靠性得到控辩双方交叉提问、质证的证实。

(3)对于控辩双方存在争议的证据,提出证据的一方需提供进一步证实其真实、可靠性的补充证据,特别是对于非原件的文书证据和传闻证据。

(4)据以定案的证据必须是合法取得的,并且以法定的证据形式表现。如果对证据的合法性存在争议,提出的一方对证据的合法性承担举证责任。

(5)根据控辩双方已提出的证据,可以肯定犯罪是本案被告人所为,排除任何其他的可能性,也就是对于被告人实施了犯罪行为排除了合理的怀疑。

(6)当承担举证责任的一方(控方,即公诉人和自诉人)不承担举证责任、无法举证或举证达不到法律规定的证明要求时,法院应当作出证据不足、指控的犯罪不能成立的无罪判决。

“排除合理怀疑”本是普通法系国家国内刑法上的证明标准,本来就很高。而国际刑事司法机构要严格适用国际标准,所以对检察官提出的证明标准实际上更为严格:在每一个案审中,检察官必须确实要证明到“超越合理怀疑”的程度,才能定被告人有罪。而在被告方面,根据“一切被告在被证明有罪之前为无罪”的原则,不需要证明任何东西。在理论上被告方可以坐在法庭上什么也不做，让检察官传讯完了证人以后，直接等待法官决定检察官是否已证明到“超越合理怀疑”的程度。由于对检察官有这么一个要求，所以当被告的律师传讯证人时，他并不是要努力证明什么，而主要是想通过证人和证词，在检察官陈述的案情中找出一些漏洞，目的是在法官的脑子里留下一些“合理的怀疑”。如果被告的律师能做到这一点，就可以指望国际刑事司法机构判定被告无罪。

三、案卷移送制度

案卷移送在司法制度上是与法官的庭前调查活动联系在一起的。检察方之所以在案审前随案移送全部的卷宗材料和证据材料，目的是使法官在开庭之前就能阅览这些材料，并根据阅卷情况，设想一下开庭审判中要注意的问题及大体的审判的思路，必要时还可以自行收集、调取自己认为必需而控方没有移送的其他证据。从法官方面看，他开展如此烦琐、细致的庭前调查活动，是为了实现法官对法庭审理过程的主导权和控制权。在国际刑事司法机构，刑事诉讼程序与一国国内的刑事司法程序一样，主要是围绕证据展示，如关于证据的可信性与证明力；辩论紧紧围绕着犯罪行为是否存在、被告人是否有刑事责任、被起诉罪行的构成要件是否都具备，等等。法庭审判几乎为控辩双方质疑对方提出的证据与证明己方证据的争论活动所充斥。在常理上讲，法官都希望在其主宰下的法庭审判能有条不紊地进行。从逻辑上讲，法官如果在开庭之前对案件的基本情况及其争议焦点有一个清楚的了解，做到胸有成竹，对于控制法庭并使审判得以顺利开展，无疑是有帮助的。

前南、卢旺达国际刑事法庭最初制定的“程序与证据规则”里，没有在开庭前要向法官移送证据材料的规定，但它们也没有作出禁止法官提出这样要求的规定。当庭审开始时，法官们就这一问题进行了私下讨论。在法庭第一个公开提出这个要求的是卢旺达国际刑事法庭的庭长Gama法官。他是来自塞内加尔的法官，塞内加尔属大陆法系，所以在其审理的卢旺达国际刑事法庭的第一个案例Akayesu案①中，他要求起诉方将其已交给被告方的证据材料也交给他。

Gama法官的命令在检察长办公室引起了一场轩然大波，它几乎遭到所有人的反对，尤其是来自普通法系国家法律专家的反对，理由在于：在普通法系的司法制度下，法官是一个居中裁判者。为了能对案件作出公正的判决，法官在原则上是绝对不应对案件事先有所了解，以免产生先入为主的偏见。于是，检察长办公室在一片热烈的反对声中，向法庭提交了一个动议，要求法官“进一步考虑”（reconsideration）其决定。② 但法官在收到动议后仍然坚持己见，检察长办公室方面无奈，只得移交自己准备在法庭上要提交证据的副本。

在前南国际刑事法庭，意大利的Cassese法官不久后也提出同样的要求。他在开庭前的准备会议上（Status Conference）解释说：法官在开庭审判之前没有接触过控诉方的案卷和证据，对案件情况一无所知，不利于审 理过程中的法庭控制（control of the court）。法官事先阅览有关材料，是为了对整个案件的方向在审理前有个大致的了解，而不是为了在这个阶段上就裁定这些证据的真实性。

从Cassese法官作出解释、提出要求后，前南国际刑事法庭法官开庭前阅览有关证据材料

---

① Akayesu案，是1948年《种族灭绝罪公约》生效以来由国际社会起诉的第一个案例。此案的上诉由笔者负责。初审阶段的控诉则由美国来的检察官皮尔·波尔斯波（Pierre Prosper）负责，这是一位非常能干的检察官。该案初审一结束，他就回国，被任命为美国国务院“战争罪”的巡回大使。

② “进一步考虑”（reconsideration）的动议，其实也是普通法系国家的司法制度里经常使用的一个程序。

就成了一个制度，并在其后召开的法庭全体会议上将这一制度编进“程序与证据规则”。现在，法官甚至在阅览材料的基础上，为了加快庭审进度，可能决定减免其认为过多的证人的人数。①

1998 年 7 月，前南国际刑事法庭法官在全体会议上通过修改“程序与证据规则”，加进了第 65 条之三，以后在 2001 年 4 月又通过修订，从程序上专门规定：(E) Once any existing preliminary motions filed within the time-limit provided by Rule 72 are disposed of, the pre-trial Judge shall order the Prosecutor, upon the report of the Senior Legal Officer, and within a time-limit set by the pre-trial Judge and not less than six weeks before the Pre-Trial Conference required by Rule 73 bis, to file the following: (ⅰ) the final version of the Prosecutor's pre-trial brief including, for each count, a summary of the evidence which the Prosecutor intends to bring regarding the commission of the alleged crime and the form of responsibility incurred by the accused; this brief shall include any admissions by the parties and a statement of matters which are not in dispute; as well as a statement of contested matters of fact and law; (ⅱ) the list of witnesses the Prosecutor intends to call with: (a) the name or pseudonym of each witness; (b) a summary of the facts on which each witness will testify; (c) the points in the indictment as to which each witness will testify, including specific references to counts and relevant paragraphs in the indictment; (d) the total number of witnesses and the number of witnesses who will testify against each accused and on each count; (e) an indication of whether the witness will testify in person or pursuant to Rule 92 bis by way of written statement or use of a transcript of testimony from other proceedings before the Tribunal; and (f) the estimated length of time required for each witness and the total time estimated for presentation of the Prosecutor's case. (ⅲ) the list of exhibits the Prosecutor intends to offer stating where possible whether the defence has any objection as to authenticity. The Prosecutor shall serve on the defence copies of the exhibits so listed.

按照这条规定，检察官在开庭审理前就要向法庭指定的预审法官（the pre-trial judge）提交一系列的材料：除了起诉状最后文本及证据的概况以外，还得提交，检察官要在案审中传唤的证人的姓名或代号；检察方的证人在法庭中要证明的事实；证人的证言与起诉书中所起诉罪行的联系；证明每个被起诉罪行的证人的人数；证人作证的方式，即是出庭作证还是以书面的形式作证等；检察方证人作证所需要的大概的时间；检察方将向法庭出示的、已交给被告方的物证，等等。在第 65 条之三（F）款的规定中，法庭对被告方也作了类似要求的规定。

前南国际刑事法庭的这一实践在形式上与大陆法系国家的案卷移送制度似乎一样，但两者之间有不同地方。

(1) 在大陆法系国家中，提起公诉采用的案卷移送制度，指的是检察机关向案件管辖法院提起公诉时，不仅要提交指控被告人犯罪事实的起诉书，而且还要向法院移交侦查起诉时所制作的卷宗材料以及获取的证据材料。比如在法国，检察官在预审法官预审结束后制作的最终公诉书中，通常包括案情事实的摘要、被告人的品格、有利于和不利于被告人的证据。德国刑事诉讼法也规定，检察官在法院的要求下，应向法院移送迄今为止由它掌握的案件材料和收集的证据。

① 参见“程序与证据规则”第 73 条之二。

（2）前南国际刑事法庭所要求提交的材料范围还没有这么宽，它主要是控方和辩方拟定出庭证人的材料，目的在于让法官开庭审理之前，就通过阅览材料对案情有一定的了解，并控制控方和辩方出庭实际需要的证人人数，以便在开庭审理时更好地支配和加快庭审进程。

值得一提的是，在前南国际刑事法庭的实践中，已成习惯做法的不仅有检察官在庭前要按照“程序与证据规则”的规定向被告方移送所有的证据材料，与被告律师方面在法官的安排下商定开庭前的准备工作或正式开庭时间，还有向法官移送将在庭审中出示的证据材料，从而将大陆法系的案卷移送制度结合了起来。

前南国际刑事法庭的这一规定无疑是非常独特、自成一类的。

CASE STUDY

The Issue of Corroboration
(The ICTY) ①

In Tadic Case, the Defence contends that in the civil law, as distinct from the common law, some degree of independent causal corroboration of evidence is required. This unus testis, nullus testis (one witness is no witness) rule, the Defence submits, should be applied in cases before this International Tribunal in order to meet what it said were "fair and settled standards of proof" rather than developing what were somewhat extravagantly described as "ad hoc standards to enable the Tribunal to convict".

The general principle which the Rules of Procedure and Evidence require the Tribunal to apply is that any relevant evidence having probative value may be admitted into evidence unless its probative value is substantially outweighed by the need to ensure a fair trial [Sub-rules 89 (c) and (d)]. Rule 96 (i) alone deals with the issue of corroboration, and then only in the case of sexual assault, where it says that no corroboration is to be required.

The Tribunal takes the view that, quite apart from the effect of the Rules, it is not correct to say that in present day civil law system corroboration remains a general requirement. The determinative powers of a civil law judge are best described by reference to the principle of free evaluation of the evidence: in short, the power inherent in the judge as a finder of fact to decide solely on the basis of his or her personal intimate conviction. This wide discretionary power is object to a limited number of restriction. However, the principle reflected in the Latin maxim unus testis, nullus testis, which requires testimonial corroboration of a single witness's evidence as to a fact in issue, is in almost all modern continental legal systems no longer a feature.

Accordingly, the Trial Chamber of the tribunal finds that there is no ground for concluding that this requirement of corroboration is any part of customary international law and should be required by the International Criminal Tribunal.

---

① The Prosecutor v. Dusko Tadic, Opinion and Judgment, ICTY, Case No. IT-94-1-T, 7 May 1997, paras. 535-539.

思考题

1. 案件的举证责任为什么完全由公诉人承担?
2. “排除合理怀疑”的标准如何解释?
3. 案卷移送制度的目的是什么?
4. 前南国际刑事法庭在案卷移送方面的规定有什么特别之处?

第二节 证据展示制度

在国际刑法的实践中，与控辩双方平等诉讼权原则联系在一起的还有证据展示制度方面的规定。

证据展示(discovery of evidence)是普通法系司法制度中刑事案(及民事案)中了解案情的一种方法、它要求在提起公诉后、法庭开庭之前，作为控诉一方的检察官根据对方的要求向辩护律师展示他所掌握的证据，以保障辩护方的知悉权(right to know)。如果检察官不向对方出示有利于被告的证据，即被认为违反正当程序，将因此而承受不利于检察方的结果。

在刑事案件审理过程中设立证据展示制度，道理很简单：检控方拥有雄厚的人力和财力资源，所以在犯罪侦查和调查阶段，在收集证据的能力及其成效方面，比势单力薄的被告及其辩护人要强得多。在这种情况下，如果没有互通信息，特别是处于主动地位的检察机关如果不向被告方透露其所掌握的有关证据材料，再加上在普通法系制度下检察官不能往法官那里移送材料，被告人就无法从其他方面了解相关材料。这样，在法庭审理过程中检控诉方就会举证突袭，会让辩护方感到不知所措。如果发生这一情况，控辩双方在法庭上的所谓平等对抗就无从谈起，刑事诉讼制度中对司法公正的设计宗旨和一贯追求也不会得以实现。所以，证据展示制度是与整个刑事法律制度配套设立的，国际刑事诉讼中也适用这一制度。

一、证据展示制度的发展

在国际刑法的实践中，证据展示制度并不是从一开始就有的。在第二次世界大战后的远东国际军事法庭的审判中，没有关于证据展示的制度，而且也没有强调这一原则。

但第二次世界大战以后，证据展示制度方面的规定有了很大发展。它主要在普通法系国家司法制度中实际运作，由检察官一方向被告方提供与案审有关文件的副本和其他证据，其范围很广泛。美国《联邦刑事诉讼规则》第16条规定：在被告方提出请求的情况下，控方必须向其透露如下证据：(1)所有检察官准备在审判中传讯的证人的姓名、地址、电话号码以及这些证人所作的与本案有关的一切书面声明和口头声明的记录，其中包括警方或检察官在调查时询问这些证人的问话和回答的全部记录；(2)所有被告人本人所作的与本案有关的书面声明和口头声明的记录；(3)所有与本案有关的解剖、血样、指纹等的实验室报告和记录，以及一切有关专家的报告和声明；(4) 所有检察机关准备在法庭审判中出示的属于被告的书籍、文件、相片以及其他物品，并说明该物品与本案的关系等。

与普通法系国家中的证据展示制度相对应的是在大陆法系司法制度中被称为案卷移送的制度，根据这一制度，检察机关向案件管辖法院提起公诉时，要向法庭提交指控被告人犯罪事实的起诉书、侦查起诉时所制作的卷宗材料以及获取的证据材料。比如《德国刑事诉讼法》第173条第1项规定："依法院要求，检察院应当向法院移送迄今为止由它掌握的案件材料和收集的证据。"

在大陆法系国家司法制度下，法院之所以要求检察机关移送控诉材料和收集的证据材料，理由在于，法官在开庭审理之前就能阅览材料，以便对案情有相当充分的了解，这样就能避免在开庭审理时由于对案情一无所知而难以指挥和支配庭审进程。当然，这和大陆法系法官想在案审中发挥积极作用是分不开的。由于法官在庭审前就已充分了解了案情，而且案卷证据材料在案审前都由检察官转交到法官那里，所以，在法庭审理过程中，提出与调查证据的任务便通常由法官来进行，检察官所起的作用不如普通法系制度下那样重要。

二、有关证据展示制度的规定

国际刑事法庭在证据展示或案卷移送方面的实践比较特别。前南国际刑事法庭是联合国成立的第一个司法机构，在其制定的"程序与证据规则"里，前南国际刑事法庭引进了普通法系国家司法制度下的证据展示制度。该规则的第66条是关于检察长办公室向被告方进行证据披露的规定，其 (A) 款对展示证据作出以下规定：(A) Subject to the provisions of Rules 53 and 69, the Prosecutor shall make available to the defence in a language which the accused understands: (i) within thirty days of the initial appearance of the accused, copies of the supporting material which accompanied the indictment when confirmation was sought as well as all prior statements obtained by the Prosecutor from the accused; and (Revised 12 Nov. 1997) (ii) within the time-limit prescribed by the Trial Chamber or by the pre-trial Judge appointed pursuant to Rule 65 ter, copies of the statements of all witnesses whom the Prosecutor intends to call to testify at trial, and copies of all written statements taken in accordance with Rule 92 bis; copies of the statements of additional prosecution witnesses shall be made available to the defence when a decision is made to call those witnesses.

按照上述规定，检察官在被告第一次出庭后的30天里，就应以被告能读得懂的语言，向其移送为支持起诉向法官提供证明材料的副本，以及检察官决定在案审期间要传唤的证人的证词。另外，检察官还要让被告方查阅在其保管或控制下的、对于准备辩护至关重要的或检察官意欲用作审判证据的或从被告处查获或属于被告的任何书籍、文件、照片和有形物品。

不过，检察官的披露义务不是绝对的。无限制的证据展示，也会导致控辩双方证据知悉权的过分膨胀，从而以形式上的控辩平等代替了实质上的不平等。因此，同条 (C) 款对开示证据作了限制性规定：(C) Where information is in the possession of the Prosecutor, the disclosure of which may prejudice further or ongoing investigations, or for any other reasons may be contrary to the public interest or affect the security interests of any State, the Prosecutor may apply to the Trial Chamber sitting in camera to be relieved from an obligation under the Rules to disclose that information. When making such application the Prosecutor shall provide the Trial Chamber (but only the Trial

Chamber) with the information that is sought to be kept confidential。

根据这一规定，如果认为其所拥有的材料被披露会有损于将来或正在进行的调查，或因其他理由会违背公共利益，或影响任何一个主权国家的安全利益，检察官就可以向法庭申请，以免去他（她）根据“程序与证据规则”必须披露证据的义务。当然，检察官要想获得法庭的同意，他（她）得在向法庭提出此申请的同时提供能证明这样要求属于合理的有关材料。

三、国际刑事法庭的相互披露原则

在普通法系国家里，“证据展示”最初实行的是“单行”（one way）的机制，即只规定检察官必须向辩护方展示证据，但辩护方没有相同的义务，不过，随着刑事诉讼实践的发展，证据展示制度也逐渐从“单行道”演化为“双行道”，实行控辩双方相互展示证据的制度，以体现真正的对等原则。

证据展示的目的是防止出现伏击审判（ambush trial），防止一方掌握某一关键性证据，而另一方一无所知，在法庭审判中掌握证据的一方出人意料地拿出这个证据，而使对方不知所措，这样的做法被认为是不公平的，不利于澄清事实真相和公正审判，所以从 20 世纪中叶开始，在普通法系国家里逐渐形成了一套案情互查的制度，即检察官和被告双方，互相向对方提出各种问题，要求提供各种文件和其他证据。通过审查对方提供的回答和文件证据，审查的一方就可以了解对方掌握的证据及对方在审判中将传讯的证人等，并因此做好应对准备。

前南国际刑事法庭“程序与证据规则”也反映了普通法系司法制度的这一变化，规则第 67 条是关于“相互披露”（或“双行展示证据”）的规则。该条规定：（A）Within the time-limit prescribed by the Trial Chamber or by the pre-trial Judge appointed pursuant to Rule 65 ter：（ⅰ）The defence shall notify the Prosecutor of its intent to offer：(a) The defence of alibi；in which case the notification shall specify the place or places at which the accused claims to have been present at the time of the alleged crime and the names and addresses of witnesses and any other evidence upon which the accused intends to rely to establish the alibi；(b) Any special defence，including that of diminished or lack of mental responsibility；in which case the notification shall specify the names and addresses of witnesses and any other evidence upon which the accused intends to rely to establish the special defence；and（ⅱ）The Prosecutor shall notify the defence of the names of the witnesses that the Prosecutor intends to call in rebuttal of any defence plea of which the Prosecutor has received notice in accordance with paragraph (i) above. (B) Failure of the defence to provide notice under this Rule shall not limit the right of the accused to testify on the above defences. (C) If either party discovers additional evidence or material which should have been disclosed earlier pursuant to the Rules，that party shall immediately disclose that evidence or material to the other party and the Trial Chamber。

根据这一条的规定，如果辩护方想在案件的审理中证明被告人不在犯罪现场，那他就必须在开庭审理前向检察官移交被告在指控犯罪时间内曾经出现的特定地点和地方、证人姓名和住址以及任何其他有关被告不在现场的证据。另外，如果辩护方想要证明被告丧失或缺乏智力能力，他就有义务移交给检察官他所要传唤的证人的姓名、地址以及其他相关证据。不过，如果辩护方没有按此规则予以通知，也不能因此而限制被告要证明上述辩护的权利。如果控、辩某一方在审理过程中需要展示根据该规则应该展示的证据或材料，就应将这些证据或材料立即移交给对方和法庭。

可见，前南国际刑事法庭的“程序与证据规则”在证据展示方面，采用了双向展示原则。证据展示的目的是避免一方对己方的证据在开庭前藏而不露，以便在法庭上搞伏击辩护或指控，利用对方的准备不足进行突然袭击。突然袭击不仅可能导致庭审的延期或成为查明案情的障碍，而且与公正的根本要求不相符合。所以，双向展示即控辩双方均向对方展示证据，无疑比单向展示更有利于证据展示制度的良性发展以及效率与公正的实现。

四、控方披露被告无罪证据的义务

在国际刑事法庭的司法实践中，所有检察官所掌握的证据都在被告的审查之列。特别应该强调的是，根据司法公正的原则和国际刑事法庭的规定，即使被告方没有提出要求，检察官也有责任和义务主动向被告提供其掌握的、任何能证明被告无罪的证据。

前南国际刑事法庭“程序与证据规则”第 68 条第 1 款规定：The Prosecutor shall, as soon as practicable, disclose to the Defence any material which in the actual knowledge of the Prosecutor may suggest the innocence or mitigate the guilt of the accused or affect the credibility of Prosecution evidence。

如果检察官掌握能证明被告没有犯下起诉书指控的罪行，或能减轻该罪行，或会影响控方证据的可靠性等的材料，就有尽可能快地向被告方披露这些材料的义务。所以，国际刑事法庭检察长办公室不仅要移送能证明被告有罪的证据，而且如果其掌握能证明被告无罪或能减轻被告罪行或能影响检控方提供的证据的可靠性的材料，也都必须移交给被告方。

前南刑事法庭“程序与证据规则”第 68 条的规定表明，展示证据原则的规定，主要是出于司法公正的利益以及保障被告权利的需要。

CASE STUDY

卢旺达国际刑事法庭关于检察官要求法官“再考虑”的动议

The Prosecutor's Motion for Reconsideration in Akayesu Case (The ICTR)①

In Akayesu Case, during the hearing of 23 January 1997, the Trial Chamber requested the Prosecutor, in view of the exceptional nature of the offences, to submit all written witness statements already made available by the Prosecutor to the Defence. The Prosecutor objected to the request; hence the Chamber, by a decision rendered on 28 January 1997, pursuant to Rules 89 (A), 89 (C) and 98 of the Rules of the Procedure and Evidence, ordered the Prosecutor to submit all available written witness statements to the Trial Chamber in the case and that all such statements to which reference had been made by either the Prosecutor or the Defence shall be admitted as evidence and form part of the record. However, this was subject to the caveat that disclosure of all

① The Prosecutor v. Jean-Paul Akayesu, Judgement, Case No. ICTR-96-4-T, 2 September 1998, paras. 21-22.

the written statements did not necessarily entail their admissibility as evidence.

On 4 February 1997, the Prosecutor, who had not yet complied with the order of 28 January 1997, filed a motion requesting the Trial Chamber to reconsider and rescind the said order. The Prosecutor submitted, inter alia, that the order of 28 January 1997 represented an unjustified change in the established order for production of evidence and thus did not satisfy the provision of Rule 85, that Rule 98 simply allows the Chamber to order the production of specific additional evidence and not the disclosure of all the evidence, that it involves the Chamber in the process of disclosure and, in actual fact, circumvents Rule 66 (A), and that the order is prejudicial to the parties. On 6 March 1997, the Trial Chamber declared the Prosecutor's motion groundless, and expressed surprise, in the circumstances, at receiving a motion asking it to reconsider and rescind its order, instead of a motion for clarification. The Chamber specified in its decision that the order of 28 January 1997 could only be interpreted with respect to the witness statements already communicated to the Defence. On 16 April 1997, the Prosecutor filed a notice of intent to comply with the Chamber's order to submit witness statements.

思考题

1. 证据展示制度的基本要点是什么?
2. 证据展示制度与法庭辩护方式之间有何联系?
3. 国际刑事法庭关于“相互披露”有何规定?
4. 为什么控方有责任主动向被告方提供其掌握的能证明被告无罪的证据?

第三节 辩诉交易

所谓“辩诉交易”(plea bargaining),就是控方和被告之间在案件开始审理之前或在案件审理过程中进行的一种谈判。说是“交易”,是因为两个当事方可以像做生意似地讨价还价:控方提条件,被告也可以提条件,你来我往,各提要求,各提要价,就像市场上的商人一样。辩诉交易体现了当事双方之间的平等关系以及被告方在刑事诉讼程序中的权利。在国际刑事诉讼制度中,也有关于辩诉交易的规定和实践。

一、辩诉交易的基本概念

辩诉交易这一程序规则,是因为控辩双方在庭审中的地位和作用而产生的。在普通法系国家的司法制度中,刑事被告人第一次出庭时,首先要对自己被指控的罪行作出“有罪”还是“无罪”的认定。这在刑事诉讼程序上称为“认罪答辩”(guilty plea)。如此一来,被告在承认有罪（plea of guilty）还是无罪（plea of non-guilty）之间就有选择。如果被告人承认有罪，法官又确信这一认罪是出于自愿并且被告人懂得其意义和后果，则法院就不再继续开庭进行法庭审理，而只是对被告人进行量刑并作出判决；如果被告不认为自己有罪，法院将在法定时间内对该案开庭审判。

由于在认罪与不认罪之间有选择的权利，被告就可以利用这项权利与检察官作交易，交易的一个基本条件是交易双方对交易客体具有处分权，即决定其法律上命运的权利。从某种意义上讲，控方的不予起诉、降格起诉和撤销起诉的决定可以看作是对当事人权利的处分。

例如，某一被告被以战争罪和反人道罪的罪名起诉。被告的律师通过对案情事实的分析，再加上对适用该罪行的法律等因素的考虑后，觉得要使被告获得无罪释放的判决难度很大，于是向控方建议，以被告的主动认罪来换得刑罚的减缓。当然，控方在对方提出建议后，自己这边也要看一下手中所掌握的证据，看胜诉有多大把握，以决定是否同意。

辩诉交易是从国内法律制度中来的，它是美国的一项司法制度。第二次世界大战以后，美国由于种种社会原因，犯罪率居高不下。为了以有限的人力、物力解决日益增多的案件，一些大城市的检察官开始用协议和交易的方式在法院开庭审理之前，和代表被告人的辩护律师进行协商，以检察官撤销指控、降格指控或要求法官从轻判处刑罚为条件，换取被告人的认罪答辩。这种结案方式由于迅捷而灵活，因而在美国联邦和各州得到广泛应用。

辩诉交易的盛行在很大程度上与当事人处分原则这一程序的存在有着密切的联系。在普通法系国家的司法制度下，检察官尽管作为政府或社会公众的代表追诉犯罪，但在诉讼中只是处于起诉一方当事人的地位。它所作的撤销起诉、不起诉决定尽管具有终结诉讼的效力，但其性质不属于司法机关对案中实体问题作出的司法性裁判，而只是当事人的处分。就法庭来说，它的审理范围受控方提出的请求的限制，其审理和判决不能超出控方请求的范围，只有当事人提出并加以主张的事实，法官才能予以认定。当事人处分原则是指当事人可以自由处分诉讼中的请求或标的物。在辩诉交易程序中，被告人可就检察官的指控向法官作出有罪或无罪的答辩。被告人一旦自愿作出有罪答辩，便意味着放弃了获得公开审判的权利，继而也放弃了获得无罪宣告的权利。

所以从另外一个角度来看，辩诉交易程序也是充分尊重当事人尤其是被告人主体性地位的制度。被告人在法庭审理中不仅是被处置的对象，还可以作为诉讼主体，积极地参加到刑事诉讼中，自主地决定自己的命运。即使作“有罪答辩”，也是被告人为了自己的利益所作出的选择。

辩诉交易的存在，使刑事案件解决的决定性阶段提前到公诉提起后、法庭审判前，而不一定非要在案件审理后才能决定。所以从性质上也可以说，辩诉交易是一种庭外解决方式。“交易”这一概念本身内在地包含着合意的契机，而辩诉交易作为刑事诉讼领域中解决案件的一种方式，有其自身的特殊性，这种特殊性表现在合意的双重性，即解决方式的合意（或称实体合意）和解决内容的合意（或称程序合意）。

二、辩诉交易有关案例分析

在国际刑事司法机构的审判机制中，也引进了普通法系国家司法制度中的“认罪答辩”和“辩诉交易”程序。例如前南国际刑事法庭“程序与证据规则”第 62 条规定：Upon transfer of an accused to the seat of the Tribunal, the President shall forthwith assign the case to a Trial Chamber. The accused shall be brought before that Trial Chamber or a Judge thereof without delay, and shall be formally charged. The Trial Chamber or the Judge shall: (ⅰ) satisfy itself, himself or herself that the right of the accused to counsel is respected; (ⅱ) read or have the indictment read to the accused in a language the accused understands, and satisfy itself, himself or herself that the accused understands the indictment (ⅲ) inform the accused that, within thirty days of the initial appearance, he or she will be called upon to enter a plea of guilty or not guilty on each count but that, should the accused so request, he or she may immediately enter a plea of guilty or not guilty on one or more count (ⅳ) if the accused fails to enter a plea at the initial or any further appearance, enter a plea of not guilty on the accused's behalf (ⅴ) in case of a plea of not guilty, instruct the Registrar to set a date for trial.

前南国际刑事法庭在被告到达法庭所在地后，会在最短时间内安排"第一次出庭"（the first appearance）。在这次出庭中，法官传讯被告人并当庭向他（她）宣读起诉书以后，要求其回答对指控进行是否认罪。如果被告人作有罪回答，即承认检察官所指控的罪行，法官只要确认这种答辩出于自愿、没有任何威胁或引诱，而且被告人理解其被指控罪行的性质和构成要件、知道其后果和意义，就不再开庭审理此案，而是径直对被告人所承认的犯罪予以判决。由此看来，被告人的自我承认本身便可直接导致有罪的裁判结果。

因为是"交易"，所以作为交换条件，被告人同意在审判同案犯时出庭为控方作证，而后来拒绝这样做，检察官也可以放弃原来的承诺而重新对被告人进行起诉。总之，双方的协议就像是在控方和被告方之间签订的一份合同，只要一方不按合同办事，另一方就可以宣布合同废止。

对于普通法系中控辩双方的辩诉交易，前南国际刑事法庭的规约和"程序与证据规则"中先前没有这方面的规定。但 1995 年 Erdermovic 在前南国际刑事法庭主动交代其参与屠杀无辜平民的事实，并在第一次出庭时就表示认罪时，检察长办公室的美国籍检察官在内部法律讨论中就提出要在国际刑事法庭适用辩诉交易的建议，从而引起了一场激烈的讨论。最后，在来自普通法系检察官的坚持下检察长办公室同意与被告方达成辩诉交易。

在国际刑法的实践中，这是第一例关于被告认罪并在控方和被告方之间达成辩诉交易的案例。从司法经济（judicial economy）角度考虑，达成辩诉交易能大大地缩短案件的审理过程，加上被告本人是出于对所犯罪行的内疚，是真心实意地认罪，因此，前南国际刑事法庭检察长办公室在讨论后，就把它作为一项起诉方面的优先政策确定下来。

Erdermovic 案，使得前南国际刑事法庭"程序与证据规则"因此得到修改，加进了关于辩诉交易的第 62 条之二。该条规定：

If an accused pleads guilty in accordance with Rule 62 (vi), or requests to change his or her plea to guilty and the Trial Chamber is satisfied that: (ⅰ) the guilty plea has been made voluntarily; (ⅱ) the guilty plea is informed; (ⅲ) the guilty plea is not equivocal; and (ⅳ) there is a sufficient factual basis for the crime and the accused's participation in it, either on the basis of independent indicia or on lack of any material disagreement between the parties about the facts of the case,

the Trial Chamber may enter a finding of guilt and instruct the Registrar to set a date for the sentencing hearing.

如果被告表示认罪，关于认罪的表示是“自愿”、“明确”且关于该罪行和被告的参加“有充分的事实根据”，法庭就可作出有罪的裁定。所以，Erdermovic案使得辩诉交易开始在前南国际刑事法庭和卢旺达国际刑事法庭的实践中实行。

国际刑事法庭里的辩诉交易是从普通法系国家司法制度中来的，但它的实践与普通法系的又有所不同：在普通法系国家刑事司法制度下，检察官拥有广泛裁量权。这为辩诉交易从制度上提供了便利条件。正是因为检察官拥有了自由决定降格起诉和撤销起诉的权力，才有了与辩方交易的资本，以换取被告人作有罪答辩或满足控方的其他要求。在案件审理以前，检察官与被告的辩护律师就定罪、量刑方面进行协商，以达成协议。通过谈判所取得的协议如何有利于己方以及有利的程度，主要就是看辩护律师的经验和谈判技巧。法官作为居中裁判者不加以干预。一旦成交，法官就予以接受。事实上，讨价还价只是在检察官和被告两方之间进行的，而且是在开庭之前。由于在这个阶段，法官还没有介入，并对案情一点也不了解，所以，只要当事双方达成协议法官就只能接受。而国际刑事法庭辩诉交易与此不同，控方和被告方达成的协议对法庭不具有拘束力，它在理论上只是起“建议”（recommend）作用。[①] 控方和被告方尽管可以达成协议，但接受不接受最后还是由国际刑事法庭的法官决定。

三、辩诉交易的利与弊

辩诉交易对于司法公正是起促进作用还是消极作用呢?

在前南国际刑事法庭检察长办公室第一次建议并讨论这一问题时，不少人从司法经济的角度予以肯定。因为国际刑事法庭所处理的刑事案件，都是关于国际法上的严重罪行，如战争罪、反人道罪或种族灭绝罪等，这些罪行的规模一般都很大。因此，一起案件从调查、取证、记录证人的证词一直到审判结束，往往要花费大量的财力和精力，一般都有几十万、几百万，甚至上千万美元的费用，这还只是从检察起诉方面来看。如果被告不能负担诉讼费用（在国际刑事法庭，由于诉讼费用昂贵，被告一般都没有能力支付），就需由国际刑事法庭为其指定律师，那么花在指定律师上面的费用数目也很大。这对于财政已经出现危机的联合国来说，无疑是一项沉重的负担。所以，如果被告能与控方达成协议自认有罪，从经济的角度考虑，对国际刑事法庭自然是有很大的益处的。

但辩诉交易只是在控方和被告方之间进行，这样的讨价还价是否是对法律的不严肃、对受害人乃至整个社会的不公平呢?

关于辩诉交易的机制也不是没有争议。事实上，辩诉交易制度忽略了另一利益群体——被害人。辩诉交易仅在两大诉讼主体——被告人的辩护律师和检察官之间进行，双方对诉讼客体的交易与处分并不征求被害人的意见。即使对于实施犯罪行为的被告人撤销指控，由于公诉行为的垄断性，由于被害人没有被赋予起诉权，被害人也就无能为力。

辩诉交易在国际刑事法庭刚提出来时，颇受争议。道理正如上面所述，忽视了被害人的利益。这显然与目前国际上加强对被害人的人权保障潮流是背道而驰的。不过也有人认为，讨价还价并没有损害司法的尊严和社会的利益，相反，这样做恰恰维护了社会公正。这一论点的基础是：让罪犯服刑，并不只是为了惩罚他，更重要的是为了改造他。如果他能自己认罪，这对罪犯本身，对整个社会都是有利的。

---

① 控辩双方的交易协议对法官不具有拘束力。关于这一点，当事者在每个协议文本里都有明确的认定。

从前南国际刑事法庭组建迄今的实践来看，法庭都接受检察官和被告方达成的协议。法庭在有协议的情况下所判处的刑罚，都在检察官建议的范围之内。因此，法官在实践中是鼓励检方和被告方实行辩诉交易的。

被告在第一次出庭时对自己所被指控罪行的回答，一般都是有罪或无罪。大部分被告都认为自己无罪。有的被告，如克罗地亚将军 Blaskic 和塞尔维亚前总统 Plavsic，在知道被法庭起诉后，都自己来到海牙。他们都不认为自己有罪，用他们的话来说，他们来只是因为被起诉，但他们是无罪的。正因为如此，他们才需要来出庭，以维护他们自己及其国家的荣誉。

除了认罪或不认罪这两个选择以外，偶尔也会有其他可被称为例外的情况。比如，米洛舍维奇在 2002 年 7 月 2 日被送至荷兰前南国际刑事法庭后的第一次出庭中，由于他认为该法庭是由联合国安理会成立的，是西方国家用来反对他所领导国家的工具，其成立本身就是不合法的，所以在法庭上拒绝回答关于他认为自己是否有罪的问题。在这种情况下，法庭就将他列入不认为自己有罪的一类被告，并命令书记长官处按照"程序与证据规则"的规定，开始启动案件审理的准备工作。

CASE STUDY

卢旺达前总理 Kambanda 在国际刑事法庭表示认罪

The Guilty Plea of Jean Kambanda

(The ICTR)①

Jean Kambanda, the former Prime Minister of Rwanda, was arrested by the Kenyan authority, on the basis of a formal request submitted to them by the Prosecutor on 9 July 1997, in accordance with the provisions of Rule 40 of the Rules of Procedure and Evidence. On 16 July 1997, Judge Kama ordered the transfer and provisional detention of the suspect Jean Kambanda at the Detention Facility of the Tribunal.

On 1 May 1998, during his initial appearance before the Trial Chamber, Jean Kambanda pleaded guilty to the six counts contained in the indictment against him. After verifying the validity of his guilty plea, particularly in light of an agreement concluded between the Prosecutor, on the one hand, and the accused and his lawyer, on the other, an agreement which was signed by all the parties, the Trial Chamber entered a plea of guilty against the accused on all the counts in the indictment.

The Trial Chamber delivered its decision from the bench as follows:

"Mr. Jean Kambanda, having delivered and after verifying that your plea of guilty is voluntary, unequivocal and that you clearly understand its terms and consequences,

Considering the factual and legal issues contained in the agreement concluded between you and the Office of the Prosecutor and that you have acknowledged that both you and your counsel have

① The Prosecutor v. Jean Kambanda, Judgement and Sentence, ICTR, Case No. ICTR 97-23-S, 4 September 1998, pp. 1-3.

signed, the Tribunal finds you guilty on the six counts brought against you,

Orders your continued detention; and Rules that a status conference will be held immediately after this hearing, with the Registrar, to set a date for the pre-sentencing hearing...".

思考题

1. 什么叫辩诉交易?
2. 如果被告表示认罪,需要确定哪些条件以使得认罪有效?
3. 国际刑事法庭的认罪与普通法系国家的认罪有何不同?
4. 辩诉交易对于司法公正是起促进作用还是起消极作用?

第四节 证据被接受或被拒绝

能够证明被告有罪或无罪的证据可能有很多,但归纳起来无非就是两类:证人的证言和实物证据。这两类在法律上被统称为证据。在国际刑法的实践中,无论哪一类证据,在提出来以后都不是自然而然、一定会被国际刑事法庭接受的。当一方提出某个证据时,另一方可以提出反对,如果反对理由充分,法官可以判定该证据不被接受。这样,在案审结束,法官讨论要对被告定罪时就不能把这一证据考虑在内。因此,对证据的接受与拒绝,尤其是对关键性证据的接受与拒绝,是关系到被告是否有罪的问题。

一、关于证据能否被接受的基本概念

在国际刑事司法实践中,对证据的接受与拒绝是一个十分复杂的问题。证据采纳(采证)是指法官依法或自行裁量,决定是否允许控辩双方提出的证据在庭审中出示或作为定案的根据。一项证据是否被采纳,必须由法官来决定,控辩双方没有决定权,但控辩双方可以请求法官采纳或排除各方提出的证据。

在谈证据之前,首先要把事实和证据区分开来。在国际刑法的实践中,由于国际人权法一些最基本原则的发展,事实并不能自然而然地成为证据,这已是一个非常明白的道理。比如说,有些事实,虽然千真万确,但获得证据的做法本身就违背法律上所规定的合法性,那么就不能成为证据。所以事实要成为证据,还需要克服一些司法程序上的障碍。

司法程序上的障碍很多,其中一个就是开庭前的限制动议。所谓限制动议,就是某一方向法庭提出的限制某一证据进入审判程序的一种要求。这种动议一般是在开庭前或庭审过程中提出。如果当事一方通过证据展示的程序,认为对方的某一证人不符合证人资格或某一证据因某种原因不应被接受进入审判程序,他可以以限制动议的方式要求法官判定事前排除这个证人或证据。如果在审判过程中一方发现某些证据不应被接受,该当事方也可以提出反对。当然,所

有这些限制动议的目的，就是不让对方的某一证据进入审判程序。如果某一证据被排除在外，法官在最后定罪时就不能将该证据考虑在内。

法官采纳证据的依据是证据规则或自行裁量。国际刑事法庭的证据规则中关于哪些证据可以采纳或不可以采纳的规定比较原则化，主要由法官来决定。必要时，法官会对规则作出解释。

值得注意的是，法官采纳的证据，必须是控辩双方提出的证据或依法可以进入诉讼程序的证据。法官不能在此之外另行采纳来自其他方面的证据。在英美法系国家，证据原则上由控辩双方提出，法官只在例外情况下才依职权主动调取证据或传唤证人。在大陆法系国家，一般由法官主动出示证据。被采纳的证据，一般就是定案根据。

法官在审理中征求控辩双方意见并进行审查。前南国际刑事法庭“程序与证据规则”第98条规定：A Trial Chamber may order either party to produce additional evidence. It may proprio motu summon witnesses and order their attendance。法官可以命令提出该证据的一方提出与该证据有关的一切陈述，以决定是否采纳该证据。如果决定不予采纳，则该证据将不能在法庭上出示，或者删去与该证据有关的记录。如果提出该证据的一方不提出能够证明该证据具有可采性的证据，则法官也会命令将该证据的有关记录删除。当然，如果对方当事人不提出异议，所有的证据都可以在法庭上进行出示和调查。

二、证人证词

在国际刑事法庭，询问证人的次序和方式与普通法系国家的司法程序一样：所有的证人基本上都分为控方证人和辩方证人。在每一个具体案件中，都是首先由控方按名单逐一传讯证人。

法官在每次开庭例行公事性的开庭程序完结以后，就会以某种方式告诉检察官或被告的律师可以开始传讯。法官的语言一般很简单，如“检察官先生，你可以传讯你的证人了”或者“你可以开始了”。检察官听到后，就按照事先拟定的名单传讯证人。在证人走到证人席前站定后，书记长官处的人员就会按照法官的指示，让证人根据“程序与证据规则”的规定进行宣誓。誓言也很简练，主要是保证其后在法庭上的证词全都是真话。不管是在前南国际刑事法庭还是在卢旺达国际刑事法庭，也不管是控方证人还是辩方证人，所有的证人都发誓要说真话。当然，如果证人不愿意发誓讲真话，法官也就不会让他作证。

检察官对自己这方的证人的发问，被称作“直询”。用“直询”这个词，是为了同接下来被告方的发问即“质询”区别开来。直询的方法因发问人的风格不同而异，有的迂回渐进，有的则直截了当。但无论用哪一种方法，检察官在开始时都首先要奠定被询人的可信性（credibility）。这点很重要，如果他不能做到这一点，也就是说，如果法官对证人的人品不怎么相信，那么他（她）的证词再好也可能是没用的。奠定可信性的方法，一般从姓名、年龄、住址、工作以及家庭成员开始。如果证人有一份比较好的工作，如在学校教书，可以较详细地问一下工作情况、工作的时间年限、具体负责范围等，当然，也可以根据案情的需要，再问些其他问题。这些问话的目的，是让法官听了以后觉得这是个非常可信的人，他（她）在法庭上说的话都是真话。

就证人的背景情况询问以后，就需立即转入案情。这里，问话方法也因情况不同而不同。一般情况下，检察官都是把最有力的证人、证言放在第一个或最后一个，以便尽可能给法官留下更深的印象。审理中对证人的问话，基本上都是按照事情发生的时间顺序一步步进行的，这样是为了使证言清楚明了、一目了然。

在一国国内司法程序中，直询进行的方式受法律规则的限制，如不能用“引导性问话”。所谓“引导性问话”，就是问话本身就暗示答案的问话，例如，“你当时看到的是不是就是镇长”就是引导性问话，因为里面已含有答案。适当的问话应该是，“你当时看到了谁”。

在国际刑事法庭的程序规则中，并没有关于限制“引导性问话”的规则。然而，由于国际刑事法庭的程序规则与普通法系国家的比较相近，而且辩护律师中不少来自普通法系国家，所以，在法庭上只要控方有引导性问话，辩护律师在问话刚一结束时会立即提出“反对”，并在后面再加上反对的理由。如果法官认为反对有理由并且同意，法官就可以阻止证人回答这个问题；反之，如果法官不同意，证人就可以接下来回答这个问题。国际刑事法庭实行的是逐字记录，辩护律师的反对和法官的决定等，都将一字不漏地保留在法庭的记录里。

在国际刑事法庭出庭的证人，可以分为专家证人（expert witness）和事实证人（fact witness）两种。在案件定性问题上，如在种族灭绝案作证过程中，事实证人也不能表达自己的意见，比如他不能说，“在我看来，他纯粹是出于种族的原因而故意杀人的。”检察官也不能问：“在你看来，这起凶杀案是不是一起有预谋的种族灭绝案呢?”除了专家证人外，一般证人是不能作结论的，他只能叙述自己所见到的事实。至于结论，应由法官根据庭审中的证词、证言和证据来作出。例如，检察官不能问：“被告是否已犯下种族灭绝罪?”证人也不能下结论式地说：“被告就是犯下了战争罪和反人道罪。”

另外还有“传说”问题。所谓传说（hearsay），就是在法庭外所说的话，拿到法庭上作为证据。比如，在一个种族灭绝案关于犯罪意图的审理中，某一证人在法庭上作证时说：“那天我从他（被告）的办公室走过，听见他对他的属下讲，他参与了发生在1994年的大屠杀。”证词中引述的那位被告的话就是“传说”。在不少普通法系国家的刑事审判中，“传说”不能被用作证据，原因就是其可信度不高。国际刑事法庭这方面没有绝对的规则。

在Tadic案中，法官就“传说”问题作了如下的裁决：The use of hearsay evidence was debated at length before this Trial Chamber in an interlocutory motion in this case and was ruled upon in the Decision on the Defence Motion on Hearsay. Since that Decision may be consulted directly, all that need be said of it here is that it concluded that the mere fact that particular testimony was in the nature of hearsay did not operate to exclude it from the category of admissible evidence.

In the course of this trial, and despite that Decision, objection was occasionally taken to the acceptance of certain hearsay evidence. However, these objections were not usually sustained and the testimony in question was admitted into evidence and assessed in the usual way for its probative value pursuant to Rule 89。①

根据前南国际刑事法庭“程序与证据规则”的规定，证人在一般情况下都得亲自来法庭作证，其作证时的表情和举止处于法官们的直接观察下。他作证时是否讲真话、中间是否有疑点，法官还可以通过发问来证实。而且根据规则的规定，证人在被直询后还应受到对方的立即质询，所以，如果证人作证时有不真实的证词，就有可能在质询中被揭露。国际刑事法庭审判

---

① The Prosecutor v. Dusko Tadic, Opinion and Judgment, ICTY, Case No. IT-94-1-T, 7 May 1997, paras. 555-556.

中的这一程序，是为了从机制上保证证人证词的真实性。所以，如果某人在法庭外说的话可以随便被拿到法庭上作为证据，以上这些监督机制就发挥不了作用，证词的可靠性和真实性也得不到保证。但这并不等于说所有“传说”都不能作为证据，有些“传说”由于某种特定的原因可信度可能很高，经法官裁决后就可以用作证据。

三、质询

所谓质询（cross-examination），就是在某一证人作证完毕以后，由对立一方问话。需要首先强调的一点是，之所以会有质询，是因为国际刑事法庭的审判程序与普通法系国家的一样，检察官和被告双方在案件的审理中各有各的证人，分得清清楚楚。控方只能传己方的证人，被告也只能请被告的证人。虽然根据规则审判庭在必要时也有权传唤证人①，但这种情况比较少。控方和被告方的证人，是双方根据自己的调查结果和案情分析确定的。不言而喻，控方的证人所作的证词，都是要证明被告有罪的；被告方的证人所作的证词，自然都是要证明被告是无罪的。

在国际刑法的实践中，质询对方证人的权利从一开始就有。第二次世界大战后的《纽伦堡国际军事法庭宪章》和《远东国际军事法庭宪章》关于审理程序的规定里，都明确规定了对证人进行盘问的权利。② 联合国安理会成立的前南国际刑事法庭和卢旺达国际刑事法庭，在它们各自的“程序与证据规则”中也都有同样的规定。在国际刑法中作这样一条规定，其根本目的是保证审判的公平。它认为通过质询，证人的有意编造和无意的误述都可以有效地暴露在法庭，有利于弄清事实真相。

从国际刑法的审判实践来看，当控方或辩方质询对方证人时，其着眼点往往不是挖掘事实，而是使整个案情转向对自己有利的方向。为了达到这个目的，质询主要就被用来破坏该证人的可信性，并努力地从该证人的口中套出对己方有利的证词。

在法律上，破坏证人的可信性的做法被称作“弹劾”（impeach）证人，它可以通过不同的办法进行，比较典型的方法就是揭示证人的偏见、作证的私利和动机。从逻辑上讲，只要一个人对某个人或某种事物怀有偏见，或者某件案件的结果与自己有某种利害关系，那么他的作证就不太可能是公正和客观的。如果证人以前的声明或言论同他在法庭上所作的证词不一致，那么质询的一方就可以以此来破坏该证人的可信性。通过揭示出这些不一致的地方，质询的一方就可以告诉法官，要么该证人是在那里编造，要么他根本就没有记清，无论是哪一种情况，这个证人的证词都不足为信。

四、实物证据

在国际刑法的审判实践中，除了证人证词以外，还有实物证据。实物证据的范围很广泛，包括书面文件、会议记录、证人在庭审前的声明记录等，另外还有实物，如案发现场照片、作案工具、书信等。所有这些实物证据，对于在审判中证明被告是否犯有被起诉的罪行，能起到很大的作用。

---

① 参见前南国际刑事法庭“程序与证据规则”第98条。

② 参见《纽伦堡国际军事法庭宪章》第24条，《远东国际军事法庭宪章》第15条。

然而，按照国际刑事法庭审判的一般规则，要使实物证据被接受为证据而成为被告是否犯罪的依据，还必须经过一定的程序。这些程序的设立是为了保证证据的可靠性。

控方和辩方在开庭之前，都必须告知对方和法庭自己在法庭上将要出示的实物证据，并根据“程序与证据规则”关于证据展示的规定，提前将要出示的证据的副本给对方查看：如果是文件，就把该文件复印一份，然后邮寄或派专人送给对方和法庭。如果是实物，则可以商定约个时间来亲眼察看一下这些作为证据的实物。在一般情况下就是这样。如有特殊情况，比如在开庭前一两天才刚刚发现的实物证据，则要经法庭同意后才能拿到法庭上去。在决定是否让这样的证据出示的问题时，对方可以提出反对意见，法官则要考虑一方为什么没有按照规定提前通知对方：如果属于故意隐瞒等原因，法官将决定该证据不得在法庭出示。但如果确实存在可以原谅的原因，而且证据对于弄清事实真相也很重要，法官一般会允许该证据在法庭出示。

在开庭前将要当庭展示的实物证据让对方知晓，是为了给对方时间准备。所以当事方在查看了对方的实物证据后，就要为质疑证据做准备。质疑可以从多方面着手，比如，证据本身不可靠，或者证据虽然能说明问题，但证据取得的方式存在着问题，等等。另外，在开庭时出示证据的一方，还有义务在法庭问起时说明证据的来龙去脉。所以，实物证据要被接受为法庭认可的正式证据，还必须通过证人在法庭上的作证，并被法庭接受。它不能在没有这一当庭展示程序的情况下自动成为证据。

CASE STUDY

前南国际刑事法庭上诉庭为初审后上诉设定标准的裁决

A Ruling in the Prosecutor v. Tihomir Blaskic Case[①]

(ICTY)

The Appeals Chamber bears in mind that in determining whether or not a Trial Chamber's finding was reasonable, it “will not lightly disturb findings of fact by a Trial Chamber.” The Appeals Chamber recalls, as a general principle, the approach adopted by the Appeals Chamber in Kupreskic, wherein it was stated that “Pursuant to the jurisprudence of the Tribunal, the task of hearing, assessing and weighing the evidence presented at trial is left primarily to the Trial Chamber. Thus, the Appeals Chamber must give a margin of deference to a finding of fact reached by a Trial Chamber. Only where the evidence relied on by the Trial Chamber could not have been accepted by any reasonable tribunal of fact or where the evaluation of the evidence is ‘wholly erroneous’ may the Appeals Chamber substitute its own binding for that of the Trial Chamber.”

The Appeals Chamber concurs with the Kupreskic Appeal Judgement's finding that: “...where the Appeals Chamber is satisfied that the Trial Chamber returned a conviction on the basis of evidence that could not have been accepted by any reasonable tribunal or where the evalua-

① The Prosecutor v. Tihomir Blaskic, Judgement, Appeals Chamber, ICTY, 29 July 2004, paras. 17-20.

tion of the evidence was 'wholly erroneous', it will overturn the conviction since, under such circumstances, no reasonable tribunal of fact could be satisfied beyond reasonable doubt that the accused had participated in the criminal conduct."

The Appeals Chamber considers that there are no reasons to depart from the standard set out above, in relation to grounds of appeal alleging pure errors of fact and when no additional evidence has been admitted on appeal. That standard shall be applied where appropriate in the present Judgement.

思考题

1. 证据的基本概念及作用是什么?
2. "专家证人"与"事实证人"如何区分?
3. 如何理解"质询"的重要性?
4. 实物证据是否一定会被法庭认可?

本章小结

1. 国际刑事诉讼中的辩诉交易是从普通法系国家的司法制度中引进的，它主要是以检察官撤销指控、降格指控或要求法官从轻判处刑罚为条件，换取被告人的认罪答辩。由于这种方式比较经济、迅捷、灵活，所以国际刑事法庭在实践中也予以鼓励，并因此制定了规则。

2. 在国际刑事司法机构中，法官采纳证据的依据是证据规则或自行裁量。证据规则中关于哪些证据可以采纳或不可以采纳的规定比较原则化，基本上都由法官来决定。当然，必要时法官会对规则的采用作出解释和说明。

3. 从原则上讲，法官在国际刑事法庭中采纳的证据必须是控辩双方提出的证据或依法可以进入诉讼程序的证据，法官不能在此之外另行采纳来自其他方面的证据，法官在审理中征求控辩双方意见并进行审查。法官可以命令提出该证据的一方提出与该证据有关的一切陈述，以决定是否采纳该证据。如果决定不予采纳，则该证据将不能在法庭上出示，或者删去与该证据有关的记录。如果提出该证据的一方不能提出能够证明该证据具有可采性的证据，则法官也会命令将该证据的有关记录删除。当然，如果对方当事人不提出异议，所有的证据都可以在法庭上出示和调查。

4. 在国际刑事法庭的审理中，证人在一般情况下都得亲自出庭作证，以使其作证时的表情和举止处于法官们的直接观察之下。证人作证是否讲真话、中间是否有疑点，法官可以通过发问来证实。而且根据规则的规定，证人在被直询后还受到对方的立即质询。所以，如果证人作证时有不真实的证词，就有可能在质询中被揭露。国际刑事法庭审判中的这一程序，是为了从机制上保证证人证词的真实性。

QUESTIONS AND COMMENTS

1. The most fundamental principle relating to the taking of evidence in international trials is based on the adversarial model and is indeed inherent in this model. Under this principle any written or oral testimony, documents, or other piece of documentation only become evidence if admitted in court after being the subject of arguments by the parties. In other words, no evidence exists outside our proceedings.
2. It is one of the most fundamental principles in international criminal law that courts are not bound by strict and "technical" rules of evidence but enjoy great flexibility and should be guided, rather than by formal standards, by general principles of fairness.
3. It is accepted in the international trials that the standard of proof should be that judges must be convinced beyond a reasonable doubt of the guilt of the accused before they may convict. This standard is laid down in Rule 87 (A) of the ICTY Rules of Procedure and Evidence and in Article 66 (3) of the ICC Statute.
4. It has become a general principle that international courts are authorized to exclude evidence that has been gathered in breach of fundamental principles of law, for instance in violation of fundamental human rights safeguards.

第十五章 国家合作

引言

国际刑事司法机构正常地运转和发挥作用，需要具备一些必要的条件。除了足够的财政预算和专门人才等因素以外，还有一个不可缺少的条件就是国家合作。国际刑事司法机构与一国国内法院不同，它们没有属于自己的警察，也没有自己的军队。虽然国际刑事司法机构可以在全世界范围内下达起诉书，追究国际犯罪嫌疑人的刑事责任，似乎非常强大，但它对于起诉书中被指控的被告没有任何执行逮捕或羁押等司法行为的实际能力。在与法庭活动有关的所有环节上，如取证、逮捕、移送被告以及执行判决等方面，都离不开国家的合作。不夸张地讲，国际刑事司法机构的运作每时每刻都离不开国家的合作。

重点问题

- ❑ 国家根据一般国际法的合作义务
- ❑ 国家在国际司法机构调查取证方面的合作义务
- ❑ 合作所需的国内立法
- ❑ 不与国际司法机构合作的法律后果

第一节
一般国际法合作义务

国际刑事司法机构在调查、审理案件以及执行判决的过程中，必须依赖国家在协助调查取证、逮捕及移交案犯以及代为执行判决等方面的合作。国际刑事司法机构是否能有效运作以完成国际社会所赋予的使命，在很大程度上取决于国家向它所提供合作的范围及程度。然而，对国家来说，与国际刑事司法机构合作又是一个关系到国家主权的实践性很强的问题。

一、合作的基本概念

国际刑事法院是以公约为基础而设立的机构，国家可以自行决定是否批准它并受其条文的拘束。主权国家批准加入国际刑事法院《罗马规约》后，在法律上就有义务遵守《罗马规约》里关于与国际刑事法院合作的规定，也就有义务根据法院的请求进行合作。由于条约对第三国而言是他国之间的行为（res inter alos acta），既不有损，也不有利（pacta tertiis nec nocent nec prosunt），所以从法律上讲，非缔约国与缔约国的合作义务是不同的。

《罗马规约》第 86 条是关于国际合作和司法协助方面一般性的规定。该条规定：States Parties shall，in accordance with the provisions of this Statute，cooperate fully with the Court in its investigation and prosecution of crimes within the jurisdiction of the Court。

《罗马规约》第 87 条第 5 款是关于国际刑事法院非缔约国与国际刑事法院进行合作的规定。它规定，the Court "may invite any State not party to this Statute to provide assistance under this Part on the basis of an ad hoc arrangement，an agreement with such State or any other appropriate basis"。

按照上述规定，缔约国应依照《罗马规约》规定，在法院调查和起诉犯罪方面同法院充分合作。至于非缔约国，法院可以通过与其相互之间的特别安排，在达成协议的基础上来提供协助。

缔约国才具有合作义务，这符合条约法的一般性原则。1969 年《维也纳条约法公约》第 35 条明确规定：An obligation arises for a third State from a provision of a treaty if the parties to the treaty intend the provision to be the means of establishing the obligation and the third State expressly accepts that obligation in writing。所以，如果一个第三国对条约义务以书面明示接受，则该第三国因此项规定而负有义务。另外，《维也纳条约法公约》第 34 条还明确规定，任何一个国际条约如果没有得到第三国的同意，对该国就不产生任何的义务或权利。这也是条约法的一般性原则规定。

正因为如此，国际刑事法院《罗马规约》在国家合作问题上对缔约国与非缔约国作了不同规定。对于《罗马规约》的缔约国，国际刑事法院“有权”向它们提出“合作请求”（cooperation requests），缔约国在国际刑事法院调查和起诉犯罪方面具有与其“充分合作”的义务；但对于非缔约国，国际刑事法院只是“可以邀请”（may invite）它们根据特别的安排通过“达成的协议或任何其他适当的基础”来“提供协助”[①]，“邀请”一词清楚地说明了非缔约国与国际刑事法院之间的合作在法律上只是属于“自愿性质”的合作。

以上是国际条约法和国际刑事法院《罗马规约》一般性原则和规定。具体到国际刑事司法机构，如果从联合国安理会的权威、从国际刑事司法机构的管辖权，或从国际法一般原则方面来分析，非缔约国在某个具体案件中可能会负有强制性质的合作义务。

二、联合国安理会与国际刑事法院

如果非缔约国在某个具体案件中承担了具有强制性质的义务，首先是因为联合国安理会与国际刑事法院之间的联系以及安理会在《联合国宪章》中的权威，而联合国安理会的权威，又与《罗马规约》关于国际刑事法院管辖权的规定联系在一起。

《罗马规约》第 1 条规定法院的作用是“对国家刑事管辖权起补充作用”（即“补充性原则”）。规约第二章则对法院具体的管辖权制度作了进一步阐述，其要点主要有：（1）The jurisdiction of the Court shall be limited to the most serious international crimes of concern to the international community as a whole，i. e. ，the crime of genocide，crimes against humanity，war crimes，and the crime of aggression. [②]（2）A State which becomes a Party to this Statute thereby accepts the jurisdiction of the Court with respect to the above described crimes；a State not party may accept by declaration the exercise of jurisdiction by the Court with respect to the crime concerned. [③]（3）Except in the cases referred by the Security Council，as long as either the State on the territory of which the crime occurred，or the State of which the person accused of the crime is a national，(a Statute State Party or a State not party) has accepted the jurisdiction of the Court，the Court may exercise jurisdiction. [④]（4）There are three trigger mechanisms for Court jurisdiction，namely：1）A State Party refers a case to the Prosecutor；2）The UN Security Council refers a case to the Prosecutor under Chapter VII of the UN Charter；3）The Prosecutor triggers an investigation on its own on the basis of relevant materials. [⑤]（5）If the State with jurisdiction over the case is conducting or has conducted an investigation or prosecution，or the persons concerned have been tried for the same act，the ICC should not hear the case，unless the Court has determined that the State concerned is unwilling or unable to conduct a conscientious investigation or prosecution. [⑥]

可见，在国际刑事法院行使管辖权问题上，不仅法院检察官可以启动调查和起诉机制，就是国际刑事法院《罗马规约》的缔约国和联合国安理会也可以向检察官提交显示一项或多项犯罪已经发生的情势，启动法院的运转。由于国际刑事法院《罗马规约》的缔约国或非缔约国基本上都是联合国的成员国，所以，如果联合国安理会向法院检察官提交一项情势报告，以启动

---

① Art. 87（5）of the ICC Statute.
② Article 13 of the ICC Statute.
③ Article 12，para. 3 of the ICC Statute.
④ Article 12，paras. 1-2 of the ICC Statute.
⑤ Articles 13-15 of the ICC Statute.
⑥ Articles 1 and 17 of the ICC Statute.

法院审理机制，就会涉及联合国成员国，还可能会涉及国际刑事法院《罗马规约》的缔约国或非缔约国的合作义务。

联合国安理会的权威来自《联合国宪章》。根据《联合国宪章》第25条，联合国安理会通过的决议对所有联合国成员国都具有拘束力。所以，当联合国安理会向国际刑事法院提交某个与维护世界和平有关的犯罪案情报告时，它就可以要求所有联合国成员国在国际刑事法院调查该案过程中提供合作。鉴于联合国安理会的性质，这一请求对所有联合国成员国而言都具有约束力和强制性。联合国安理会对国际刑事法院的影响以及对与国际刑事法院进行合作的要求由下例可以反映出来：

针对苏丹达尔富尔地区所发生的战争罪和反人道罪的情况，国际调查委员会2005年1月25日向联合国秘书长递交了一份报告。在报告中，委员会建议安理会将达尔富尔的情势提交国际刑事法院，因为 the Sudanese judicial system is incapable and the Sudanese government is unwilling to try the crimes that occurred in the Darfur region and to require the perpetrators to assume the accountability for their crimes。[①]

由于报告认为苏丹的司法体系没有能力，也不愿意对发生在达尔富尔地区的犯罪进行审判和惩治，所以联合国安理会在接到报告后，依据《联合国宪章》第七章于2005年3月31日通过了第1593号决议，其中规定“将自2002年7月1日以来，发生在达尔富尔地区的情势，提交国际刑事法院检察官”[②]。安理会还决定：The Government of Sudan and all other parties to the conflict in Darfur shall cooperate fully with and provide any necessary assistance to the Court and the Prosecutor pursuant to this resolution and, while recognizing that States not parties to the Rome Statute have no obligation under the Statute, urges all States and concerned regional and other international organizations to cooperate proactively。[③]

联合国安理会据此要求苏丹政府及所有冲突方都要根据决议对国际刑事法院及其检察官的工作给予完全配合，并为他们提供任何必要的帮助。尽管《罗马规约》非缔约国不需承担规约下的义务，但联合国安理会也敦促所有国家和有关地区以及其他国际组织要与国际刑事法院积极合作。

关于苏丹达尔富尔地区情势所通过的第1593号决议，是联合国安理会第一次依据《罗马规约》第13条第2款的规定，使用启动机制的案例。苏丹是联合国安理会执行该决议的当事国，但同时也是国际刑事法院《罗马规约》的非缔约国。尽管它对联合国安理会的决议表达了反对立场[④]，由于自己是联合国成员国之一，它还得遵守《联合国宪章》的规定并服从安理会的决议，与国际刑事法院合作。

第1593号决议中“苏丹政府及达尔富尔地区所有冲突方，都应根据本决议对国际刑事法院及其检察官的工作给予完全配合，并为他们提供任何必要的帮助”一语清楚地表明：包括苏丹在内的有关非缔约国，都要根据联合国安理会的这一决议对国际刑事法院检察官的工作给予完全配合，并且还要向国际刑事法院提供必要的协助，即便苏丹或其他需要提供协助的国家是国际刑事法院《罗马规约》的非缔约国。

---

① Report of the International Commission of Inquiry on Darfur to the United Nations Secretary-General (January 25, 2005), at http: //www. un. org/News/dh/sudan/com _ inq _ darfur. pdf.

②③ Security Council Resolution 1593, para. 2 (March 31, 2005) .

④ 参见《北京晚报》，2005-04-01。

非缔约国的权利、义务除了与联合国安理会有联系外，还与条约机制相联系。根据《罗马规约》中“补充管辖权”原则的规定，任何一个相关国家就管辖权问题都可以向国际刑事法院提出质疑。联合国安理会通过第1593号决议，要求将发生在达尔富尔地区的情势提交给国际刑事法院。虽然苏丹现在是国际刑事法院非缔约国，但如果它反对由国际刑事法院来调查和审理，就可以依据“补充管辖权”原则来证明自己有意愿，也有能力行使管辖权，国际刑事法院就没有管辖权。然而，对“补充管辖权”原则的讨论本身，就是为非缔约国设置了强制性义务，因为它要求非缔约国按《罗马规约》里规定的程序来提出自己愿意并且能够行使管辖权。这可以说是传统国际法上“条约对第三国不产生权利和义务”原则的新发展。

三、尊重并保证国际人道法被尊重的义务

国际刑事法院《罗马规约》非缔约国除了因为联合国安理会所提交的情势而具有合作义务以外，还会因为“尊重并保证国际人道法被尊重的义务”这一日内瓦公约中的规定而承担与国际刑事法院合作的义务。

国际刑事法院管辖的罪行属于国际法上最严重的罪行，其中包括战争罪。根据《罗马规约》第8条的规定，战争罪是指“严重破坏1949年日内瓦公约的行为”等。所以《罗马规约》中的战争罪与1949年日内瓦四公约之间有紧密的联系。

到目前为止，世界上几乎所有的国家都批准加入了1949年日内瓦四公约①，该公约已毫无疑问地成为国际习惯法的一部分。1949年日内瓦四公约共同第1条规定了尊重并保证国际人道法被尊重的义务，即：The High Contracting Parties undertake to respect and to ensure respect for the present Convention (and its Protocols) in all circumstances。根据这条规定，公约缔约国不仅自己“尊重”而且还要“保证尊重”日内瓦公约。

国际法院在其1986年7月27日“尼加拉瓜军事及准军事行动案”(the Nicaragua case) 的判决中曾经论述说：There is an obligation on the United States Government，in the terms of Article 1 of the Geneva Conventions，to “respect” the Conventions and even “to ensure respect” for them “in all circumstances”，since such an obligation does not derive only from the Conventions themselves，but also from the general principles of humanitarian law to which the Conventions merely give specific expression。②

也即国际法院认为美国政府有义务“在一切情况下”“尊重”而且“保证”公约“被尊重”，因此，只要美国鼓励并参与尼加拉瓜的武装冲突，就构成破坏1949年日内瓦四公约共同第1条的行为。美国在该案中向尼加拉瓜反政府武装部队散发军事作战手册，鼓励这些反政府武装部队采取与国际人道法一般原则相悖的行为，这明显超出不鼓励违反人道法的消极责任。

共同第1条关于“保证尊重”的规定意味着国家在国际人道法规则受到侵害时就可以采取行动。这还可以从1977年第一议定书第89条的角度来解释。该条规定，In situations of serious violations of the Conventions or of this Protocol，the High Contracting Parties undertake to act jointly or individually，in cooperation with the United Nations and in conformity with the United Nations Charter。它表明，

---

① 截至2005年3月31日，世界上共有191个国家批准加入了1949年日内瓦四公约。参见 http：//www.icrc.org。

② Military and Paramilitary Activities in and against Nicaragua (Nicaragua v. the United States of America)，Merits，ICJ Reports，1986，p. 114，para. 220.

缔约国可以在严重违反公约或者协议书的情况出现时与联合国合作，以符合《联合国宪章》的方式联合或单独采取行动。该规定适用范围很广。这条规定不仅促进国际人道法规则的实现，而且还要求对违反国际人道法的行为作出反应。这些行为虽然要求与联合国合作并在充分尊重《联合国宪章》的基础上进行，但关于采取行动的义务显然非常重要。既然它明确允许第三国可以采取行动，逻辑上也就要求缔约国对于惩治或制止严重违反日内瓦公约的行为予以合作。

成立国际刑事法院的目的之一是为了追究严重违反 1949 年日内瓦四公约的行为。《罗马规约》非缔约国，但同时是日内瓦公约的成员国，负有的在“任何情况下”都必须“保证尊重”的义务，就引申出与国际刑事法院合作的义务。不管怎样，这一合作义务应被理解为：它要求非缔约国至少不能阻碍国际刑事法院为惩治或制止严重违反日内瓦公约行为所作的努力。

CASE STUDY

关于国家移送国际刑事法庭被告的案例
Transfer of Dusko Tadic from Germany to the Hague (The ICTY)①

Dusko Tadic, whose trial was the first one before the ICTY, was arrested in Germany, where he was then living, on suspicion of having committed offences at the Omarska camp in the former Yugoslavia in June 1992, including torture and aiding and abetting the commission of genocide, which constitute crimes under German law.

Proceedings at the ICTY involving Dusko Tadic commenced on 12 October 1994 when the Prosecutor of the ICTY filed an application under Rule 9 of the Rules, seeking a formal request to the Federal Republic of Germany, pursuant to Rule 10, for deferral by the German courts to the competence of the International Tribunal. These provisions allow the International Tribunal to exercise its primacy jurisdiction in connection with proceedings already instituted in a State in cases where, inter alia, what is in issue is closely related to, or otherwise involves significant factual or legal questions which may have implications for investigations or prosecutions before the International Tribunal.

A public hearing on the deferral application was held on 8 November 1994 in the International Tribunal. At the hearing, counsel for the Federal Republic of Germany and counsel for Tadic appeared as amici curiae. The Federal Republic of Yugoslavia (Serbia and Montenegro) was also invited to appear as amici curiae but declined to do so. The International Tribunal found that both sets of investigations involved the same crimes and that, in addition, the International Tribunal would not be acting in the proper interests of justice if some of the alleged co-offenders of these serious violations of international humanitarian law were to be judged in national courts and others by the International Tribunal.

Accordingly, a Formal Request for Deferral addressed to the Federal Republic of Germany

---

① The Prosecutor v. Dusko Tadic, Opinion and Judgment, ICTY, Case No. IT-94-1-T, 7 May 1997.

was issued on 8 November 1994. The Indictment by the Prosecutor against Dusco Tadic and a co-accused, Goran Borovnica, charging them with a total of 132 counts was confirmed by judge Karibi-Whyte in February 1995. The accused Dusko Tadic was transferred to the International Tribunal on 24 April 1995, after the Federal Republic of Germany enacted the necessary implementing legislation for his surrender, and thereafter was detained in the United Nations detention unit in The Hague.

思考题

1.《维也纳条约法公约》与国家合作问题之间有什么联系？
2. 国际刑事法院《罗马规约》缔约国的合作义务是什么？
3. 国际刑事法院《罗马规约》非缔约国的合作义务从何而来？
4. 联合国安理会的决定对于与国际刑事司法机构的合作有何影响？

第二节 与国际刑事法院合作的前景

国际刑事法院为了确保完成国际社会所委托的任务，自然希望所有国家都无条件地与自己充分合作，并提供必要的支持。但国家在与国际刑事法院合作时会充分顾及自己国家主权和安全方面的问题。有些国家之所以还没有批准《罗马规约》，主要是担心本国的国家主权会受损害。这种担心在与国际刑事法院合作问题上也必然会呈现出来。

一、与国际刑事法院合作的实践问题

国际刑事法院的工作成立后马上启动，法院所有 18 名法官根据《罗马规约》规定的程序已经选出，并都在荷兰海牙到任就职①；法院的第一任检察长为来自阿根廷的 Luis Moreno-Ocampo。②

检察长办公室的主要任务，用一句简单的话讲，就是根据规约的规定调查和起诉种族灭绝罪、反人道罪和战争罪。按照《罗马规约》的规定，尽管缔约国和联合国安理会也可以在启动机制上发挥作用，但它们只能就某个“情势”（a situation）③ 提出请求，具体该情势中有没有

---

① 关于所有 18 名法官的背景情况和法官上任后的工作情况，请参考：Hans-Peter Kaul，“Construction Site for More Justice：The International Criminal Court after Two Years”，*American Journal of International Law*，April 2005，vol. 99，No. 2，pp. 370，375-379。

② ICC Press Release，Election of the Prosecutor-Statement by the President of the Assembly of States Parties，Prince Zeid Ra'ad Al Hussein (March 25，2003).

③ 《罗马规约》第 13 条。

“罪行”（a crime）、是否形成“初步确凿证据的案件”（prima facie）、要不要请求立案等，都要由检察长来定。这意味着检察长在法院启动机制方面的权力更具体，也更重要。在一个国家的司法制度里，调查（警察）和起诉工作分属于两个不同的部门。但在国际刑事法院，检察长办公室除了承担起诉责任外，还担当了调查（警察）的职能。为此，检察官必须与各国广泛接触，以便能展开调查并保证逮捕令的执行。

检察长办公室设有三个分支机构，它们是司法科（Division of Jurisdiction, Complementarity and Cooperation）、调查科（Investigation Division）和起诉科（Prosecution Division）。司法科的任务是根据《罗马规约》第 15 条和第 53 条的要求，在国际刑事法院管辖权限范围内对于所提交的情势中的事实作出深入分析，并且为处于调查或分析下的情势提供有关管辖权、补充原则与合作方面的建议；调查科负责开展调查工作，其内部又分为若干个调查小组，由对法庭、军事、政治、经济等问题具有专门知识的各类顾问人员组成；起诉科由起诉和申述组成，其任务是负责将案件带到法庭进行审理。①

检察长根据《罗马规约》具有评估案件要素的义务，其中包括在开始调查前对犯罪与可作为证据的事实作出评估等。就在联合国安理会于 2005 年 3 月 31 日通过第 1593 号决议，要求国际刑事法院对于发生在苏丹达尔富尔地区的犯罪进行审判，并要求追究相关行为人的刑事责任以后，国际刑事法院检察长 Luis Moreno-Ocampo 于 2005 年 4 月 1 日就对于在如何执行联合国安理会决议方面采取必要措施，表达了自己要与相关国家和国际组织接触并寻求合作的意愿，其中包括联合国以及非洲联盟。②

由于国际刑事法院设在荷兰海牙，远离像乌干达、刚果或苏丹这样罪行实际发生地国家，国际刑事法院的调查取证需要当地和有关国家的合作，检察官也需要与当地的警察人员一起工作。虽然联合国安理会已通过第 1593 号决议，但作为非缔约国的苏丹或作为第三方的非洲联盟和联合国如果不能给予帮助和支持，检察官和国际刑事法院就将面临艰难的局面。当然，联合国安理会的继续支持也是极其必要的。国际刑事法院如何应对达尔富尔的情势，对法院今后的发展将产生重要的影响。联合国安理会一直在密切关注达尔富尔局势的发展。

苏丹案件是联合国安理会要求国际刑事法院进行调查的。苏丹没有批准加入，而没有成为《罗马规约》缔约国的另一非洲国家科特迪瓦（Côte d’Ivoire）却根据《罗马规约》第 12 条第 3 款主动接受国际刑事法院的管辖。③

合作是实践性很强的具体事宜。如果参考下文所述前南国际刑事法庭成立后国家的合作实践，就可清楚看出：国际刑事法院在获得有关国家，尤其是非缔约国的合作方面会有相当的难度。

二、国家通过国内立法与前南国际刑事法庭实施合作问题

随着国际刑法的发展，世界上已出现了好几个国际刑事司法机构。所有这些国际刑事司法机构都没有属于自己的武装力量或警察，因而都需要国家的合作与支持，然而由于这些机构各自成立的方式不同，其管辖权和运行机制不同，使得国家与这些国际刑事司法机构合作的义务

---

①② See Hans-Peter Kaul, “Construction Site for More Justice: The International Criminal Court after Two Years”, *American Journal of International Law*, April 2005, vol. 99, No. 2, p. 373.

③ ICC Press Release, Registrar Confirms that the Republic of Côte d’Ivoire Has Accepted the Jurisdiction of the Court (February 15, 2005).

也不同。以下以前南国际刑事法庭为例予以阐述。

1.《前南国际刑事法庭规约》

前南国际刑事法庭是联合国安理会根据《联合国宪章》第七章于1993年通过第808号和第827号决议成立的。由于联合国安理会的权威、联合国组织的广泛性以及前南国际刑事法庭适用的是那些已经毫无疑问成为国际习惯法的法律规则[①]，所以在某种意义上不存在所谓非缔约国的问题，它在取得国家合作与支持方面具有很大优势。

联合国安理会在前南国际刑事法庭成立时要求国家为了能履行合作的义务而制定或修改其国内相关的法律。

《前南国际刑事法庭规约》第29条规定：States shall cooperate with the International Tribunal in the investigations and prosecutions of persons accused of committing serious violations of international humanitarian law。据此，国家具有与前南国际刑事法庭合作调查和起诉被告的义务。联合国安理会为设立前南国际刑事法庭而通过的第827号决议则特别规定：All States shall cooperate fully with the International Tribunal and its organs in accordance with the present resolution and the Statute of the International Tribunal and that consequently all States shall take any measures necessary under their national law to implement the provisions of the present resolution and the Statute, including the obligation of States to comply with requests for assistance or orders issued by a Trial Chamber under Article 29 of the Statute。

联合国安理会决议要求各国采取立法措施来履行决议和规约的规定，其中包括遵从法庭签发的协助请求和命令的规定。由于联合国安理会决议对联合国成员国具有约束力，所以就在前南国际刑事法庭成立后短短3年里，就有20个国家为履行上述安理会决议专门制定了国内立法，具体规定了与前南国际刑事法庭合作的义务。[②] 这些国家包括法国、英国、美国、俄罗斯、德国、奥地利、新西兰、意大利、波黑、克罗地亚等。[③] 在这些国家如奥地利的立法中，就干脆将与前南国际刑事法庭的合作关系比照奥地利与其他国家之间的司法互助来进行：Judicial assistance to the International Tribunal shall be furnished in accordance with the applicable provisions relating to judicial assistance in criminal cases in Austria。[④]

2.《代顿和平协定》

前南国际刑事法庭的属地管辖权被限制在"前南斯拉夫国际领土范围内"发生的国际罪行，因此，前南斯拉夫国家的合作就显得至关重要。1995年12月14日，在国际社会的努力推动下，波黑、克罗地亚、南斯拉夫签署了《波黑和平总体框架协定》（又称为《代顿和平协定》，Dayton Peace Agreement），其中，Article XIII（4）of Annex 6（Agreement on Human Rights）of Dayton Agreement provides that：All competent authorities in Bosnia and Herzegovina shall coo-

---

① "In the view of the Secretary-General, the application of the principle nullum crimen sine lege requires that the international tribunal should apply rules of international humanitarian law which are beyond any doubt part of customary law so that the problem of adherence of some but not all States to specific conventions does not arise." (Report of the Secretary-General, UN Doc. S/25704, para. 34).

② International Criminal Tribunal for the Former Yugoslavia, Yearbook of 1996, chapter V: State Cooperation, p. 226.

③ 关于这些国家所通过的与前南国际刑事法庭合作的法律文本，参见 International Criminal Tribunal for the Former Yugoslavia, Yearbook of 1995 and Yearbook of 1996。

④ Austria: International War Crimes Tribunals Legislation 1995 (unofficial translation), section two: Judicial Assistance in International Criminal Tribunal for the Former Yugoslavia, Yearbook of 1995, p. 233.

perate with and provide unrestricted access to the organizations established in this Agreement of International Tribunal for the Former Yugoslavia and any other organization authorized by the UN Security Council with a mandate concerning human rights or humanitarian law。①

在《代顿和平协定》中，南斯拉夫既是为它自己，也代表了塞尔维亚共和国签署了协定。由于这些当事方对前南斯拉夫领土上的武装冲突都有举足轻重的影响，所以这个文件非常重要。《代顿和平协定》，尤其是该协定的第 9 条和第 10 条附件 1—A 中，强调了所有签署方都同意要促进本地区的和平与安全，并承诺与前南国际刑事法庭合作：

Article IX of the Dayton Agreement declares that："The Parties shall cooperate fully with all entities involved in implementation of this peace settlement，as described in the Annexes to this Agreement，or which are otherwise authorized by the United Nations Security Council，pursuant to the obligation of all Parties to cooperate in the investigation and prosecution of war crimes and other violations of international humanitarian law."

Article X of Annex 1—A，entitled "Agreement on the Military Aspects of the Peace Settlement" calls for the full cooperation of the parties with all entities involved in implementation of this peace settlement，as described in the General Framework Agreement，or which are otherwise authorized by the United Nations Security Council，including the International Tribunal for the Former Yugoslavia. ②

"或引渡或起诉"是国际社会为了打击国际犯罪活动而在司法协助过程中常用的一种制度，其基本含义是，如被请求国根据一定理由拒绝引渡，则应根据请求国的请求，将案件提交被请求国主管当局以便起诉。联合国特设国际刑事法庭的实践却不适用"或引渡或起诉"的原则。前南国际刑事法庭虽然与国内法院具有"并行管辖权"，但在"并行"的同时具有"优先权"(primacy)③。因此，许多国家在与特设法庭合作方面的立法中规定，在本国正对某人进行司法程序的过程中，一旦接到特设法庭就同一罪行对该人提出的移交请求，应当中止本国的司法程序，优先考虑特设法庭的请求。例如，波黑关于与国际刑事法庭合作法案（Decree with Force of Law on Extradition at the Request of the International Tribunal）第 19 条规定：In the case of one or more criminal proceedings being conducted in the Republic against the same accused person for whom the extradition request has been submitted，the Supreme Court shall suspend the criminal proceedings for those acts in favour of the criminal acts referred to in Article 1 of the Decree (in the ICTY)。据此，不管波黑国内法院某一刑事案件的审理处于什么阶段，只要是特设法庭对该审理中的被告提出移交请求，波黑最高法院就会要求中止审理而将被告移送特设法庭。

德国也有类似的规定。④ 所以，前南国际刑事法庭的第一个案件的被告 Tadic，就是在德国国内法院被审理时应前南国际刑事法庭的请求而移送荷兰海牙的。德国制定的关于与国际刑事法庭合作法案（*Law on Cooperation with the International Tribunal in Respect of the Former Yugoslavia*）第 2 条规定：(1) At the Tribunal's request，criminal proceedings involving offences which fall within its jurisdiction shall be transferred to the Tribunal at any stage.

---

① International Criminal Tribunal for the Former Yugoslavia，Yearbook of 1996，chapter V：State Cooperation，p. 229.

② See International Criminal Tribunal for the Former Yugoslavia，Yearbook of 1995，p. 321.

③ 《前南国际刑事法庭规约》第 9 条"并行管辖权"规定，国际法庭和国内法院具有并行管辖权，但国际法庭"优于"国内法院。

④ See International Criminal Tribunal for the Former Yugoslavia，Yearbook of 1995，p. 337.

(2) Should a request pursuant to paragraph 1 be submitted, no proceedings may be conducted against any person for an offence falling within the jurisdiction of the Tribunal for which they are standing or have stood trial before that Tribunal. ①

为了保证前南国际刑事法庭的权威和命令的效力，各国还制定了更为具体的法律，例如，《代顿和平协定》的附件四是关于波黑宪法，其中第9条（I）款甚至具体规定：Any person that has been convicted of a crime, been prosecuted, or not responded to the tribunal after being indicted by the ICTY is unqualified to be a civil service candidate for any government department in Bosnia and Herzegovina。②

三、国家在调查取证方面与前南国际刑事法庭合作的义务

国家与国际刑事司法机构的合作在实践中是具体的，其中一个方面就是调查取证。调查是国际刑事司法机构立案过程中必不可少的一个步骤，检察官独立、有效的调查是其履行职能的必要条件。国际刑事司法机构本身没有任何能采取措施的手段和方法，所以必须要得到有关国家的合作和配合。同样，下文以前南国际刑事法庭为例予以阐述。

1. 前南国际刑事法庭的特权

按照国家与国家之间的刑事司法协助制度，各国司法机关通常只能在本国境内行使司法权，司法协助请求应由被请求国司法机关执行。请求国的司法人员需要在被请求国执行请求时到场，或直接到被请求国境内进行调查取证的，需要征得被请求国的事先同意，且不得违反被请求国的法律，不得采取强制措施；在调查过程中，通常需要被请求国的官员作出安排并到场。

国际刑事司法机构所管辖罪行的特殊性决定了有关调查事项高度敏感。如果在调查时允许国内主管机关在场，受调查人就会感到压力，进而影响调查结果的客观性和可信度，因此，国际刑事司法机构的调查人员或检察官希望国内主管机关回避，以便自己能独立进行调查。那么，是应该无条件地允许国际刑事司法机构检察官在一国境内进行现场调查，以便于诉讼程序的进行，还是应事先征得有关国家的同意？

《前南国际刑事法庭规约》第29条明确规定，各国应遵从法庭援助的请求，不作任何不当延迟地查人找人、录取证词和提供证据、送达文件、逮捕或羁押以及将被告移送到国际刑事法庭等。

而且，前南国际刑事法庭是联合国安理会基于当时特殊情势，根据《联合国宪章》第七章设立的机构。因此，联合国成员国根据《联合国宪章》承担与其合作的强制性义务。这种合作义务来源于《联合国宪章》的崇高地位和联合国安理会在维护国际和平与安全方面的责任和权力。它们对国家所承担的合作义务起着至关重要的作用。

正是因为如此，波黑对前南国际刑事法庭在该国领土范围内进行司法活动持非常积极的态度。波黑专门就合作事宜与前南国际刑事法庭检察长办公室达成协议，从而使法庭检察长办公

① International Criminal Tribunal for the Former Yugoslavia, Yearbook of 1995, p. 345.

② See International Criminal Tribunal for the Former Yugoslavia, chapter V: State Cooperation, Yearbook of 1996, p. 228.

室人员能自由地进入波黑进行调查和搜集证据。[1] Article 13 (4) of Annex 6 of the "Dayton Peace Agreement" on human rights specifically provides that all competent authorities in Bosnia and Herzegovina shall cooperate fully and provide unrestricted access to the ICTY and any other organization authorized by the UN Security Council with a mandate concerning human rights or humanitarian law. [2]

《前南国际刑事法庭规约》规定：The Prosecutor shall have the power to question suspects, victims and witnesses, to collect evidence and to conduct onsite investigations. In carrying out these tasks, the Prosecutor may, as appropriate, seek the assistance of the State authorities concerned。[3] 不过，前南国际刑事法庭去他国执行搜查令时在当地当局的合作下收集与调查和审判有关的文件，这些现场调查通常都是在当地当局的配合和参与下进行的，但法庭认为，由于法庭规约规定了"优先权"(primacy)，所以这种现场调查并不必须经过有关国家的事先同意，也不需要当地国家当局在场。

从实践来看，大多数与前南国际刑事法庭签订了合作协定的国家都没有对现场调查附有限制性的规定，但也有个别国家订有一些前提条件。例如，德国关于与前南国际刑事法庭合作法案规定：Members and authorized officials of the Tribunal may consult with the competent German authorities and independently conduct evidence gathering activities such as conducting interrogations and collecting evidence from witnesses. However, in these cases, also, the initiation and execution of coercive measures shall remain the preserve of the competent German authorities and shall conform to German law。[4] 瑞士法律则在"特别协助"(special assistance) 一节中规定，Tribunal Prosecutors may conduct investigations within the territory of Switzerland only after obtaining the authorization of the Federal Department of Justice and Police. Before the Federal Department of Justice and Police grants authorization, it should consult with the local authorities (cantonal authorities). [5]

2. 调查取证的国际支持

前南国际刑事法庭在调查和寻找证据方面，甚至还具有得到作为第三者的"执行部队"(Implementation Force) 支持的有利条件。

执行部队是根据《代顿和平协定》而设立的，它不是《代顿和平协定》的当事方，与前南国际刑事法庭也没有直接联系，因而不承担与前南国际刑事法庭合作的协定义务。然而，它与落实《代顿和平协定》的内容有关，是一支驻扎在波黑的约六千人的部队。所以不管是从法律方面还是从技术方面讲，它都具有配合或支持法庭工作的能力。事实上，它为前南国际刑事法庭在波黑从事调查的人员提供警卫，为挖掘群尸坑的人员提供保护等，因而为保证前南国际刑事法庭的调查和取证工作顺利进行发挥了很大的作用。[6]

---

① See International Criminal Tribunal for the Former Yugoslavia, chapter V: State Cooperation, Yearbook of 1996, p. 232.

② Ibid., p. 228.

③ 《前南国际刑事法庭规约》第 18 条第 2 款。

④ Law on the International Yugoslavia Tribunal, Article 4, para. 4, in International Criminal Tribunal for the Former Yugoslavia, Yearbook of 1995, p. 347.

⑤ Switzerland, Federal Order on Cooperation with the International Tribunal for the Prosecution of Serious Violations of International Humanitarian Law, Article 22, in International Criminal Tribunal for the Former Yugoslavia, Yearbook of 1995, pp. 330-331.

⑥ 关于执行部队对前南国际刑事法庭的配合与支持，see International Criminal Tribunal for the Former Yugoslavia, Yearbook of 1996, p. 232。

四、国际法与国内法在合作过程中的协调问题

即便国家因为合作需要而在国内立法，实践中也存在一个如何解释和适用该国内立法的问题。特设国际刑事法庭是联合国安理会根据《联合国宪章》第七章设立的，而《联合国宪章》是一个具有宪章意义的国际条约①，所以在司法合作方面，各国不得以国内法对抗国际法上的条约义务，但在判断有关条件是否满足等问题时，被请求国则可以根据国内法来作出衡量。

1. 限制性条件与合作义务

在与前南国际刑事法庭合作的实践中，虽然不少国家通过立法表示愿意合作，但其立法中也附带有一定的限制条件，这些条件的一个共同特点就是规定了如何与本国国内法协调的问题。前南国际刑事法庭方面希望适用该法庭的规约、"程序与证据规则"，但其规则很可能与各国的国内法存在差异。如何处理此种情况？有的国家坚持优先适用自己国家的法律。

例如，瑞士关于与国际刑事法庭合作法案（*Federal Order on Cooperation with the International Tribunal for the Prosecution of Serious Violations of International Humanitarian Law*）第 17 条规定：Excluding any other condition, assistance shall be granted if the request and the attached documents demonstrate the offence: a. falls within the jurisdiction of the international tribunal; and b. is punishable under Swiss law if the measures requested by an international tribunal are coercive as provided by the law of procedure。②

德国关于与国际刑事法庭合作法案中关于"其他双边合作"（other mutual assistance）的第 4 条规定：Should the Tribunal require the personal appearance of a person at liberty within the area where this Law is in effect as a witness for the purposes of cross examination, confrontation or investigation, the same legal means may be employed to ensure their appearance as would be permissible in the case of a summons to appear before a German court or a German public prosecutor。③

克罗地亚与前南国际刑事法庭合作法案第 3 条规定：The request for cooperation or enforcement of a decision of the Tribunal shall be granted by the government of the Republic of Croatia if the request or decision is founded on appropriate provisions of the Statute and Rules of Procedure and Evidence of the Tribunal, and if it is not in contravention of the Constitution of the Republic of Croatia。④

相较于与特设国际刑事法庭的合作义务，国际刑事法院关于合作的案文则是采用了较为中性的措辞。《罗马规约》第 86 条规定：States Parties shall, in accordance with the provisions of this Statute, cooperate fully with the Court in its investigation and prosecution of crimes within the jurisdiction of the Court。意即缔约国应在法院调查和起诉方面同法院"充分合作"。这一规定的措辞既反映了缔约国有合作的义务，同时又没有过分强调它的强制性。

国际刑事法院关于合作的条款，制定得比较原则化，但合作在实践过程中是比较具体化和技术化的，其中，如何将被告移送国际刑事法院，可以说是合作的关键和重要内容。因为刑事案件的审

---

① 《联合国宪章》第 103 条规定，当联合国成员国在《联合国宪章》下的义务与其依其他国际协定的义务发生冲突时，《联合国宪章》下的义务应居"优先"。

② International Criminal Tribunal for the Former Yugoslavia, Yearbook of 1995, p. 329.

③ Ibid., p. 337.

④ Ibid., p. 249.

理需要被告出席才能进行，况且这也是国际人权法的基本原则之一。只要国际刑事法院决定对某个人进行起诉，接着要解决的重要问题，就是如何将该被告逮捕并移送到国际刑事法院。

2. 强制性义务与灵活安排

为了保证国际刑事司法机构的正常运转，国家向国际刑事司法机构移交被起诉人员应是一项强制性义务，不应有任何拒绝的理由。况且，国际刑事司法机构在道义上是会充分保障受国际法保护的人权的，因此，国家没有必要拒绝移交的请求。但从另一方面看，有些请求涉及本国刑法或宪法的根本原则，因而仍有保留国内司法权的必要，如被请求移送人为本国国民、请求所附材料要符合被请求国的程序规定，以及要遵守“一案不二审”原则等。

从前南国际刑事法庭的实践看，该法庭的规约中未规定任何可以拒绝合作的理由，各国关于与特设国际刑事法庭合作的立法里也没有关于拒绝合作的理由。尽管如此，有些国家在与国际刑事法庭合作法案中还是附带有一定的条件。例如，瑞士与国际刑事法庭合作的法案规定，transfers must be for crimes that are within the scope of jurisdiction of the International Tribunal and that are punishable under Swiss law，i. e.，that the principle of “dual criminality” must be observed。[①] 也即根据瑞士法律，移交必须遵守“双重犯罪”的原则，即移送的被起诉人应犯有国际刑事法庭管辖权范围之内且根据瑞士法律也属可受处罚的罪行。意大利法律则规定，if an Italian Court has pronounced a final judgment for the same fact and against the same person，due to the principle that “one may not be tried twice for the same crime”，it will not consent to deliver this person again to the International Criminal Tribunal。[②] 新西兰关于与国际刑事法庭合作的法律也明确规定，if a request by the International Criminal Tribunal prejudices national sovereignty or security，it is entitled to refuse to cooperate。[③]

在借鉴前南国际刑事法庭经验的基础上，《罗马规约》在关于缔约国或非缔约国引渡事宜方面最后达成了如下文本规定：(1) 缔约国如接到国际刑事法院和另一国家对同一人基于同一犯罪的移交/引渡请求，应将此情况通知国际刑事法院和请求国。(2) 在上述情况下，如请求国是规约缔约国：法院在考虑了请求国所进行的调查或起诉后作出了可予受理的断定，则法院的请求优先；如法院尚未作出上述断定，则被请求国可自行决定着手处理请求国提出的引渡请求，但在法院断定案件不可受理之前，不得引渡该人。(3) 在上述情况下，如请求国不是规约缔约国，且被请求国没有向请求国引渡该人的国际义务，则在法院断定案件可予受理时，法院提出的请求优先，否则，被请求国可自行决定着手处理请求国提出的引渡请求。但如被请求国有向系规约非缔约国的请求国引渡该人的国际义务，则由被请求国考虑所有相关因素后，自主决定是否向法院或请求国移交该人。[④]

根据上述规定，如果国际刑事法院一缔约国在收到法院和一非缔约国关于引渡的请求时，

---

① International Criminal Tribunal for the Former Yugoslavia，Yearbook of 1995，p. 329.

② “The Court of Appeal shall render judgment declaring that the conditions for the surrender of the accused have not been met only in any one of the following cases…a final judgment was pronounced in the Italian State for the same fact and against the same person.” [Italy，Decree-Law No. 544 of December 1993 (unofficial translation)，in International Criminal Tribunal for the Former Yugoslavia，Yearbook of 1994，p. 167.]

③ “The Act contains a number of miscellaneous provisions including the following: there are a number of circumstances under which the Attorney-General may decline to comply with requests for assistance by the Tribunals，including (1) where compliance with the request would prejudice the sovereignty，security，or national interest of New Zealand.” (International Criminal Tribunal for the Former Yugoslavia，Yearbook of 1995，p. 349.)

④ 参见《罗马规约》第 90 条。

即便该缔约国对该非缔约国具有引渡的国际义务，它也可以自主地在法院和非缔约国之间进行选择。这不同于联合国特设法庭的“优先权”，显示了国际刑事法院在合作问题上的灵活性。

CASE STUDY

关于在国际刑法中维护国家主权的案例
Subpoenae Issue in Blaskic Case
(The ICTY)①

Pursuant to expert requests by the office of the Prosecutor on 10 January 1997, Judge McDonald issued on 15 January 1997 subpoenae duces tecum to Croatia and its Defence Minister, Mr. Susa, and also to Bosnia and Herzegovina and the Custodian of the Records of the Central Archive of What was formerly the ministry of defence of the Croatian Community of Herceg Bosna. The requests for the subpoenae duces tecum were submitted for consideration to Judge McDonald, who issued them in her capacity as the Judge confirming the Indictment against Ihomic Blaskic.

“Subpoenae” is a term which usually designates compulsory orders issued by courts in common-law jurisdictions, the non-compliance with which may be “sanctioned” as contempt of court. Therefore, in a letter dated 10 February 1997, Croatia declared “its readiness for full cooperation under the terms applicable to all states”, but challenged the legal authority of the International Tribunal to issue a subpoenae duces tecum to a sovereign State and objected to the naming of a high government official in a request for assistance pursuant to Article 29 of the Statute of the International Tribunal.

After considerations, the Appeals Chamber of the International Criminal Tribunal for the Former Yugoslavia

1) Unanimously finds that the International Tribunal is empowered to issue binding orders and requests to States, which are obliged to comply with them pursuant to Article 29 of the Statute and that, in case of non-compliance, a Trial Chamber may make a specific judicial finding to this effect and request the President of the International Tribunal to transmit it to the United Nations Security Council;

2) Unanimously finds that the International Tribunal may not address binding orders under Article 29 to State officials acting in their official capacity;

3) Unanimously finds that the International Tribunal may summon, subpoena or address other binding orders to individuals acting in their private capacity and that, in case of non-compliance, either the relevant State may take enforcement measures as provided in its legislation, or the International Tribunal may instigate contempt proceedings;

4) Unanimously finds that States are not allowed, on the claimed of national security inte-

① Judgement on the Request of the Republic of Croatia for Review of the Decision of Trial Chamber II of 18 July 1997, the Prosecutor v. Tihomir Blaskic, Case No IT-95-14-AR 108 bis, 29 October 1997.

rests, to withhold documents and other evidentiary material requested by the International Tribunal; however, practical arrangements may be adopted by a Trial Chamber to make allowance for legitimate and bona fide concerns of States;

5) Unanimously decides to quash the subpoenae duces tecum issued by Judge McDonald and reinstated by Trial Chamber II addressed to Croatia and the Croatian Defence Minister, Mr. Gojko Susak, it being understood that the Prosecutor is at liberty to submit to the appropriate Chamber, being Trial Chamber I, a request for a binding order addressed to Croatia alone.

思考题

1. “或引渡或起诉”的基本概念是什么？其目的又是什么？
2. 国家立法在与国际刑事司法机构合作中的作用是什么？
3. 国家与国际刑事法院合作的前景如何？

第三节 国家与国际刑事法院不合作的法律后果

国际刑事司法机构希望取得所有有关国家的合作，但国家如果拒绝合作会有什么样的后果呢？

1.《罗马规约》的规定

《罗马规约》第 112 条规定：The Assembly of States Parties shall discuss and deal with, pursuant to Article 87, Paragraphs 5 and 7, “any question relating to non-cooperation” between States and the ICC。也即由成员国大会来讨论和处理国家与国际刑事法院“任何不合作问题”。这就赋予国际刑事法院在国家不合作的情况下将此事项提交给成员国大会的权力。如果有关情势是由联合国安理会提交给国际刑事法院，则法院就可以提交给联合国安理会。

2. 非缔约国的合作义务问题

关于非缔约国与国际刑事法院合作的问题，可能出现这样的情况，即非缔约国先是答应与国际刑事法院合作，但随着案情的深入和需要合作事项的具体化、敏感化，非缔约国的态度发生改变，不再愿意与国际刑事法院合作。这里也会产生法律后果问题。在解决该问题时，弄清其是否具有合作义务非常重要。如果非缔约国已经就合作问题与国际刑事法院达成协议，就意味着非缔约国已承担了与国际刑事法院进行合作的国际义务。达成协议后没有予以履行，非缔约国按照国际法原则就应承担由此产生的国家责任。

当非缔约国不予合作时，国际刑事法院是否有权力来进行处理？如果能够，应具体由哪一个机关处理？如果不能处理，又应交给谁来处理？

《罗马规约》第 87 条第 5 项规定：Where a State not party to this Statute, which has entered into an ad hoc arrangement or an agreement with the Court，fails to cooperate with requests pursuant to any such arrangement or agreement，the Court may so inform the Assembly of States Parties or, where the Security Council referred the matter to the Court，the Security Council。

根据此规定，如果问题是由联合国安理会向国际刑事法院指出来的，国际刑事法院可以告知安理会该非缔约国不予合作。安理会可以在《联合国宪章》的范围内依据其职权处理。如果有必要，安理会甚至可以考虑对该国采取适当的制裁措施。而在其他所有的案件中，国际刑事法院至少可以将不合作的情势提交给法院成员国大会。至于成员国大会在得到报告后可以采取什么措施，在《罗马规约》第 112 条第 2 款（f）项中没有具体规定。

然而，尽管成员国大会的决议很难保证有什么实际效果，但它是一个“自成一体”（sui generis）的机构。从《罗马规约》的整体规定来看，它至少可以通过决议来代表整个法院来谴责不予合作的行为，并要求该国家承担国家责任。所以，成员国大会决议对法院成员国与非成员国之间会产生影响，进而影响到非缔约国与法院合作的态度和立场。从逻辑上讲，加入国际刑事法院《罗马规约》的国家越多，成员国大会的作用就会越大，国家与法院的合作关系就越容易受到影响。

CASE STUDY

前南国际刑事法庭庭长就国家不合作问题致信联合国安理会
Letter dated 11 July 1996 from the President of the ICTY to the President of the UN Security Council①

I have the honour to report to the Security Council that a Trial Chamber of the Tribunal has today delivered a decision under Rule 61 of the Tribunal's Rules of Procedure and Evidence in the case of Radovan Karadzic and Ratko Mladic，a copy of part of which is enclosed herewith. The Chamber found that there are reasonable grounds for believing that Radovan Karadzic and Ratko Mladic are individually responsible for planning，instigating or ordering the commission of genocide，crimes against humanity and war crimes.

Consequently，the Trial Chamber has issued international arrest warrant against the two accused. These warrants will be transmitted to all States，Interpol and the Implementation Force（IFOR）.

Furthermore，in accordance with that decision，and pursuant to the aforementioned Rule 61，I have been requested to notify you that the failure to execute the initial arrest warrants，issued on 25 July and 16 November 1995 against Radovan Karadzic and Ratko Mladic，was wholly due to the refusal of the Republika Srpska and the Federal Republic of Yugoslavia（Serbia and Montenegro）to cooperate with the Tribunal in accordance with Article 29 of the Statute.

The Chamber certified the Republika Srpska's refusal to cooperate on the grounds that Radovan Karadzic and Ratko Mladic reside in the territory of the Republika Srpska and indeed occupy,

① The International Criminal Tribunal for the Former Yugoslavia，Yearbook of 1996，p. 214.

or have occupied, official positions of authority in that entity. Although the aforementioned arrest warrants have been transmitted to the Republika Srpska, they have not been executed to this day.

The Chamber also certified the refusal of the Federal Republic of Yugoslavia (Serbia and Montenegro) to cooperate on the grounds that on a number of occasions Radovan Karadzic and Ratko Mladic have been in its territory and have not been arrested, although the initial arrest warrants have been transmitted to it for execution. In this connection, the Trial Chamber has recalled that on four occasions I have written to President Slobodan Milosevic to complain of its refusal to cooperate, and on one occasion I wrote to the Security Council to bring the matter to its attention [see my letter of 22 May 1996 (S/1996/364)].

The refusal of the Federal Republic of Yugoslavia (Serbia and Montenegro) to cooperate has also been certified on the grounds that, under the Dayton Accord, it has undertaken responsibility for the Republika Srpska's cooperation or non-cooperation with the Tribunal as well as its own.

As President of the Internatinal Tribunal for the Former Yugoslavia, I am therefore duty-bound to bring to the attention of the Security Council the refusal of the Repulika Srpska and the Federal Republic of Yugoslavia (Serbia and Montenegro) to cooperate with the Tribunal, so that the Council can decide upon the appropriate response.

(Signed) Antonio cassese

President

思考题

1. 为什么说国家合作问题对国际刑事法院的运转至关重要？
2. 国家与国际刑事法院合作问题与国家主权之间有什么联系？
3. 为什么说与国际刑事法院合作是一个具体而又敏感的问题？
4. 与国际刑事法院合作，缔约国在国内立法方面需要做些什么？

本章小结

1. 条约在原则上只对缔约国有拘束力，对非缔约国不产生权利和义务。但关于与国际刑事法院合作的问题，如果从一般国际法原则层面上看，即从《联合国宪章》赋予联合国安理会的权威以及其他有关国际条约上看，可能会对非缔约国产生间接的义务。所以，国家即便没有加入国际刑事法院《罗马规约》，但在具体案例中可能也会因为国际法上的一般性原则而承担与国际刑事法院合作的义务。

2. 根据《罗马规约》第87条规定，国际刑事法院可以邀请非缔约国根据“特别安排”与该国就合作和司法协助达成协议。当然，协议所包括的合作将会把《罗马规约》第九部分中的规定具体化。《罗马规约》第 87 条“或任何其他适当的基础”一语，意味着国际刑事法院与非缔约国在合作方式方法上的灵活性。换句话说，只要有关各方认为合适，国际刑事法院与非缔约国在合作与司法协助方面可以采取任何方式，不管这种方式是正式还是非正式的。

3. 各国与前南国际刑事法庭的协助在实践中也有很大障碍，国际刑事法庭发出的许多逮捕令并不能得到执行。由此可见，即使是在有联合国安理会的强制性决议加以保障的情况下，有些国家仍通过国内法对合作义务加以限制，国际刑事法院的合作问题在实践中不会一帆风顺。不少被前南国际刑事法庭起诉的被告，是由北约军队和联合国维和部队移送到法庭的。但在乌干达、刚果或苏丹却没有这些军队，这是一个很实际的问题。如果国际刑事法院的预审庭应检察官根据《罗马规约》第 58 条提出的请求而发出逮捕令，最后却因有关国家不尽如人意的合作被迟缓或不能执行，那么国际刑事法院的权威性肯定因此受到损害。

4. 国际刑事法院已经成立，但其效力和成败不应以其实际审理案件的数量来衡量。成立国际刑事法院是为了惩治国际犯罪，是为了达成民族间的和解以及维护世界的和平。法院管辖的“补充性原则”正反映了这一目的。所以，不管是国际审理还是国内审理，只要能做到惩戒或不让犯有国际罪行的人逃脱惩罚就行。即便是国际刑事法院没有多少审判程序，但如果是因为国际刑法的发展和国际刑事法院的威慑作用而使得国家司法体系高效运行，也应被视为国际刑事法院的成功。国际刑事法院虽然得到整个国际社会的支持，它的能力毕竟有限。虽然国际刑事法院能够处理某些重要的个案，打击国际犯罪主要还是要依靠国家的司法制度。

QUESTIONS AND COMMENTS

1. Considering the unique nature of the international criminal tribunals and their lack of enforcement agencies, States play a cardinal role in securing the effective fulfillment of the international tribunals's mission. Different from the the national courts which have at their disposal various enforcement bodies operating under the State apparatus, the international tribunals are required to discharge their mandate in spite of the institutional vacuum at the international level.
2. The general obligation to coo-perate with the International Criminal Court is confined to States Parties. States that are not Party to the Rome Statute are under no statutory obligation to cooperate.
3. No statutory duty to cooperate with the international criminal tribunals exists for entities other than those mentioned in the Statutes, which do not address at all the issue of possible cooperation between such entities and the international criminal tribunals. However, this lacuna does not preclude the possibility to work out solutions on an ad hoc basis wherever the need arises.
4. It is the State Party and not State officials individually that are under the obligation to cooperate. The Appeals Chamber of the ICTY has pointed out in its Blaskic subpoena judgement that any deviation from the ordinary rule of customary international law that international obligations are directed to States and not their officials individually had to be expressly stated. The Appeals Chamber added that such a deviation can not be deduced from the fact that the jurisdiction of an international criminal tribunal extends to crimes committed by State officials.

参考文献

一、文件

1.《前南国际刑事法庭规约》
(Statute of the International Criminal Tribunal for the Former Yugoslavia)
2.《卢旺达国际刑事法庭规约》
(Statute of the International Criminal Tribunal for Rwanda)
3. 前南国际刑事法庭"程序与证据规则"
(Rules of Procedure and Evidence)
4. 卢旺达国际刑事法庭"程序与证据规则"
(Rules of Procedure and Evidence)
5. Security Council Resolution 808 [UN Doc. S/Res/808 (1993)]
6. Security Council Resolution 827 [UN Doc. S/Res/827 (1993)]
7. Security Council Resolution 955 [UN Doc. S/Res/955 (1994)]
8. Report of the UN Secretary General (UN Doc. S/25704)
9. Rules of Detention (UN Doc. IT/38/Rev. 4)
10. Headquaters Agreement (UN Doc. S/1994/848)
11. Regulations for the Establishment of a Complaints Procedure for Detainees (UN Doc. IT/96)
12. Regulations for the Establishment of a Disciplinary Procedure for Detainees (UN Doc. IT/97)
13. Regulations to Govern the Supervision of Visits to and Communications with Detainees (UN Doc. IT/98)
14. Directives on the Assignment of Counsel (UN Doc. It/73/Rev. 2)

(以上这些文件，均能在 www. un. org/international law/icty 或 www. un. org/international law/ictr 查到)

二、国际刑事法庭案例

1. The Prosecutor v. Akayesu，ICTR，Trial Chamber I，Judgment of 2 September 1998，Case No. ICTR-96-4-T
2. The Prosecutor v. Barayagwiza (Appeal)，ICTR，Appeals Chamber，Decision of 2 November 1999，Case No. ICTR-97-19-AR72
3. The Prosecutor v. Barayagwiza (Appeal on request for review or reconsideration)，ICTR，Appeals Chamber，Decision of 31 March 2000，Case No. ICTR-97-19-AR72
4. The Prosecutor v. Kambanda (judgment and sentence)，ICTR，Trail Chamber，Judgment and Sentence of 4 September 1998，Case No. ICTR-97-23-S
5. The Prosecutor v. Kambanda (appeal)，ICTR，Appeals Chamber，Judgment of 19 October 2000，Case No. ICTR-97-23-A
6. The Prosecutor v. Musema，ICTR，Trial Chamber，Judgment of 27 January 2000，Case No. ICTR 96-13-T
7. The Prosecutor v. Rutaganda (Judgment and Sentence)，ICTR，Trial Chamber，Judgment of December 6，1999，Case No. ICTR-96-3-T
8. The Prosecutor v. Serushago，ICTR，Trial Chamber，Sentence of 5 February 1999，Case No. ICTR-98-39-S

（案例 1～8，均能通过 http：//www. ictr. org 查到）

9. The Prosecutor v. Blaskic，ICTY Trial Chamber I，Judgment of 3 March 2000，Case No. IT-95-14-T
10. The Prosecutor v. Delalic and Others，ICTY Trial Chamber II，Judgment of 16 November 1998，Case No. IT-96-21-T
11. The Prosecutor v. Delalic and Others (appeal)，ICTY Appeals Chamber，Judgment of 20 February 2001，Case No. IT-96-21-A
12. The Prosecutor v. Erdermovic (sentencing judgment)，ICTY，Trail Chamber I，Judgment of 29 November 1996，Case No. IT-96-22-T
13. The Prosecutor v. Erdermovic (Appeal)，ICTY，Appeals Chamber，Judgment of 7 October 1997，Case No. IT-96-22-A
14. The Prosecutor v. Furundzija，ICTY，Trial Chamber II，Judgment of 10 December 1998，Case No. IT-95-17/1-T
15. The Prosecutor v. Furundzija (appeal)，ICTY Appeals Chamber，Judgment of 21 July 2000，Case No. IT-95-17/1-A
16. The Prosecutor v. Jelisic，ICTY Trial Chamber，Judgment of 14 December 1999，Case No. ICTY-IT-95-10-T
17. The Prosecutor v. Kordic and Cerkez，ICTY Trail Chamber III，Judgment of 26 February 2001，Case No. IT-95-14/2-T
18. The Prosecutor v. Kupreskic and others，ICTY，Trail Chamber，Judgment of 14 January 2000，Case No. IT-95-16-T

19. The Prosecutor v. Kupreskic and others (appeal), ICTY, Appeals Chamber, Judgment of 23 October 2001, Case No. IT-95-16-A
20. The Prosecutor v. Milosevic (Decision on Preliminary Motions), ICTY Trial Chamber III, Decision of 8 November 2001, Case No. IT-99-37-PT
21. The Prosecutor v. Milosevic (Decision on Prosecutor's request to have written statements admitted), ICTY Trial Chamber III, Decision of 21 March 2002, Case No. IT-99-37-PT
22. The Prosecutor v. Simic and Others, ex parte confidential (Decision on the Prosecution Motion under Rule 73 for a Ruling Concerning The testimony of a Witness), ICTY, Trial Chamber, Decision of 27 July 1999
23. The Prosecutor v. Tadic (Opinion and Judgment), ICTY, Trial Chamber II, Judgment of 7 May 1997, Case No. IT-94-1-T
24. The Prosecutor v. Tadic (Sentencing Judgment), ICTY, Trial Chamber II, Judgment of 14 July 1997, Case No. IT-94-1-T
25. The Prosecutor v. Tadic (appeal), ICTY, Appeals Chamber, Judgment of 15 July 1999, Case No. IT-94-1-A
26. The Prosecutor v. Tadic (Sentencing Judgment), ICTY, Trial Chamber II, Judgment of 11 November 1999, Case No. IT-94-1-T

(案例 9～26，在 http：//www. icty. org 都能查到)

三、著作

1. Ian Brownlie. Principles of Public International Law. 4th ed.. Oxford University Press, New York, Oxford, 1990
2. Ian Brownlie, Principles of Public International Law. 5th ed.. Oxford University Press, New York, Oxford, 1998
3. Antonie Cassese. International Criminal Law. Oxford University Press, New York, 2003
4. Jordan J. Paust, M. Cherif Bassiouni, Michael Scharf, Jimmy Gurule, Leila Sadat, Bruce Zagaris, Sharon A. Williams. International Criminal Law: Cases and Materials. Carolina Academic Press, 2000
5. Christopher L. Blackesley, Edwin B. Firmage, Richard F. Scott, Sharon A. Williams. The International Legal System. 5th edition, Foundation Press, New York, 2001
6. B. Broomhall. International Justice and the International Criminal Court: between Sovereignty and the Rules of Law. Oxford University Press, New York, 2003
7. Antonie Cassese, Paola Gaela, John Jones. The Rome Statute of the Internatinal Criminal Court: A Commentary. Oxford University Press, New York, 2002
8. Cherif Bassiouni. International Criminal Law. Martinue Nijihoff Publisher, the Netherlands, 1987
9. Cherif Bassiouni. Crimes against Humanity in International Criminal Law. Martinuc Nijhoff Publishers, Dordrecht/Boston/London, 1992
10. Cherif Bassiouni. Introduction to International Criminal Law. Transnational Publishers, Inc., Ardsley, New York, 2003

11. Steven L. Emanuel. Criminal Procedure. CITIC Publishing House, Beijing, China, 2003
12. Kriangsak Kittichaisaree. International Criminal Law. Oxford University Press, 2001
13. Otto Triffterer ed.. Commentary on the Rome Statute of the International Criminal Court-Observers' Notes, Article by Article. Nomos Verlagsgesellschaft, Baden-Baden, Winter, 1999
14. Rodney Dixon, Karim Khan, Judge Richard May ed.. Archbold International Criminal Courts-Practice, Problem & Evidence. Sweet & Maxwell Limited, London, 2003
15. Knut Dormann. Elements of War Crimes under the Rome Statute of the International Criminal Court. Cambridge University Press, 2003
16. Dominic McGoldrick, Peter Rowe and Eric Donnelly (eds.). The Permanent International Criminal Court. Legal and Policy Issues. Oxford and Portland Oregon, 2004
17. Yuval Shany. The Competing Jurisdictions of International Courts and Tribunals. Oxford University Press, 2002
18. Antonio A. Cassese, Guido G. Acquaviva, Mary D. Fan, Alex A. Whiting. International Criminal Law: Cases and Commentary. 1st edition. Oxford University Press, May 26, 2011
19. Robert Cryer, Hakan Friman, Darryl Robinson, Elizabeth Wilmshurst. An Introduction to International Criminal Law and Procedure. 2nd edition. Cambridge University Press, June 28, 2010
20. Ilias Bantekas. International Criminal Law. 4th edition. Hart Publishing, September 22, 2010

任课教师调查问卷※

为了能更好地为您提供优秀的教材及良好的服务，也为了进一步提高我社法学教材出版的质量，希望您能协助我们完成本次小问卷，完成后您可以在我社网站中选择与您教学相关的1本教材作为今后的备选教材，我们会及时为您邮寄送达！如果您不方便邮寄，也可以申请加入我社的**法学教师QQ群：83961183（申请时请注明法学教师）**，然后下载本问卷填写，并发往我们指定的邮箱（cruplaw@163.com）。

邮寄地址：北京市海淀区中关村大街31号中国人民大学出版社411室

邮　　编：100080

再次感谢您在百忙中抽出时间为我们填写这份调查问卷，您的举手之劳，将使我们获益匪浅！

基本信息及联系方式：※

姓名：______________ 性别：_____________ 课程：_____________________________

任教学校：______________________________ 院系（所）：______________________

邮寄地址：______________________________ 邮编：___________________________

电话（办公）：______________ 手机：_____________ 电子邮件：________________

调查问卷：※

1. 您认为图书的哪类特性对您使用教材最有影响力？（　　）（可多选，按重要性排序）

   A. 各级规划教材、获奖教材　　B. 知名作者教材

   C. 完善的配套资源　　D. 自编教材

   E. 行政命令

2. 在教材配套资源中，您最需要哪些？（　　）（可多选，按重要性排序）

   A. 电子教案　　B. 教学案例

   C. 教学视频　　D. 配套习题、模拟试卷

3. 您对于本书的评价如何？（　　）

   A. 该书目前仍符合教学要求，表现不错将继续采用。

   B. 该书的配套资源需要改进，才会继续使用。

   C. 该书需要在内容或实例更新再版后才能满足我的教学，才会继续使用。

   D. 该书与同类教材差距很大，不准备继续采用了。

4. 从您的教学出发，谈谈对本书的改进建议：___________________________________

____

____

选题征集：如果您有好的选题或出版需求，欢迎您联系我们：

联系人：黄　强　联系电话：010-62515955

索取样书：书名：____

书号：____

备注：※ 为必填项。